公共管理系列教材

公共政策学

吴　江　主编

魏　东　汪艳霞　副主编

科学出版社

北　京

内 容 简 介

本书坚持紧密结合国内外公共政策经典案例和最新案例，反映公共政策实践的最新动态以及政策科学研究的最新理论和学术主张的理念，全面阐释公共政策学的基本理论、基础知识和研究方法，系统梳理议程设置、政策制定、政策实施、政策评估、政策变化、政策终止的各个阶段，并且介绍各个阶段涉及的理论变化和分析工具，力求呈现公共政策科学的演进历程和发展趋势。

本书适合公共管理专业或相关专业的本科生和公共管理硕士（master of public administration，MPA）阅读参考，也可以作为有关人员系统学习公共政策理论和方法的基本读物。

图书在版编目（CIP）数据

公共政策学/吴江主编. —北京：科学出版社，2017
公共管理系列教材
ISBN 978-7-03-047810-8
Ⅰ.①公… Ⅱ.①吴… Ⅲ.①政策科学-高等学校-教材 Ⅳ.①D0
中国版本图书馆 CIP 数据核字（2016）第 056153 号

责任编辑：王京苏/责任校对：钟 洋
责任印制：张 伟/封面设计：蓝正设计

科 学 出 版 社 出版
北京东黄城根北街 16 号
邮政编码：100717
http://www.sciencep.com
北京凌奇印刷有限责任公司 印刷
科学出版社发行 各地新华书店经销
*
2017 年 1 月第 一 版 开本：787 × 1092 1/16
2023 年 1 月第五次印刷 印张：17
字数：399 000
定价：52.00 元
（如有印装质量问题，我社负责调换）

前　言

党的十八大做出全面深化改革的战略部署，党的十八届三中全会做出《中共中央关于全面深化改革若干重大问题的决定》，特别提出“推进国家治理体系和治理能力现代化”的政治体制改革目标。党的十八届四中全会通过的《中共中央关于全面推进依法治国若干重大问题的决定》，指出“改革进入攻坚期和深水区，国际形势复杂多变，我们党面对的改革发展稳定任务之重前所未有、矛盾风险挑战之多前所未有”，需要更加注重改进党的领导方式和执政方式。国家治理、执政的主要手段之一就是公共政策。同时，治理能力的提升也需要公共政策科学的进一步发展与完善。党的十八届五中全会审议通过《中共中央关于制定国民经济和社会发展第十三个五年规划的建议》，指出“十三五”期间将在“四个全面”（全面建成小康社会、全面深化改革、全面依法治国、全面从严治党）的战略布局下，全面推进和落实创新、协调、绿色、开放和共享五大发展理念，同时要“加快形成引领经济发展新常态的体制机制和发展方式”，以新的理念引领新的发展。这就对我国公共政策学科研究、人才培养等方面提出了更高要求。为适应全面深化改革和培养现代公共管理高层次人才的需要，我们组织编写了公共管理类专业教材《公共政策学》。

本教材编写特别注重公共政策理论与实践相结合。威廉·格莱泽（William Glazer）曾说：“假如理论研究与事实不能相互充实启发，那么，两者都将是苍白的。”首先，本教材全面阐述公共政策学的基本理论、基础知识和研究方法，系统梳理议程设置、政策制定、政策实施、政策评估、政策变化、政策终止的各个阶段，并且介绍各个阶段涉及的理论变化和分析工具，力求反映公共政策科学的演进历程和发展趋势。其次，本教材紧密结合国内外公共政策经典案例和最新案例，剖析西方国家公共政策实施的成功案例，以他山之石做经验借鉴；分析国内最新的政策案例，阐释政策过程中的重大环境变迁对制定和理解公共政策产生的影响。最后，作为新编教材，本教材充分吸收现有公共政策学教材的相关成果，借鉴经典教材、权威教材的分析框架、研究范式等；同时，力求融入一些新的元素，以反映公共政策实践的最新动态和政策科学研究的最新理论和学术主张。

本教材由西南大学政治与公共管理学院吴江教授担任主编，西南大学荣昌校区商贸系系主任魏东副教授、西南大学政治与公共管理学院汪艳霞博士任副主编。参与本教材编写的作者分别是西南大学吴江（策划、组织与统稿，第一、二、八章），西南大学汪艳霞（第一、三、四章），西南大学李恒（第二章），西南大学张明（第五章），西南大学申丽娟（第六章）、西南大学荣昌校区魏东（第七、十章）、西南大学陈茜（第八章）、重庆人文科技学院向建（第九章）。

西南大学教务处、西南大学政治与公共管理学院、西南大学荣昌校区商贸系和科学出版社等有关单位的领导和同仁对本教材的编写给予了大力支持。此外，本教材在编写过程中参考了国内外大量公共政策学经典名著和相关教材，吸收并引用了部分观点和内容，在此一并表示衷心的感谢。

由于编者水平有限，若书中存在不足之处，欢迎读者批评指正，我们将在再版时加以修改、补充和完善。

吴　江

2016 年 9 月 13 日

目　录

第一章　绪　　论

■ 学习目标

通过本章的学习，学生应了解公共政策研究的历史进程；掌握公共政策学的学科性质、研究范畴、基本特征及该学科与其他学科的关系；理解公共政策学的研究途径、研究工具和理论体系的构建；认识公共政策学的研究意义。

■ 知识框架图

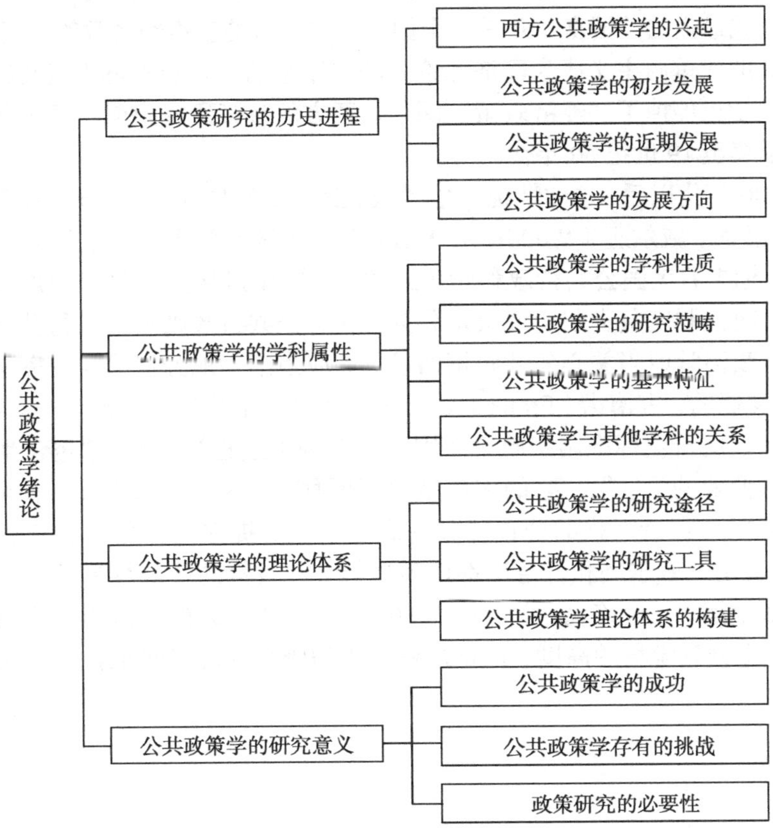

■ **名人名言**

对历史回顾得越久远，你就能向前看得更远。

——温斯顿·丘吉尔（Winston Churchill）

第一节 公共政策研究的历史进程

一、西方公共政策学的兴起

（一）20 世纪 40 年代前的政策研究

严格说来，西方现代政策科学（policy sciences）是 20 世纪 50 年代以后才发展起来的一门社会科学学科，但作为一个研究领域，政策研究在西方早已存在。18 世纪工业革命之后，西方资本主义为了得到快速的资本积累和发展，普遍认为政府应该在促进国际贸易和工业生产方面起到积极的作用。18 世纪中叶，在重商主义的影响下，经济学家们确信，只要有了好的经济与社会政策就能够发展现代国家。就连有着自由主义倾向的经济学家亚当·斯密当时也非常重视政策研究，他提出"国富"是国家经济政策的中心目标，追求最大或最多的"国富"乃是一个国家必须实行的基本经济政策①。到 19 世纪中叶，自由主义取代重商主义成为经济理论中的主流思潮，政府不再积极研究和制定经济政策，一些大学也停掉了"经济政策"课程。西方的政策研究附属于经济科学范畴，这种现象一直延续至 19 世纪 80 年代。

19 世纪 80 年代以后，这种情况发生了很大改变，公共行政领域开始进行政策研究。1887 年，伍德罗·威尔逊（Woddrow Wilson）在《政治学季刊》上发表《公共行政之研究》一文，标志着美国公共行政科学正式建立。威尔逊从公共政策的角度将政治与行政区别开来，政治制度负责制定或决定公共政策，公共行政则负责执行公共政策。威尔逊特别指出，政治学应当关心公共政策的发展，应当细心地分析法律、法令的产生与变迁的历史②。类似的，古德诺（Frank J. Goodnow）也主张政治与行政分开。古德诺认为，政治家依据一定的价值标准制定政策，因而是非理性过程②。行政"包含半科学、准司法和准商业或商业的活动"，"它的使命是运用预测和判断，寻求事实，收集情报，是要对它所打交道的人保持严格的公正无私的态度，是要提倡一个尽可能有效率的行政组织"③。不难看出，威尔逊和古德诺都认为执行公共政策的公共行政可以完全根据科学和理性来有效地运行。应该说，学者们在 20 世纪 40 年代以前所做的政策研究还是初步的，远远没有上升到学科的高度。正是这种初步的研究为现代政策科学的兴起与发展奠定了基础。

---

① 唐兴霖. 论政策科学的缘起[J]. 理论探讨，2007，(3)：127-131.

② 彭和平，竹立家. 国外公共行政理论精选[M]. 北京：中共中央党校出版社，1997.

③ 古德诺 F J. 政治与行政[M]. 王元译. 北京：华夏出版社，1987.

（二）公共政策在美国兴起

通常认为，西方公共政策学实际上是指美国的公共政策。20 世纪 50 年代初期，在纽约卡耐基财团的资助下，众多学者在美国斯坦福大学召开“关于国际关系理论革命性、发展性学术讨论会”。这次学术讨论会的目的在于：把上述政策争论和科学决策方法用“政策科学”或“公共政策学”这一学问统一起来①。在这次有名的政策科学大会上，斯坦福大学的政治学教授伊斯顿·罗斯威尔将公共政策学界定为：“以制定政策规划和政策替代方案为焦点，动用新的方法论对未来发展趋势进行分析的学问。”①这次会议被公认为是政策科学发展史上的首次会议。

公共政策学的创立者哈罗德·D. 拉斯韦尔（Harold D. Lasswell），是政治行为主义学派的先驱者和重要代表人物之一。早在 1943 年的一个备忘录中，他就提到了“政策科学”的概念。1950 年，在他与卡普兰合著的《权力与社会：政治研究的框架》一书中，政策科学这一概念在出版物中首次正式出现。1951 年，美国著名政治学家勒纳（D. Lerner）和拉斯韦尔共同主编了《政策科学：视野与方法的近期发展》（*The Policy Sciences: Recent Development in Scope and Method*），是系统阐述政策的早期成果。在这一著作中，拉斯韦尔开创性地对“政策科学”的学科性质、研究内容和发展方向做了详尽的论述。拉斯韦尔的《政策方向》（*The Policy Orientation*）第一次对政策科学的对象、性质、发展方向和政策过程等学科要素做了论述。这些研究奠定了公共政策的学科基础。学界普遍赞誉此书为“公共政策学的开山之作”“公共政策学的经典著作”，它的问世被认为是公共政策学诞生的标志。

拉斯韦尔认为，政策科学是“以制定政策规划和政策替代方案为中心，运用新的方法论对未来发展趋势进行分析的学问”。他揭示公共政策学具有以下六个特点：①它是关于民主主义的学问；②它的哲学基础是逻辑时政主义；③它是一门对于时间和空间都极敏感的学问；④它具有跨学科的性质；⑤它是一门需和政府官员共同研究的学问；⑥它是一门以社会变迁和发展为研究对象，以动态模型为核心的学问。

二、公共政策学的初步发展

20 世纪 60 年代中期以后，政策科学取得了迅速的发展。1962 年，著名的哲学家托马斯·库恩（Thomas S. Kuhn）出版著作《科学革命的结构》，该书从方法论的角度，为政策科学发展注入了活力。20 世纪 60 年代后期，“拉斯韦尔–德洛尔”的政策科学传统成为美国政策科学运动的主导“范式”之一，标志着公共政策学的发展进入第二阶段。

（一）政策科学的发展

叶海卡·德洛尔（Yehezkel Dror）继承和发展了拉斯韦尔的政策科学思想，对政策科

① 药师寺泰藏. 公共政策[M]. 张丹译. 北京：经济日报出版社，1991.

学的一系列基本理论问题做了进一步的论证，从而形成了拉斯韦尔–德洛尔的政策科学传统。1968~1970 年，德洛尔出版了公共政策科学的“三部曲”，即《重新审查公共政策的制定过程》（*Public Policy-making Re-Examined*，1968 年）、《政策科学探索：概念与适用》（*Ventures in Policy Sciences：Concepts and Applications*，1971 年）和《政策科学构想》（*Design for Policy Sciences*，1971 年），并发表了一系列政策科学论文。在这些著作中，德洛尔分析当代社会科学尤其是管理科学和行为科学的局限性，以及政策科学产生的必然性和必要性，讨论了政策科学的对象、性质、范围及方法论问题。这些成果标志着公共政策学进入了第二个发展阶段。

德洛尔对公共政策学做出的学术贡献主要体现在四个方面：①分析了行为科学和管理科学在学科建设中存在的一些误区；②肯定了管理科学和决策科学研究中使用的系统群研究方法，并大力主张将之引进公共政策学；③提出并界定了“总体政策”、“超政策”和“政策系统”的概念；④强调公共政策学的跨学科性质和实践性。他强烈主张建立一种将管理科学、决策科学、行为科学、政治科学、系统科学等融为一体的新的公共政策学。

（二）初步发展取得的成就

公共政策学在第二个阶段上取得的成就主要体现在三个方面。

（1）方法论多样化。对拉斯韦尔等的批评，改变了行为主义方法论一统天下的局面，方法论呈现多样化。但行为主义在一定程度上仍然赋予了公共政策学类似自然科学的科学性。学者们采用系统科学、统计学、数学、心理学、政策模拟等方法，提出解决政策问题的方案。

（2）博弈论成为公共政策分析的一种重要方法论。后行为主义时期博弈论被一些公共政策学者用以观察政策执行过程中相关参与者就政策目标的达成所进行的谈判、评价和妥协的互动情形，形成政策执行的博弈理论。

（3）个案研究受到重视。公共政策学中的个案研究方法，指的是致力于探讨具体的个别政策的特殊性，并从中发现普遍性或验证某一普适性假设的研究方法。在后行为主义时期，一般论述性质的政策研究被具体的个案研究所取代，一批学者在个案研究方面取得重要成果。

三、公共政策学的近期发展

（一）研究重点转移

在 20 世纪 70~80 年代，政策科学研究取得新的进展，在政策系统与政策过程的研究上取得了显著成就，研究重点转移到政策过程的后期阶段，特别是在政策评估、政策执行以及政策终结和政策周期方面形成了各种理论。首先，政策评估。20 世纪 60 年代，美国联邦政府推行了许多重大的改革和发展政策，70 年代初，联邦政府对大约 300 项政策加以评估研究，总经费约 3 000 万美元。70 年代末，评估的政策达到 1 000 项，总经费达 107 亿美元，这在客观上促进了政策评估研究的发展。其次，政策执行。60 年代美国教育政策、种族政策、战争政策的失败，引起了公共政策研究者的反思，他们认识到政策执行的实际结果与政策形成过程中设定的政策逻辑结果存有较大差距，许多学者致力于政策执行的研究。最后，政策终结和政策周期。政策终结研究讨论错误的政策能否终结、如何终结及采用何种终结策略等问题。有关政策周期的研究对政策过程循环往复的认识论意义，以及新的周期里如何提高政策质量进行了探讨。

（二）研究建制化

20 世纪 70 年代中期，公共政策学或社会科学的政策方向在美国已逐渐建制化。每个社会科学学科都建立了特殊的、与政策研究相关的组织，如“政策研究组织”（政治科学）、“社会问题研究协会”（社会学）、“社会问题的心理研究协会”（心理学）。这种体制在 20 世纪 80 年代更进一步，出现了多学科的职业学会，如“公共政策和管理学会”（The Association for Public Policy and Management）（政治科学和经济学）、“社会经济学会”（社会学和经济学），这两个学会每年都举行正规的年会。公共政策和管理学会还创办了《政策分析与管理》（*Journal of Policy Analysis and Management*）杂志，它将《公共政策》和《政策分析》合并，扩展并深化了 20 世纪 70 年代和 80 年代初建立的主流政策杂志，如《政策科学》（*Policy Science*）、《政策研究》（*Policy Studies*）、《政策研究评论》（*Policy Studies Journal*）的研究内容。除了这些杂志之外，还有数百种涉及具体政策领域研究的刊物。

在教育培训方面，20 世纪 70 年代，各主要大学已相继建立政策科学或政策分析的硕士和博士学位授予点。此外，政策科学的职业化也有相当的规模，政策分析家已成为一种官方的职业描述，而进行政策分析的专门单位在美国联邦政府、各州和一些城市建立起来，特殊的政策研究团体，如“全国市长协会”“全国城市联盟”等已发展起来。20 世纪后半期，政策科学和政策分析作为一个知识型产业迅速发展起来①。

（三）研究范围拓展

20 世纪 80 年代，政策科学研究的视角和主题进一步拓宽，主要表现在四个方面：①注重价值因素和伦理因素。20 世纪 80 年代中后期，政策科学研究出现了一些新趋势，加强了政策价值观或公共政策与伦理问题的研究，政策科学研究者从政治哲学、案例分析、职业道德等角度或方面去研究价值观的问题。②公共政策与行政管理日益融合。公共政策与行政管理日益融合，并用公共事务（public affairs）来统指这两个领域的新趋向，最终导致新公共管理范式的出现。③比较公共政策的研究。比较公共政策是对于为何及如何发展政府政策，将产生何种政策效果的跨国性研究。从 20 世纪 70 年代中期开始，公共政策比较研究成果涌现，一些大学也开始设置比较公共政策研究课程，关于比较公共政策的研讨会更是频繁召开，比较公共政策研究拓展了公共政策的研究范围，成为政策科学理论的一个重要研究领域。④重视政策工具的研究。学术界对政策执行的复杂性及政策失败现象的认识使人们不断反思政策执行工具或手段等原因，政策工具的研究日

① 陈振明.政策科学——公共政策分析导论[M]. 第二版. 北京：中国人民大学出版社，2003.

益受到学者们的重视。

◆ **案例分析**

55 英里/小时时速限制的成本和收益

美国一个东部大州的政府要求其工作人员调查该州 55 英里①/小时时速限制在拯救生命和减少损害方面的有效性。政府需要通过分析决定是否向联邦政府提出允许该州在“试验期”不实行 55 英里/小时时速限制的要求。工作人员的分析主要依据美国国家科学院的报告②，形成了一份 8 页的政策文件。这份政策文件建议 55 英里/小时时速限制应该保留，因为在该州它每年能拯救数百人的生命，全国加起来是每年能拯救数千人的生命。政府采纳了该建议，联合其他 9 个东北部的州决定保留该时速限制。后来，进一步的研究表明，以低于 55 英里/小时时速限制行驶所付出的时间成本远远超过了所拯救的生命、减少的损害及节省汽油的经济收益。其他的经济分析表明所拯救的生命的数量被大大高估了，交通事故中死亡数量的减少很可能是经济衰退、失业及有效减少行驶里程（降低了发生事故的危险）的结果。政府基于道德的原因而不是经济的原因，驳回了成本–收益和计量经济学的分析，保留了目前的时速限制。

资料来源：邓恩 W N. 公共政策分析导论[M].第四版. 谢明，伏燕，朱雪宁译. 北京：中国人民大学出版社，2011

四、公共政策学的发展方向

随着政策科学研究的日益深入，20 世纪 70 年代，政策科学这一学科体系已经趋向成熟。20 世纪 80 年代，政策研究方法和分析方法不断改进和提高，政策科学的分支学科和研究领域不断拓展或重新整合。20 世纪 90 年代，经济全球化、政治多元化、世界多极化，公共政策研究呈现出新的趋势。

（一）重视宏观政策分析

苏联解体、东欧剧变、世界贸易组织的创建、联合国组织介入地区冲突和重大事件作用明显增强、欧洲共同体的实质性进展、欧洲统一货币制度的推行、亚洲经济危机引起的经济动荡和全球恐慌，促使各个国家的政策制定者不断加强对宏观政策的分析，站在历史的角度，以世界眼光思考改进本国政策的制定框架和推动社会经济的可持续发展，更加重视国家总体政策的制定，政策的价值追求、战略性大政方针、政策范式的改进与创新。例如，20 世纪末，罗尔斯、诺奇可、沃尔泽、哈耶克等一大批学者对公平正义、分配正义进行了深入的研究，推出了一大批有重大影响的成果。代表性的成果有海伦·英格拉姆的《为实现民主的公共政策》（1993 年）、《制高点》（1998 年）、马克·莫尔的《创

① 1 英里=1.609 344 千米。

② NRC. 55：A decade of experience[R]. Washington：National Research Council of the National Academy of Science，1984.

造公共价值——政府中的战略治理》(1995 年)、保罗·萨巴蒂尔的《政策过程理论》(2004 年)、托马斯·戴伊的《理解公共政策》(2008 年)等。

(二)深化政策研究主题

20 世纪 90 年代以后,公共政策学的发展呈现新趋势,主要表现在:一是高度重视宏观政策分析,探索改善政策制定系统和进行政策创新的方法,促使政府政策制定的改进;二是各国政府重视对政策的绩效评估,包括对环保、人权、贸易、教育、投资等具体政策的评估,同时也包括对政府政策制定能力的评估。

关于拓展新的研究主题主要体现在两个方面:一是开辟了新的研究领域,增强公共政策的应用性。公共政策学家开始将研究兴趣转向一系列新的社会问题,如电脑犯罪、信息政策、试管婴儿、温室效应等。二是加强理性意识形态,由传统的政策决策研究转向政策调查研究[①]。以往的公共政策学家过于重视经济和技术理性为主体的抉择研究,总是强调如何使"利益最大、损失最小",强调如何依据政策的偏好,排列方案的优先顺序。现在他们认为,不存在一个最佳的能为社会全体所接受的政策,好的政策必须通过政策调查、政策辩论获得合理性,并由此确定是否接受某项政策[②]。

(三)拓展政策研究取向

与其他学科相似,公共政策学在一定时期内形成主导性的选题方针,20 世纪 90 年代以来,其研究课题的选择偏重于伦理取向、管理取向和政府改革取向:①伦理取向。政策过程是一个不断选择的过程,如政策问题选择、政策目标选择、政策执行的方式和手段选择等。而选择都必须有一定的标准,价值和伦理的标准是不可或缺的。在 90 年代,学者们感兴趣的是从哪些途径去探索公共政策的伦理价值。②管理取向。政策是管理的一环,公共政策是另一种形式的战略管理。计划、组织、领导、控制等管理工具的运用,对公共政策产生的预期效果是至关重要的。20 世纪 90 年代的学者们不再关注公共政策与公共管理的区别,更多的是在探索二者的结合。③政府改革取向。21 世纪第一个十年里,社会公众逐渐认识到现在政府所面临问题的复杂性,要求政府充分利用自然和社会科学家来帮助其提出政策和评价政策结果。美国和欧盟对循证决策(evidence-based policy making)的呼吁是对这一复杂性的回应。在美国,主要的政策分析家和项目评估专家推动了循证决策的发展,他们为卓越政府委员会(The Council for Excellence in Government)循证决策建立了同盟。管理和预算办公室的一些办事程序就是以循证决策分析为依据的,尤其是项目评估的方法和标准[③]。

综上所述,公共政策自产生以来,就在经济和社会生活中起着规范和指导的作用。但其经历了从消极公共政策到积极公共政策的转变;从经验型到规范型公共政策的转变;从单一型到综合型公共政策的转变;从解决一个问题到解决"问题群"而制定公

---

① 陶学荣.公共政策概论[M]. 北京:中国人事出版社,2006.

② 宋锦洲.公共政策:概念、模型与应用[M]. 上海:东华大学出版社,2005.

③ 转引自邓恩 W N. 公共政策分析导论[M]. 第四版. 谢明,伏燕,朱雪宁译. 北京:中国人民大学出版社,2011.

共政策的转变[①]。

第二节　公共政策学的学科属性

一、公共政策学的学科性质

公共政策作为一个全新的、独立的学科，具有以下四个基本特征。

（一）综合性、跨学科

公共政策学是一个全新的跨学科研究领域，具有综合、交叉的特点。公共政策学正是在吸收其他学科，尤其是政治学、经济学、社会学、管理学、心理学、哲学、统计学、运筹学、系统分析等学科的知识和方法的基础上，形成和发展起来的。然而，公共政策学并不是这些学科的知识和方法的拼凑堆积，而是在新的学术框架中将种种知识和方法有机地结合起来。公共政策学实现了范式转换，将科学知识尤其是社会科学知识与公共决策过程密切联系起来，提倡以问题为中心，而不是以学科为中心的研究方法。公共政策学的倡导者们力求把各种知识和方法直接运用于改进公共决策系统，提高政策质量，因而各种学科的理论和方法在公共政策学的新框架中获得了新的意义。公共政策学本身就具有社会科学或元社会科学的某些意义，即它的理论和方法具有一般方法论的特点。

（二）行动取向，理论与实践统一

公共政策学是一门行动取向的学科，它适应人类利用已有的知识和方法去改进政策制定系统，提高政策质量。公共政策的研究对象是政策实践或实际的政策过程，它的目的和功能是提供政策相关知识，为政策实践服务。因而，公共政策学不是纯理论科学或基础研究，而是一门应用性较强的学科，体现了理论与实践的高度统一。公共政策学在实践中产生，又在实践中得以应用和发展。它要指导执政党或国家的各项政策的制定、执行、评估；它以实践为导向，以发现和解决社会的政策问题为宗旨。

（三）描述性、规范性

公共政策学明确以价值为取向。公共政策学是一门有关选择的研究，而选择则以价值（观）作为基础。因此，它不仅关心事实，而且关心价值和行动。它追求有关公共政策的性质、原因和结果的知识，因而是描述的；它重视价值取向和价值评价，它的一个重要目标是创造和批评有关公共政策价值的知识主张，或推荐应该采取的行动过程，因而是规范的；公共政策学相关知识包含了具有价值特征的因变量和自变量的互动，这些变量的选择往往涉及在健康、财富、安全、和平、正义、平等和自由一类的价值中做出取舍，选择哪种价值，并不仅仅是一个技术判断，更需要伦理推导。因而，公共政策价值观或公共政策伦理在公共政策科学中占据极为重要的地位。

---

① 王曙光，李维新. 公共政策学[M]. 北京：经济科学出版社，2008.

（四）软科学的重要分支

所谓软科学是指那些以阐明现代社会复杂的课题为目的，应用各种相关学科的理论和方法，对包括人和社会在内的广泛对象进行跨学科研究的知识领域。公共政策学已经成为软科学的一个重要分支，甚至可以说是当代软科学的核心。软科学已经经历了较长的历史发展，在不同发展阶段呈现出不同的特点，并具有不同的重点。20 世纪 50 年代的重点是对科学学尤其是科学社会学的研究；60 年代的重点是运筹学；70 年代的重点是未来学与预测学；80 年代的重点已经转向公共政策学。公共政策学实际上是构成决策科学化和民主化的重要支撑学科，它在解决政策问题和促进社会发展方面的重要作用正被越来越多的人认识[①]。

二、公共政策学的研究范畴

（一）公共政策学的研究对象与特点

笼统地说，公共政策学是以社会政治生活中的公共政策为研究对象的一门学科。关于这一点是没有争议的，但在具体的表述上，学术界还存有多种表述。哈罗德·拉斯韦尔认为，公共政策学是“以制定政策规划和政策备选方案为焦点，运用新的方法对未来趋势进行分析的学问”[②]。叶海卡·德洛尔则强调，政策研究的核心是把政策制定作为研究和改革的对象，包括政策制定的一般过程，以及具体的政策问题和领域；政策研究的性质、范围、内容和任务是理解政策如何演变，在总体上，特别是在具体政策上改进政策制定过程。克朗指出：“政策科学是通过定性和定量的方法，探求对人类系统的了解与改进，它的研究焦点之一是政策制定系统。”斯图亚特·S. 那格尔提出，“政策研究是为解决各种具体社会问题而对不同的公共政策的性质、原因及效果的研究”。奎德认为：“政策分析是应用研究的一种形式……其目的是帮助决策者选择最后的行动方案。”邓恩则认为，“政策分析是一种应用性的社会科学学科，它使用各种研究和论证方法，产生并转变政策相关信息，以便政治组织解决政策问题”。

中国学者张金马提出，政策科学是研究如何运用系统的知识、有结构的理性和有组织的创造性来改进政策制定，以制定更好的政策的一门跨学科性的全新科学。宁骚认为，就行为取向而言，公共政策学的研究对象主要是公共权力组织的决策行为，兼及一部分非政府公共组织的公共性强的决策行为；就结果取向而言，公共政策学的研究对象就是公共政策。陈振明则认为，公共政策学是一门综合地运用各种知识和方法来研究政策系统和政策过程，探求公共政策的实质、原因和结果的学科，它的目的是提供政策相关知识，改善公共决策系统，提高公共政策质量[③]。

综上所述，公共政策学是以公共政策系统及公共政策过程为研究对象的学科，在

① 陈振明. 政策科学——公共政策分析导论[M]. 第二版. 北京：中国人民大学出版社，2003.

② 转引自陈振明.公共政策学[M]. 北京：中国人民大学出版社，2004.

③ 陈振明. 公共政策学[M]. 北京：中国人民大学出版社，2004.

研究公共政策的本质、原因和结果方面，注重内容分析；在研究公共政策的制定、执行、评估和终结等环节，注重过程分析。公共政策学的重点在于从整体上解释政策现象的普遍规律，其目的是提供公共政策相关知识，改进公共决策系统，提高决策质量和公共政策效果①。

（二）公共政策学的研究内容与方法

1. 公共政策学的研究内容

从公共政策学的研究对象可以看出，公共政策学涉及的范围非常广泛，几乎涵盖了人类社会的所有领域，包括了一切和公共政策相关的内容。在学术界，由于学者们自身的知识结构和研究视角不同，对公共政策学的研究内容所强调的侧重点存有差异。西方公共政策学界比较赞同英国学者霍格伍德和冈恩在《现实世界中的政策分析》一书中的观点，将公共政策学研究的主要内容概括为七个方面：①政策内容研究；②政策过程研究；③政策输出研究；④评估研究；⑤决策信息研究；⑥过程倡导研究；⑦政策倡导研究。

国内学术界关于公共政策学主要研究内容的界定各有侧重。有学者从公共政策类型的角度出发，认为其主要研究内容是总政策（元政策，即政策的政策）、基本政策和具体政策。有学者从公共政策的要素角度考虑，提出其主要研究内容包括政策目标、政策信息、政策资源、政策组织、政策环境等。更多的学者主张应将政策制定、政策执行、政策评估、政策终结等视为公共政策学的主要研究内容。还有部分学者认为，公共政策分析的技术与方法、公共政策学的未来与发展等，也应属于公共政策学研究的重点内容。

综上所述，公共政策学的研究内容主要包括：①公共政策的一般理论；②公共政策运行过程；③公共政策分析技术与方法①。

2. 公共政策学的研究方法

公共政策学研究的方法具有多样性。从公共政策学的产生来看，行为主义研究方法的成熟是促使公共政策学诞生的一个直接因素。在公共政策学研究中，运用最多的研究方法有模型研究、系统分析、预测分析、案例分析、量化分析、定性分析、比较研究等。此外，公共政策学倡导以问题为中心而不是以科学为中心的研究路径，既注重事实分析，又注重价值分析，强调公共政策分析中的理性方法、非理性方法和超理性方法的结合使用，主张理论联系实际，历史和比较方法并用。

政策分析人员进行政策分析的方法见仁见智。在最广义的层面上，库克（Cook）和沃佩尔（Vaupel）探讨了政策分析的三种基本的“研究风格”：①政策分析；②政策探讨；③应用社会科学研究。按照库克和沃佩尔的定义，首先，政策分析指的是有关某个定义精准的问题的工作人员备忘录，使用的方法是基本的数据采集手段。其次，政策探讨指的是关于某个宽泛的问题的专论，如放松对天然气的管制的可行性等。此类分析可使用的方法可能包括决策分析、成本与效益分析、系统分析或者其他复杂的手段。最后，应

① 冯静. 公共政策学[M]. 北京：北京大学出版社，2007.

用社会科学研究指的是从学术上对某项政策干预造成界定精确的政策结果的效果进行评估，如有关使用安全带对某个地方交通死亡事故的影响的分析。所使用的手段可以是定量的，如多次回归方法、案例研究等①。

◆ **拓展阅读**

政策分析方法

方法类型	首要目标
过程分析法	分析政策过程的某个部分
实质性分析法	分析某个实质性领域
逻辑实证分析法	运用科学方法分析政策的起因和结果
经济学分析法	检验经济学理论
现象学（后实证主义）分析法	通过直觉过程对事件进行分析
参与分析法	分析多个参与者在决策中所起的作用
规范性或规定性分析法	向决策者或其他人提供政策
意识形态分析法	从自由主义或保守主义立场进行分析
历史分析法	沿着时间轨道对政策进行分析

资料来源：Guba E G. Naturalistic Inquiry[J]. Improving Human Performance Quartely，1979，8（4）：268-276

三、公共政策学的基本特征

公共政策旨在调整社会成员之间的利益关系，实现政府的目标。在不同的社会形态中，公共政策的表现形式各异。在阶级社会里，公共政策具有以下共同特征。

（一）政治性

马克思主义认为："统治阶级的思想在每一时代都是占统治地位的思想。这就是说，一个阶级是社会上占统治地位的物质力量，同时也是社会上占统治地位的精神力量。支配着物质生产资料的阶级，同时也支配着精神生产资料，因此，那些没有精神生产资料的人的思想，一般地是隶属于这个阶级的。"公共政策是公共权力机构为解决某一社会问题而制定的行为规范，是政府政治行为的产物。政府是统治阶级行使国家权力的核心工具。政府的政策要符合统治阶级维护和巩固现行的政治统治的需要，要体现统治阶级的意志，反映统治阶级的根本利益和共同愿望。因而，公共政策集中体现了统治阶级的利益需求，是源于政治动机的组织产物，具有鲜明的政治倾向性。

（二）多样性

公共政策的多样性源于政策的"公共"特征。公共政策的多样性主要可分为层次多样性、领域多样性、形式多样性、时间多样性、功能多样性。从层次来看，政策可以划分为元政策、基本政策和具体政策等；从领域来看，政策可以划分为国防政策、外交政

① 斯图尔特 J Jr，赫奇 D M，莱斯特 J P. 公共政策导论[M]. 第三版. 韩红译. 北京：中国人民大学出版社，2011.

策、经济政策、科技政策、社会政策等；从形式来看，政策可以划分为指示型（具有指导性和强制性等特征）、决定型（具有确定性和稳定性等特征）、建议型（具有选择性、参考性、试行性等特征）、条例型（具有特定性、详尽性、规范性等特征）；从时间来看，根据效果显示的时间要求，政策可以划分为即时型、短期型和中长期型；从功能来看，政策可以划分为引导型、管制型、协调型、分配型、程序型等[①]。

（三）层次性

公共政策要解决的问题是复杂的。因而，政策需要配套，需要众多数量、类型不一的政策组成政策体系。尽管不同的政策之间相互联系，但不同的政策之间并非“平起平坐”，而是有主次之分的。从政策体系的纵向分析来看，高层次的政策对低层次的政策具有指导作用，但它往往是概括性很强的原则规定，难以直接规范人们的行为。只有把高层次的政策加以具体细化，逐层分解，才能转化为可操作性的一系列政策。例如，中央政府制定的政策往往是从整个国家的全局考虑，各地方政策必须根据本地区的实际情况，具体分析政策的目标群体，以中央政府的政策为框架，制定出适合本地区情况的政策。

（四）合法性

政府行为是一种特殊的“法人行为”，体现政府行为的决策，本身就具有一定的法律性质。政策与法律共同体现并代表着统治阶级的利益，政策是法律的重要依据，法律是实施政策的最有效形式。法律比政策更条理化、固定化，而政策比法律更有灵活性，所以政策和法律既是一个相互一致的关系，又是一个相互补充的关系。对于一个逐步走向法治化的国家，政策的合法性是最根本的政治要求，其合法性一是指政治系统的合法化，二是指公共政策的合法化。具体而言，首先表现为在内容上不得与宪法、法律相抵触；其次表现为在程序上要合法。

（五）权威性

公共政策的权威性是以其合法性为基础的，合法化的政策对公众具有普遍约束力。一般而言，一项政策不可能符合所有人的利益，有时不得不为了多数人利益牺牲少数人的利益，为了全局利益牺牲局部利益，为了长远利益牺牲眼前利益。因此，一项政策的出台，对于那些不愿做出利益牺牲的对象而言，不得不带有一定的强制性，这种强制性通常与一些惩罚性措施相关联。若缺少这些强制性措施，很多政策都会沦为一纸空文，如我国实行的计划生育政策、禁鞭令等政策，都是出于全局考虑而制定的具有强制性的政策。

（六）目标性

公共政策是政策主体拟制和选择的一种行动方案。这种方案是对一定政策目标如何

---

① 谢明. 公共政策导论[M]. 第 3 版. 北京：中国人民大学出版社，2012.

实现所做的设计。任何政策都是为了解决政治、经济、社会、文化领域的特定问题而制定的，因此，使问题得到解决就是政策目的。但是，问题朝着什么方向解决、解决到何种程度，则需要通过政策目标的设定来确定。而目标的设定，是具有鲜明的价值取向、资源配置取向和利益分配取向的。简言之，政策主体的意识形态、价值观及其行为的目的性、行为能力，都会通过政策目标的设定而得以体现。目标取向是公共政策灵魂，任何无目标取向和目标取向模糊的政策，都是盲目的政策①。

（七）稳定性

公共政策必须保持一定的稳定性。朝令夕改、变化无常的政策，不仅易遭致目标群体的抗拒，也会丧失政策的严肃性和权威性，降低政府的公信力；同时，还会使政策执行机构无所适从，影响政策的贯彻执行，尤其是事关全局和影响深远的政策，其稳定性具有极为重要的意义。当然，稳定性都是相对的，世上没有完全一成不变的东西，政策亦是如此。公共政策在维持相对稳定性的同时，应随着政策环境的变化而不断调整。例如，计划生育政策就从 1980 年的“一对夫妇只生育一个孩子”，调整至 2013 年的“启动实施一方是独生子女的夫妇可生育两个孩子的政策”，再调整到 2016 年 1 月 1 日正式实施的“全面二孩”政策。

四、公共政策学与其他学科的关系

公共政策学综合运用了人类已经积累起来的各种科学知识及科学方法，具有跨学科的性质。但是，它作为一个相对独立的学科，与其他学科之间又存有一定的界限。

（一）公共政策学与政治学

公共政策学最终是一种政治事物，而政治过程是公共政策学的一个方面或维度。政治学是一门研究政治的学问，它研究“谁得到了什么，何时得到及如何得到”等问题。现代行为主义政治学则关注政治过程，而这种过程在现实政治实践中主要表现为政策过程，即政策的制定、执行和评估等。此外，政治学也要对公共政策进行研究，即描述和解释政府行为的原因及结果，其研究的关注点包括：描述公共政策内容；分析社会、经济和政治力量对公共政策内容的影响；探寻各种制度安排与政治过程对公共政策的影响；评估公共政策实施对社会产生的预期和非预期的结果②。从某种意义上，公共政策学是政治学的一个重要组成部分或核心分支。

（二）公共政策学与经济学

经济学很早就开始经济政策研究，为公共政策学的发展做了重要贡献，而且从经济学角度进行研究是公共政策学和公共政策分析的一个主导途径。经济学是研究人类经济行为尤其是经济选择行为及经济政策的学科。有的经济学家提出，经济问题根本上就是

---

① 宁骚. 公共政策学[M]. 第 2 版. 北京：高等教育出版社，2011.

② 戴伊 T R. 理解公共政策[M]. 第十二版. 谢明译.北京：中国人民大学出版社，2011.

选择问题。我国有些学者由此提出，公共政策学包括了一切经济学。经济学研究如何扩展一个国家或地区的经济，使其经济能力达到最大；而公共政策学研究如何最佳地利用这些经济能力，以达到社会效益最优。公共政策学与经济学的根本区别是公共政策研究如何配置一个国家或地区在其管理权限内的经济能力，最大限度满足社会需求；公共政策并不具体地研究各种经济现象与经济行为。

（三）公共政策学与社会学

“从最广泛的意义上说，社会学既是一门特殊的社会科学，又是一门政策科学。”[①]社会学与公共政策学的联系是多方面的，主要有以下方面：①社会学研究日益关注社会政策的制定和执行过程。社会学家从宏观模式回溯性地解释为什么有某项政策、方案的出台，以及为何呈现某些管理效果。②某些社会学领域致力于解决特定社会问题的政策研究，这些往往是解释性的，且以微观的模式为基础。主要表现在它对社会问题、越轨行为、犯罪和社会变迁所特有的学科兴趣上，社会学中的政策研究几乎都是描述性的，而不是规范性的，而且其研究主要集中在政策过程而非政策内容。③社会学在评估研究上对公共政策学做出贡献。社会学提出的一些独特的评估方法或模式，有助于公共政策执行失败的组织进行原因分析。④社会学领域出现了社会政策（学）的专门领域，它既是社会学的一个分支，也是公共政策学的有机组成部分。

（四）公共政策学与哲学

哲学被誉为“科学的科学”，现有的各种科学学科都是从哲学母体中分离出来的。哲学对公共政策学有重要的影响，其对公共政策学的贡献比任何一门自然科学或社会科学都要巨大。哲学为公共政策学提供概念框架和一般方法论基础。西方公共政策学在其发展过程中借用了逻辑实证主义，即其他科学哲学概念。逻辑学为公共政策提供了基本的理论模型和研究工具；社会哲学为公共政策分析提供了有效的规范性原理；伦理学为公共政策价值分析提供了基本原理和方法，如罗尔斯的《正义论》是西方政策科学中价值分析的重要理论基础。

（五）公共政策学与法学

法学专业以法律为研究对象，法律构成了一类非常重要的公共政策文件，因而，公共政策学与法学关系比较密切。政策和法律在性质、作用、方式等方面具有相似、相近和相同之处。法学极大地影响着法规在立法者中间的表述，它还直接控制各案件诉讼的过程，法律辩护为其他领域提供标准的实用辩护模型。但是，法学研究和法律实施的方法论不能说是科学的，其对公共政策的贡献较为有限。法律分析作为一种法律方法来研究，目的是澄清公共政策的历史形成、明显意图和后期的法律说明。公共政策学与法学的研究内容和角度亦有区分，可以说公共政策学的研究内容更为广泛，涉及许多法律之

---

① Reigg Jr A J. Sociology and Public Policy[A]//McCall G J，Weber G H. Social Science and Public Policy：The Roles of Academic Disciplines in Policy Analysis[M]. New York：Associated Faculty Press，1984.

外的规范或工作准则。

第三节 公共政策学的理论体系

一、公共政策学的研究途径

公共政策学是一个跨学科、综合性的研究领域，它可以有不同的研究途径、方法和观点。首先，公共政策学可以在不同的社会科学学科的框架中加以研究。美国公共政策学的发展中，形成了几种较有影响的学科途径，即政治学途径、经济学途径、管理学途径和社会学途径等研究途径。其次，可以从某些社会科学的理论、假设或模型出发来研究公共政策及其过程，由此形成的研究途径更是多种多样。研究途径的不同，导致对公共政策性质、原因和结果，以及公共决策系统及其运行做出不同的描述或解释。

（一）政治学的研究途径

政治学可以定义为对整个社会或社团进行集体决策的组织结构、过程及对公共政策进行研究的学科。它主要涉及权力建立与运用的制度和行为，其研究范畴是政治系统。政治学是规范性的，主要研究政府的制度结构和相应的哲学思想。政治学侧重分析公共政策的制定和执行过程，尤其关注利益集团和个体决策者的作用，重点研究具体领域的公共政策，对选举、立法机关、司法、行政部门和其他政府部门的改革及国际关系和国外公共政策等问题都着重分析。政治学通过建立因果关系的方法和在不同公共政策中进行选择的方法对公共政策进行比较分析。政治学注重研究与政党、利益集团、公众舆论和选举行为，以及住房、交通、贫困、犯罪、教育和环境保护等问题有关的公共政策[①]。

（二）经济学的研究途径

经济学途径历来是公共政策学研究的一个主导途径。它主要采用经济学的理论假设、概念框架、分析方法和技术来看待公共政策问题。主要有以下四种分析框架：①微观经济学。微观经济学家在参与公共政策事务的过程中，致力于政策分析和经济学的交叉研究，运用演绎法和数学模型，以社会效用最大化为目的来讨论政府制定政策的机会成本与沉淀成本。②宏观经济学。宏观经济学框架是政策制定者运用总量分析方法及宏观经济模型，分析社会总体的经济行为及其后果，制定各项宏观经济政策，实现促进就业、稳定物价、促进经济增长等社会目标。③福利经济学。公共政策学运用福利经济学的有关理论分析政府的现实政治、经济制度，剖析现实问题，制定相应的政策，实现收入的公平分配，经济的平稳运行。④制度经济学。公共政策本身也是一种制度，公共政策知识有助于根据特定目标在现实世界中形成各种制度。经济学家可以就如何才能在不同制度集的基础上更有效率地追求目标这类问题，提出政策建议[①]。

① 陶学荣.公共政策概论[M]. 北京：中国人事出版社，2006.

（三）管理学的研究途径

管理科学以信息科学、运筹学、系统分析、管理经济学、系统工程和社会心理学为基础，其理论核心是改进管理决策。管理科学对公共政策分析的最大贡献是系统方法，系统方法强调大量条件和事件中的复杂联系，认为不能脱离整个系统的运行来考虑单一要素的运行效果。系统方法用于具体的决策问题是能够通过仿真模型来预测系统效果的有效性的，这些模型一般是数学模型或计算机程序，特别重要的模型有线性规划、动态规划、网络分析、对策论及决策分析等。一般来讲，公共政策为管理科学确立整体性的行为方向与总目标，管理科学的发展要在公共政策的指导下进行。同时，公共政策从总体上说是一种抽象的行为原则与规范，只有通过管理科学的具体行为才能将公共政策的目标变为现实。

（四）社会学的研究途径

社会学主要是研究构成社会结构的单位和适应社会结构的人类行为的变化，而社会结构是指任何有选择的、周期的、有规律的和通过各种社会控制来调节的社会互相作用的模式。社会学对公共政策分析的主要贡献体现为它对社会问题、种族关系、家庭问题、犯罪学和社会变革所进行的研究。社会学中关于公共政策的研究就是描述性的，主要集中在公共政策过程，特别是集中在公共政策的制定、实施和效果评价等几个阶段。社会学在社会控制、社会化和社会变化等领域内，形成了大量的实践知识和理论知识，这些有助于理解不同公共政策的实施效果，有助于理解公共政策制定者和执行者的行为。同时，社会学特别注重研究一些与公共政策分析相关的问题，如为什么有的社会实践会被当做社会问题，以及如何寻求解决这些问题的方法等。但由于社会学的体系强调结构化，而且致力于研究实际政策管理的变量，因此，社会学对公共政策分析的应用较为有限。

二、公共政策学的研究工具

（一）政策工具内涵

在现实需要及理论与实践紧密结合的刺激下，政策工具研究盛行，特别是在公共管理领域。但是，对于什么是政策工具，由于研究者的理解视角不同，对政策工具的界定不尽相同。例如，有学者定义其为“影响政策过程以达到既定目的的任何事物”，或“一个行动者能够使用或潜在地加以使用，以便达成一个或更多目的的任何事物”。也有学者认为政策工具只具有正式和合法性特征，如尼达姆对政策工具的界定是“相对于公共主体的可用的具有合法性的治理”，许多坚持工具的正式特征的学者都赞同这个定义。然而，现实中政策工具除具有正式特征之外，还存在非正式的特征。欧文·E.休斯将政策工具定义为：“政府的行为方式，以及通过某种途径用以调节政府行为的机制。”[①]我国学者张成福和党秀云则将之界定为：“政府将其实质目标转化为具体行为

① 休斯 O E. 公共管理导论[M].彭和平译. 北京：中国人民大学出版社，2001.

的路径和机制。”①

目前，政策工具最常见的定义是：“一个行动者能够使用或潜在地加以使用，以便达成一个或更多目的的任何事物。”简单地说，政策工具就是达成政策目标的手段。首先，政策工具的存在就是为了实现政策目标，它是作为目标与结果间的桥梁而存在的。其次，政策工具仅仅是手段，而不是目的本身，政策工具的范围极其广泛，对它的选择也有相当大的灵活性。最后，政策工具的主体不仅仅是政府，其他主体也可以有自己的政策工具。胡德提出的“工具”概念可通过将其区分为“客体”和“活动”而得到更明确的理解。

（二）政策工具特征

政策工具既然被界定为是一种“客体”。首先，它的最基本特征就是客观性。政策工具限定为实现政策目标或结果的手段，无论是决策者、政策执行者或政策对象，都可以对政策工具的存在有明确的感知。其次，政策工具具有多样性。政策工具可以是一种类型的物品或服务，如为公众提供的信息服务，为公众提供现金或贷款；可以是一种提供物品或服务的工具，如税收系统、司法系统；也可以是一种提供物品或服务的部门，如政府部门、非政府部门、地方政府或营利部门；还可以是一套规则，规则可以是正式的或非正式的，主要是界定各提供者之间的关系。最后，政策工具还是动态的。政策工具并非一经选定就永久不变，它必须不断地调整以跟上社会经济发展的需要。在政策工具运用过程中，即使政策工具本身不变，但主体运用它们的方式、策略，以及目标团体为了避免该工具的消极影响而采用的策略也会发生改变。因而，政策主体在不同的情况下要选用不同的政策工具。

简言之，政策工具的特征主要有以下几个方面。

（1）有效性。政策工具是能够解决公共问题的工具，有效性是判断政府公共行动成功的最为重要的标准，也是人们所言的社会效益。有效性表明一项公共行动达到了目的。虽然成本是一个考量的重要指标，但有效性常常独立于成本之外。如果一项公共行动没有达到预定的目的，即使所付的成本很少，这项公共行动也是没有任何意义的。因此，有效性是政策工具的一项基本特征。

（2）公平性。政策工具最好是能够满足社会公平要求的工具，因此，政策工具最好满足公开、公平、公正的特性。例如，社会保险可能被认为是最好的政策工具，因为它的目的就是保障所有个体的基本权利，其中当然也包括弱势群体的利益。

（3）适应性。政策工具的适应性是指政策工具不仅能够适应当时的环境，还能够随着环境变化而变化。在现代社会中，适应性越来越重要。诺斯通过对适应性效率的研究，强化了制度在经济生活中的重大意义，从而修正了古典经济学。奥斯特罗姆通过对基础设施的研究指出：“如果制度安排不能对变化的环境做出反应，那么基础设施的可持续性就很可能遭到破坏。”②

（4）可操作性。除了有效性、适应性、公平性之外，最近的研究表明在政策执行过

① 张成福，党秀云. 公共管理导论[M].北京：中国人民大学出版社，2001.

② 奥斯特罗姆 E，施罗德 L，温 S. 制度激励与可持续发展[M]. 陈幽泓，谢明，任睿译. 上海：上海三联书店，2000.

程中管理变得越来越重要。管理难度会随着工具的数量、复杂程度及参与者的增加而增加。虽然有些政策工具在理论上具有很好的社会效应，但实践中却会因管理方面的原因而失效。因此，有些学者认为可操作性是政策工具的第一标准。

（5）公共行动合法性和政治可行性。政策工具的选择会受到政治可行性和公共行动合法性的影响。例如，在选择工具时，首先要决定执行计划中涉及哪些行动者和利益，有哪些是最支持或最反对计划的。一项工具即使效率高、效果好，但如果缺乏政治支持，也会被弃用。此外，公民对一项公共行动合法性的认同或抗拒也会影响政策工具的选择①。

（三）政策工具分类

荷兰经济学家科臣最早试图对政策工具加以分类，他着重研究这样的问题，即是否存在一系列的执行经济政策以获得最优化结果的工具。他整理出 64 种一般化的工具，但并未加以系统化地分类，也没有对这些工具的起源和影响加以理论化探讨。一般来讲，政策工具主要分为以下 4 种类型。

1. 经济性工具

经济性工具指的是政府为了实现自己的意图、达到政策目标而采用的给予或夺取物质利益的方式。经济性工具运用价格、工资、利润、利息、税收、资金、罚款，以及经济责任、经济合同等来组织、调节和影响政策执行者和政策对象的活动。经济性工具具有 3 个特征：第一，间接性。它一般不直接对政策实施进行干预，而是通过利用经济杠杆作用对各个方面的经济利益进行调节来实行间接控制的。第二，有偿性。经济性工具的核心在于贯彻物质利益原则，注重等价交换原则，“有偿交换、互相计价”是其主要原则；有关各方在获取经济利益的权益上是平等的。第三，关联性。一种经济性工具的变化不仅会引起社会多方面经济关系的连锁反应，而且会导致其他各种政策工具的相应调整，它不仅影响当前，而且会波及今后。

2. 行政性工具

行政性工具是指政府利用公权力和权威，采用行政命令、指示、规定及规章制度等行政方式，按照行政系统、行政层次和行政区划来实施政策的方法。行政性工具有着显著的特点：第一，权威性。采用行政性工具的行为主体多是上级政策机关或上级领导，作用对象是下级政府机关或工作人员。他们之间强调的是垂直领导关系，下级服从上级的关系。第二，强制性。强制性体现于行政组织体系在思想上、纪律上要求服从集中统一的意志。第三，对象的有限性和时效性。在实际工作中，行政指示、命令等往往是就解决某一具体问题、完成某一项具体任务而做出的，因此，它的内容和发布对象是具体有限的。不仅如此，行政指令还有时效性，即它只对特定时间和特定对象有效。行政性工具包括行政立法、行政处理、行政主体实施的其他行为等。

---

① 刘圣中. 公共政策学[M]. 武汉：武汉大学出版社，2008.

3. 政治性工具

政治性工具指的是政府为了实现自己的意图、达成政策目标而运用各种政治资源的手段和方法。所谓政治资源，是政治主体可以用来影响他人行为的政治手段和政治财富，它可以分为硬性资源和软性资源。硬性资源主要有警察、武装、传播、政党、团体、民族等；软性资源主要有财富、威望、知识、信息等。政治资源是维持公共政策得以执行并顺利推进的力量源泉，是实现公共政策目标的基本保证。政府运用政治资源来达成政策目标的方式主要有政治管理和政策参与两种方式。因此，政治性工具也就包括政治管理和政治参与。

4. 社会性工具

社会性工具是指政府更多地利用社会资源，在一种互动的基础上来实现政策目标，如社会治理、个人与家庭、志愿者组织、公众参与听证会等。一般而言，社会性工具往往只能作为一种辅助工具使用。社区治理不但可以节约政府资金成本，亦可以提高公众参与积极性和认同度。在许多服务领域，家庭、志愿者组织较其他工具更具有适应性，也能收到广泛的政治支持。听证会可以提高决策的民主性和科学化，扩大决策参与，增加决策的透明度和公开性①。

三、公共政策学理论体系的构建

（一）公共政策学理论体系的构建方法

一个学科理论体系的构建，采用何种方法主要取决于该学科的研究对象及其成熟的程度。从科学方法论的角度出发，科学的政策理论体系有各种各样的构建方法，可供选择的方法主要有以下四种。

1. 演绎与推理的方法

这是成熟学科体系建构的常用方法之一。它的要点是依据演绎推理，从公理、公设、原理或基本概念出发，推导出定理、规则及其他概念，形成有机的推理系统。数学的许多分支（如几何学）、数理逻辑及理论物理等学科就是通过演绎方法建立起来的。用这种方法建立起来的理论体系最严密，其科学性、形式化程度最高。而公共政策理论体系的科学性，则要求其运用演绎与推理的方法来进行研究，以使公共政策的制定和执行具有规范性、合理性和可行性。

2. 逻辑与历史的方法

这种方法强调学科概念理论的逻辑发展顺序与历史发展相一致，即要求在逻辑范畴体系中反映该领域认识发展的历史。哲学史和科学史的学科体系安排一般采用此种方法。因为人的认识总是逐步深化、无限发展的，如在哲学史和科学史上，初始学派及代表人物的基本观点总是比较简单、片面和抽象的，越往后越复杂、全面和深刻，通过范畴的

① 刘圣中. 公共政策学[M]. 武汉：武汉大学出版社，2008.

发展可以看到认识的历史发展。自然科学的一些学科也采用这种方法，如力学理论体系就是一例，它从静力学到动力学的发展，以及其中的概念、定理、原理的发展，基本上与人类对力学领域认识的发展历史相一致。在本书开始阐述的公共政策研究的历史进程中不难看出，西方公共政策研究的兴起、初步发展、近期发展和发展走向，都说明了公共政策认识上的逐步成熟和理论体系上的科学发展。

3. 抽象与具体的方法

这种方法先叙述那些最简单的、内容比较贫乏的抽象规定，以其作为该学科的理论出发点，然后，使这些最一般的定义和原理在整个叙述过程中不断深化和丰富，同时，又以越来越具体的内容加以充实，直到这一学科的研究对象得到完整的阐述为止。马克思的政治经济学（《资本论》），是运用从抽象上升到具体的原则和方法的典范。在公共政策研究方面，表现为理论与实践、经验与总结、总体与具体、简单与完善等方面的发展过程。

4. 外在的编排方法

这通常是不成熟学科所采用的方法。这种方法一般是把同类的东西放在一起，把简单的东西放在复杂的东西之前，以及基于其他方面的考虑，概念和理论未做任何推演和论证时，而做出的规定和划分就构成学科体系的框架。用这种方法构建起来的理论体系没有多少内在的联系。黑格尔曾经形象地批评这种方法是把长短不一的木棍捆在一起。

由于公共政策学尚不成熟，难以采用演绎方法和从抽象上升到具体的方法，也不宜单独使用逻辑与历史一致的方法，更不应该采取外在编排方法。根据目前公共政策学发展的状况及我国的具体情况，可以采用系统发生论方法，即把系统论和过程论的方法结合起来，从系统论的角度，将政策系统视为一个由政策主体、政策客体和政策环境构成的系统，将政策系统看做一个发生和发展的过程。具体说，表现为政策制定、执行、评估、监控和终结等一系列阶段或环节所组成的过程。通过系统发生论方法，揭示政策系统及其运行的特性和规律，政策的起源、本质和功能，政策过程的各个阶段或环节，政策思维方法论及价值观等问题，从而形成公共政策学的理论体系。采用系统发生的方法，就是要通过概念、理论将政策系统及其发生、发展的过程在思维中再现，在概念理论的演进中把握政策的现实过程。由此观之，系统发生的方法既包含了系统论及发生论的因素，又包含了逻辑与历史一致方法的因素①。

（二）我国公共政策学的理论体系

根据公共政策理论的基本内容与方法，结合我国的实际发展状况及其现实需要，来确立公共政策学的理论体系。一般而言，公共政策学的理论体系主要包括以下四个部分。

1. 公共政策基础

公共政策基础主要探讨和阐述公共政策研究的历史进程、学科性质、研究对象与方法、理论体系和现实研究意义，公共政策的基本概念、特征、类型、功能、主体、客体，

---

① 陈振明.政策科学——公共政策分析导论[M]. 第二版. 北京：中国人民大学出版社，2003.

以及公共政策的政治、经济、社会和国际环境等问题。

2. 公共政策过程

公共政策过程主要研究和阐述公共政策的各个阶段或环节，包括公共政策的制定、实施、监控、评估、调整和终结等过程的基本内容与方法问题。其核心在于对公共政策制定与实施的研究。

3. 公共政策实务

公共政策实务主要分析和阐述公共政策的基本内容，包括经济政策，如产业、外资、财政、货币政策等；政治社会政策，如国防与外交、人口、就业和社会保障政策等；科技文教政策，如科技、教育和文体政策等。

4. 公共政策分析

公共政策分析主要讨论和阐述公共政策分析的程序，以及具体的系统分析和经济分析等问题，涉及公共政策基础、过程和实务相关内容，尤其是公共政策的分析方法①。

第四节 公共政策学的研究意义

一、公共政策学的成功

公共政策学是一门具有很强的社会应用性的学科，同时它也是一个需要进行广泛而深入的理论探讨的领域。研究公共政策的目的在于研究政府在做什么、为什么这样做、这样做的结果是什么。从对公共政策的研究中，我们能够学到以下三点。

1. 描述政策

通过政策分析，我们能够描述公共政策——可以得知政府在社会福利、国防、教育、公民权利、医疗卫生、环境、税收等领域正在做的事情或者不做的事情。了解国家政策的实际状况和相关信息。

2. 调查原因

通过政策分析，我们能够探究公共政策形成的原因和决定性因素。为什么公共政策是这样的？为什么政府做这些事情？探究政治制度、政治过程和政治行为对公共政策产生的影响。

3. 探究结果

通过政策分析，我们能够追寻公共政策的结果或产生的影响。通过政策评估，了解公共政策给人们生活带来的变化②。

---

① 王曙光，李维新. 公共政策学[M]. 北京：经济科学出版社，2008.

② 戴伊 T R. 理解公共政策[M]. 第十二版. 谢明译. 北京：中国人民大学出版社，2011.

与 20 世纪相比，21 世纪许多地方的很多人都生活得更好。这与公共政策有很大的关系，无论是直接通过项目，如强制性的儿童免疫接种、义务教育，还是间接通过建立使现代经济得以蓬勃发展的制度，都与公共政策密切相关。例如，专利制度授予发明者（或者设计者）在一个固定的时限内独家生产新产品的权利，这为私人部门的研究和创新提供了强大的动力。

我们取得非凡的经济进步是建立在良好的公共机构这一坚实基础之上的：能够清晰界定产权、制定合理的法律制度、营造良好的管制环境、提供高效的公共基础设施等。更好的公共政策催生更加明智的决策，对人类行为更好的理解，更加有效地解决观点分歧的制度，以及帮助我们实现健康、高效、安全与和平的生活。

◆ 拓展阅读

好的科学和伟大的政策：天花的全球性根除

天花（smallpox）是一种致人毁容且致命的疾病，是对人类打击最大的疾病之一。这一疾病由病毒引起，通过直接接触，在人与人之间进行传播。天花患者的身体长满了令人疼痛的脓包，这一疾病最后会留下深深的疤痕，甚至致人死亡。1967 年，全世界有 1 000 万~1 500 万例天花病例，导致 200 万人死亡，数百万人失明或毁容。

但是，在 20 世纪 60 年代社会上就已经有了预防天花的技术。18 世纪后期，一位名叫爱德华 · 琴纳（Edward Jenner）的英国医生发现，感染牛痘的人带有一种相对温和的天花病毒，这会使身体产生抗体，保护其之后不再感染天花。

结果，强制性的免疫措施在很大程度上消除了发达国家的天花威胁。然而，在 20 世纪 60 年代，天花仍然在巴西、非洲、印度次大陆和印度尼西亚肆虐。1967 年 1 月 1 日，世界卫生组织发起了全球根除天花计划。

虽然天花确实很可怕，但它的一些疾病特征使公共卫生运动容易开展。

（1）由于天花引起的皮疹和脓疱是很容易识别的，因此，天花容易诊断。

（2）不通过动物传播。天花只在人之间传播（与疟疾不同，疟疾由蚊子传播）。

（3）病情进展迅速，这对患者不利，但也使患者很快发觉自己得病了，从而减少传染给他人的可能性。

（4）感染天花不会引起社会歧视。

一些新的技术也给医务工作者提供了帮助：冻干疫苗消除了对冷藏的需要，这使在热带运输和储藏疫苗变得更加容易；一种新式的分叉针为疫苗注射提供了一个廉价、简单且有效的方法。

天花的根除主要是良好的政策的胜利，而非新药物或新技术的胜利。由于可能达到 100%的免疫率，世界卫生组织设定了 80%左右的免疫率目标（通过免疫留下的小疤痕很容易测量），并通过“监视和隔离”政策防止天花大规模传播。当发现新的天花病例时，医务工作者立即隔离患者，并对所有可能接触过的人采取免疫措施。在一些情况下，甚至会挨家挨户地搜寻那些受影响的邻近村民。为防止疾病进一步传播，甚至会派警察驻守在被感染的家庭周围。

1977 年，索马里报道了最后一例自然发生的天花。当时的世界卫生组织总干事哈夫丹·马勒（Halfdan T.Mahler）博士将这一成功——人类历史上第一次根除了地球上的一个重大疾病——描述为“管理的胜利，而非医药的胜利”。

资料来源：转引自韦兰 C.公共政策导论[M]. 魏陆译. 上海：格致出版社，上海三联书店，上海人民出版社，2014

二、公共政策学存有的挑战

（一）什么才是更好的

任何关于如何使世界变得更美好的讨论，都开始于这样一个事实，即不同的人对什么是“更好的”有不同的定义。对于公共政策是否成功，不存在单一可量化的衡量方法，我们不能平白无故地说日本得了 98 分，瑞典得了 87 分。我们可以尝试建立指数，如幸福指数，但是，什么因素应该被纳入这一指数，各自的权重应该是多少，理性的人对此会存在极大的分歧。有太多可行的用于衡量成功的方法，但将这些衡量方法归集于一个公共政策指标，却有点类似于将“苹果和橘子”进行比较，对于公共政策来说，这一比较有可能是“工作和环境质量”“公众安全和个人自由”，或其他一些不易协调的选择。例如，从自身角度出发，你会选择支持下列政策中的哪一个：

（1）一项经济发展计划可以在佛罗里达州创造 10 万个新就业岗位，但是，却会给大沼泽地国家公园带来永久的损害。

（2）一项自由贸易协定可以提高国家的整体财富，但是，却会使某些行业损失大量的工作岗位。

（3）一项刑事司法建议可以降低暴力犯罪率，但是，却增加了冤枉好人的可能性。

（二）基本价值观的分歧

公共政策需要共同决策，这些共同决策决定了我们生活的社会如何运转。但在决策过程中，每个人都有一套自己的核心价值观。在很多情况下，一个人的核心价值观也许会与其他理性人的核心价值观发生激烈冲突。没有绝对的真理，科学、技术及任何知识探寻过程都难以改变一个人的思想。相反，宗教信仰、文化、教育及生活经验对一个人的价值观有重要影响。在社会问题上，基本价值观的分歧随处可见，如堕胎、枪支管制、婚前性行为等。实际上，价值观往往是政策争论的核心。例如，是否应该让“缺陷婴儿”生下来；相关领域的 DNA 检测入库，如果可以的话，谁的 DNA 应该或不应该纳入数据库？这不是科学问题，而是超出科学进步范畴的伦理问题。对于很多问题，理性人强烈坚持他们自己的观点，并且新的证据和更深入的研究都不能改变他们的观点，但是，社会必须为这些问题找到一个解决之道，这一事实使得公共政策更为复杂。

（三）“副作用”或“社会成本”

几乎所有的政策改变都会产生社会收益和社会成本，一个好的政策应该是收益大于成本。问题的复杂性在于，社会成本或者“副作用”经常是强加给那些根本没有从公共政策中受益的人的身上，利益受损的个人或群体将对他们的牺牲感到不满，无论这个政策变化对社会整体多么有利。例如，政府限制高硫煤的使用会改善空气质量，但其带来的好处多是高度分散的，有数十亿人享受更好的环境，即使总收益非常大，但每个人收益也许非常小。与潜在的受益者相比，潜在的受损者更可能在政治上组织起来。由于一项政策的好处和成本不一定落在同一个人或同一群人身上，这使公共政策非常复杂。即使一项政策的社会净收益巨大，它也会遭到那些承担过多成本的群体的反对。

（四）平衡现在和未来

政策变化经常增加的是当前的成本，但其带来的收益将来才能实现，或者相反，今天得到好处，将来要付出成本，因为其成本和收益发生在不同时期，所以，这类决策被称做跨期决策。通常，公共政策有一个时间跨度。例如，一个国家为了使鱼类的数量得到恢复，可能会限制捕获某些鱼类，这一政策将会减少当前渔业收入，但是，会大大增加将来的渔业收入。或者，社会经济通过借钱而非使用现有税收收入来筹集修建重大基础设施。一些问题要求一群人——甚至整个国家——为了将来的利益甚至下一代的利益，在当前做出牺牲。或者，社会有更多的机会让当代人享受，而让下一代承担成本。即便只涉及私人行为，人类也不总是善于做出跨期决策，跨期决策使公共政策更加复杂。

（五）集体行动难题

集体行动难题经常困扰着群体行为——群体成员不能或不愿通过某种方式把自己组织起来，虽然长远来看这将使他们的境况变得更好。公共政策的一个核心原则认为，个人能够以一种使自己变得更好的方式行事。但是，在很多事例中个人根据自己利益做出看似理性的决策，却导致了糟糕的结果，如渔业的“过度捕捞”等。自愿性的自我约束措施往往不可能实现预期目标，如果缺乏监督和强制措施，任何试图保护公共资源的自愿协议都终将无效。为了取得更好的政策结果，好的公共政策需要制订计划帮助人们克服集体行动难题。

（六）科技进步孕育着新的挑战

科学技术的进步让我们的生活更加美好，但是，大多数科技突破都会带来大量政策问题，如转基因食品安全问题、基因检测案例。对于基因的认识使我们生活变得更美好，但我们不得不面对一些敏感的社会问题，如谁应该被允许获得个人的基因指纹。互联网的发明改变了我们的交流和贸易方式，但同时也产生了新的政策挑战，如隐私保护、垃圾邮件、域名分配、未成年人访问成人网站，甚至数据传输价格低廉使工作外包。当我们享受互联网带来的好处时，我们必须应对这些问题。科技一方面使我们的生活变得更加便利，但另一方面也使公共政策更加棘手①。

① 韦兰 C. 公共政策导论[M]. 魏陆译. 上海：格致出版社，上海三联书店，上海人民出版社，2014.

三、政策研究的必要性

政策研究具有十分重大的理论价值与实践意义，关于这个问题，国内外许多学者进行了探讨。美国著名的政策科学家 A. 兰尼认为，政策研究有科学的、专业的和政治的三个方面的意义。其一，科学的理由。政策研究有助于人们更好地理解政策的起因、发展过程和它带给社会的影响，反过来有助于增加人们对政治系统和社会的理解。其二，专业的理由。了解公共政策确立的要素及知道既定政策的某些后果，可以为个人、团体和政府获取政策目标的行政提供有益的意见，以表明特定的目标要靠何种政策来实现，以及何种政治因素和环境容易导致某一特定的政策。其三，政治上的理由。政策研究能够保证政府采取正确的政策以获取“合理的”目标①。

我们学习和研究公共政策学，其必要性或基本意义有以下几个方面。

1. 改进政策系统，提高政策质量

公共政策的制定和执行是公共权力机关的基本活动，这种活动的出发点和归宿应当是人民群众的根本利益，但是，这一根本的价值取向只有通过科学决策和民主决策才可能变成现实。学习和研究公共政策，可以让我们认识到，一项好的政策制定并取得令人满意的政策结果，单凭良好的主观愿望是远远不够的，还需要进行科学的政策分析。通过分析得以洞察有哪些因素影响政策的制定和执行的方向，是怎样影响的，影响的深度和广度如何，在政策系统内部做出什么样的改进就可以使政策的制定和执行获得更好的结果；同时还可以洞察一项政策的实施会对目标群体产生何种作用，对政策环境有何作用，正面的或负面的，积极的或消极的，长期的或短期的，等等。如此，人们就可以遵循公共政策的制定和执行的客观规律，有效地改造自然和社会。美国学者安德森指出，公共政策研究的宗旨就是保证政府采取正确的政策以实现合理的目标。“尽管社会上对什么是‘正确的’政策和‘合理的’政策目标存在着很大的分歧，他们仍希望按照人们愿意的方式提高公共政策的正确性。”②

2. 理解公共政策，满足公共利益诉求

学习和研究公共政策学是对群众进行政策教育的一种基础性的、行之有效的方式。通过掌握有关公共政策学的知识、理论和研究方法，一方面可以破除人们对公共政策的神秘感、无力感，了解政策的制定、执行过程和元政策、基本政策的政策目标，以及为实现目标而进行的资源配置，了解随着一项政策的实施会带来什么样的利益和价值重新分配及对个人生活、社会结构产生的影响。另一方面可以通过对公共政策的形式构成、政策过程各个阶段、各个环节的了解，更加理性地决定通过何种渠道、何种方式向政府提出自己的政策建议，促使公共政策更全面、真实地体现人民群众的根本利益。

---

① 兰尼 A. 政策内容的研究：一种选择的框架[A]//安德森 J E. 公共决策[C]. 唐亮译. 北京：华夏出版社，1990.

② 安德森 J E.公共决策[M].唐亮译. 北京：华夏出版社，1990.

3. 推动多学科研究公共政策

公共政策的研究可以是为了纯粹科学上或学术上的理由，即研究政策是为了更好地理解政策的起因、发展过程和它对社会带来的影响，反过来可以增加人们关心社会及政治系统的知识。公共政策早已是政治学、经济学、社会学及其他社会科学学科所关注的对象。公共政策是一个跨学科研究领域，它往往被人们称为社会科学学或元社会科学，它的范畴、理论或原理具有方法论作用，可以为社会科学的各学科，如政治学、经济学、社会学等所借鉴或运用。因此，公共政策研究可以促进社会科学的其他学科发展，加强我们对一般社会科学性质、意义、可靠性及理论发展的了解①。通过对公共政策学的学习和研究，促使人们更清楚认识到公共政策是连接认识世界和改造世界之间至关重要的桥梁。因此，社会科学和自然科学各学科的研究工作都有必要从公共政策学这个视角去思考自身研究工作的意义和价值②。

本章小结

公共政策学自 20 世纪 50 年代在美国诞生以来，经历了初步发展、近期发展和最新发展等阶段。经过半个多世纪的发展，公共政策学已经成为社会科学中一个独立而又具有相当影响力的交叉性学科。公共政策学的综合性、跨学科属性决定了其具有政治性、多样性、层次性、合法性、权威性、目标性、稳定性等特征；拥有模型研究、系统分析、案例分析、量化分析、定性分析、比较研究等多样性的研究方法；与政治学、经济学、社会学、哲学、法学等学科具有较强的关联性。公共政策学可以从不同的社会科学学科的途径加以研究，如政治学途径、经济学途径、管理学途径和社会学研究途径。本章介绍了公共政策科学理论体系的研究途径、研究工具和理论构建方法，阐释了公共政策学研究的成功、存有的挑战、研究的必要性及意义。

关键术语

公共政策学　历史进程　学科属性　理论体系　研究意义

复习思考题

1. 政策科学为什么在美国兴起？
2. 政策研究的含义是什么？该研究领域与政治学和其他社会学科有什么关系？
3. 公共政策学科发展历史中有哪些重要阶段？有哪些代表人物？
4. 如何理解公共政策研究的多学科性？
5. 20 世纪 70 年代至 21 世纪，从公共政策研究的演进变化中可以看出何种趋势？
6. 为什么要研究公共政策？

---

① 陈振明. 政策科学研究与现代社会发展——论政策分析的意义[J]. 岭南学刊，1995，(6)：93-96.

② 宁骚. 公共政策学[M]. 第 2 版. 北京：高等教育出版社，2011.

◆ 案例分析

教育部：2015 年农村贫困地区定向招生专项计划将招收 5 万名学子

为进一步促进教育公平，畅通农村和贫困地区学子纵向流动渠道，教育部于 2015 年 4 月 3 日发布通知，对 2015 年重点高校招收农村学生有关工作进行了全面部署，其中提到，2015 年，农村贫困地区定向招生专项计划安排招生计划 5 万名，实施区域为 832 个贫困县，以及重点高校录取比例相对较低的河南、甘肃等 10 个省区。

通知指出，这 5 万名学子将由中央部门高校和地方“211 工程”高校为主的本科一批招生学校承担。同时，2015 年将继续实施农村学生单独招生计划，由教育部直属高校和其他自主招生试点高校承担，招生计划不少于学校本科招生规模的 2%，主要招收边远、贫困、民族等地区县及县以下优秀农村学生，具体实施区域由有关省（自治区、直辖市）确定。

据介绍，报考农村贫困地区定向招生专项计划的考生，本人须具有实施区域当地连续 3 年及以上户籍和当地高中连续 3 年学籍并实际就读，父母或法定监护人具有当地户籍，有关省（自治区、直辖市）可根据实际情况制定具体报考条件及实施办法。报考农村学生单独招生的考生，考生及其父母或法定监护人户籍地须在实施区域农村，考生本人具有当地连续 3 年及以上户籍和当地高中连续 3 年学籍并实际就读。

教育部在通知中强调，各地要建立教育、公安等多个部门联合审核户籍、学籍的工作机制，严防资格造假。加强考生投档和录取资格审查，有关高校不得录取不符合实施区域和学籍、户籍等要求的考生。各地各校要深入实施高校招生“阳光工程”，及时公布有关专项计划的实施区域、通过资格审核的考生名单、录取标准、录取结果等信息，主动接受社会监督。对违规违纪行为，将依法依规严肃处理。

资料来源：教育部：2015 年农村贫困地区定向招生专项计划将招收 5 万名学子[EB/OL]. 新华网，http://education.news.cn/2015-04/03/c_1114868508.htm，2015-04-03

◆ 问题

1. 案例中教育部制订的 2015 年农村贫困地区定向招生专项计划属不属于公共政策研究范畴？

2. 教育部出台 2015 年农村贫困地区定向招生专项计划的意义是什么？

第二章　公共政策的本质与功能

■ 学习目标

通过本章的学习，学生要掌握公共政策的含义、特征、本质；认识公共政策的类型；理解公共政策功能；为熟练应用公共政策解决问题打好基础。

■ 知识框架图

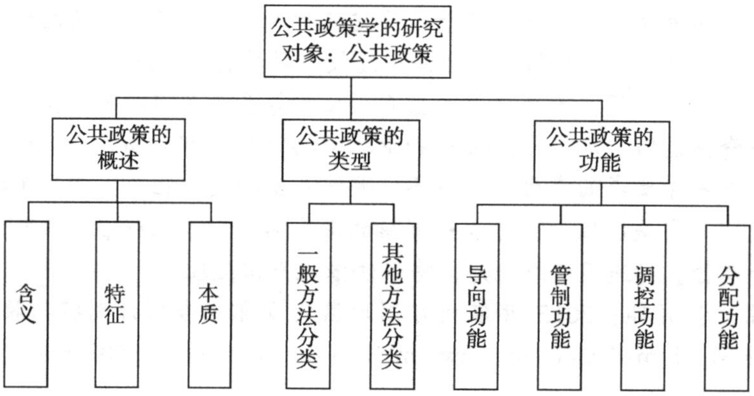

■ 名人名言

我们的政策是“一切都是有益的”。

——美国自然科学家　威·罗杰斯

第一节　公共政策概述

公共政策学的研究对象是公共政策。公共政策随国家的产生而产生，在人类历史发展的各个时期都至关重要。公共政策是现代政府履行公共管理职能的重要手段。政府通过制定和实施公共政策，可以有效地处理各种事务，解决社会问题，协调不同社会主体之间的利益关系，从而促进社会的和谐发展。

一、公共政策的含义

（一）政策概念的起源

“政策”二字在现代汉语中使用频率很高，追溯其起源，发现在古代汉语中并没有“政策”一词，而只有分开的“政”和“策”。“政”指规范、控制等，如《说文解字》注：“政者，正也。”“政以正民”（《左传·桓公二年》）；“建邦之六典，四曰政典，以平邦国，以正百官，以均万民”（《周礼·天官》）。“政”的这些含义相当于今天的管理国家事务、治理民众的意思。“策”指计划、谋划、策略等。例如，《礼记·仲尼燕居》：“策，谋也。”《吕氏春秋·简选》：“策，谋求也。”中国古代典籍中的“方策”“对策”“良策”中的“策”都有谋略、计谋、谋划的意思。

英文中最初也没有“政策”（policy）一词，只有“政治”（politics），源于古希腊语的“poiteke”，意思是关于城邦的学问。随着欧洲社会政治和政治学的发展，“politics”一词逐渐演变出“policy”一词，具有策略、谋略、权谋等含义。它被用来指称政党或政府为达到某一特定的目标所采取的行动。日本明治维新期间，随着日本全面接受西方文化，“policy”一词传入日本，日本人从他们所使用的汉字中选择了与 policy 含义相近的“政”和“策”加以联用，译为“政策”，以后又传入中国。中国人写文章公开使用“政策”一词的，一般认为是梁启超，1899 年他在《戊戌政变记》中称：“中国之大患在于教育不兴，人才不足，皇上政策首注重于学校教育之中可谓得其本矣。”但也有人认为是由西方人翻译过来的。据孙光的《政策科学》所记载，英国传教士李提摩太在 1895 年曾给清朝政府呈送了一份《新政策》，要求清政府设置新政部，聘请英美等国人士来主管新政。总之，大约在 19 世纪末 20 世纪初，“政策”一词就在我国的政治和社会生活中逐渐流行起来[①]。

由上可知，政策可宽泛地指各类社团和组织为完成特定的目标而决定采取的行动，我们这里所讨论的公共政策则是执政党和各级政府部门所制定的行为准则。

（二）公共政策概念

西方学者从不同的视角和维度围绕公共政策的概念展开了积极的讨论。

公共行政学的鼻祖，美国学者伍德罗·威尔逊（Woodrew Wilson）认为，公共政策是具有立法权的政治家制定出来的由公共行政人员所执行的法律和法规。在威尔逊看来，公共政策主要是一些法律和法规；这些法律和法规又是政治家制定出来的并且只是交给公共行政人员去执行的[②]。

政策科学创立者哈罗德·拉斯韦尔（Harold D.Lasswell）与亚伯拉罕·卡普兰（A.Caplan）在合著的《权力与社会》中认为，公共政策是具有目标、价值和策略的大型计划[③]。这个定义突出了政策的目标指向及其与一般计划的区别，带有较浓厚的管理

① 舒泽虎. 公共政策学[M].上海：上海人民出版社，2005.

② 竺乾威，马国泉.公共行政学经典文选[M].上海：复旦大学出版社，2000.

③ 林水波，张世贤.公共政策[M].台北：五南图书出版公司，1993.

学意味。

戴维·伊斯顿（David Easten）在《政治系统》中认为，公共政策是对全社会的价值作权威性分配[①]。这种定义是从传统政治学原理的角度理解公共政策，侧重于公共政策的价值分配功能。

托马斯·戴伊（Thomas R. Dye）在《理解公共政策》中认为，公共政策是涉及大量人力和资源或关系到很多人的政府决定；凡是政府决定做或不做的事情就是公共政策[②]。这一界定侧重了政府的作为和无为，突出了公共政策的行为特征，说明公共政策不仅涉及政府所采取的行动，而且涉及政府决定停止的行动和根本没有做的行动。

理查德·罗斯（Richard Rose）在《英国的政策制定》中认为，不该把公共政策只看做某个孤立的决定，而应把它看做由或多或少有联系的一系列活动所组成的一个较长的过程，以及这些活动对有关事务的作用和影响[③]。

罗伯特·埃斯顿（Robert Eyestone）在《公共政策的思路：对政策领导的研究》中认为，广义上说，公共政策就是政府机构与其周围环境之间的关系[④]。这是从系统角度认识公共政策，认为公共政策是政府与其环境互动的结果，突出了环境因素的作用。

西方学者有关公共政策学的研究成果被引进中国后，中国学者综合这些学术文献中对公共政策所做出的界定，提出了自己的观点。

中国台湾学者伍启元先生在《公共政策》中认为，公共政策是政府所采取对公私行为的指引；公共政策是将来取向的；公共政策是目标取向的；公共政策是与价值有密切关联而受社会价值所影响的；公共政策是由政府或有决策权者所采取或选择的；公共政策是有拘束性而受大多数人接受的行动指引[①]。

张世贤教授认为，公共政策是政府为解决公共问题，达成公共目标，经由政治过程，所产出的策略。其可以归纳为三个角度：①由目标取向来界定，公共政策是为达到公共目标所采用的策略；②以问题取向来界定，公共政策是政府解决公共问题的策略；③用过程取向来界定，公共政策是政治过程的产出[⑤]。

张金马教授在《政策科学导论》中认为，政策是党和政府用以规范、引导有关机关团体和个人行动的准则或指南[⑥]。

宁骚教授认为，公共政策是公共权力机关经由政治过程所选择和指定的为解决公共问题、达成公共目标、实现公共利益的方案[⑦]。

陈振明教授认为，政策是国家机关、政党及其他政治团体在特定时期为实现或服务于一定社会政治、经济、文化目标所采取的政治行为或规定的行为准则，它是一系列谋

---

① 伍启元.公共政策[M]. 香港：商务印书馆（香港），1989.

② 戴伊 T R. 理解公共政策[M]. 罗清俊，陈志玮译. 台北：韦伯文化事业出版社，1993.

③ Rose R. Policy Making in Great Britain[M]. London：MacMillan，1969.

④ Eyestone R. The Threads of Public Policy: A Study in Policy Leadership[M]. New York：Ardent Media，1971.

⑤ 林水波，张世贤.公共政策[M].台北：五南图书出版公司，1993.

⑥ 张金马.政策科学导论[M].北京：中国人民大学出版社，1992.

⑦ 宁骚.公共政策学[M]. 第 2 版. 北京：高等教育出版社，2011.

略、法令、措施、办法、条例等的总称①。

综上所述，可以将公共政策的含义简单归纳为社会权威，即公共政策的制定实体，在特定的社会情境中，经过一定过程，为达到一定的公共目的而制定的具体行动方案或行为准则。

在上述定义中，首先强调了政策的主体——社会权威，包括权威的国家机构及社会公共团体。在社会自治性愈发凸显的今天，政策的制定主体已经不能单纯地限制于政府机构，社会公共团体也越发积极地参与其中。其次强调了目的的公共性，这是公共政策的本质属性。最后强调具体的行动方案和行为准则，则是指政策的具体性和可操作性。

二、公共政策的特征

公共政策依据不同的社会形态和不同的国家会有不同的表现形式，但是，任何公共政策都表现为如下基本特征。

（一）公共性与偏好性的结合

公共性是公共政策的本质特征。自 1989 年哈贝马斯（Habermas）的《公共领域的结构变迁：对市民社会的一个范畴的研究》一书从德文译为英文以来，公共领域、公共事务、公共性一直是社会科学研究的热点。首先，公共政策的制定主体为公共权力机关，公共权力机关的权力来源于公众结合成的社会，来源于人民的授权，其合法性在于公共权力机关满足公众需求、实现公共利益的程度。其次，从公共政策规范的内容来看，其面对的是社会公共问题，和每个公民的利益密切相关，所以它具有公共性。最后，公共政策必须以谋求公共利益为目的，公共政策符合公共利益的程度，是衡量公共政策正当性的根本标准。

政策过程对于政策主体来说就是一个选择的过程，政策问题的认定、政策工具的选择、政策方案的选择等各个环节，政策决策者都要回答“应当怎样做”“怎样做才有意义”等问题，每一次的选择都体现了政策主体的偏好性。“政策的选择和制定是与国家的广泛目标相一致的。由于资源总是有限的，因此，必须确定一个价值的优先顺序。决策者在制定公共政策时必须面对这种选择。”②这种选择是政府对社会的各个阶层、部门、职业等个人和群体提出的利益诉求进行整合、选择、排序的过程。各种社会力量在博弈过程中，总会有强有弱，政府往往会选择与社会整体利益一致的方面，也就是强势社会群体的偏好。同时，政策重点的预设也体现了政府的偏好性。公共权力机关在政策过程中的选择行为具有的偏好性，是受掌握公共权力的统治集团的社会阶级属性，以及在社会经济结构中居于支配地位的那个阶级决定的。这种偏好性最终导致公共政策不是体现社会全体成员的共同意志和共同利益，而是体现在政治上、经济上居于统治地位的那个阶级的意志和利益。一定的政策总是要为一定的统治阶级的利益服务的，政策的确立和改变，必然根据统治阶级的政治天秤的权衡来决定。

① 陈振明. 政策科学——公共政策分析导论[M]. 第二版. 北京：中国人民大学出版社，2003.

② 帕顿 CV，沙维奇 DS. 政策分析和规划的初步方法[M]. 孙兰芝，胡启生译. 北京：华夏出版社，2001.

此外，不能忽略公共政策的阶级性。公共政策从最初产生开始，的确是代表了少数统治集团的利益。统治集团为了维护他们的统治，必然制定出特殊的政策来巩固他们的政治权力，掠夺其他阶级的利益，这种政策是不公平的，它主要出现在封建时期和资本主义时期。但是，随着社会公平观念的深入和政治文明的发展，以及公共决策过程民主化的加强，这种仅仅代表某个阶级的政策类型逐渐会减少，某个阶级主导多数公共政策的情况也会在民主化力量的广泛参与下变得越来越少。也就是说，在民主化发展水平较高的国家，决策体制不可能仅仅允许少数精英集团进入，而不允许其他多数团体参加。民主化必将以允许最广大民众参与到影响自己利益的公共决策中来为重要的标志。民主化必将带来公共决策的公共化，提高公共决策的公共性。

（二）权威性与强制性的结合

从许多学者的理想化界定来看，公共政策应该更多地代表公众的利益，反映公众的诉求，而不应该是从政府的角度运用国家权威来执行的强制性行动。但是，在客观现实中，从来没有一个国家政府的公共政策不具备公开或潜在的权威性。公共政策的主体始终是国家机构，即使在社会自治水平较高的国家，国家设立的公共机构仍然是公共政策的主要制定者和实施者，而一旦公共政策由国家公共机构来制定和实施，就意味着公共政策包含着不可忽略的权威色彩。公共政策的权威性表现在作为最大的公共机构的政府，在享有决策资源、综合运用专家智库（brain trust）、搜集社会信息方面的权威性地位。没有任何组织能够具备政府这种优势，可以站在社会的制高点上制定更加具有宏观调控力的政策。

公共政策的权威性是由它的强制性决定的。正如美国政治学家西奥多 · J. 洛伊指出的那样："所有公共政策都必须理解为强制性的。它们的制定可以是出于最好的和最善意的愿望，执行时可以尽可能做到公正和宽容。然而，这并不能减弱它们的强制性。"[①]公共政策的主体是国家和政府，国家是产生于社会而又在表面上凌驾于社会之上的"特殊的公共权力"，它在本质上将公众的权力变成了支配公众的权力。国家通过制定公共政策来履行其政治统治和社会管理职能，因此，公共政策在总体上是国家意志的体现，国家和政府是通过强制机关或者以强制机关为后盾来贯彻其意志的。

（三）稳定性与时效性的结合

公共政策应当保持一定的稳定性，这首先是因为复杂的社会问题只有经过长期的努力才能够加以解决。美国政策科学家保罗 · 萨巴蒂尔认为"政策过程通常需要十年的时间"[②]，毕竟在实践中绝大多数政策都需要一段时间的执行才能使其真正发挥效用。中国在 1986 年 4 月颁布了《中华人民共和国义务教育法》，第一次把免费的义务教育用法律的形式固定下来，之后，九年制义务教育作为一项国策被长期奉行和遵从，这正是因为政府及全国民众认识到了"十年树木，百年树人"的道理。另外，政策规范着人们日常

① 塔塔洛维奇 R，戴恩斯 B W. 美国政治中的道德争论[M]. 吴念，谢应光，贺微，等译. 重庆：重庆出版社，2001.

② 萨巴蒂尔 P A. 政策过程理论[M]. 彭宗超译. 上海：上海三联书店，2004.

生活中的言行，规划着经济和社会的发展，如果朝令夕改、变幻无常，不仅会导致人们无所适从，还有损于政策的威信。政策的稳定性是相对的，它只能在一定的时间范围内起作用，并且必须不断完善以跟上时代发展的步伐和经济社会生活的变迁。任何政策都不是恒久存在的，在其不适应新情况或者目标已实现时，政策制定者应对其进行调整、修改或终结。

公共政策的时效性表现在它本身的不断完善和对外部环境的适应方面。按照理性学派的观点，公共政策是通过管理者和专家的精心设计而制订的最优方案，但是，理性决策的观点受到来自西蒙等满意决策学派的挑战。西蒙提出，并不存在最优决策，只有不同方案的满意决策。之所以只有满意决策就是因为人们的理性是“有限理性”，有很多现实条件和理性限制制约着理性决策的水平，客观条件的千变万化也时时刻刻影响着决策方案的实施。所以，决策是在客观环境变化过程中“渐进调适”的过程，并随着对客观环境的分析和对决策的调整而不断完善，使决策朝着目标发展。我们既要认识到决策没有一劳永逸的事情，也要认识到决策不是一成不变的，决策在执行中要不断调整，不断完善，这样才能最有效地实现政策目标。

◆ **案例分析**

中国药企营销增长压力骤增

医药行业目前面临诸多挑战，外部面临医保控费、药品降价的压力，内部面临药企之间日益剧烈的竞争压力，药企自身也面临营销增长的压力。

中国医药行业“管物价、管招标、管准入”的三管模式让政府之手越插越深。2014年，这只有形之手的钳制虽然开始松动，但各项层出不穷的政策也令药企在发展过程中难以把握，造成营销增长率不断下降。数据显示，2014年医药行业产值增速仅为13%左右，远低于以往20%以上的高速增长。

2014年国家相关政策层出不穷，拟药价放开、拟放开互联网售药、推进医疗市场化改革等。这些政策的发布，看似让传统的医药行业获得了一丝机遇，但细细观察其背后的逻辑，无疑影响着我国药企的营销发展大计。

资料来源：2014年医药行业整体运行情况分析.中商情报网，http://www.askci.com/news/chanye/2014/12/29/1027303zas_all.shtml，2014-12-29

三、公共政策的本质

（一）公共政策是对全社会利益的权威性分配

“利益”是公共政策的核心。庞德在《通过法律的社会控制：法律的任务》一书中将利益分为三大类，即个人利益、公共利益和社会利益。庞德认为社会利益是最重要的利益，是包含在文明社会中，并基于维护文明社会的正常秩序和活动而提出的各种具有普遍性的主张、需要和愿望。公共政策的制定过程其实就是一个社会利益的分配过程，这一过程必然伴随着众多利益主体的博弈，而公共利益取向是公共政策制定的应有之义，要实现公共政策的公共利益取向就是要通过公共行政改革，建立市场化、透明化、民主化的有限政府、责任政府、法治政府，建立和完善各利益群体的利益表达机制与利益协调机制等，并从制度上加以保障。

政策的形成过程，实际上是各种利益群体把自己的利益要求输入政策制定系统中，由政策主体依据自身利益的需求，对复杂的利益关系进行调整的过程，公共政策的制定与执行是社会各种利益冲突的集中反映。因此，公共政策的本质是社会利益的集中反映。

政府在制定公共政策的过程中往往利用政策去保护、满足一部分人的利益需求，同时抑制、削弱另一部分人的利益需求，通过政策来调整利益关系，在原有利益格局的基础上形成新的利益结构。从这个意义上讲，公共政策的本质应该是政府对社会利益实行的权威性分配。

政策分配和调整利益关系主要采取两种形式：一种是直接对社会利益进行分配和调整的政策，如社会分配政策、税收政策、财政政策、价格政策、区域发展政策等；另一种是间接对社会利益进行分配和调整的政策，具有这样作用的政策很多，如现在很多国家制定和实施的推动高新科技发展的各种政策，直接的受益者是从事高科技产品的研究、开发、生产、销售的研究机构、企业和人员，实际上，政府是要通过这些高科技的发展及其在社会生产中的应用，促进生产率的提高，从而给整个社会带来经济和其他方面的利益。

（二）公共政策对社会公共利益的分配是动态过程

人们往往对政府的利益分配过程提出这样的疑问：为什么应该这样分配？为什么能够这样分配？分配的结果是什么？需要不需要再分配？看来人们不仅关心分配前的状况，还关心分配后的结果，以及其他分配以外的问题。

分配利益是一个动态过程，在增进社会利益的前提下，分配的基础是选择利益和整合利益；分配的关键是利益落实。社会利益中，由利益选择到利益整合、由利益分配到利益落实是一个完整的过程。公共政策的过程取向，是与这种利益取向完全一致的。

1. 利益选择

政府对利益的分配，不是任意的、无的放矢的。作为公共权力的占有者，政府把利益分配给谁，首先来自于政治统治的目的。在阶级社会里，无论何种社会、何种政府，它们所制定的公共政策，都必须符合统治阶级的利益要求。因此，政府要选择那些与政府的价值取向一致的社会群体作为分配对象，满足他们的利益需要。按照马克思主义的观点，在剥削阶级占统治地位的国家里，其政策从根本上讲自然是为少数剥削者的利益而制定的，它与剥削阶级的价值取向一致。而在无产阶级掌握政权的国家中，公共政策的制定和执行，是要维护无产阶级和广大劳动人民的根本利益①。

政府传统上被设定为公共机关，代表并谋求社会公共利益，不具有自身的特殊利益，即自利性。但是，理性选择学派从“经济人假设”出发，研究政府与人民的关系，发现政府也具有自利性并谋求自身利益最大化的特征。这就有一个政府利益与社会公共

① 陈庆云. 公共政策分析[M]. 北京：北京大学出版社，2006.

利益的关系问题。所谓政府利益，是指政府系统自身需求的满足，如政府的权力与权威，政府的业绩、信誉与形象，政府工作条件与公务人员的收入和福利，等等。政府系统的各个部门和不同层级也各自有自己的特殊利益。既然这样，政府系统及其子系统就会有谋求自身特殊利益实现的自利性。政府制定和实施政策的过程，是一个政府综合地平衡各种利益诉求者之间的利益关系的过程。所以，政府要制定什么样的政策，第一步就是利益选择，选择那些与社会整体利益一致的方面，同时也选择与政府自身利益最相近的方面。

2. 利益整合

政府在向社会成员分配利益时，除了考虑全社会的整体利益与政府自身利益之外，还要充分考虑到社会各成员之间的利益相关性。美国著名学者罗尔斯认为，所谓社会是为获取共同利益组成的协同事业体，因而各社会成员在通过建立社会及其相互协作关系，从而获得利益时，具有互相一致的利害关系。至于社会总体所获得的利益，如何向每一个社会成员进行分配，却构成了人与人之间在利害关系上相互对立的态势①。

在现实中，人们已经获得的利益与想要得到的利益之间总是存在差距，由这种差距所形成的个人利益与他人利益、组织利益的矛盾总是客观存在，所以政策制定者就要制定出不同的政策，来引导持有不同利益的相关组织和个人采取不同的行为。政府在制定与社会利益紧密相关的公共政策时必须平衡各种利益关系，我们称之为“利益整合”。利益整合建立在利益选择的基础之上，两者紧密相连。利益整合要实现原则性与灵活性的结合，因为现实中，利益主体的利益总是多元化的，所以政策既要反映社会大多数人的利益需求，同时又要保护少数人的合法利益。政策的作用就是要调动人的积极作用，排除消极因素，把各种利益冲突尽量控制在小范围之内，从而促进社会的稳定和发展。

3. 利益分配

很多人认为政策是一种资源，政策所涉及的范围，资源便随之而来。实际上政策本身并非资源，而是由于政策实施后一部分人的利益得到了满足，此时政策就起到了向社会成员分配利益的作用。对于不同的政策对象来说，公共政策的利益分配，对一些人的影响是直接可观的，而对另一些人是间接的，人们从一项政策中的受益往往是不均等的。例如，获得减税免税的企业，是直接利益的获得者，而与这些企业产、供、销相关的其他组织与个人，很可能就是间接受益者。

政策分配结果往往是一部分人获得利益，而一部分人失去利益，但这种利益的获得和失去并不是绝对的：某一政策可能使一部分人既获得利益，同时又失去利益。例如，人口流动政策，使农村剩余劳动力大量涌入城市，这固然使农民得到利益，同时给城市居民的某些生活服务也带来了很大的方便，从中获得了好处。但因流动人口管理上的困难及其他多种原因，城市居民的利益又常常受到不同程度的影响②。

---

① 罗尔斯 J B. 正义论[M]. 谢延光译. 上海：上海译文出版社，1991.

② 陈庆云. 公共政策分析[M]. 北京：北京大学出版社，2006.

4. 利益落实

政策的利益分配功能十分重要，但相比较而言，更为重要的是相关利益群体能否按照政策所规定的目标，获得应有的利益。政府的政策主体地位，需要政府主动地把政策内容贯彻到实践中去，及时地评估所产生的政策效果，从本质上讲就是把政策利益落实到位。例如，为了减轻农民负担，中央、国务院曾多次制定了相关政策，三令五申地指出：严禁向农民乱摊派、乱收费、乱集资及“打白条”等现象发生。然而在实际执行过程中，许多地方的农民负担仍然十分沉重，农民的实际利益受到了严重侵犯，使他们产生了“被剥夺感”。很显然，中央政策是要真正减轻农民负担、保护农民利益的，但政策不能有效地落实，就意味着农民没有从中央政策中获得利益[①]。

第二节　公共政策的类型

伴随着社会各种复杂事物的涌现，政府政策数量急剧增多，重要性也日益凸显，为了更好地把握公共政策的性质，需要对公共政策进行分类。

一、一般方法分类

（一）按层次进行分类

将公共政策按层次进行分类，可分为元政策、基本政策和具体政策。

1. 元政策

元政策或者叫做总政策、总方针、总路线，是政策体系中最顶层的政策，是“政策的政策”，对其他各项政策起指导和规范的作用，是其他各项政策的出发点和基本依据，是政策主体用以指导一定历史时期全局性行动的高度原则性的指针，是规范和引导政策过程中政策制定、政策执行、政策评估行为的准则或指南。它是所有政策的原则、基础和标准。元政策在政策体系中属于最高层级的政策，它影响着其他所有层级的政策范式。元政策并不多，主要表现为政府的基本价值标准和总体政策目标及政治原则，涉及有关政策制定的理念、思想、思维方法、理论等，代表了统治集团的主要政策指南。元政策与统治集团的意识形态相关性很强，意识形态的很多内容构成元政策，其基本功能是引导人们按照政府的指导方针正确地制定政策，并执行政策。元政策一般变化不大，在一定时期内可以保持比较大的稳定性，如果元政策出现变化，它可能意味着统治集团的政策范式将出现较大的革命性变化。毛泽东指出：“我党规定了中国革命的总路线和总政策，又规定了各项具体的工作路线和各项具体的政策。但是，许多同志往往记住了我党的具体的个别的工作路线和政策，忘记了我党的总路线和总政策。而如果真正忘记了我党的总路线和总政策，我们就将是一个盲目的不完全的不清醒的革命者，在我们执行具体工作路线和具体政策的时候，就会迷失方向，就会左

① 陈庆云. 公共政策分析[M]. 北京：北京大学出版社，2006.

右摇摆，就会贻误我们的工作。”①

2. 基本政策

基本政策属于元政策之下的在一定时期内所确立的大的纲领和重大的国家政策。基本政策不同于元政策的理论性和方向性，是对某个领域和某个社会内容进行明确规定的、长期稳定的国家政策，这种政策在一定时期内一般不会出现重大的变化。例如，在改革开放元政策的规定下，国家规定的乡村政治民主化政策、经济市场化发展政策、人口控制政策、可持续发展政策等都属于基本政策。它规定了大的政策走向，确立了持续发展的政策轨道。基本政策的主要功能，是针对当前国家出现的重要问题和未来发展的重大选择确立的基本措施，它帮助国家有重点地制定发展规划和纲要，选择发展道路。“基本政策是总政策的具体化，是具体政策的原则化，是联结总政策和具体政策的中间环节。”②

3. 具体政策

为在某一个特定的部门贯彻基本政策而制订的具体行动方案和行为准则，被称做具体政策，它是针对特定而具体的政策问题做出的政策规定。社会生活的各个方面都有许多具体政策，而且通常都用政府文件的形式做出具体规定。具体政策由元政策和基本政策决定，体现和服从于元政策和基本政策。例如，国家针对经济过热采取的银根紧缩政策，国家针对房地产泡沫采取的提高贷款利率政策等，都属于具体经济生活领域的宏观调控的政策。它的内容是具体的、明确的，但它所规定的范围却是总体的，这是它和基本政策不同的地方。基本政策尽管也是总体的，但它不是某个具体内容，它规定的是大范畴和长时期的发展方向。社会生活越具体，就越变动不居、千姿百态，因此，作为人们行为规范的政策既需要细致入微、具有可操作性，又需要留有余地、具有适度的灵活性。从分类的角度说，元政策和基本政策之外的所有政策都可以视为具体政策。

（二）按内容进行分类

将公共政策按内容进行分类，可分为政治政策、经济政策等。

1. 政治政策

政治政策是指国家在政治和行政领域制定的专门针对政治体制、政党行为、组织制度、组织机构、国际关系等的政策。这种政策的主要功能是调整国家机构设置、提高国家组织的效能、完善国家机构的服务职能及协调国家间关系等。政治政策属于基本性的政策，它影响着国家机构在其他领域制定各种政策的效能。政治政策包括民权政策、外交政策、国防政策、国家安全政策、公共安全政策、人力资源政策、阶级政策、民族政策、政党政策等。

在一个国家的公共政策体系中，政治政策处在优先和支配性的地位，其他领域的政策，如经济政策、社会政策等都要受到政治政策的制约。因为一个国家的元政策就是政

---

① 毛泽东. 毛泽东选集[M]. 第4卷. 北京：人民出版社，1991.

② 王福生. 政策学研究[M]. 成都：四川人民出版社，1991.

治政策，从某种程度上来说，基本政策中也有很大一部分就是政治政策，政治作为上层建筑的核心，对整个社会发展起着导向和保障作用，对社会生活的其他领域产生直接的影响和支配作用。政治政策的这种优先和支配地位决定了它对其他领域的公共政策的制定和实施起着同样的保障作用①。

2. 经济政策

经济政策是指在经济领域里为达到一定的经济、政治与社会目标而制定的调整人们的经济关系、经济活动的准则与规范。宏观调控与微观管理是经济政策的两个基本的层次，其基轴是国家与社会、政府与市场的关系问题，即国家和政府要不要干预社会经济生活，朝着什么方向干预，干预到什么程度为宜，采取什么方式和手段干预为好。经济政策包括产权与经营权政策、农业政策、工业政策、企业政策、交通政策、能源政策、基础建设政策、金融政策、财政政策、预算政策、福利政策、贸易政策、房地产政策、住宅政策、区域发展政策等。

经济政策是国家的主要政策之一，是国家管理经济活动的重要方式和手段。获取最佳社会经济效益是经济政策的核心价值。经济政策的制定和实施，必须以获取最佳社会经济效益为原则。经济政策的制定既要能促进经济的增长，又要能促进社会的公平正义。美国经济学家博尔丁认为，国家经济政策的目标有经济稳定、经济繁荣、经济公正、经济自由、经济和平与持续的可能性。

3. 其他政策分别涉及不同领域

在文化、军事、外交等领域，这些政策亦分别发挥其效能，促进社会总体秩序的稳定和总体生活水平的提高。不同政策的内涵有所区别，但是，在制定和执行的环节上都大同小异，都关系到国家机构和社会之间的关系，也涉及政府内部组织间关系，在政策制定和执行的特征方面都具有较强的共性，受到总体国家体制的影响。

二、其他方法分类

（一）以政策谋求达到目标的数量为标准分类

以一项政策谋求达到目标的数量为标准进行分类，公共政策可分为单目标政策与多目标政策。政策主体在谋求一个政策问题的解决时，在一个特定的阶段上只确定一个要实现的目标，这种政策就是单目标政策；政策主体在谋求一个政策问题的解决时，在一个特定的阶段上确定多个同时要实现的目标，这种政策就是多目标政策。

（二）以政策主体制定政策时有无现成规范和原则可遵循为标准分类

以政策主体在制定一项政策时有无现成的规范和原则可遵循为标准进行分类，公共政策可分为程序性政策与非程序性政策。程序性政策也称“例行政策”“常规政策”“重复性政策”，指的是在大政方针确定之后，政策主体在既有的规范和原则的指导下制定的

① 舒则虎. 公共政策学[M]. 上海：上海人民出版社，2005.

政策；非程序性政策是指政策主体为解决全新的、复杂的或者突发的政策问题，在无现成的规范和原则可遵循的情况下制定的政策。

（三）以政策是否改变客观对象为标准分类

以政策是否改变客观对象为标准进行分类，公共政策可分为实质性政策与程序性政策。实质性政策与政府准备采取的行动有关，如福利的支出或高速公路的决定修建。程序性政策涉及由谁采取行动与怎样采取行动。安德森认为："程序性政策可能会有重要的实质性效果，怎么行动或谁采取行动有助于实际后果的出现。人们经常利用程序性的问题去推迟或阻止实质性的决定与政策的通过。某一行政管理机构可能因不妥当的程序遭到诘难，而实际受抵制的却是行动的实质内容。"①

（四）以政策主体是否行为为标准分类

以政策主体是否行为为标准进行分类，公共政策可分为积极型政策与消极型政策。政策主体通过采取一定的行为达到所希望的目标，这样的政策就是积极型政策。但在很多情况下，无为就是有为，政府不采取行动就是最好的决策。例如，在我国改革开放的过程中，党和政府对城乡民营经济的重建和发展在相当长的时间里就是采取这种政策。这种通过不行为而达到所希望的目标的政策，就是消极型政策。

◆ 拓展阅读

外国学者有关公共政策类型的分类

在外国学者有关公共政策类型的分类中，西奥多·J. 洛伊的分类是最为经典，也是最常被引用的。他根据公共政策对社会发挥影响的方式而把政策划分为分配性政策、管制性政策与再分配性政策。

分配性政策是指向某部分人提供利益或施以恩惠，它不会导致得益者与受损者之间的直接冲突，因为前者所得利益通常是由公共财政即所有纳税人来分担的，在这种情况下，作为一个群体的受损者很难辨别。典型的分配性政策有公共土地和资源政策、基础设施建设项目、国防采购及研发计划及传统的关税。管制性政策在其影响方面也是具体的，它将限制和约束加于个人和团体，并会直接增加某些人的成本、缩小或扩展其选择余地。属于管制性政策的包括有关食品药品安全标准的规定，对增设广播电台及飞行航线的批准，以及出租车行业运营牌照的数量管制，等等。与分配性政策不同，管制性政策通常与多个群体或公司之间的竞争密切相关，其结果会导致其中的某个群体或公司得益而其他群体或公司则受损。

再分配性政策是指政府在社会各阶级或团体当中进行有意识的收入、财产和权力的转移性分配，它旨在增进公平和保障人的基本经济、社会权利。再分配主要通过政府的调控机制来起作用，政府进行必要的宏观管理和收入调节，是保持社会稳定、维护社会公正的

① 安德森 J E. 公共决策[M]. 唐亮译. 北京：华夏出版社，1990.

基本机制。常见的再分配性政策有累进所得税、养老金、失业救济、医疗保障计划等。

另一位国外的学者穆雷·艾德尔曼根据政策的效果或所分配利益的种类而把政策划分为物质性政策和象征性政策。其中物质性政策会将有形的资源、实际的权力提供给其受益者，或者将真正的不利条件施加于特定人群。例如，十届全国人大常委会第十九次会议有关废止《中华人民共和国农业税条例》（简称《农业税条例》）的决定是一项物质性政策，而地方政府有关城市最低工资标准的规定也是一项物质性政策。象征性政策大多为政府针对所面临的紧迫问题而做出的一种姿态或发布的一种声明，它并不提供表面上承诺的价值，而且其形式上所分配的有利或不利条件也很少对人们产生实际效果。象征性政策的一个著名例子是 1928 年的《白里安–凯洛格公约》，在这一公约中，法、美、英、德、日等国宣布废弃以战争作为推行国家政策的工具，然而它实际上并没有起到制止侵略战争的作用。在实践中，一些象征性政策往往得到更广泛的宣传，而物质性的政策却常常为人们所忽视。不过，象征性政策有可能逐渐演化为物质性的，物质性政策也可能仅仅因为缺乏执行所需要的资源而沦为象征性的，与此同时还有大量的政策介于象征性政策与物质性政策之间。

在洛伊和艾德尔曼之后，安德森也提出了自己对公共政策的分类方法。他以政策是否直接改变客观对象为标准而把政策划分为实质性政策和程序性政策。实质性政策与政府直接采取的行动与措施有关，如高速公路的修建、政府福利支出等。程序性政策涉及由谁来采取行动，以及怎样采取行动，对此美国 1946 年制定的《行政管理程序法案》就是一个例子，它要求行政机构注意已经提出的规则，保证有关人员通过口头、书面参与规则制定过程。

除了上述三种分类方法之外，还有的外国学者根据政策提供的是公共物品还是私人物品而把政策划分为集体利益的政策和个人利益的政策；根据政策是否寻求政府干预以推动社会变革而把政策划分为自由主义政策和保守主义政策。

资料来源：陈刚. 公共政策学[M].武汉：武汉大学出版社，2011

第三节　公共政策的功能

公共政策的功能是指公共政策通过执行在现实环境中所产生的实际效果和影响，包括导向、管制、调控和分配四种功能。

一、导向功能

公共政策的制定除了解决公众所面临的问题之外，还应为社会的发展确立方向，引导人们的思想和行动，从而使整个社会生活中多样的、复杂的、漫无目的的行为被有效地纳入统一的目标。从作用结果来看，公共政策的导向功能包括正向引导功能和负向引导功能。正导向是政策对事物发展方向的正确引导，体现了人们对事物发展规律所表现出的正确认识。这一点理论上不会有什么争议，关键是如何理解负导向功能。有些学者认为，那些违背事物发展规律、对事物发展方向起逆转作用的、被实践证明是错误的政策，才具有负导向功能。我们认为这种理解未免太窄，原因是公共政策不是符合一切人利益的政策。前者如财政补贴家电下乡的政策，它扩大了农村的消费，并让更多农民用上了性价比高的名牌家电产品；后者如西方发达国家第二次世界大战后的社会福利政策，它在确保弱势群体享有必要的生活保障的同时，又滋长了一些人的懒惰习性。为了避免出现错误的指导，党和政府在制定政策过程中应当努力认识和把握客观规律，进行多方面的论证，并在执行中及时纠正、调整不适当的政策，以使政策真正起到促进经济社会发展的积极作用。

目标导向功能还包括价值引导。国家价值体系集中体现在其国家意识形态中。意识形态是国家统治精英所宣传的、合法化的价值体系。在现代国家中，意识形态逐渐或明或暗地影响着公共政策。例如，美国的外交政策总是在保守主义和自由主义两条线中间游移，不会超出两大意识形态体系的规范。价值引导功能对社会发展发挥着重要的规范作用，它利用其价值准则规定着社会的判断，影响着社会群体对未来的认识和展望，从而达到引导社会进步的目的。

在中国，政府政策所谋求的是要符合绝大多数人的利益。即使在绝大多数人中，人的素质有差别，也不排除一部分人从实用主义的角度来理解某一项公共政策的内涵。更何况，任何一项政策都不可能是尽善尽美的，总需要在实践中不断完善。所以，不正确的政策，违背绝大多数人利益的政策，固然具有负导向功能，但那些基本正确的政策，因其具有不可克服的负效应，也会产生负导向功能。

西方国家公共政策的负导向功能表现非常突出，如美国的福利政策，采取了对未成年子女的家庭进行补助的措施，由此产生私生子女增多的不良后果。公共政策所具有的导向功能是客观的，是不以人意志为转移的。人们既要重视政策的正导向功能，又要清醒地认识到政策的负导向功能，要主动地调整社会的利益关系，克服它们的消极影响，特别要尽量避免那些因错误政策所产生的负导向作用①。

◆ 案例分析

发挥政策“杠杆”作用　实现青海经济结构转型

“在经济发展进入新常态，国际市场持续低迷的情况下，藏羊集团的生产保持了稳定增长的势头，没有减产、减薪和裁员。今年一季度，公司销售收入超过 2 亿元，出口额达 1 200 万美元。”青海藏羊地毯（集团）有限公司董事长马新民说。

青海拥有“面积大省、资源大省”的优势，却一直难以摆脱“落后”“贫穷”等标签。这个位于青藏高原东北部的高原内陆省份，“巧”做特色产业文章，发展循环经济，逐步探索出了一条资源开发与生态保护并重的经济转型之路。“青海地处边远内地，经济欠发达、交通不便，这是劣势，但是青海高原洁净和无污染的环境特点、文化上的神秘感和独特的粮食作物、生物资源等却为发展快速消费品等轻工产业提供了其他地区无法比拟的优势。”青海互助青稞酒股份有限公司总经理郭守明说。

① 陈庆云. 公共政策分析[M]. 北京：北京大学出版社，2006.

经济发展长期滞后，工业基础薄弱且轻重工业严重失衡，产业结构不合理是青海经济发展的“短板”。“十二五”以后，青海开始通过调整投资结构，着力推进新能源、新材料和装备制造等战略性新兴产业项目建设，同时，采取一系列倾斜性政策措施推动轻工业优先发展。

政策导向决定产业方向。2011 年以来，青海在战略性新兴产业领域的发展之快超乎想象，太阳能发电产业“一年一百万千瓦”，截至 2014 年年底并网装机容量达到了 413 万千瓦；5 万吨电池正极材料、2 400 万平方米化成箔、10 万吨盐湖金属镁一体化综合利用，6 万吨大型液压锻模机等一批项目先后落地实施并显现出效益。与此同时，在特色优势轻工领域，围绕农畜产品加工、纺织和生物医药等产业，涌现出一大批产业化龙头企业和知名品牌，成为青海经济保持稳定增长的“后劲”。统计数据显示，2015 年第一季度，轻工业对青海规模以上工业增加值的贡献率达 32%，而在目前青海省拥有的 28 个中国驰名商标中，轻工业占了 22 个。

“正是持续的结构调整，使青海经济在宏观经济形势紧的情况下依然能够稳定增长。”青海省经济和信息化委员会副主任乔弘志说。发挥政策“杠杆”作用，不断拓展低碳、绿色和循环型工业产业空间，是青海经济结构转型的方向性选择。

资料来源：骆晓飞．巧做特色文章．中国质量新闻网，http：//www.cqn.com.cn/news/zggmsb/diba/1054843.html，2015-07-01

二、管制功能

政策问题的解决，可以通过政策对象不做什么来达成政策目标。政策主体要制约、禁止政策对象不做什么，或者说要使政策对象不发生政策主体不愿看见的行为，就必须使政策对政策对象的行为具有管制功能，这种功能是通过政策的条文规定表现出来的，通常采取两种办法来设定政策的管制功能：①条文规定使政策对象不能、不愿、不敢超出规范擅自行为，这是政策的积极性管制功能。例如，一些国家和地区的公务员制度条例规定高薪养廉，使公务员认识到奉公守法、忠于职守可以享有很好的待遇并有一个美好的前程，而贪污腐败、玩忽职守必定使这一切化为泡影。这样就在政策的条文规定上使政策主体禁止的行为在政策对象那里不发生。②条文规定使政策对象发生违反规范的行为时，受到相应的惩罚，这是政策的消极性管制功能。用于法庭审判的法律条文，一般都具有这种功能。在国际贸易关系中，有的国家践踏双边、多边协议或国际惯例，由此受到损害的国家在交涉无效的情况下便采取贸易报复措施，也是政策管制功能的一种应用。

社会性规制的目的在于确保国民的生活质量和公民的基本权利，确保社会公平和保护经济弱者，可以说，社会性规制在本质上是以增进国民的社会福利为目的的。从经济学角度看，社会性规制是以管理公共性物品、非价值性物品、外部性及信息不对称为目的的。对公共性物品，政府规制主要针对其提供方式进行规制，保证公共物品供应的公平性和开放性。

◆ **案例分析**

农地流转将会有更为严格的规范和管制

中央农村工作领导小组办公室（简称中农办）、农业部等方面已经启动对《中华人民共和国农村土地承包法》（简称《农村土地承包法》）的重新修订，其中一个重点内容，就是对农地流转进行更为严格的规范和管制，在农地的流转规模上，将会进一步提出具体的要求和限制，以规范很多地方正在蔓延的大规模农地流转。据悉，根据中农办、农业部等方面掌握的情况，现在很多地方片面追求大规模、特别是超大规模的农地流转，而大规模流转后的农地，基本被一些工商企业掌控。这些企业经营的农地，有的数千亩，有的甚至上万亩，搞"非粮化"生产、"非农化"建设的现象相当普遍。据有关专家透露，为防止和纠正农地的大规模流转，以及流转后农地的"非农化"和"非粮化"，2014年以来，主管部门已经连续颁布了多个政策性文件。预计下一步在修订《农村土地承包法》中，对农业适度规模经营问题，会有较为具体的指标性要求，一些新的相关土地流转的政策性规定，也将会补充到修订后的《农村土地承包法》当中。

2014年11月，中共中央办公厅、国务院办公厅印发了《关于引导农村土地经营权有序流转发展农业适度规模经营的意见》，2015年4月，中农办、农业部等又出台了《关于加强对工商资本租赁农地监管和风险防范的意见》，两份政策性文件的基本导向，就是要遏制很多地方出现的工商资本下乡带来的大规模农地流转态势，以及防止和纠正流转后农地的"非农化"和"非粮化"倾向。预计修订的《农村土地承包法》中，对农业适度规模经营问题，农业部等方面将会针对不同情况，给出更为具体的界定，会有一些硬性的指标性要求，对农地的流转也将会有更为严格的规范和管制。

资料来源：降蕴彰.《农村土地承包法》修订启动，非粮化流转将被遏制. 中国产业信息网，http://www.chyxx.com/zhengce/201506/324856.html，2015-06-25

三、调控功能

现实生活中存在着各种追求不同利益的群体，它们之间的摩擦乃至冲突往往不可避免。为了协调各种利益关系，实现社会的稳定和发展，政府常常要通过其制定的政策来发挥调节与控制的作用。公共政策的调控功能是指政府运用政策手段对社会生活中的利益矛盾和价值冲突进行调节和控制，使之符合政策目标的要求。伴随着社会主义市场经济体制的确立，中国政府在承认市场配置资源的基础作用的同时亦更为注重宏观调控。例如，价格、税收、信贷、汇率等经济手段和法律手段常常被运用以稳定物价、促进经济增长、实现充分就业和平衡国际收支，这就是政府履行宏观经济调控职能的表现。

公共政策的调控功能，也有直接的和间接的两种形式。对中央政策而言，宏观调控政策诸如以产业政策为核心的经济政策，以及控制人口增长、保护生态平衡等政策，对我国经济的发展、人口的数量和质量、环境的保护，都直接起到了调控作用；同时，它们也对企业的发展起到了间接调控作用，政府制定政策去调控市场，市场引导企业的生产、经营，促使资源的优化配置。在计划经济体制下，人们混淆了两种调控方式的区别，使宏观经济政策产生了许多消极作用[①]。

政府政策的调控功能常常表现出特有的倾斜性，即会围绕政府不同时期的目标和侧重点而优先推动某个领域、某个行业的发展，或者保护某些利益群体。公共政策不仅需要指明人们应该做什么和不该做什么，而且需要指明人们应该先做什么和后做什么，并以此调控社会群体和个人的行为趋向。政府工作在不同时期会有不同的侧重点，公共政策就应该对此加以倾斜，即在大的目标前提下，优先考虑某一地区或某一领域的发展，并相应对某些利益群体加以保护，如我国特区经济政策和发展第三产业政策就突出表现了政策的倾斜性特征[②]。

◆ **案例分析**

房地产政策的变迁

2010 年 1 月 10 日，国务院出台“国十一条”，即《国务院办公厅关于促进房地产市场平稳健康发展的通知》，严格管理二套房贷款，首付不得低于 40%，加大房地产贷款窗口指导。对二套房不再区分改善型和非改善型，一概执行 40%首付；明确要求中国人民银行和中国银行业监督管理委员会（简称银监会）要加大对金融机构房地产贷款业务的监督管理和窗口指导；加强监控跨境投融资活动，防境外“热钱”冲击中国市场。2010 年 4 月 15 日，国务院出台措施，要求对贷款购买第二套住房的家庭，贷款首付款不得低于 50%，贷款利率不得低于基准利率的 1.1 倍。2010 年 4 月 17 日，“新国十条”（《国务院关于坚决遏制部分城市房价过快上涨的通知》）出台，商品住房价格过高、上涨过快、供应紧张的地区，商业银行可根据风险状况，暂停发放购买第三套及以上住房贷款。自此，各地限购政策纷纷出台，上海和重庆开始房地产税试点。这被号称是史上最严的房地产调控政策，成为国内房地产市场“名副其实”进入调控的开始。

2011 年 1 月 26 日，《国务院办公厅关于进一步做好房地产市场调控工作有关问题的通知》公布，即“新国八条”，同时国务院向各地分派房价调控督查组。具体内容为：把二套房贷首付比例提至 60%，贷款利率提至基准利率的 1.1 倍。加上此前的政策，2011 年，首套房商业贷款的首付为 30%，第三套及以上住房不发放商业贷款。

2012 年，国务院发出通知指出，商品住房价格过高、上涨过快、供应紧张的地区，商业银行可根据风险状况，暂停发放购买第三套及以上住房贷款；对不能提供 1 年以上当地纳税证明或社会保险缴纳证明的非本地居民暂停发放第三套住房贷款。通知要求，严格限制各种名目的炒房和投机性购房。地方人民政府可根据实际情况，采取临时性措施，在一定时期内限定购房套数。

2013 年 2 月 20 日，国务院常务会议确定了五项加强房地产市场调控的政策措施。会议不仅再次重申坚持执行以限购、限贷为核心的调控政策，坚决打击投资投机性购房，还在继 2011 年之后再次提出要求各地公布年度房价控制目标。此外，会议在明确既有政策的基础上，还提出了对房价上涨过快的城市及时采取限购措施，以及建立稳定房价

① 陈庆云. 公共政策分析[M]. 北京：北京大学出版社，2006.

② 谢明. 公共政策导论[M]. 第 2 版. 北京：中国人民大学出版社，2008.

工作问责制等内容。

2014 年 9 月 30 日，央行出台房贷新政，主要内容包括：对拥有 1 套住房并已结清相应购房贷款的家庭，贷款购买第二套住房时，可按照首套房贷政策执行；对于贷款购买首套普通自住房的家庭，贷款最低首付款比例为 30%，贷款利率下限为贷款基准利率的 0.7 倍等。

资料来源：根据中国房地产信息网资料整理

四、分配功能

公共政策常常涉及利益向谁分配、如何分配、为什么分配等问题，它的制定和实施最终会影响到人们在国民收入分配中所占的份额和社会地位。由于社会资源的有限性，政策分配的利益常常不可能使所有人满意，也就是说，其结果往往意味着一些人得利益而另一些人被剥夺利益。党的十五大之后，按劳分配为主体、多种分配方式并存的社会主义分配原则得以最终确立，这一原则体现在政府的税收、预算、国债、财政补贴等政策上。不过，分配功能并不仅限于此类分配政策，其他公共政策也常把特定的服务和利益分配给特定人群，或者致使特定人群的利益受损。此外，为了实现“消除两极分化，最终达到共同富裕”的目标，政府政策还应当制定合理的再分配政策来体现社会公平，缩小社会成员之间过大的收入差距。如果社会成员间的贫富差距过大，群体间的矛盾必然激化，这会使社会的不和谐因素增多，最终影响到社会秩序的稳定①。

◆ **拓展阅读**

公平的困境

美国学者德博拉·斯通在她的《政策悖论》一书中举了这样一个例子，在上完一个学期的“公共政策”课时，她请班上的同学吃巧克力蛋糕。在清点了班里学生的人数后，她开始按人数切分蛋糕。然而，这种平均分配的方案受到来自学生的多种挑战。

第一，当天请假或逃课的学生提出抗议说，我们也是这个班的学生，为什么漏了我那一份？第二，系主任认为，公平的分配应是不同等级不同大小，系主任要分一大块，并配餐巾和服务；然后轮到教授（一块）、副教授（一小块）、讲师（一片）、助教（一口）、学生（蛋糕屑）。第三，男生代表提出了抗议，虽然男生人数少，但还是应该男的一半女的一半，只有这样才是性别公平。第四，一部分学生认为，平时聚餐时，有的人多吃多占了，他们应该在巧克力蛋糕分配上做出补偿。第五，有些学生不大喜欢吃巧克力蛋糕，他们宁愿吃小块的蛋糕而把大块留给喜欢吃巧克力蛋糕的同学。第六，班里主修经济学的学生强调起点和机会公平，主张发给每人一把勺子，待老师一声令下，大家各自去拿。第七，也有的学生强调平等的统计学机会（概论公平），主张把蛋糕分成几大块，然后抽签决定几块蛋糕的归属。第八，还有学生强调民主的原则，主张用投票方法选出一个委员会，由它来决定怎么分配。

一种看似公平的分配受到了多方面的质疑，从而引发关于公平分配的悖论——一种

① 陈刚.公共政策学[M].武汉：武汉大学出版社，2011.

意义的公平可能意味着另一种意义的不公平。假如我们能够对巧克力蛋糕分配中出现的挑战加以系统总结，我们就可以拥有一些被用于政策分析的工具。就任何分配而言，都有三个重要的因素，即接受者（分配给谁）、物品（分配的是什么）和过程（分配如何进行）。毫无疑问，在八个挑战中，前三个都是基于对接受者的重新定义，第四个、第五个则是对分配物品的重新界定，而后三个挑战关注的是分配的过程。

如果分一块蛋糕都如此麻烦，那么，把社会财富比作一块大蛋糕，是不是将会陷入无尽的争论中而永远不可能产生公平的分配呢？应当承认，绝对公平恐怕在现实中是不存在的。实现绝对公平也是不可能的，但是，最大限度地凝聚共识却是可能的。而共识的形成往往需要政策制定者的必要解释，他们应该告诉人们，现行政策的公平依据的是哪一条标准和理由，这些是不难做到的。德博拉·斯通的例子带给我们的启示是政策制定者的解释如果能够得到公众最大的认同，就算达到了最大可能的公平。然而，由于存在多种看法和标准，对政策的批评和挑战无时不在，这并不可怕，经验证明，挑战也为政策创新带来了空间。

资料来源：谢明. 公共政策导论[M]. 第 2 版. 北京：中国人民大学出版社，2008

本章小结

本章属于全书的概念铺垫，对于初学者来说具有重要作用。通过对本章的学习，可以了解到公共政策是社会权威，即公共政策的制定实体，在特定的社会情境中，经过一定过程，为达到一定的公共目的而制定的具体行动方案或行为准则。公共政策具有公共性与偏好性的结合、权威性与强制性的结合、稳定性与时效性的结合的基本特征。从本质上讲，公共政策是政府依据特定时期的目标，通过对社会中各种利益进行选择与整合，在追求有效增进与公平分配社会利益的过程中所制定的行为准则。公共政策依据层次进行分类，可以分为元政策、基本政策、具体政策；依据内容进行分类，可分为政治政策、经济政策、其他政策，分别涉及不同领域，如文化、军事、外交等领域；还有其他不同的分类标准，如以一项政策谋求达到目标的数量为标准进行分类，可分为单目标政策与多目标政策；以政策主体在制定一项政策时有无现成的规范和原则可遵循为标准进行分类，可分为程序性政策与非程序性政策；以政策是否改变客观对象为标准进行分类，可分为实质性政策与程序性政策；以政策主体是否行为为标准进行分类，可分为积极型政策与消极型政策。公共政策具有导向功能、管制功能、调控功能、分配功能。

关键术语

公共政策　公共性　公共利益　公共政策类型　公共政策功能

复习思考题

1. 可从哪些方面把握公共政策的含义？
2. 公共政策有什么特征？
3. 公共政策的本质是什么？能否列举具体实例？

4. 公共政策有哪些划分标准？按照不同的标准可以划分为哪些类型？

5. 公共政策的功能有哪些？

◆ 案例分析

我国食品安全连念数道“政策紧箍咒”

民以食为天，食以洁为先。食品安全关系到人民生活的最基本需求，是民生问题的重中之重，然而我国目前食品安全问题实在不容乐观。三聚氰胺还阴魂不散，瘦肉精又开始兴风作浪；面粉增白剂刚刚被禁止，端午的粽叶又被爆出浸过硫酸铜……食品安全警钟一再敲响，加强食品监督，严把食品生产安全关已成为政府肩头重任。

正因为如此，2011 年 3 月 3 日，卫生部、国家食品药品监督管理总局等部门发布有关撤销面粉增白剂的公告，规定自 2011 年 5 月 1 日起，禁止在面粉生产中添加过氧化苯甲酰、过氧化钙，食品添加剂生产企业不得生产、销售食品添加剂过氧化苯甲酰、过氧化钙；有关面粉（小麦粉）中允许添加过氧化苯甲酰、过氧化钙的食品标准内容自行废止。此前按照相关标准使用过氧化苯甲酰和过氧化钙的面粉及其制品，可以销售至保质期结束。紧接着，2011 年 3 月 25 日国务院办公厅印发《2011 年食品安全重点工作安排》，之后，工业和信息化部（简称工信部）迅速出台《2011 年食品安全重点工作实施方案》。2011 年 4 月 27 日，卫生部发布《关于加强食品添加剂监督管理工作的通知》，规定食品生产企业使用的食品添加剂必须属于已经列入《食品添加剂使用标准》或卫生部公告的单一品种食品添加剂，食品生产企业应当于 2011 年 7 月 1 日前向中国疾病预防控制中心营养与食品安全所提交书面及电子版材料，包括指定标准文本、编制说明及参考的国际组织或相关国家标准。指定标准文本应当包含质量要求、检验方法，其格式应当符合食品安全国家标准的要求。与此同时，按照国家质量监督检验检疫总局（简称国家质检总局）、国家发展和改革委员会（简称国家发改委）及工信部 2010 年 11 月发布的准入新规，所有乳制品企业须在年底前重新申请“准生证”，2011 年 3 月 1 日前重新审查发证。2013 年，各地区、各有关部门按照国务院的统一部署，加快推进食品安全监管体制改革，进一步强化日常监管，深入开展食品安全专项整治，严惩重处食品安全违法犯罪，食品安全风险隐患得到控制，全国食品安全形势总体趋稳向好。但制约我国食品安全的深层次矛盾依然存在，群众反映强烈的突出问题仍时有发生。为贯彻落实党的十八届三中全会、中央经济工作会议、2014 年《政府工作报告》精神及国务院关于食品安全工作的有关部署要求，保障人民群众“舌尖上的安全”，工信部发布了 2014 年食品安全重点工作安排。

在食品安全问题层出不穷的情况下，各级政府部门陆续出台一系列公共政策，如此大规模整顿实乃连念“政策紧箍咒”。

资料来源：根据光明网、科技网等资料整理

◆ 问题

1. 请结合公共政策基本概念谈谈材料所涉及的问题。

2. 材料体现了公共政策的哪些功能？请举例说明。

第三章　公共政策系统

■ 学习目标

通过本章的学习，学生应了解政策主、客体的分类及构成，掌握社会问题的相关知识；理解目标群体的基本含义及其对某项公共政策认同或抗拒的缘由；把握公共政策与政策环境的关系，以及政策环境的主要构成要素。

■ 知识框架图

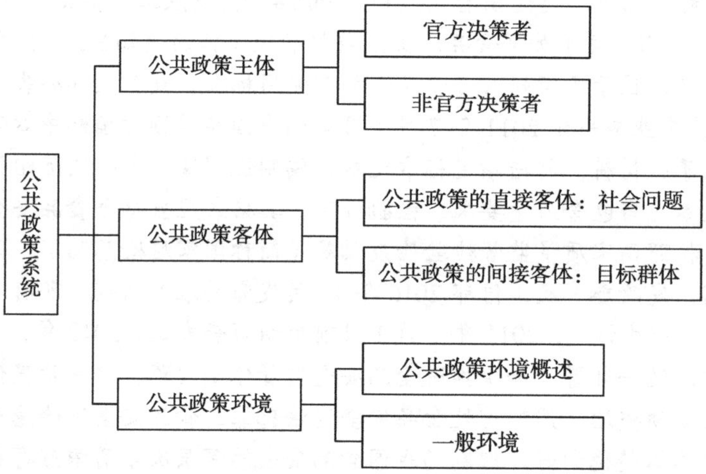

■ 名人名言

对政府工作人员来说，“满足公众的共同需求就是对他们行动的最终检验和评价”。

——马歇尔·迪莫克

第一节　公共政策主体

主体是指进行认识和实践活动的有意识的人。一般而言，公共政策主体是指在特定政策环境中以某种方式直接或间接参与、影响公共政策的制定、执行、评估和监控的个人、团体或组织。公共政策主体不仅参与和影响公共政策的制定，而且在公共政策的执行、评估和监督等环节发挥着积极的能动作用。由于各国在政治体制、经济发展、传统文化等方面存有差异，公共政策主体的构成要素及其作用方式亦有所不同。

公共政策主体主要包括立法机关、行政机关、司法机关、政党、利益集团、大众传媒、思想库（think tank）及公民个体。根据不同的标准，公共政策主体的分类主要有官方决策者和非官方决策者、体制内和体制外等划分方式。安德森认为，官方决策者主要是指那些拥有法定权威，参与制定公共政策的人们，包括立法者、政府首脑、行政人员和法官；非官方参与者包括参与政策过程的利益集团、政治党派、研究组织、大众传媒和公民个人。非官方参与者通常不具有制定公共政策的法定权威，主要是在政策制定过程中提供信息、施加压力、游说官方决策者①。由于公共政策主体直接或间接参与政策过程的各个环节，因此，公共政策主体能力的高低会直接影响公共政策结果的好坏。

一、官方决策者

现代西方政治体制多以三权分立为原则构建国家的公共权力。立法、行政和司法三种权力分别由议会、内阁和法院掌握，这三大系统各司其职，彼此独立，依靠国家宪法所赋予的权力制定不同类型的公共政策。它们彼此监督、相互制约，以保持三种权力之间的平衡状态。一些国家所实行的政党制度从形式上看往往能够把政党政治排除于国家的三权之外，而实质上却能够使政党政治“以一贯三”或“以一治三”，从而实现对公共权力的制约和对国家利益的整合。因此，政党权力有时候完全可能成为凌驾于三种权力之上的至高权力，从这个意义上讲，政党有可能会成为站在官方决策者行列之外的“超官方决策者”②。

（一）立法机关

立法机关又称为代议机关，是政策主体最重要的构成因素之一。其主要职责是行使国家立法权。在西方国家，立法机关主要指国会、立法会议、代表会议等国家权力机构。在美国，国家立法机关常常能够在独立决策意义上行使立法权，如在国会中，常设委员会对提交的法案通常拥有生杀大权，它们甚至可以置议会大多数成员的反对于不顾，强行通过有关法案。英国的情况与美国有所不同，英国议会所批准和通过的法律，往往先由政党提出，文官起草，交由政府（首相和内阁）提交法案。英国下院在批准立法的过程中拥有绝对的权力，起着至关重要的作用。

《中华人民共和国宪法》（简称《宪法》）规定，中华人民共和国的一切权力属于人民，人民行使国家权力的机关是全国人民代表大会和地方各级人民代表大会。全国人大是最高权力机关，其职权包括修改宪法，监督宪法的实施，制定和修改刑事、民事、国家机构的和其他的基本法律，审查和批准国民经济和社会发展计划和计划执行情况的报告。地方人大是地方国家权力机关，在贯彻全国人大决议、国家法律法规和制定地方性公共政策方面行使最高权力。以省级人大为例，人大代表在省级人大会议上将行使以下

① Anderson J E. Public Policy Making：An Introduction[M]. Boston：Wadsworth/Cengage Learning，2014.

② 谢明.公共政策导论[M]. 第 4 版. 北京：中国人民大学出版社，2015.

权利：①提出议案，以及对地方政府工作的意见、建议；②就地方政府的工作提出书面质询；③以赞成、反对、弃权的方式行使表决权[①]。

（二）行政机关

行政机关是公共政策制定和执行的主要行为主体。它不仅可以制定某一法律或政策，还是立法建议的重要来源之一。尽管许多西方国家设置三权分立的政治体制，但随着经济全球化进程加快，国家行政机关需要处理的社会问题越来越复杂，行政机关在政策制定过程中的地位和作用越来越突出。在美国，总统在立法领导方面的权威显然已经被确定，并作为必不可少的规定而被人们普遍接受。委员会制导致国会领导的分散，加之缺少强有力的政党权威，使国家越来越依赖总统提出的立法建议。特别是在外交、军事领域的重大决策，总统所拥有的合法权力和行动自由比其在内政方面所拥有的权力和自由要大得多[②]。

我国的行政机关包括国家最高行政机关和地方各级行政机关。国务院，即中央人民政府是我国最高国家权力机关的执行机关，是最高国家行政机关。《宪法》第 89 条规定，国务院行使立法权，即根据宪法和法律，规定行政措施，制定行政法规，发布决定和命令；提案权，即向全国人民代表大会或者全国人民代表大会常务委员会提出议案；行政管理权，即规定各部和各委员会的任务和职责，统一领导各部和各委员会的工作，并且领导不属于各部和各委员会的全国性的行政工作，等等。“行政机关更多着眼于政策的具体化、现实化，以及对立法机关没有涉及的空白领域做出某种应急性的必要补充。”[③]

叶海卡·德罗尔认为，行政部门对政策制定的影响在发展中国家比发达国家大得多。他指出：“由于发展中国家存在的政策问题少，所以大部分政策问题都能进入政府内阁的议事日程。而且在发展中国家一般不存在专业性的文官系统，因而行政部门在绝大部分政策制定中都起核心作用。另外，发展中国家的权力更为集中，所以政务部门无须去考虑建立政治联盟的问题，他们有更多的决策自主权。”[④]

（三）司法机关

作为中国国家政权的重要组成部分，司法机关是我国重要的政策主体之一。在三权分立的国家，司法机关和其他公共政策决策主体具有同样重要的地位和作用。以美国为例，美国法院具有审查立法机关制定的法律、行政机关的行为是否符合宪法或法律的权力。同时，法院有权解释和裁决仅有抽象表述又容易引起歧义的法律法规，这种解释无疑是对具体政策进行的选择。在此意义上，司法机关对公共政策的制定和执行具有至关重要的作用。

---

① 李勇军，周惠萍. 公共政策[M]. 杭州：浙江大学出版社，2013.

② 陈庆云. 公共政策分析[M]. 北京：北京大学出版社，2006.

③ 吴立明. 公共政策分析[M]. 厦门：厦门大学出版社，2006.

④ Dror Y. Public Policymaking Reexamined[M]. San Francisco：Transaction Publishers，1968.

我国司法机关主要是指人民法院和人民检察院。《宪法》规定，人民法院是国家审判机关，其主要职能是运用国家法律，独立行使审判权，保障正确运用法律，维护国家和人民的合法利益。人民检察院独立行使检察权，对各级国家机关及其工作人员、公民是否遵守宪法和法律实行监督，以保障宪法和法律的统一实施。我国的司法机关是政策执行和政策监控的重要主体之一，而其作为政策制定的主体方面的作用不是特别显著。

尽管在许多国家特别是发展中国家，司法机关难以介入政策制定过程，“并没有成为真正政策制定的主体”[①]。但是，有些国家，如美国，法院闯入了许多社会和政治活动领域，它不仅参与政策的制定，而且在其中扮演着非常重要的角色。法院常常能够通过司法审查权和法令解释权对公共政策的性质和内容产生巨大影响。它不仅规定了政府不能做什么，而且规定了政府应该采取何种行动以符合法律和宪法的规定。此外，司法机关在职权范围内，可以监督其他政策主体及政策执行，因而，司法机关将之列入官方决策者范围。

（四）执政党

政党是一种特殊的社会团体，是以其所代表的阶级、阶层或政治集团利益为核心，以拥有或参与国家政权为目的组织起来的统一思想或行动的政治组织。政党关注的政策范围要比一般的利益集团更广，对政策过程的影响也更大。现代国家普遍实行政党政治，即国家政治需要通过政党政治来实现；同时，社会不同集团和公民的利益诉求需要政党发挥利益聚合功能，将分散的、特定的公共利益要求转化为一般的可供选择的政策方案。政党以自己的理论纲领和方针政策使本阶级的利益诉求和政治意识理论化、政治化，从而有效地凝聚本阶级的利益要求和政治意识[②]。因此，政党，尤其是执政党是公共政策最重要的主体。

在不同的国家、不同历史条件下，政党利益聚合的方式存有差异。在实行两党制的国家，如英国和美国，政党希望能够获得更多选民的支持，因而，其政策纲领就会试图体现多数人的利益诉求，并竭力避免与实力强大的利益群体产生直接的利益冲突。在实行多党制的国家，如法国，政党只是各种相对狭隘利益的代表，它们更多的是各种利益的代理，在野党存在的本身也是一种制约和监督的力量，公共政策主体需要考虑在野党的存在及其所代表的利益。在野党通过议会的合法活动，如提出议案，促成议案通过，对公共政策议案投赞成票或否决票，以影响公共政策的制定。不管是在两党制还是多党制国家，政党最重要的一件事情就是在竞选中获胜，掌握国家政权。之后，执政党才能将其政治纲领和政策主张转化为真正意义上的公共政策，才能在政策过程中掌握更多话语权。

中国实行一党执政、多党参政的高度集权体制。执政党在公共政策制定的各个环节发挥着决定性的主导作用，参政党则通过政治协商制度参与国家重大公共政策的讨论与

---

① 陈庆云. 公共政策分析[M]. 北京：北京大学出版社，2006.

② 王浦劬. 政治学基础[M]. 北京：北京大学出版社，1995.

决定。执政党的思想方针政策符合宪法、法律，便成为其他公共政策主体须遵循的根本依据。

二、非官方决策者

非官方参与者主要包括利益集团、大众传媒、思想库、公民个人等。相对于官方决策者，非官方决策者间接参与、影响公共政策制定过程，但其亦是政策制定中不可忽视的主体因素。

（一）利益集团

利益集团是由具有相同价值需求和利益倾向的个人所组成的团体或团体间的联盟。在非官方的政策主体中，利益集团对公共政策的影响是其他主体所无法取代的。很多公共政策的出台和实施，都是因各利益集团提供的种种要求和施加种种压力而促成和推动的。

利益集团影响公共政策的方式或途径是多种多样的，采用的合法手段包括通过所有的宣传媒介、报刊、网络、电视、广播等影响舆论，或游说政府和议会，或联系政党的直接、间接代表；非法手段主要有暴动、组织恐怖事件等集体暴力行为。利益集团对公共政策的影响力大小主要取决于团体的规模、资金及其他资源条件、团体的凝聚力、领导层的工作技巧、团体的社会地位、竞争性组织是否存在、官方决策者对其态度，以及在政治权力系统中所处的地位等因素。

由于各个国家具体情况有所不同（民主政体或专制政体、经济发达和经济落后），所以利益集团在组成方式及合法化程度上差异很大。一些国家的利益集团不管是在成员数量、集团数量、成熟程度、管理状况方面，还是在行动的公开化、享有的自由度方面都远远超过其他一些国家。它们不仅积极表达自己的政策诉求，还努力为政策制定提供备选方案。它们会就政策方案的性质和可能出现的后果，以及操作层面上的一些技术性问题，向官方决策者提供更多的信息。在此意义上，利益集团的存在有利于政策制定的合理化。

社会发展的多元化趋势必然导致利益集团数量的增多及其规模结构和活动方式的多样化。一般而言，某一利益集团仅仅关注与其集团利益相关的政策领域，其行动动机无疑是追求集团利益的最大满足，这种需要的满足很可能会以牺牲公共利益为代价。因此，政策制定不应受个别或少数利益集团的操纵，而应该调和不同利益需求或相互冲突的政策愿望。按照政治学的团体理论，公共政策不是某一利益团体的一厢情愿，而是团体冲突的平衡产物。

（二）大众传媒

信息化社会中，作为信息载体的大众传媒对公共政策有着不可忽视的影响。大众传媒是现代社会最强有力、最直接、最方便的沟通手段，被视为政策主体的一个重要组成部分，有着“第四种权力”之称。现代大众传媒主要是指广播、电视、报纸、杂志、书籍、电子信息网等人们借以表达思想和意愿、传播各种信息的舆论工具。它既是社会公众参与公共决策的途径、工具，又借助“舆论控制”和“舆论导向”对政府政策制定、执行产生很大的制约。

大众传媒在公共政策过程中的主要功能具体表现为以下三点。

1. 引导功能，影响政策议程的建立

大众传媒可以通过新闻报道，有效地影响公众和政府对公共事务的轻重缓急的考虑。一部分社会问题在传媒的报道和渲染下，获得进入政府决策议程的机会，而一些则被排除在外。从这个意义上，大众传媒在政策议程设定环节，扮演着“守门人”和“议程构建者”的角色，同时，作为中介因素和政治领袖、广泛民意等促成因素产生互动，形成自上而下的动员模式和自下而上的危机模式、民意模式等，有利于推动公共决策的民主化和科学化。尤其是 20 世纪 90 年代以后，大众媒体以调查性报道为主的“舆论监督”和“突发（危机）事件报道”都取得长足的进步，对政策过程的影响也日益增强[①]。

2. 传播功能，发挥信息传达中介的作用

在政策过程中，利益表达和利益诉求自始至终都在进行。尤其是在政策议程创建到正式政策出台阶段，正是各种相关主体进行表达和游说的关键时期。一方面，对于特定的问题，相关民众和利益集团都积极通过大众传媒进行利益表达，政府也通过大众传媒介绍他们对问题的观点和立场。而这些意见表达将会影响决策的指向。另一方面，现代公共决策需要社会公众的广泛参与，因而需要政府把政策意图及时、迅速、广泛、有效地告知公众，以得到必要的反馈。在这一环节，大众传媒的角色是“要求通道”和“（党）组织的喉舌”。

3. 解释和监督的功能，监督公共政策制定或执行

在正式政策出台之后，大众传媒将政策告知民众，帮助政府宣传、解释政策。作为最迅速的反馈机构反映民众和不同利益群体对于政策的反应，并对政策的执行开展监督。某项政策是否符合民意，执行过程中政策意愿是否正确履行，大众传媒都会将之告知民众和政府。在这一环节，大众传媒的角色是“政策的宣传者和监督者”。

（三）思想库

思想库或者脑库、智库是现代政策研究组织的别称，是政策主体的一个十分独特而又非常重要的构成部分，被认为是现代决策链条中不可缺少的一环。美国的兰德公司、斯坦福国际咨询研究所、世界观察研究所，英国的伦敦国际战略研究所，日本的野村综合研究所，等等，都是具有世界影响力的著名思想库。这些思想库在决策咨询和社会、政治、经济、军事研究领域里发挥了无可取代的巨大作用。

思想库既从事理论研究又从事应用研究，既关注学术问题又关注现实问题。其服务对象、成员组合、研究领域和构成形式有很大差别，在政策制定过程中所起的作用也不相同。一般来讲，可以把它们划分为如下五种类型。

① 汪凯. 大众传媒与当代中国公共政策——转型时代的状况与取向[D]. 复旦大学博士学位论文，2004.

1. 官方思想库

此类思想库隶属于政府及其职能部门，或作为最高行政长官的智囊团，或隶属于不同的职能部门，或具有相对独立的建制。国外的官方思想库有美国总统科学咨询委员会、荷兰政策科学评议会、日本审议会、德国的“五贤人会”（亦称“鉴定总体经济发展的专家委员会”）、法国总统秘书处等。中国的官方思想库可以划分为中央政策研究机构和地方政策研究机构。中央政策研究机构主要包括中共中央、全国人大、国务院及其各部位直接领导下的政策研究机构，如中共中央政策研究室、全国人大政策研究室、财政部财政科学研究所、商务部国际贸易经济合作研究院等。地方政策研究机构包括地方各级党委、人大、政府下设的研究机构，如北京市委政策研究室、北京人大政策研究室等。事业单位法人的智库主要是指在具备法人条件的事业单位中，专门从事政策研究和咨询的机构，如国务院发展研究中心、中国社会科学院、中国科学院、中国工程院、国家行政学院、中共中央编译局、新华社、军事科学院等。

2. 半官方思想库

此类思想库通过接受政府的资助进行研究和咨询，主要有三种类型：一是政府出资支持重点研究课题，把研究工作纳入为政府服务的轨道，如美国的兰德公司、斯坦福国际咨询研究所、赫德森研究所，日本的综合研究开发机构等。二是政府通过与政策研究机构签订合同，从而建立相互依存的关系，如高校智库。三是与政府有关机构有对口挂靠关系的思想库，它们直接为对口单位提供政策咨询服务，如中国国际战略学会、中国国际经济交流中心等。

3. 民间思想库

此类思想库是指主要从事政策研究与咨询，为政府、企业或社会团体出谋划策，或提供其他思想，相对稳定且独立运作的民间组织①。民间思想库的最大特点是具有较强的独立性和客观性，直接体察社情民情，接近社会现实，研究成果更具客观性、准确性和有效性，在政策过程中发挥着政策咨询、政策宣传和政策评估方面的作用②。民间思想库大多由私人或民间团体设立，组织上独立于其他任何机构，经费自筹，其研究人员主要由前政府官员、专家、学者组成。比较知名的民间思想库有日本的野村综合研究所、三菱综合研究所，美国的布鲁金斯学会、卡内基国际和平捐助基金会、战略与国际问题研究中心、城市研究所等③，中国经济体制改革研究会、零点研究咨询集团、胡润研究院、凤凰国际智库、和君咨询等。

4. 附属于大学和科研机构的思想库

此类思想库通常是指依托大学和科研机构形成的专业性智库，主要从事政策研究和咨询。其经费主要来自校方拨款和一些基金会、企业公司资助或私人捐助，研究人

① 薛澜，朱旭峰.“中国思想库”：含义、分类与研究展望[J]. 科学学研究，2006，24（3）：321-327.

② 钱再见. 当代中国民间思想库及其功能实现路径研究[J]. 行政论坛，2013，（5）：54-59.

③ 穆占劳. 社会组织学眼中的美国思想库[EB/OL]. http://www.china.com.cn/chinese/zhuanti/xxsb/546396.htm，2004-03-25.

员多是校内各学科的学者和科研机构人员，如美国哥伦比亚大学国际动态研究所、耶鲁大学经济发展中心、哈佛大学国际事务中心等。北京大学国家发展研究院、清华大学国情研究院、复旦大学中国研究院、中国社会科学院国家金融与发展实验室、中国社会科学院国家全球战略智库等都是这一类型的思想库。附属于大学的思想库的研究不同于一般的学术研究，应贴近党和政府决策需求，适应国家事业发展的战略需求。此类思想库的成员多是专业化的学者，具有卓越的学术能力、宽广的世界眼光、强烈的社会责任感，有着突出的问题导向、问题意识，能够提供更专业、权威、高端的决策咨询服务。

5. 国际思想库

它主要由不同国家的学者和官员组成，是以国际问题为研究对象的国际性政策研究组织，如美国兰德公司、卡内基国际和平捐助基金会，其研究范围往往涉及环境保护、资源利用、人口控制等人类共同关心的问题。伦敦国际战略研究所由学术界、政界、新闻界和宗教界人士组成，以安全保障、军事问题为研究中心，内容多属军事技术、新武器分析，以及欧洲、中东、亚洲军事安全保障和作为其后盾的资源、能源安全保障等问题。德国外交政策协会研究所以项目研究为主，目的是加强对国际，特别是欧洲政治、安全和经济问题的研究，促进国内外的交流与合作。近年，该研究所还举办了很多国际政治和世界经济方面的国际会议，如导弹防御、与俄罗斯关系、能源安全、美国世界领导作用的内政条件等问题，以及振兴德法关系、核不扩散、欧盟东扩、全球化及其后果和新技术的政治影响等。

（四）公民个人

公共政策过程的基轴是公共权力机关与公民之间的关系，在现代民主社会中，公民不仅是公共政策主体的构成要素之一，也是公共政策作用的基本对象。纵观世界各国的实践，大多数公民总是作为消极、被动的政策遵从者而存在。特别是在崇尚精英决策模式的国家中，公民通常被视为冷漠、无知、自私的乌合之众，他们既没有严密的组织，亦缺乏政治兴趣和参政能力，所以仅是公共政策作用的对象。

作为公共政策主体，公民有权向主要官方决策者——政府官员表达其利益倾向和价值追求，并影响公共政策过程。公民主要通过以下途径参与公共政策过程：第一，以国家主权者的身份，对某些重大政策问题，如宪法的修订、国家领导人的选举、基本国策或主要地区性政策的制定采用投票、听证会等方式进行决定。第二，通过选举公民代表，参与政策的制定、执行、调整、终结等。第三，采用请愿、游行示威、罢工、罢课等施压方式反对某项政策，迫使政府接受其利益诉求和价值主张，或迫使政府修订或废止某项政策。第四，通过参加利益集团，借助团体的力量影响政策，或通过制造舆论或游说的方式影响政策。第五，少数特殊的公民通过其政治活动或知识活动对政策过程产生实质性影响，或提供思想指导①。

① 黄顺康. 公共政策学[M]. 北京：北京大学出版社，2013.

◆ **拓展阅读**

全球智库排行：前 10 强美国独占 6 席，中国 7 家智库上榜

由美国宾夕法尼亚大学“智库与公民社会”项目主办的 2014 年全球智库排行榜显示美国布鲁金斯学会名列第一，英国皇家国际事务研究所、美国卡内基国际和平捐助基金会、战略与国际研究中心分别名列第二到第四位。在全球智库 150 强榜单中，7 家中国智库入围，排名最高的中国社会科学院，排在第 27 位。

2015 年的全球智库指数报告指出，全球有 6 618 家智库，分布在全球 182 个国家和地区。从数量来说，美国最多，有 1 830 家；中国大陆第二，429 家；英国第三，287 家。就实力而言，美国最强，前 10 名中有 6 家美国智库，英国也有两家智库进入十强。前 30 名中西方智库占了 27 家。亚洲智库排名最高的是日本国际事务研究所，排在第 13 位。中国大陆入选前 150 强的 7 家智库排名情况为：中国社会科学院排在第 27 位，中国国际问题研究院排在第 36 位，中国现代国际关系研究院排在第 40 位，国务院发展研究中心排在第 48 位，北京大学国际战略研究院排在第 61 位，上海国际问题研究院排在第 71 位，中国人民大学重阳金融研究院排在第 106 位。

在国防和安全类智库中，美国的战略与国际研究中心、兰德公司列前两名，中国排名最高的是国防大学，位列第 38 位。在国内经济政策类智库中，美国的布鲁金斯学会、国家经济研究局列前两名，中国排名最高的是国务院发展研究中心，位列第 34 位。在外交政策和国际事务类智库中，美国的布鲁金斯学会、英国皇家国际事务研究所排在前两名，中国排名最高的是中国现代国际关系研究院，位列第 7 位。

智库实力是一个国家总体实力，特别是软实力的重要体现，说到底就是智库在国内对决策圈的影响有多大，对老百姓的双向沟通能力有多大，在国外传播本国声音、推广自己利益的能力有多强。这个排行榜是由西方做出的，同大学排行榜一样，在西方主导话语权的世界里，排名靠前的多是西方智库。但是，美国智库的发展确实有许多值得中国借鉴的地方，主要表现在其政策分析的相对独立性，资金来源多元，通畅的“旋转门”现象上（官员在退下来以后，进智库做研究，等本党再执政了，又回到官场上去决策）。

美国的智库有较强的影响政府决策的能力、议题创新设计的能力和舆论引导能力。中国现在也已经提出要建设“中国特色新型智库”，中国共产党中央委员会办公厅（简称中办）和国务院办公厅（简称国办）还专门公开下发了文件。从借鉴美国智库的经验来看，最重要的是在维护国家安全和民族利益的前提下，赋予智库更大的独立性、自主性，促进智库人才构成、资金来源、观点建议的多元化，从而更好地为决策层的科学与民主决策提供参谋，真正起到脑力激荡、思想碰撞的作用。同时要鼓励智库作为半官方和民间的组织，加强与社会公众的联系，起到上情下达，解释澄清；下情上传，反映民声的作用。中国智库要加强与国外智库的交流与沟通，更好地传播和解释中国的立场和声音。

资料来源：余浩. 全球智库排行：前 10 强美国独占 6 席，中国 7 家智库上榜. 人民网，http://world.people.com.cn/n/2015/0126/c157278-26451817.html，2015-01-26

第二节　公共政策客体

公共政策客体是相对于主体而言的，是指政策发挥作用时所指向的对象，或者说，政策主体就哪些问题、针对哪些人制定政策。公共政策是针对特定的事件、问题或社会群体而制定的行为准则。因此，可以从“事”（政策所要处理的社会问题）和“人”（政策发生作用的对象及目标群体）两个角度来认识公共政策的客体。

一、公共政策的直接客体：社会问题

任何时候、任何社会都会存在各种各样需要解决的社会问题或公共问题。社会问题具有两方面的特征：一是社会所面临的普遍性问题；二是具有广泛的影响力，需要通过政府或社会成员集体的行动方能解决的问题。

（一）社会问题的含义

从“事”的角度看，公共政策直接客体就是社会问题。社会问题是公共政策的起点和诱因，是公共政策的直接客体，政策制定的预期结果是公共问题的某种解，从某种意义上，社会问题既是公共政策的起点，又是公共政策的落脚点。

需要说明的是，社会问题中的“社会”是指社会的广义概念，即社会是政治、经济和文化等领域的统一体，而不能把社会理解为与政治、经济、文化等领域相并列的一个领域。按照社会生活领域的不同，我们可以将社会问题划分为四个种类：①政治领域问题，包括政治体制、机构、外交、军事、行政、人事、民族、阶级等方面的问题；②经济领域的问题，如生产、流通、分配、消费等生产过程各环节的问题，或者财税、金融、产业等方面的问题；③社会领域问题，如环保、人口、福利、治安等方面的问题；④文化领域的问题，包括科技、文教、体育、卫生等方面的问题[①]。

任何一个社会问题都不是孤立存在的，它往往是整个社会问题系统中的一个有机组成部分。一个小范围的社会问题常常从属于更大范围的社会问题，且这个小范围的社会问题内部还有可能包含几个更小范围的社会问题。不同范围、领域、层次的社会问题存在着相互联系、相互制约的辩证统一关系，如城市自行车被盗问题，必然会牵扯到城市治安问题，由此又涉及流动人口问题、户籍制度问题、公房出租问题等。所以，社会问题的系统相关性要求我们在处理问题时必须从整体出发，从各个具体问题之间的相互关系上去把握。有时，同时处理几个关系密切的问题反而比处理一个孤立问题的效果更好，如此才能发挥系统的整体效应[②]。

（二）政策问题的含义及确定途径

公共政策的制定是沿着“问题—社会问题—公共问题—政策问题”这条路线发展演

---

① 陈庆云. 公共政策分析[M]. 北京：北京大学出版社，2006.

② 谢明. 公共政策导论[M]. 第3版. 北京：中国人民大学出版社，2012.

化的。政策问题可以界定为“造成人民的需求或不满，必须给予满足或加以纠正的情况和局面”[①]。林水波和张世贤认为，政策问题是“在一个社群中，大多数人觉察到或关心到的一种情况，与他们所持有的价值、规范或利益冲突时，便产生一种需要、被剥夺或不满足感，于是通过团体的活动向权威当局提出，而权威当局认为所提出者属其权限范围内的事物，且有采取行动加以解决的必要者”[②]。

制定公共政策就是为了解决社会问题，但并非所有的社会问题都需要通过政府解决。社会存在着大量的公共问题，但能够引起决策者注意，从而列入政府政策议程的问题并不多。一个公共问题要进入政策议程，应具备什么样的条件？

首先，有些社会问题的性质、范围、层次虽然涉及相当多的社会成员或影响较大的社会利益，但不属于政府职责范围，或者不具备作为政策问题的条件、时机，或者程序上不符合公共政策程序，那么这些问题就成了我们熟知的法律问题。其次，有些社会问题无论是什么因素均属于政策问题，又由于已有的政策存在，可遵循相关政策解决，于是这些社会问题在公共政策中就成为执行性政策问题。或者这些问题无论从成本考虑，还是从社会效益考虑，不需要采取具有权威性、广泛性特征的政策来解决，则可以通过其他方式，如行政合同、志愿者服务来解决。再次，随着时间的推移，对问题的理解也发生着变化。政策问题不断根据新的信息或对问题的新的理解被重新加以界定，如对网络犯罪的关注，就是这种现象的一个例子。最后，正确界定政策问题的性质、内容、范围、层次等，由此，确定公共政策主体层次、政策效力空间和范围，避免不同层次公共政策主体之间轻重倒置、职责权限不清问题[③]。

◆ 拓展阅读

柯克帕克利特·赛尔（Kirkpatrick Sale）列出的公共政策问题包括：濒临危机的生态，对权威疑心重重，对常设机构不信任，社区的衰落，蔑视法律，城市每况愈下，大城市无度扩张，贫民区，多度拥挤，交通堵塞，未经处理的垃圾，烟雾和煤炭，预算破产，学校质量差，不断增加的文盲率，不断降低的大学教育标准，让人丧失人性的福利体系，警察施暴，人满为患的医院，过满的法庭议程安排，无人性的监狱，种族不公正，性别歧视，贫困，犯罪，酗酒，离婚，暴力，国防开支过度，核扩散，军备竞赛，失业，通货膨胀，能源危机，个人债台高筑，财富分配不当，世界范围的通货膨胀，国际局势不稳定，美国一国独大情况有所改变，等等。

资料来源：Sale K. Human Scale[M].New York：G.P.Putnam’s Sons，1982

政策制定的预期结果是公共问题的解决。要解决什么样的问题需要有两类信息：一是问题前提条件的信息（如辍学是失业的前提条件），二是预期目标的信息（如受保护的教育或最低工资）。只有获取了这两类信息，才能解决问题。关于政策问题的信息在政策

---

① Anderson J E. Public Policymaking：An Introduction[M]. Boston：Wadsworth/Cengage Learning，2014.

② 林水波，张世贤. 公共政策[M]. 台北：五南图书出版公司，1993.

③ 黄顺康. 公共政策学[M]. 北京：北京大学出版社，2013.

分析中发挥着关键作用，因为问题界定的方式影响着可行解决方案的寻找。不充分的信息或者错误的信息会导致致命的错误；本来可以解决正确的问题，却解决了错误的问题①。

西方实行两党制或者多党制的政治体制，由于民众参政意识强、利益集团规模大、成熟度高，公共政策主体比较重视体制外的政策问题途径。美国学者马修斯从政府和私人两种主体出发，将确定政策问题的主体划分为四类：私人主动，政府有限介入；政府主动，私人有限介入；两者都主动；两者都不主动②。西方许多国家确定政策问题的途径是“体制外输入机制”；中国虽然理论上已有“上下来去”政策过程模型，但实际上确定政策问题的途径主要是“体制内输入机制”③。

我国的民主历史和政治体制决定了其倾向于体制内确定政策问题的途径。很多观点把政治领袖提议（执政党和国家领导人提议）放在确定政策问题的途径的首位。有人将确定政策问题的途径具体分为八种：一是执政党和国家领导人提议，二是立法机关中的代表、委员、议员提出提案，三是政府直接介入，四是国家公务员依法介入，五是其他党派的提议，六是利益集团的提议，七是人民群众通过民主渠道的提议，八是国际机构的提议④。

实践中，政策问题的确定途径还受到特定条件、时机和环境因素的影响和制约。美国学者詹姆斯·E.安德森把这些特定条件、时机和环境因素划分为两类：一是内在触发器，即突发意外事件（危机）、自然灾害与生态变迁、科技进步的结果及社会资源分配不公造成的后果等；二是外在触发器，即国际政治格局变化、突发外交冲突、危机、战争和军事侵略及国外科技进步的结果等。

◆ **拓展阅读**

五种政策解

德博拉·斯通（Deborah Stone）认为有五种政策解：①激烈，既可以是正面的（如税收抵免），也可以是负面的（如对污染实行处罚）；②规章制度，或者其他形式的指令性行为（如管理污染的规定）；③事实，或者使用信息来劝说目标群体按照某种方式行事（如社区知晓权的信息等）；④权利，它赋予某些人权利或者义务（如民权立法）；⑤权力，凭借权力，决策机构被赋予明确的权力去改善决策（如立法机构拥有的影响州预算的预算权）。这些政策解可以采取国会立法、行政命令、司法裁决或者其他政策形势产出形式。

资料来源：Stone D A. Policy Paradox and Political Reason[M].Glenview：Scott Foresman，1988

二、公共政策的间接客体：目标群体

从“人”的角度看，公共政策的间接客体是目标群体。目标群体是指受公共政策影

---

① Mitroff I I，Featheringham T R. On systematic problem solving and the error of the third kind[J]. Behavioral Science，1974，19（6）：383-393.

② 那格尔 S S. 政策研究百科全书[M]. 林明，等译. 北京：科学技术文献出版社，1990.

③ 黄顺康. 公共政策学[M]. 北京：北京大学出版社，2013.

④ 兰秉法. 政策学[M]. 北京：中国统计出版社，1994.

响和制约（分配利益、规范行为）的社会成员。人们在社会生产和生活中所处的地位不同，社会分工不同，必然产生各种不同性质、不同层次的利益和需求。这些利益和需求相互影响、碰撞、摩擦，从而产生了各种现实的矛盾，它可能发生在个人之间、个人与群体之间、群体与群体之间，甚至政府与群体之间。公共政策所要调整和规范的对象就是这些具有不同性质和类型的利益要求的社会成员间的关系。

随着公众和当局对部分社会问题的普遍关注，部分社会问题会逐渐升级为政策问题。目标群体作为公共政策所发生作用的对象，对政策会产生一系列根本性的影响。这种影响取决于目标群体对公共政策的态度——认同或抗拒。

（一）政策认同的缘由

目标群体对一项政策的认同，通常是出于以下原因。

1. 政治社会化的影响

政治社会化是指人们在社会化的过程中，政治观念的树立（对国家、政党、制度、权威、意识形态、权利义务的认识）和政治行为模式的形成（遵纪守法、拥护社会制度等），在任何国家都通过家庭、教育、传媒等渠道促成人们的政治社会化。

2. 传统思想观念和行为习惯的制约

目标群体的思想和行为往往会受公共政策的影响发生一定的改变，其对政策认同或抗拒在很大程度上取决于政策对其要求改变的幅度。例如，由于中国传统思想中的“传宗接代”等习俗观念的影响，某些地方的计划生育政策执行力度不足。随着经济社会的发展，人们尤其是年轻人逐渐接受男女平等的观念，计划生育政策实施日益顺利。因而，在政策制定过程中应当考虑传统思想观念和行为习惯的影响，控制政策对目标群体改变的幅度在可接受的范围之内，采用渐进方式而尽量避免激进式变革。

3. 对政策形式合理与实质合理的看法

政策不仅需要实质合理，更应注重形式合理、程序合理。唯实质合理，而忽视形式合理、程序合理，将会减弱政策的公信力，反之亦然。毋庸置疑，如果政策制定不符合法定的程序，甚至违背法律原则，目标群体的抗拒程度会尤为激烈。尤其是当前，中国正在建设法治社会，政策过程更应注重形式合理、程序合理基础上的实质合理。

4. 对成本收益的权衡

目标群体对某项政策认同或抗拒，在很大程度上取决于利益得失的判断。如果他们认为接受此项政策比不接受此项政策所受的损失大得多，就会采取抵制的态度。诚然，现实中有许多人并不会仅仅以利益得失尤其是经济利益的得失去思考问题，但是，目标群体的利益得失是制度激励的关键，政策制定、执行过程中应当将其纳入考虑范围。

5. 对大局或整体的考虑

人是“经济人”，注重自己的经济利益，但人更是“社会人”“复杂人”，他们亦会关注整体或大局利益。假若他们认为某项政策有利于整体或者大局，即使对其个人利益、局部利益、眼前利益有所损减，他们往往也能够认同、服从该项政策，如禁鞭令。

6. 避免受到惩罚

公共政策具有权威性、强制性。作为利益分配和调节杠杆，公共政策不可避免会伤及一部分人的既得利益，如果缺少惩罚措施，他们很可能会选择违背政策。人们有时候会因为畏惧惩罚而接受和遵从政策，但应注意的是，惩罚仅仅是一种手段而非最终目的，政策过程中应当警惕为惩罚而惩罚。

7. 环境条件的变化

政策本身是一个动态、发展的过程。随着时间的推移和客观条件的改变，人们的主观认识也会产生相应的变化，原先不受欢迎的政策可能逐渐为人们所接受，原先深受拥护的政策可能被人们抗拒并抵制。因而，政策制定、执行过程中应从辩证角度认识这个问题，没有一劳永逸的政策，政策应当随着环境的变化而不断地增删、修正、更新①。

（二）政策抗拒的原因

目标群体之所以产生政策抗拒，主要是基于以下几个原因。

1. 合法性危机

合法性危机已经成为各国，特别是发展中国家所面临的一个普遍性问题。发展中国家大多正处于传统社会向现代化社会转型过程中，一是传统的价值观受到冲击，人们对政府权力的界限、公民应享有的权利、政策制定的程序等政治方面的问题产生一些意见分歧。二是物质文化需求的攀升，经济发展使贫富差异逐渐加大，社会结构转变，类似中国的“瓮安事件”“石首事件”等大规模群体事件，社会不满情绪波动等必然对政府权威形成巨大的挑战。三是政府的公信力下降。现代化进程之中，社会各个层面都会出现动荡和变革，政府会不断出台新的政策，调整旧的政策，废除部分政策，由此导致公众对政府公信力产生质疑。

2. 缺乏对政府官员的信任

信任是一种复杂的社会心理现象，很早就引起了学者们的密切关注。亨廷顿曾指出：“社会文化中缺乏信任将给公共制度的建立带来极大的障碍。在那些缺乏稳定和效能的政府的社会里，也同样缺乏公民间的相互信任，缺乏民族和公众的忠诚心理，缺乏组织的技能。”②在发展中国家，政府官员腐败、滥用公权等问题较为严重，导致人们对官员缺乏信任，以至于质疑公共政策制定的起因、执行过程，产生政策抗拒。

3. 政策自身存有缺陷

政策本身存有缺陷，从而使人们质疑政策的客观性和公正性。例如，河南汝州市发

① 谢明. 公共政策导论[M]. 北京：中国人民大学出版社，2004.

② 亨廷顿 S P. 变化社会中的政治秩序[M]. 王冠华，刘为，等译. 北京：生活·读书·新知三联书店，1996.

布公告，凡属于2014年被评为汝州市星级文明村的毕业生，在这次事业单位和教师招聘中，笔试总分加1分。无独有偶，2002年福州兴建大学城，闽侯县上街镇的土地被征用，按照承诺，失地农民家庭的考生报考福州大学城内的高校，都享受降二十分录取的政策[①]。这类政策自然会引起目标群体的政策抗拒。

应当指出的是，公共政策的主体与客体之间并不是截然对立的。一方面，政策主体解决政策问题的目标和努力规定着政策客体的范围和性质；另一方面，政策客体也不是消极被动的，它对政策主体起着限制和约束作用，特别是随着现代民主政治的发展和“主权在民”的理念日益深入人心。公共权力机关、国家公职人员所拥有的直接制定和执行政策的全部权力，在法理上都是人民委托他们行使的权力，只有在执行公务、直接参与制定或执行某项具体政策时，才能作为政策主体而存在；当他们不执行公务时，则是作为政策客体而存在。而且，即使在执行公务时，也必须受某类和某些政策的规范、管制、调节和制约。另外，尽管国家主权的行使者只能是公共权力机关和任职其中的政治精英，但公民在法理上是国家主权的拥有者，在民主制度健全的情况下，他们也能够通过政治参与而成为公共政策的间接主体。

第三节　公共政策环境

公共政策是政策环境的产物，受到自然和社会的各种因素的制约和影响。公共政策与政策环境二者相互联系、相互依存、相互影响、相互作用，存有辩证统一的关系，环境决定和制约政策，起主导作用，政策则改善和塑造环境，具有反作用。根据系统论，对政策行动的要求产生于环境中存在的问题和冲突，并由利益集团、官员及其他政策行动者传递到政治系统；与此同时，环境限制和制约着决策者的行动[②]。

一、公共政策环境概述

（一）公共政策环境的内涵

广义而言，环境是指事物周边的境况，几乎涵盖所有因素。事物与环境之间往往存在着既可以相互分辨又可以彼此渗透的界限。环境因素对事物本身总会发生或多或少、或直接或间接、或强烈或一般、或明显或隐晦等形式多样、程度不同的影响。

19世纪，达尔文学派的动植物学家们曾广泛运用“生态”来描述生物体如何生存和适应它们的环境。20世纪20年代，一些社会学家开始借用动植物生态的概念，对人类社会进行分析，他们不仅强调在日益复杂的组织系统内部人类生活具有相互依赖性，而且强调有机系统在生存形态上与该系统周围的环境趋向于均衡化。

生态是指生物体的生存空间和条件，它与生物体共同构成生态系统。在这个系统中，生物体与环境进行物质、能量和信息的交换，从而实现自身新陈代谢的生命过程，并维

① 邓海建. 多少混账政策假借“加分”之名? [EB/OL]. http://news.ifeng.com/a/20140703/41001711_0.shtml，2014-07-03.

② Anderson J E. Public Policy Making：An Introduction [M]. Boston：Wadsworth/Cengage Learning，2014.

持生态系统的动态平衡。从生态的角度，生物体对环境有着明显的依存关系，特定的环境满足生物体的特定需要。因此，根据不同环境可以区分不同生物体的特点。

所谓公共政策环境，是指影响公共政策产生、存在和发展的一切因素的总和。它涉及诸多因素，从人到物，从自然到社会，从历史到文化，几乎无所不包，所以，政策研究不能不研究环境。从系统论的角度看，凡是对公共政策产生作用和影响的因素皆可归为公共政策环境①。安德森对公共政策环境进行了宽泛的划分，认为政策环境包括：地理因素，如气候、自然资源和地形；人口变量，如人口规模、年龄分布、种族构成、空间分布；政治文化、社会结构和经济体制。管理学家卡斯特和罗森茨韦克将组织环境划分为一般环境和工作环境。他们指出："从广义上说，环境就是组织界限以外的一切事物，但是，可以从两方面思考环境：①社会环境（一般环境），它影响着某一特定社会中的一切组织。②工作环境（具体环境），它更直接地影响着个别组织。"②

（二）政策环境的特征

政策环境是公共政策之外，构成政策形成和运行条件的外部生态环境，它具有复杂性、动态性、交叉性的特点。

1. 复杂性

政策环境是一个复杂的系统。任何一项政策的制定、实施到终结的全过程，都会受到各种各样的环境因素影响。其中既有自然环境，亦有社会环境；既有国内环境，亦有国际环境；既有历史环境，亦有现实环境；既有物质环境，亦有精神环境。它们对公共政策产生直接或间接的、显在或潜在的、强烈或微弱的、长期或短期的影响。因而，在制定、实施公共政策时，应多方面、多维度、全面综合地考察、了解政策环境。

2. 动态性

现实生活中，社会的政治、经济制度具有一定的稳定性，许多常规性政策面对的是相对稳定的政策环境。然而，应注意的是，政策环境的稳定性是相对的，一切事物都处于永恒的变化之中，公共政策所处的环境因素亦处于发展变化之中。一方面，社会环境本身不断变化，经济发展、政治动态、文化创新、技术进步都会影响政策环境的变化；另一方面，政策的制定与实施将对政策环境产生一定的反作用，促使政策环境不断发展改变。例如，政策评价从注重 GDP（国内生产总值）考核到生态环境建设的转变等。所以，政策制定者需用动态的视角看待政策环境中的各种问题，因时因地地制定和实施公共政策。

3. 交叉性

政策环境的交叉性是指政策环境对公共政策的影响不只是简单的作用和反作用的过

① 陈庆云. 公共政策分析[M]. 北京：北京大学出版社，2006.

② 卡斯特 F E，罗森茨韦克 J E. 组织与管理——系统方法与权变方法[M]. 李柱流，刘有锦，苏沃涛译. 北京：中国社会科学出版社，1985.

程，还包括各项公共政策的交叉影响和公共政策实施所造成的连锁反应。在实践中，某个环境因素 A 可能同时作用于政策甲和政策乙，政策甲对政策环境 A 产生反作用后形成的新环境因素 B 又可能作用于政策丙，环境因素 B 和政策丙还可能共同构成环境丁的环境因素 C。这种交叉性的存在要求政策制定者在规划某项具体政策时必须考虑到相关政策的影响，以避免非预期的后果[①]。

（三）公共政策与政策环境的关系

公共政策是政策环境的产物，二者存在辩证统一关系。它们相互联系、相互依存、相互影响、相互作用。就其关系而言，环境决定和制约政策，起主导作用；政策则改善和塑造环境，具有反作用。

首先，公共政策随着社会的发展，由政策环境的需要而产生。历史唯物主义者告诉我们，经济基础决定上层建筑。由于私有制的出现、阶级的产生、统治集团的形成和国家机器的建立，才有了以社会管理为目标并代表统治阶级意志的公共政策的出台，没有这样一种政治和社会环境的形成，公共政策就根本没有存在的必要。

其次，公共政策必须适应政策环境，有什么样的政策环境，就应该有什么样的公共政策。如果公共政策与环境政策存在严重的冲突和对立，也就是说，政府管理社会的政策手段和政策条件格格不入，那么这样的政策就必然走向失败。例如，非洲一些落后国家不考虑本国国情，盲目移植，机械照搬一些西方发达国家的政策经验，其实施结果往往是事与愿违。所以，中国政府在借鉴别国政策经验的时候，融入了“中国特色”的概念。

再次，政策环境的发展变化必然导致公共政策的发展变化。随着历史的演进、社会的发展，政策环境经历着不断的变化，这是不以人的主观意志为转移的客观规律，公共政策必须适应这种变化的需要，否则就会阻碍社会系统的良性运转，产生消极的影响。不同的社会形态需要不同的政策指导，而且在同一社会形态的不同发展阶段，公共政策也表现出不同的特征。

最后，公共政策也不是完全消极和被动的，它对政策环境具有一定的能动作用。正确认识和合理发展这种能动作用，是政策实施的重要目标，也是研究政策环境的主要原因。公共政策的作用发挥得好，就能达到改善政策环境的目的，使政策环境不断地得到优化，按照公共政策的目标去发展；反之，公共政策的作用发挥得差，就会使政策环境不断恶化，成为政策环境良性发展的羁绊[②]。

二、公共政策的一般环境

政策系统的一般环境，也就是作用和影响公共政策的所有外部条件的总和，包括地理自然地理环境、经济环境、政治法治环境、社会文化环境、国际环境等。一般环境的目的是为正确理解政策系统提供宏观、总体的框架和背景。

---

① 陈刚. 公共政策学[M]. 武汉：武汉大学出版社，2011.

② 谢明. 公共政策导论[M]. 北京：中国人民大学出版社，2004.

（一）自然地理环境

自然地理环境是一个国家生存和发展的物质基础，具体是指政策系统所处的地理位置和自然状况，包括国土面积、地形地貌、气候、自然资源等。地理自然环境与公共政策有着紧密的联系，对政策系统和政策内容有着巨大、持久的影响。

孟德斯鸠的"地理因素说"认为，地理纬度、气温差别及人种差别对法律具有巨大的影响。例如，热带及亚热带的国家酷热，使人容易暴躁、不理智，所以盛行严峻刑法；温带和寒带国家温度适中或严寒，让人冷静、富有理智，因而刑法较为宽和。诚然，学术界对孟德斯鸠的理论存有很大的争议，但我们也应从中注意地理环境对公共政策具有重要的影响。

同时，地理环境影响社会发展，也为政策的制定和执行提供各种可能性。从经济角度，澳大利亚拥有辽阔富饶的草原，所以公共政策注重畜牧业发展。加拿大森林资源丰富，木材的采伐与加工是其重要的经济支柱。从军事的角度，英国是岛国，有着优良的港湾条件和海洋所形成的天然屏障，因此，英国的海军部门在国防部系统具有重要的地位。而瑞士地处欧洲内陆，陆军力量在军事部门中占据绝对的支配地位。

简言之，地理环境对政策系统存在直接或间接的影响，这种影响不是一时的，而是永恒的。但是，政策系统具有一定的能动性，应注意避免过分夸大地理环境对政策的影响。

（二）经济环境

经济环境是指对政策系统的生存、发展与运行具有重要影响的各种经济因素的总和，包括生产力的性质、结构，生产资料所有制的形式，经济结构，经济制度，经济体制，经济总量，等等。经济环境对公共政策具有决定性的影响，无论何种性质的政策主体，其决策体制、政策目标、政策工具、政策行动等都要受到经济环境的制约。

经济环境对公共政策的制约和影响具体表现为以下四点：①经济环境是制定和执行公共政策的基本出发点。公共政策系统只能对经济资源存量进行科学合理的配置，绝不可能超量配置。同时，政策系统对存量资源的配置也不可能脱离经济制度或经济体制的框架，否则必然要引起经济制度和体制的反弹。②经济环境提供政策系统运行所必需的工具和资源。公共政策的制定、执行、评估和监控等活动都要消耗一定的人力、物力、财力、信心等资源，因此，其活动必然受到经济规模总量、经济实力的限制。③经济环境影响政策系统的经济目标取向。现代公共政策中，经济政策占据着主导地位。公共政策主体必须根据特定时期的经济状况、经济利益矛盾、经济资源分配等因素，制定和推行某项政策[①]。④不同的经济形态对政策系统提出不同的要求，间接地影响政策导向、政策调整范围、政策运行的方式及政策质量。

（三）政治法治环境

政治法治环境是指政策系统的生存、发展与运行产生重要影响的所有实际或潜在的

① 刘斌，王春福. 政策科学研究（第一卷）：政策科学理论[M]. 北京：人民出版社，2000.

政治状态与法治状态。具体包括三个层面：①既有规范性法律政策体系，如宪法、基本法律、行政法规、行政规章、国家政策等。这些因素保障了公共政策系统中权力和资源的分配，保证了公共政策系统运行的协调性、规范性和科学性，同时影响新政策的原则方向。②涉及实际的政治权力分配的国家政权制度，如政体制度、国家结构形式、议会制度、政党制度、选举制度、舆论控制制度、决策制度等。它会在很大程度上影响决策主体的构成、民众参与决策的机会及深度，也将影响政策决策内容的偏好。③国内政治形式及特定时期的政治任务。任何国家及政府在特定时期都有特定的奋斗目标。毫无疑问，这将是同时期政府公共政策制定的重点①。

政治法治环境对政策系统的主要影响包括以下三个方面：①决定政策系统的性质。特定的政治体制和政治结构决定了立法机关、行政机关、司法机关、政党、利益集团、思想库、公民等政策主体的权力及相互之间的关系。公共权力在各政策主体之间的分配方式，以及运行机制的设计，决定了公共政策系统的性质。②决定政策系统的民主化程度。政治生活的核心问题是民主化。假若非官方政策主体缺乏参与公共政策过程的制度化途径，官方政策主体与非官方政策主体缺乏良性互动，政策系统就会成为相对封闭、具有专制性质的系统。只有构建畅通的、制度化的参与途径，让个人和群体参与公共决策，形成多元主体间的良性互动，决策的民主化才能实现。③影响政策系统的合法化程度。只有在一个法律制度健全、司法独立、真正依法治国和依法行政的社会中，公共政策才可能实现从内容到形式的合法化。在合法化的政策与完善的法治环境之下，公共政策才能得到有效的贯彻落实②。

（四）社会文化环境

社会文化环境就是对政策系统生存、发展与运行产生重要影响的一个国家或地区的社会状况和文化状况。它包括民族、宗教、人口、社会结构、伦理道德、风俗习惯、文学艺术、政治文化等过去和现在的情况，主要可分为传统习俗文化、政治文化和教育文化水平三个层面：①传统习俗文化，如家族文化、生育文化、生活文化、节日文化、道德文化等，会影响到政策过程和政策的力度。例如，在一些土葬习俗浓厚的地方，要推行丧葬改革政策将遇到重重阻力。②政治文化。美国政治学家阿尔蒙德提出的政治文化，是指政治系统成员的行为取向或心理因素，即政治制度的内化。政治文化可以概括为政治认知、情感与评价，也可以表述为政治态度、信仰、感情、价值观与技能。③教育文化水平。教育文化水平主要是作为一种影响一国民众的生产知识、交往知识和现代化知识的因素对该国总体政策水平起作用③。

社会文化环境对公共政策系统的影响体现在以下两方面：①社会文化环境影响公共政策系统所需的智力条件。一个教育、科技、文化比较发达的社会，能够为公共政策系统运行的各个环节配备高素质的人员，提供各种现代化的科技手段，准备信息收

① 汪大海. 现代公共政策学[M]. 北京：清华大学出版社，2010.

② 陈庆云. 公共政策分析[M]. 北京：北京大学出版社，2006.

③ 汪大海. 现代公共政策学[M]. 北京：清华大学出版社，2010.

集和处理的工具和条件，从而提高政策系统运行的效率。②社会文化环境影响公共政策系统运行的伦理和心理条件。一个具有良好的伦理道德传统的社会，政策的制定者和执行者具有正义感和责任感，政策目标群体具有较好的心理素质，政策系统运行就比较顺畅。

（五）国际环境

国际环境既包括全球范围内的政治、经济、文化发展演变的共同趋势、国际格局、全球秩序及相应的规则，也包括对政策系统生存、发展和运行产生重要影响的国家间、跨国组织间的竞争、合作与冲突。国际环境直接影响政策系统的政策选择、参照系选择和政策实施。随着全球化、信息化趋势的加快，国际环境甚至可以改变政策系统的范围和功能，影响政策系统的性质。

国际环境对公共政策的影响表现为：①国际环境影响公共政策系统的价值选择。和平时期，政策系统就会将注意力集中到经济建设中；战乱时期，政策系统的重心便会发生转移。②国际环境影响公共政策系统的参照系选择。当前，全球化趋势要求一个国家和地区的公共政策系统积极与其他国家和地区的政策系统开放、竞争、合作。政策系统之间的交流和互动为评价政策系统的运行效能提供新的参照系，为公共政策的目标定位和实施方式提供参考依据。③影响公共政策系统的性质。在全球化、信息化的国际环境影响下，一个国家或地区的公共政策系统越来越受到国际组织、跨国企业的影响和制约。一个国家或地区的政策，尤其是经济政策的制定和执行，或多或少都会受到国际组织、跨国企业的影响。

◆ **拓展阅读**

政策系统的工作环境

政策系统的现实特征、功能与运行更多地取决于政策系统所处的工作环境。政策系统的工作环境是政策一般环境中的不同部分在特定时间点上的聚合，因而具有多样性、变动性、主观性和人为性等特点。所谓工作环境，是指政策系统在制定和实施某项公共政策的过程中直接地对政策系统的运行产生影响的政策环境。一国的现实国情是政策的工作环境，它对科学地制定公共政策，尤其是总政策与基本政策具有极为重要的意义和深远的影响。公共政策主体只有以科学的态度、求实的精神，深入实际调查研究，系统地了解和把握经济、政治、文化、历史、自然、社会条件和国际环境等方面的基本情况及特点，特别是政治系统在特定时期的社会性质、社会生产力发展状况、主要矛盾等情况，才能够明确地认知政策系统的工作环境。

资料来源：宁骚.公共政策学[M]. 第2版. 北京：高等教育出版社，2011

本章小结

公共政策系统包括政策主体、政策客体及其与政策环境相互作用而构成的政策系统。公共政策主体是指在特定政策环境中以某种方式直接或间接参与、影响公共政策制定、执行、评估和监控的个人、团体或组织。公共政策主体主要包括：由立法机关、行政机关、司法机关和执政党构成的官方决策者，由利益集团、大众传媒、思想库和公民个人等构成的非官方决策者。公共政策客体是指公共政策发挥作用时所指向的对象，具体包括政策所针对的社会问题和政策所作用和影响的社会群体。社会问题是公共政策的直接客体，是公共政策的起点和诱因；也是公共政策制定和执行所要改变的状态。目标群体是间接客体，对政策会产生一系列根本性的影响。这种影响主要取决于目标群体对某项公共政策的认同或抗拒。公共政策环境是指影响公共政策产生、存在和发展的一切因素的总和。公共政策环境可以划分为自然地理环境、经济环境、政治法治环境、社会文化环境和国际环境等。

关键术语

公共政策系统　公共政策主体　公共政策客体　公共政策问题　公共政策环境
官方参与者　非官方参与者　社会问题　公共问题　目标群体

复习思考题

1. 论述官方决策主体和非官方决策主体在公共政策过程中的地位和作用。
2. 从政策主体的角度，分析大众传媒对公共政策的影响。
3. 目标群体为什么会认同或抗拒某项公共政策？
4. 哪些环境因素会对公共政策构成显著影响？
5. 举例说明公共政策与环境的关系。
6. 试述公共政策环境发展变化趋势的影响。

◆ **案例分析**

“提网速、降网费”多项措施难以落实
回顾：总理三促“提速降费”

1. 全国“两会”

2015 年全国“两会”期间，李克强总理便开始就网速问题表态。

“我到一些国家访问过，有些发展中国家的网速都比北京快!”参加全国政协十二届三次会议的经济、农业界联组讨论时，李克强称。

2015 年政府报告中，“互联网”三个字被提到了八次，成为历年之最。

2. 经济形势座谈会

一个月后，李克强关于互联网的表态，又一次引发网民海量“点赞”。2015 年 4 月 14 日第一季度经济形势座谈会上，李克强说，“现在很多人，到什么地方先问‘有没有 Wi-Fi’，就是因为我们的流量费太高了!”

针对当时与会者、网易首席执行官（chief executive officer，CEO）丁磊关于流量费高的反映，李克强对有关部门负责人说，可以研究如何把流量费降下来，“薄利多销”。

3. 国务院常务会议

仅隔一个月，李克强在5月13日主持召开国务院常务会议时，第三次对提速降费“踩油门”。

会上，他借“一亿多人次出国旅游，出国漫游增速却是下降的”“导游出国自带Wi-Fi”等现象，说明“降费”并不是政府的决定，而是“不降不行”的市场选择。“一亿游客出国，这是多大的市场啊！老百姓很清楚，你的网费、流量费太高，他就不用了！”

在这次会议上，审议了国办《关于加快高速宽带网络建设推进网络提速降费的指导意见》。随即，“网速提40%，流量不清零”等具体目标公布。

此后，李克强即使在出访智利期间，也持续关注“网速”。他表示，晚上在宾馆房间上网时，“感觉这里的网速挺快！”

“提网速、降网费”正在进行时

2015年以来，被媒体称做“超级网友”的国务院总理李克强，三度督促提网速、降网费，深得网友“点赞”。

因总理“喊话”，2015年5月中旬中国移动、中国联通、中国电信三大运营商公布了“提速降费”方案，资费最高降幅达35%以上。但一个多月过去，网民对运营商的降费方案依然“不满”。

专家表示，提网速、降网费绝不是运营商一纸方案就可以解决的，而是涉及互联网基础设施的建设、相关政策法规的落实，以及成本消化机制的确立等多层面问题。

分析称，这一对网民“让利”之举的背后，蕴含着重塑成熟电信市场、加快互联网发展，从而促进创业创新，助推经济转型升级的深层次考虑。

总理三次督促，网民期待“一步到位”

国办发表意见，网速提40%，流量不清零，运营商提最大幅度的资费调整。

2015年全国“两会”，李克强总理便开始就网速问题表态。2015年政府报告中，“互联网”三个字被提到了八次，成为历年之最。

随后，李克强连续三次督促“提网速、降网费”。国办发布《关于加快高速宽带网络建设推进网络提速降费的指导意见》。随即，“网速提40%，流量不清零”等具体目标公布。

对总理的“大礼包”，网民纷纷“点赞”，表示总理“懂我”。

截至2014年12月，中国已拥有将近7亿个网民。据腾讯大燕网和新浪网对10万多名网友的调查，近7成网友每月上网花费为50~200元，其中，3成多网友每月网费在100~200元。

工信部有关负责人提供的数据表明，与2011年相比，2014年移动流量资费实际下降了60%，宽带的资费水平也下降了30%，但与大多数国外国家相比，国内偏高的网费与网友期待仍存在不小的差距。

总理几次督促后，工信部回应称，将推动企业加大网络投资、降低手机流量资费，并立即布置相关企业研究落实。

2015 年 5 月 16 日，工信部公布网费同比降 3 成的年度目标。同日，中国电信、中国移动、中国联通三大运营商拿出各自的提速降费方案，称资费最高降幅 35%以上。

按照方案清单，移动流量和有线宽带资费平均计划下降 30%左右，网速全面提升，主要城市城区提升至 100 兆，基本与工信部公布的提速降费目标相匹配。

有运营商称，这是有史以来最大幅度的资费调整。

目前，三大运营商发布提速降费方案已一月余。《新京报》记者登录中国联通网上营业厅看到，北京地区 20M、50M、100M 资费标准均已按照方案修改，分别降至 1 480 元/年、1 780 元/年、1 980 元/年。

但网民依然不满意。有门户网站调查显示，6.5 万名受访网友中，78.7%的人认为“三家运营商都没诚意”。方案中“夜间流量”等内容，成为网友最大槽点。

网民提出，运营商只是以限时流量、促销套餐等手段来拉低单价，而一些“鸡肋式”套餐甚至会让有的消费者通信费用不降反升。这种降费方案无异于“假摔”，是运营商的“文字游戏”。

部分措施也尚未落地。据媒体报道，其中包括中国电信对国际漫游费的降低，中国移动套餐外资费降价等；另外，比起固网宽带调价，4G 移动数据流量资费调整大多还停留在“纸上谈兵”阶段。

此外，被关注的问题中，还包括像联通宽带，4M 和 10M 价格完全相同。工信部有关统计显示，我国 8Mbps 及以下接入速率的宽带用户占比超过 50%。这也被解读为，相当多的用户花了 10M 宽带的价钱，用的却是 4M 宽带。

资料来源：“提网速、降网费”多项措施难以落实［EB/OL］. 人民网，http://finance.people.com.cn/n/2015/0623/c1004-27196611.html，2015-06-23

◆ **问题**

1. 分析案例中的政策主体和客体具体是什么。
2. 不同目标群体对“提速降费”政策的认同或抗拒原因是什么？
3. 综合分析提速降费究竟难在何处。

第四章　公共政策模型及其相关理论

■ 学习目标

通过本章的学习，掌握公共政策的分析模型；理解每种模型提供的独特思考公共政策的视角；掌握基于模型分析的公共政策相关理论，为分析公共政策的一般原因和结果提供解释工具。

■ 知识框架图

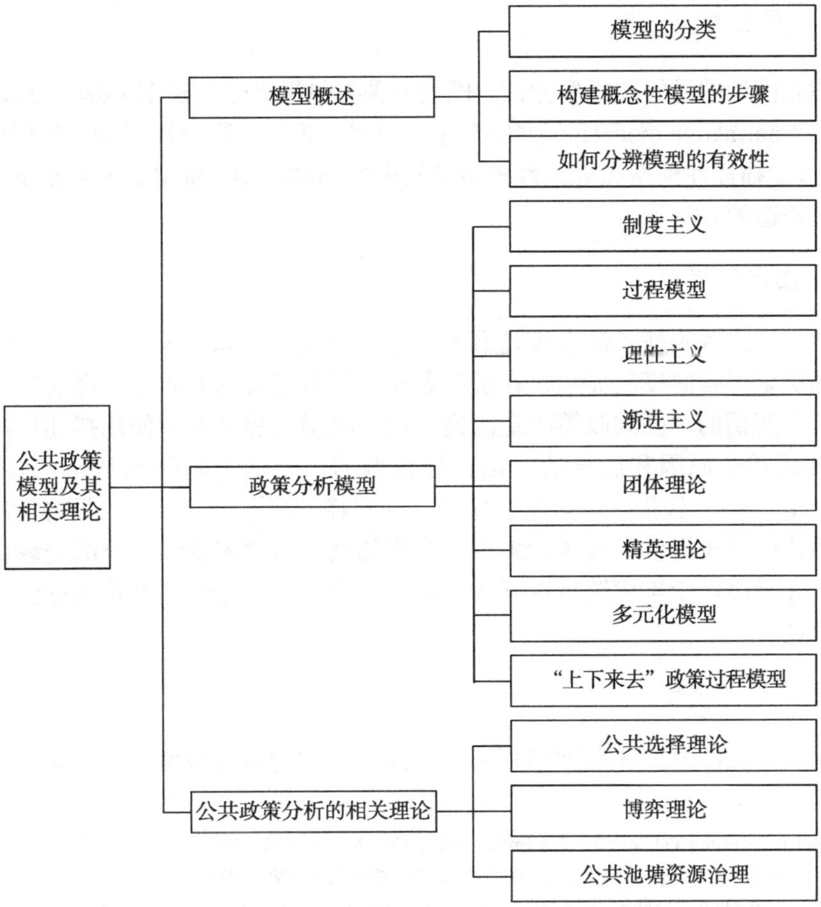

■ 名人名言

使用正规模型的主要优点在于这些模型所要求的思维的精确和清晰，在于模型所允许的讨论深度。

——莫里斯 · 菲奥里纳（Morris Fiorina）

第一节　模型概述

模型是对现实世界某个方面进行简化的表述[①]。这种模型可能是一种真实的物质表现形式，如飞机模型或者示意沙盘。模型也可能是一个图表，如一幅地铁交通图或者政治家用来揭示一项议案是如何变成法律的流程图。在公共政策研究中运用的模型大多是概念性的模型。这些模型可帮助我们简化并澄清对政治和公共政策的思考；识别政策问题的重要方面；通过关注政治生活的主要特征，促进我们相互之间的沟通；指导我们更好地理解公共政策，鉴别重要与不重要的方面；解释公共政策并预测其结果[②]。

一、模型的分类

根据建立模型的目的和模型特征，模型的种类包括描述性模型（descriptive models）、规范性模型（normative models）、文字模型、符号性模型、程序性模型、代用模型、视角模型[③]。不过，描述性模型和规范性模型及硬模型和软模型（hard and soft models）之间的区别是最普遍的。

（一）描述性模型

描述性模型的目的是“解释和/或预测政策选择的原因和后果”。例如，美国 50 个州福利经费的决定因素的模型显示，在解释各州的经费模式的差异中，经济变量比政策变量更为重要。所谓的“公共政策决定因素”法，在很大程度上是使用描述性模型来解释和预测公共政策的原因和后果的。描述性模型的一个最著名的例子是《科尔曼报告》（*Coleman Report*），该报告对学生表现的不同解释进行了比较评估。报告发现，相对于教师的素质或向学校提供的资源的多少，在家阅读材料的多少和父母的受教育程度等家庭背景因素才是决定学生成绩最重要的因素。简言之，描述性模型在论述公共政策的文献里比较常见。

（二）规范性模型

规范性模型的目的，“不仅要解释和/或预测，还要为最大限度地实现某种价值提供规

① Dye T R. Understanding Public Policy[M]. Englewood Cliffs：Prentice Hall，2002.

② 戴伊 T R. 理解公共政策[M]. 第十二版. 谢明译. 北京：中国人民大学出版社，2011.

③ Dunn W V. Public Policy Analysis：An Introduction[M]. Englewood Cliffs：Prentice Hall，1981.

则和建议”，如我们有兴趣寻找防止世界性饥荒的最佳方法。我们考察了几种政策选择，如食品援助、货币援助、计划生育和教育等，看看这些方法对减少饥饿能够起到什么样的作用。我们也许发现，食品援助会对减少饥饿产生相反的作用；事实上，食品援助可能会导致人口的增长，人口增长反过来又扩大饥饿的范围。相比之下，计划生育和教育可能对饥饿更加有效。因此，这种模型能够解释和预测，又可以提出使某个价值——在这里指的是减少发展中国家的饥饿——最大化的途径。

（三）硬模型和软模型

区别硬模型和软模型之间的差别也是有用的，硬模型“用符合来表述实际现象”，软模型是“对我们所关注的某个事件想象中的特征这个类纯理论或者假设的概念性问题的表述”。例如，硬模型可能是一幅表述地形的实际地理状况、（假定）准确反映现实的地形图。软模型可能是教科书中描述某个政治体制的图表，这幅图表上标明了输入、转换机制和产出情况。后者的目的，是将政治体制一类的抽象概念，转换成该体制中这些假定要素之间的一系列联系①。

二、构建概念性模型的步骤

在公共政策不同时期经历的演进过程中，模型的构建是其关键步骤。在这个过程中，构建者运用现有的文献，以及自己的观察和认识，构建起某个公共政策现象的模型。按照达布尼可和巴兹的观点，在构建模型时，我们必须使用如下几个不同的步骤。

步骤一：认真研究有疑问的现象和局面，然后把它分解成简单的、更容易处理的问题。我们不可能一下子把公共问题全部解决，相反，必须非常仔细和精确地确定（我们试图解释的）相关变量。例如，某位政策分析人员可能有兴趣去解释哪些因素影响了政策的实施或政策的终结。他或许想构建一个模型，用来解释公共政策随着时间的推移而发生的变化，或者有兴趣解释政策环境的形成。另外，他也许无法构建一个能一下子把整个政策过程解释清楚的模型。有的模型比其他模型更全面，但我们必须谨慎，以免试图仅用一个模型来解决太多的问题。节约或者用最少的话来解释最多的含义的能力，是构建政策模型非常有用的指南。

步骤二：确定模型的目的。模型要做什么？它是描述性的还是规范性的？即它是否要做预测并进行解释？是否试图提出政策的解决方法？没有哪一个模型是万能的。相反，我们必须确定自己想要构建的是哪一种模型，并且非常谨慎地界定模型的目的，以及其他人将如何使用这个模型。

步骤三：观察与存在问题的现象或局面相关的事实。开始本阶段的最佳方法是阅读有关某个政策现象的所有文献。通常，已有文献的基础是关于某种现象的决定因素的案例研究。通常积累这些材料，就可以着手把对该行为的多种解释组合在一起。随着对该现象的起因和影响越来越熟悉，就会形成一个模式，它会引导人们去构建模型。

---

① 斯图尔特 J Jr，赫奇 DM，莱斯特 JP. 公共政策导论[M]. 第三版. 韩红译. 北京：中国人民大学出版社，2011.

步骤四：列出所有可能与模型的目的相关的要素。找出被认为是与当前问题联系最紧密的要素，把这些相关要素分解成能够反映紧密的结构、功能或者互动联系的类别，如我们可能有兴趣研究决策者是如何使用政策分析的。已有文献提出了三大决定知识的使用程度的因素范畴：①与政策分析发生的背景相关的因素；②与政策分析本身相关的因素；③与该信息的潜在使用者相关的因素。这三类因素是可以确定的，它们共同提出了对这个现象的可测试的解释。

步骤五：结合已提出的模型的目的，思考这些因素范畴及所代表的事实。尽量从这些因素中寻找有助于实现该目的的模式或关系，这是模型构建中最富有创造性的部分，在该阶段，我们寻找的是模型特有的相互关系的模式。在更早的阶段，我们仅仅试图确定解释现象的各种因素，而在此阶段，寻找的是此前已经明确了的因素范畴之间的互动。例如，一个关于政治发展的著名模型，假定都市化导致工业化和教育，继而导致政治的发展。在此阶段，起因和影响非常重要，因为此前明确的一些因素将超越其他因素，并造成某些影响。在此确定的每一种关系，都是政策分析人员使用的模型在理论上的表述，因此，他必须谨慎，必须掌握有力的证据来支持这些假定的关系。

步骤六：在必要时，详细论述构建好的模型，并且在可能的情况下要简化这一模型。在使用构建的模型时，我们会开始认识到有必要进行小的纠正和改动。这些改动的基础，可能是根据对模型进行的实际测试，可能是为确定“被遗漏的”变量的田野作业，也可能是在构建模型时原设计中被忽略的那些细微意义的影响。不管怎样，政策分析人员将在实践模型的基础上修订自己的模型，这是可能的（甚至是有裨益的）。这些改进也有可能是从事公共政策研究中使用该模型的其他人提出来的。

总之，模型的构建，对公共政策研究的推动极为重要，它是此领域发展的关键阶段[①]。

三、如何分辨模型的有效性

一种模型只是现实政治生活的抽象概括或表现。一个“好的模型，就像一幅好的地图那样内容丰富；如果解读正确，它会引导我们得出许多真实的说法……并促进理解”[②]。当我们想到政治体系、精英、团体、理性决策、渐进主义或博弈的时候，我们是在努力从现实世界中进行抽象概括，以简化、澄清并理解政治生活中的重要内容。如何判断模型是否有帮助？是否有用？在我们开始研究公共政策之前，需要给出评估这些概念或模型是否有用的一般标准。托马斯·戴伊提出了若干这样的标准[③]。

（一）序化并简化现实

政策模型的有用性在于它对政治生活进行简化与排序的能力，以便我们能够更清楚地思考政治生活，并理解现实世界中的各种关系。序化（厘清顺序）能够使真实世界中错综复杂的关系建立逻辑上的联系，简化（变复杂为简单）有助于人们清楚地理解那些

① 斯图尔特 J Jr，赫奇 D M，莱斯特 J P. 公共政策导论[M]. 第三版. 韩红译. 北京：中国人民大学出版社，2011.

② Hawkins D. The Language of Naure：An Essay in the Philosophy of Science[M]. Garden City：Doubleday，1967.

③ Dye T R. Understanding Public Policy[M]. Englewood Cliffs：Prentice Hall，2002.

难以琢磨的复杂现象。不过，过分简化会导致我们不能准确地理解现实。

（二）认定重要层面

政策模型应该明确公共政策的重要方面。这样的模型应该避开不相关的变量或现象，而只关注公共政策的真正原因和重要结果。当然，至于什么是“真正的”“相关的”“重要的”，这在某种程度上还取决于个人的价值判断。但是，我们认为一个概念的有用性，与其“确认什么是政治中的重要内容”的能力相关。

（三）符合社会现实

通常情况下，政策模型应该是与现实相符合的，即它应该具有经验性的指涉对象。如果某一概念所描述的过程并没有真正发生，或者它描述的现象在现实世界中并不存在，那么我们理解这样的概念就存在很大的困难。

（四）提供有意义的沟通

政策概念或模型应该传递有意义的信息。如果太多的人否定某个概念的含义，那么它在沟通中的有用性就会大大降低。例如，如果没有人一致认定的成为精英的条件，那么精英的概念对于每个人就意味着不同的内容。有人把精英定义为通过民主选举的、代表全体公众的公务人员，还有人把精英定义为不具有代表性的、以自身利益为基础做出社会决策的少数人。

（五）指导调查与研究

政策模型应该对公共政策的调查和研究提供指导。一个好的模型应该给出若干能够被观察、衡量和核查的可检测的关系（假设）。一个概念或者一系列相互联系的概念（这里指的是一个概念模型），应该揭示现实世界中一些能够被检验和证实的关系。如果无法证实或证伪某一概念提出的观点，那么这一概念对政治学的发展就没有什么帮助。

（六）提出一定的解释

政策模型不仅可以描述公共政策，还应该能够对公共政策做出解释。它应该提出关于公共政策的原因和结果的假设——这些假设能够为现实世界中的数据所检验。如果一个概念只能描述公共政策，那就不如那些能够解释公共政策，或者至少能够为公共政策提供可能性解释的概念有用。

我们经常使用模型来“帮助理解和提高预测能力”，但是，不管何种模型都不能完美地表述现实。在这个意义上，模型终究不过是解读现实的抽象的工具。

我们在政策研究中运用的模型是概念性的模型。这些模型可运用于以下方面：简化并澄清我们对政治和公共政策的思考；识别政策问题的重要方面；通过关注政治生活的主要特征，促进我们相互之间的沟通；指导我们更好地理解公共政策，鉴别重要与不重要的方面；理解公共政策并预测其结果。

多年来，政治学同其他学科一样，发展出一些有助于我们理解政治生活的模型。在本书中，我们试图理解这些模型在公共政策的研究中是否有效。具体而言，我们将从以下模型的视角来检验公共政策，即制度主义模型、过程模型、理性主义模型、渐进决策模型、团体理论模型、精英模型、公共选择模型、博弈模型。上述每个术语都代表一种模型概念，这些模型在政治学著作中都能够找到。没有哪一种模型是专门为研究公共政策而建立的，然而每个模型又都提供了独特的思考公共政策的视角，甚至还能解释公共政策的一般原因与结果。

这些模型并不是竞争性的，人们不能断定哪个“最好”，每个模型对政治生活都有各自的关注焦点，每个模型都能帮助我们理解公共政策的不同方面。虽然有些政策初看上去好像只能用一种特定模型来解释，但是，大多数政策都是理性主义、渐进主义、利益集团行为、精英偏好、博弈冲突、公共选择、政治过程和制度影响等多种因素共同作用的产物。

第二节　政策分析模型

一、制度主义：政策是制度的输出

制度主义理论认为，公共政策与政府制度之间的关系非常紧密。政府制度是公共政策的母体，它在公共政策的整个生命周期都起着决定性的影响。也就是说，不同的政府制度会导致不同的政策输出，公共政策就是政府制度的产物[①]。政府制度赋予公共政策三个显著的特征：一是公共政策的合法性。政府的政策通常被认为是法律义务，公民必须服从。二是公共政策的普遍性。一般团体或组织的政策只能影响一部分人，只有政府的政策才能涉及社会中的所有人。三是公共政策的强制性。公共政策可以合法地实行对社会的强制力[②]。

制度主义关注政府的组织框架，它描述官僚制度与行政部门的安排和法定职责。政府就像一部机器，这部机器由不同的齿轮和杠杆组成，它有固化的结构（如科层制）、约定俗成的工作习惯（工作俗套）、规律性的运行方式、程序化的工作过程等。毫无疑问，机器自身内在的结构性特征对其产品有着决定性的影响。同理，具有不同制度特征的政府所输出的政策一定会有显著的差别。制度理论视公共政策为政府制度运行的结果[①]。

制度主义经历了一场复兴，即新制度主义模式。新制度主义建立在一个更为成熟而复杂的分析基础上（表 4-1）。西奥多 · J.卢威是对这一创新理论贡献最大的学者。新制度主义试图根据政策制定的子系统对公共政策进行分类。卢威将公共政策分为四个“权力领域”，即再分配权力、分配权力、民选权力和规制权力。

① 谢明. 公共政策导论[M]. 第 4 版. 北京：中国人民大学出版社，2015.

② 戴伊 TR. 理解公共政策[M]. 第十二版. 谢明译. 北京：中国人民大学出版社，2011.

表 4-1　公共政策制定与执行的新制度主义

政府施压的可能性	政府施压的对象	
	个人行为	系统行为
鞭长莫及的	如农业补贴等分配性政策领域 政治行为与特征 分权的 割裂的 地方的 党派的/选举的 互相捧场的 以法律为中心	如立法机构重新分配等选区性政策领域 政治行为与特征 集权的 系统的 全国的 意识形态的 党派的/选举的 相互捧场的 以法律为中心
立竿见影的	如取消欺骗性广告等规制性政策领域 政治行为与特征 分权的 割裂的 地方的 特殊利益的 群体间讨价还价的 以官僚制度为中心的	如收入累进税等再分配性政策领域 政治行为与特征 集权的 系统的 全国的 意识形态的 特殊利益的 群体间讨价还价的 以官僚制度为中心的

在权力的再分配领域中，权力将以一个基本的比例形式在政治体制中进行“再分配”。再分配的政策通常具有较高的意识形态，容易引起特殊群体间的情绪性争执，其中包含“拥有者”和“未拥有者”之间的斗争。这些斗争比较少见于各政党之间，而通常都集中于官僚制度内。事实上，卢威认为再分配政策所关切的事务，“不是资产的使用，而是资产本身；不是平等的待遇，而是平等拥有；不是行为的举止，而是本质存在”①。

新制度主义存在两个方面，一个是施压的可能性，另一个是施压的对象。施压对象可以是单独的个体，也可以是系统组织②。

二、过程模型：政策是政治活动

当前，政治过程和政治行为是政治学关注的焦点。自从第二次世界大战以来，现代的“行为主义”政治学就一直在研究选民、利益集团、立法者、总统、行政官僚、法官和其他政治主体的行为活动。这种研究的主要目的之一就是揭示行为或者“过程”的模式。对政策感兴趣的政治学家，根据各种行为与公共政策的关系，对这些行为进行分类，划分一系列的政策过程（表 4-2）。

① Lowi T J. American business，public policy，case studies，and political theory [J]. World Politics，1964，16（4）：677-715.

② 亨利 N. 公共行政与公共事务[M]. 张昕译. 北京：中国人民大学出版社，2011.

表 4-2　政策过程

政策过程	具体内容
问题确认	通过公民对政府行为的要求来确认政策问题
议程设定	特定的公共问题引起媒体和政府官员的关注，促使其被提上政策议程
政策形成	由利益集团、白宫官员、国会议员和智囊团提出政策建议
政策合法化	通过国会、总统和法院的政治活动，选择并制定政策
政策执行	通过官僚组织、公共支出、行政机构的活动来推动政策实施
政策评估	由政府机构本身，政府外部的顾问、咨询人员，媒体和公众来评价政策实施的结果

过程模型有助于我们理解政策制定过程中的各种活动。我们需要明白政策制定包括：问题确认（公民对政府行为的要求）；议程设定（吸引决策者的关注）；政策形成（设计并选择政策）；政策合法化（寻求政治支撑、获得立法机关的批准）；政策执行（建立官僚机构、财政支出、施行法律）；政策评估（探寻政策是否有效，是否得到人们的支持）[①]。

三、理性主义：政策是社会效益的最大化

理性主义致力于理解现存社会广为接受的各种价值，并赋予每一种价值一个相关的权重，然后发现所有可选择的政策方案，了解每一种政策选择方案的各种后果，计算出选定任何一个特定政策后，从机会成本考量，该政策会对其余选择方案产生什么影响，以期在最后能选择一个在社会价值成本收益方式考量下最具有效能的政策选择方案[②]。一项理性的政策是获得“社会效益最大化”的政策，即政府应该选择那些使社会效益最大限度地超过社会成本的政策，同时避免采纳那些成本高于效益的政策。

在社会效益最大化的界定上有两个重要原则：一是任何成本超过收益的政策，都不应该被采纳；二是在所有可供选择的政策中，决策者应选择收益超过成本最大的政策方案。换句话说，只有当一项政策获得的收益和其成本之差为正值，并且大于实施替代政策方案的收益与成本之差时，才可以说选择的政策是理性的。应强调的是，理性主义包括实施一项公共政策带来的政治、经济、社会价值损益的计算综合，我们不能仅仅从狭隘的经济收益来审视理性主义，社会价值亦应计算在内。

为选择一个合乎理性的政策，决策者必须做到：①了解所有的社会价值偏好及其权重；②了解可以获得的所有备选方案；③知道每一个备选方案的所有结果；④计算每一个备选方案的收益与成本之比；⑤选择其中最有效的政策方案。基于如此的理性主义假设，作为整体的社会价值偏好是可以获知并衡量的。同时，理性的政策制定还需要一个有助于形成理性决策的决策系统[③]。这一决策系统的理性模型见图 4-1。

① 戴伊 T R.理解公共政策[M]. 第十二版. 谢明译. 北京：中国人民大学出版社，2011.

② 亨利 N. 公共行政与公共事务[M]. 张昕译. 北京：中国人民大学出版社，2011.

③ Dye T R. Understanding Public Policy[M]. Englewood Cliffs：Prentice Hall，2002.

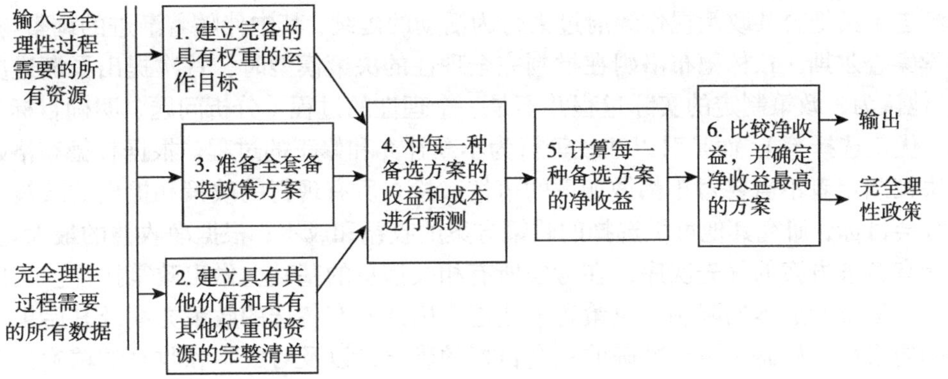

图 4-1　决策系统的理性模型

然而，现实中存在许多的障碍，我们无法了解全体成员的价值偏好，以至于政府计划无法进行理性的政策制定。完全理性的政策制定面临的重要障碍包括以下方面：

（1）社会利益通常不能达成一致，只有特定的团体或个人的利益才能一致，而在团体或个人的很多利益之间却存在冲突。

（2）很多相互冲突的成本和收益是不可能比较和衡量的，如在我们的个人尊严与收税增长之间进行比较或衡量。

（3）决策者的决策动机并不是以实现社会目标为基础，而是力图使他们自己在权力、地位、连任、金钱等方面的收益最大化。

（4）在现行项目和政策上的大量投资（沉淀成本）会阻碍决策者重新考虑在以往的决策中被排除的备选方案。

（5）为了解所有可能的备选方案及其结果，需要收集全面的相关信息，但存在无数的限制性因素，如收集信息的成本、信息本身的可获得性、收集信息的时间限制等。

（6）不管社会学、行为学，还是物理学、生物学，其预测能力都还没有发展到这种程度，即能够使决策者完全知晓每一个可供选择的备选方案的收益或成本。

（7）决策者即使具有最先进的计算机分析技术，在面对大量的多元化且利害攸关的政治、经济、社会、文化价值时，也没有足够的智慧来精确计算其成本和收益。

（8）备选方案结果的不确定性迫使决策者尽可能地遵循以前的政策，目的是降低出现混乱与非预期后果的可能性。

（9）在一些大型的政府机构中，政策的制定需要多个部门的参与，部门分割的特性使决策协调变得困难，导致各方面专家的建议难以在决策时被充分考虑[①]。

四、渐进主义：政策是过去政策的补充和修正

渐进主义范式（incrementalist paradigm）被认为是理解公共政策的重要范式之一，它是实质性的、过程性的、描述性的及客观性的，其所关注的重点是某些问题的实质。其焦点在于公共政策的过程，也就是“研究如何制定并执行政府政策”。

① 戴伊 T R. 理解公共政策[M]. 第十二版. 谢明译. 北京：中国人民大学出版社，2011.

渐进主义把公共政策视作政府过去行为活动的延续，其中伴随着渐进的调整与修正。政治学家查尔斯·E.林德布洛姆在批判完全理性的决策模型时，首次提出了渐进决策模型①。他认为，政策制定的实际过程并不是一个理性的过程（分析问题、明确目标、提出方案、优化选择等），而是对以往政策行为不断补充和修正的过程。根据林德布洛姆的说法，决策制定者不需要每年都做如下的事情：检查所有现行的政策和提出的政策建议；确定社会目标；研究其他可供选择的政策方案的收益和成本；根据净收益的最大化程度，排列所有备选方案的优先次序；在考虑所有相关信息的基础上做出政策抉择。相反，由于时间、信息和成本的限制，决策者无法逐个确认所有备选的政策方案及其后果。政治本身的局限性也妨碍了清晰准确的社会目标的确立，以及对成本和收益的精确计算。渐进决策模型指出"完全理性"的政策制定模型是不切实际的，因此，描述了一个更加保守的政策制定过程。

渐进主义政策制定是保守的，因为它以现行的项目、政策和支出为基础，只是把注意力集中于新的项目和政策对现行项目与政策的增加、减少或修正。决策者通常都会接受现行项目的合法性，并默许继续执行原来的政策，如图 4-2 所示。

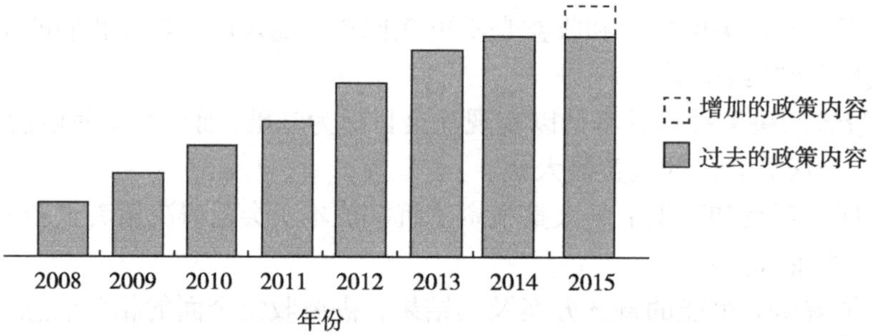

图 4-2　渐进决策模型

渐进决策模型的要素如下：

（1）对目标或目的的选择，对实现目标所需要采取的行动进行经验分析，这些都是紧密联系在一起，而不是相互独立的。

（2）决策者只考虑部分与现行政策没有巨大差异的解决问题的方法。

（3）对于每一项选择，只评估数量有限的重大后果。

（4）决策者面临的问题不断被重新界定。渐进主义允许对目的—手段、手段—目的做无数次调整，结果是使问题更容易处理。

（5）不存在唯一"最好的"解决问题的方法。检验一项好的决策的标准是，不同的分析人员都发现，自己虽然不一定认同这项决策就是实现大家同意的目标的最适当的方法，或者在这个问题上大家认同只有一个目标，却都能直接接受这项决策。

（6）渐进的决策从根本上讲是修补性的，旨在改善现有的、具体的社会不完美现象，而不是推动未来的社会目标①。

① Lindblom C E. The science of muddling through[J]. Public Adminstration Review，1959，（19）：79-88.

政府之所以愿意采用渐进主义的做法，有如下四方面的原因。

第一，政府没有足够的时间、信息和金钱来调查能够替代现行政策的政策方案，收集这些信息的成本是巨大的。即使是在计算机时代，决策者也没有充分的预测能力，无法预测所有替代性政策方案的结果如何，他们也不能够计算替代方案的成本–收益比，尤其是政治、社会、经济和文化价值无法确定的时候。因此，完全“理性的”政策，如果其所需要的时间和成本过多，就可能变成“无效的”政策。

第二，决策者承认以往政策的合法性，因为全新的或完全不同的政策的结果存在着不确定性。当新政策的后果不可预测的时候，坚持以往政策更加安全。在不确定的状态下，决策者都会继续原来的政策，而不管这些政策是否有效。

第三，在现行的政策项目上可能有巨大的投入（沉淀成本），这也阻碍着任何彻底的变革。这些投资可能是以资金、建筑或者其他硬性项目形式存在的，也可能是心理倾向、行政实践或组织机构方面的准备。因此，如下做法被认为是明智的：坚持原来的政策而不管它们是否有效，继续维持那些难以改变的常规程序，个人也会在延续组织的基础上发展自己的事业。所有这些行为都使彻底的变革变得极为困难。所以，并不是所有可供选择的方案都会被给予严肃认真的考虑，而只有那些在形式、资金、组织和行动上有微小改动的政策才会被认真考虑。

第四，渐进主义也是政策上的权宜之计。在政策制定的过程中，当分歧与争论仅仅围绕预算的增加或减少，以及对现行政策是否进行微调时，才更容易达成一致。一旦决策涉及重大的政策转变、牵涉到巨大的收益或损失，以及面临“全得或全失”“或是或非”的决策时，冲突就会加剧。因为每年通过新的规划或政策，所引起的政治上的紧张与冲突太大，所以如果没有发生实质性的政治重组，过去的政策一般会在未来延续下去。从这个意义上讲，渐进主义对于减少冲突、维护稳定、保持政治体系自身秩序都是特别重要的。

◆ 拓展阅读

理性过程与渐进过程的区别

理性过程	渐进过程
分析形势	决策者直接寻求在具体项目、政策或者计划上的一致，而不是在抽象目标上的一致
压缩目标，精心推敲	决策者只关注对政策增加部分的比较和评估
设计行动步骤	决策者只考虑有限数量的政策选择
根据目标对结果做比较评估	根据手段调整目标，根据目标调整手段。问题不断得到重新界定。主要根据对手段的审查来确定政策目标
选择更好的方法	在对所关注的问题进行一系列“攻坚”中尝试多种选择
根据目标和手段评估已采取的行动	评估依赖的是经验和反馈，因为决策是补救性的。林德布洛姆认为：“公共问题的解决，不是靠努力实现一个明确界定的未来状态，而是靠明确存在着需要补救的社会弊端。”简言之，最终的目标并非主要的关切

资料来源： Galloway T D. The role of urban planning in public policy-making：a synthesis and critique of contemporary procedural planning thought[D]. Doctoral Disseration，University of Washington，1974

决策者自身的特点也对渐进决策模型有所影响。人们很少为了实现价值最大化而行事，更多的只是为满足特定的需要。人们讲求实用，很少去探寻“一种最好的方式”，而是只要找到“一种有效的方式”，就会结束探寻。在对社会目标或价值没有达成共识的情况下，处于多元化社会中的政府更容易延续现行的政策，而不是为了实现特定的社会目标而彻底变革现行的政策。

从根本上讲，渐进主义是一种保守的发展趋势，新的公共政策都被视为过去政策的变异。一旦采用全新且变革幅度很大的过程，就会在现有的政策中产生某些可能无法收回的“沉没成本”，而这些将会阻碍创新行为。与那些基本上重新分配社会价值所必需的政策相比，渐进政策几乎总是在政治上更为有利。正如一位研究政治可行性的学者所言：“最具有可行性的就是渐进主义。”①但是，这一模型也受到很多人的批评。一些人指出，该模型没有解释大幅度的政策变化或者大转向，也没有解释政府最近在长期规划方面做的工作。

五、团体理论：政策是团体利益的平衡

团体理论始于这样的命题，即团体之间的互动是政治的基本事实②。具有共同的利益的个体，会以正式或非正式的形式联合起来，向政府提出他们的要求。根据政治学家大卫·杜鲁门的说法，利益集团就是“社会中具有共同态度、向其他团体提出特定要求的团体”；“如果这一团体通过或向政府机构提出一定的主张和要求”，这时，该团体就变成了政治性的团体。政治体系的任务是通过如下方式协调团体间的冲突：①确立团体斗争的优秀规则；②制定折中策略，平衡各方利益；③以公共政策的形式制定妥协办法；④推动政策实施。

根据团体理论，任一特定时间的公共政策，都是团体竞争达成平衡的结果（图 4-3）。而团体的影响力则是由它们的成员数量、财力、组织力量、领导、与决策者的关系、内部凝聚力等因素决定的。整个利益团体系统（政治系统本身）由几种力量维持着均衡。

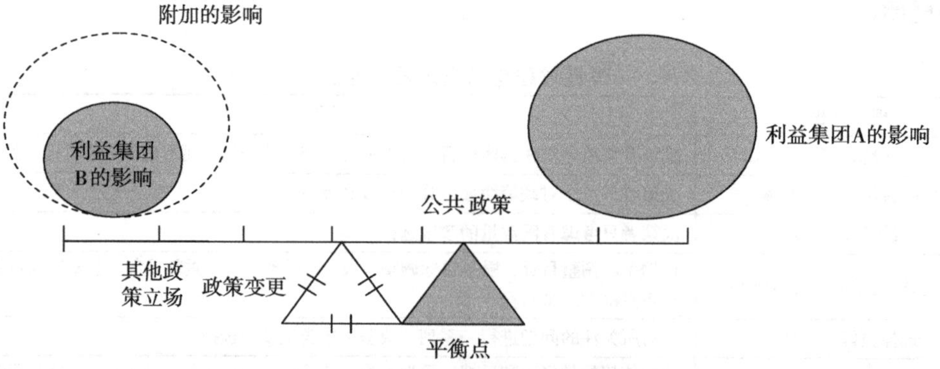

图 4-3　团体模型

第一种力量是社会中存在的一个巨大的、几乎全民性的潜在团体，它维护着整个政

① Ranney A. Political Science and Public Policy[M]. Chicago：Markham，1968.

② 戴伊 T R. 理解公共政策[M]. 第十二版. 谢明译. 北京：中国人民大学出版社，2011.

治体制和占主导地位的游戏规则。这个团体并不总是显现的，一旦有任何团体破坏游戏规则，威胁团体间的平衡，这个潜在的团体就会被激活，以维持系统的平衡。

第二种力量是团体间成员资格的相互重叠，这将使任何孤立的团体都不会偏离社会的基础价值观，从而维持整个系统的平衡。某些成员既属于这个团体，同时又属于其他团体，这种力量可以缓和不同团体之间的冲突，从而避免冒犯其团体中的那些与其他团体也有联系的成员。

第三种力量是团体竞争形成的制约，它也有助于维持这个体系的均衡。任何一个团体都不会构成一个社会的压倒性多数。每一个团体的权力都受到竞争团体的制约。“相互制衡”的元权力能够制约任何单一团体的影响，并保护个体权利不受剥夺。

六、精英理论：政策是精英的价值偏好

精英理论的基本思想是公共政策是统治阶层精英的偏好和价值观的结果[①]。尽管人们常说公共政策是为了反映“民众”的需求，但这仅是一种美好的设想。精英理论认为，民众对公共政策是麻木的，而且缺乏了解，精英集团通常能够在政策问题上塑造大众舆论，而不是大众舆论塑造精英对政策的看法和观点。因此，公共政策就是精英集团的价值偏好。政府官员和行政人员仅仅是执行由政治精英决定的政策，政策是从精英流向大众的，它们从来不会源于大众的需求（图 4-4）。

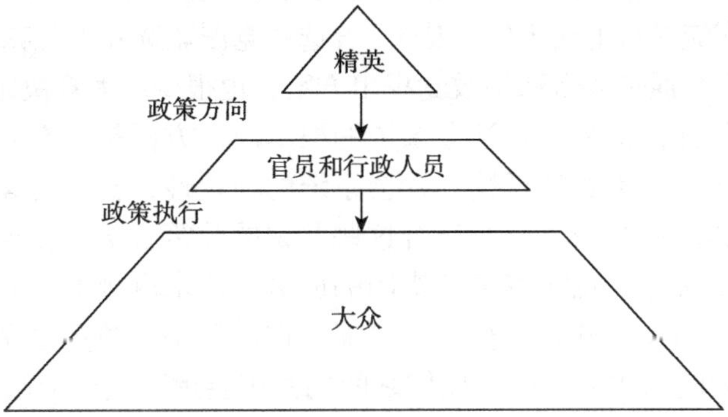

图 4-4　精英模型

托马斯·戴伊和哈曼·齐格勒对精英模型概括如下。

（1）社会被分成掌握权力的少数人和没有权力的多数人。少数人掌握社会价值的分配权；大众不能参与公共政策的制定。

（2）这些居于统治地位的精英并不是处于被统治地位的大众代表。精英主要来自社会经济地位较高的阶层，而非按阶层比例进行抽取。

（3）非精英阶层向精英职位升迁的过程是缓慢的、持续不断的，从而确保社会稳定并避免革命的发生。在非精英阶层中，只有那些接受精英阶层共同价值观的人才能被允许进入统治精英的行列。

① Dye T R. Understanding Public Policy[M]. Englewood Cliffs：Prentice Hall，2002.

（4）精英对社会制度的基本价值观，以及如何维护这一社会制度的发展会达成共识。在美国，精英阶层在保护私有财产、有限政府及个人自由等方面的看法具有一致性。

（5）公共政策并不反映大众的需求，而只反映精英的主导价值观。公共政策的变化是渐进性的，而不是革命性的。

（6）精英对待政策的态度是积极的，而大众则是冷漠和麻木的。精英对大众的影响要远远大过大众对精英的影响①。

精英理论对政策分析具有重要的意义。第一，精英主义告诉我们公共政策并不反映公众的需求，而是反映精英们的利益、价值和偏好。因而，公共政策的变革和创新，最终只不过是精英对其价值的重新界定。由于精英集团普遍存在保守主义的情结，致力于维护现行的政治和社会体系，因此，公共政策的变革是渐进性，而非革命性的。公共政策经常被修正，但很少被新的政策替代。当发生了威胁到政治体系的事件时，精英们就会在既得利益的基础上进行机构改革，以维持这个体系及他们在体系中的地位，政治体系的性质就会发生一定的改变。精英的价值观也许是"公众取向"的，一种"贵族行为理应高尚"的使命感也渗透于精英价值观念中，大众福利也可能会成为精英制定政策的一个重要因素。因此，精英主义并不必然意味着公共政策与大众福利是敌对的，只不过是把承担大众福利的责任赋予了精英而非大众。

第二，精英主义把大众视作被动的、态度冷漠的、消息闭塞的，因此，大众的情感更多地受到精英的操纵，而精英的价值观很少受到大众情感的影响；而就大多数情况而言，精英与大众之间的交流是自上而下的。因此，普选和党派竞选并不意味着公众的民主参与。公共政策的决定很少会通过大众选举政党提出方案，也很少以大众决定的形式进行。

精英主义者还坚称，精英们在社会系统的根本规范方面是具有共识的，他们认同基本的游戏规则及社会系统本身的延续。社会系统的稳定性，甚至延续，依赖于精英对社会系统的基本价值达成的共识，只有符合这些共识的政策方案才会得到人们严肃认真的考虑。当然，精英主义并不意味着精英集团的成员在追求卓越上从未有过不一致的意见或相互竞争，精英之间没有竞争的社会不可能存在。但是，精英主义暗含着他们之间的竞争只集中在较少数的问题上，而且他们之间的共识要远远大于分歧。

七、多元化模型

公共决策的另一种模型是多元化模型（the pluralist model）。这种社区权力和公共政策模型的倡导者是罗伯特·达尔（Robert Dahl）和戴维·杜鲁门（David Truman）。该模型可以做如下的归纳（图 4-5）。

（1）权力是决策过程中人与他人之间关系的个人属性。

（2）权力关系不一定会持久；相反，权力关系是因某项决策而形成的。决策一旦形成，关系就会消失，在制定下一项决策时，被一套不同的权力关系所取代。

（3）"精英"和"平民大众"之间，不存在一成不变的区别。在此时参与决策的人，

① 戴伊 T R. 理解公共政策[M]. 第十二版. 谢明译. 北京：中国人民大学出版社，2011.

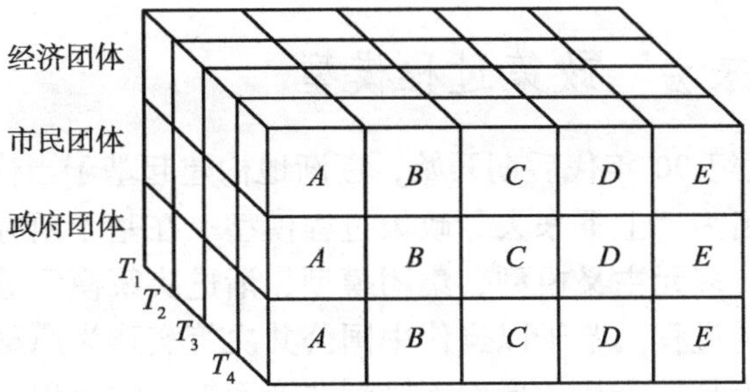

图 4-5　多元化模型

A~E 表示各个团体之间讨价还价/让步达成的政策结果；T 表示时间轴；T_1~ T_4 表示不同时间点

与彼时参与决策的人不一定是相同的人。仅仅以积极或不积极参与政治的方式，人民或跻身或脱离决策者的行列。

（4）领导层不是固定的，而是高度流动的。财富是政治资本，但是财富只是许多种资本当中的一种。

（5）在一个社区内，有多个权力中心和基础。没有哪一个团体能够主导所有问题领域的决策。

（6）领导者之间存在着相当激烈的竞争。公共政策因此代表着竞争中的领导团体之间的讨价还价或者达成的妥协①。

图 4-5 描述了多元化模型，它给我们提供了一个作为公共政策的特征的政治过程的抽象形象。图形类似于一个没有解开的魔方，可以看出，图形中的政治权力高度分散，广泛分散在不同的参与者、不同类型的政策和不同的时间点上。

◆ 扩展阅读

其他分析法：达布尼克和巴兹的政策分析法

政策分析人员类型	公共政策问题	动机	方法	相关的培训
科学家	理论	探寻理论、规律和“真理”	科学方法、客观性，纯分析	基础研究方法，社会科学研究的规范
专业人员	设计	改善政策与决策	利用知识，策略性的	战略性；效益-成本分析；排队论、模拟、决策分析
政治型	价值最大化	宣传政策立场	修辞性的	搜集“有用”证据；“有效”陈述
管理型	应用	有效果和效率的政策实施	战略性的，管理性的	战略性的；类似于专业人员，强调实施中有用的专长
个体型	辩论	关注政策对生活的影响	混合的	借用其他方法的许多模型和手段；复杂程度较低

资料来源：Dubnick M J，Bardes B A. Thinking about Public Policy：A Problem-Solving Approach[M]. New York：Wiley，1983

① 斯图尔特 J Jr，赫奇 D M，莱斯特 J P. 公共政策导论[M]. 第三版. 韩红译. 北京：中国人民大学出版社，2011.

八、“上下来去”政策过程模型

宁骚教授从 20 世纪 90 年代后期开始，逐渐地构建起基于当代中国本土经验的政策过程模型，并把它命名为“上下来去”政策过程模型。在基于西方，特别是美国经验的政策过程理论模型中，多元主义模型、集团模型、渐进决策模型等都把公共政策的运作过程描述为自上而下的过程。鉴于以当代中国公共决策实践为原型的政策过程理论模型中政策制定在认识论上是一个从“形而下”到“形而上”的过程，政策执行过程在认识论上是一个从“形而上”到“形而下”的过程，与此同时，整个政策过程在政策主体与政策客体的关系上则是“从群众中来到群众中去”的过程，所以就从整体上把政策运作过程描述为“上下来去”的过程（图 4-6）。

政策的社会认识过程		
政策制定过程	政策执行过程	政策过程的循环
实事求是，一切从实际出发： 从客观到主观 从实践到认识 从个别到一般	实事求是，一切从实际出发： 从主观到客观 从认识到实践 从一般到个别	物质—精神—物质循环往复 实践—认识—实践循环往复 个别——般—个别循环往复

↓ ↑

政策的社会认识过程		
政策制定过程	政策执行过程	政策过程的循环
从群众中来： 从群众到领导 从民主到集中 从点到面：“解剖麻雀”，引出一般； 调查—研究—决策	到群众中去： 从领导到群众 从集中到民主 从面到点：一般号召与个别指导相结合；试点—总结—推广	群众—领导—群众循环往复 民主—集中—民主循环往复 点—面—点循环往复

图 4-6 “上下来去”政策过程模型

在政策过程的不同阶段使用虚线隔开，表示划分是相对的。现对这一模型阐释如下。

（一）哲学基础

政策过程是政策主体认识世界和改造世界的过程。因此，政策主体遵循什么样的路线去认识世界和改造世界，以什么原则去指导和规范其公共决策行为，这是“上下来去”政策过程模型首先要解决的问题，“上下来去”政策过程模型辩证唯物论和历史唯物论的哲学基础就从根本上解决了这一问题。对中国的公共决策者来说，辩证唯物论的认识路线就是“实事求是，一切从实际出发”。按照毛泽东的解释，“‘实事’就是客观存在着的一切事物，‘是’就是客观事物的内部联系，即规律性，‘求’就是我们去研究。我们要从国内外、省内外、县内外、区内外的实际情况出发，从其中引出其固有的而不是臆造的规律性，即找出周围事物之间的内部联系，作为我们行动的向导”①。邓小平在做出改革

① 毛泽东.毛泽东选集[M]. 第 3 卷. 北京：人民出版社，1991.

开放的大决策过程中，指出“毛泽东思想”的基本点、“毛泽东思想”的精髓就是实事求是[①]。他说：“过去我们搞革命所取得的一切胜利，是靠实事求是；现在我们要实现四个现代化，同样要靠实事求是。”[①]他又指出：“只有解放思想，坚持实事求是，一切从实际出发，理论联系实际，我们的社会主义现代化建设才能顺利进行。”[①]

“上下来去”政策过程模型的哲学基础的历史理论基础是历史唯物论，按照这一理论，政策主体在制定和执行公共政策的过程中，要坚持以人为本。尊重人民主体地位，尊重人民首创精神；从人民的实践中汲取智慧，从人民的发展要求中获得动力；把最广大人民的根本利益作为公共决策的出发点与归宿；在制定和执行政策的过程中切实做到集思广益、凝聚共识，充分体现人民的共同意愿。

在政策的社会操作层面上，“上下来去”政策过程模型将这些理论内容归结为两句话，即“从群众中来，到群众中去”。

（二）政策的社会认识过程与政策的社会操作过程及其相互关系

政策主体不管是个人还是组织，认识政策问题、制定和执行政策的行为都属于社会行为。政策主体对政策问题的认识经由社会实践而把握其因果关系的脉络，据此形成应对的方针；进而经由社会实践，将观念形态的政策思维转变为社会现实。这就是政策的社会认识过程。而在政策的社会操作过程中，政策主体经由“从群众中来”而集中群众的认识和要求，形成政策；并经由“到群众中去”，将政策实施于群众中。政策的社会认识过程和政策的社会操作过程在逻辑上区分为政策制定过程和政策执行过程，前一阶段为后一阶段提供依据与指导，后一阶段的完成对第一阶段形成反馈。政策的社会认识过程为政策的社会操作过程提供观念上的指导，而政策的操作过程则把抽象的认识和理论转换为具体的政策并将政策转化为社会现实；同时，政策的社会操作过程反过来又影响政策的社会认识过程（图 4-7）。

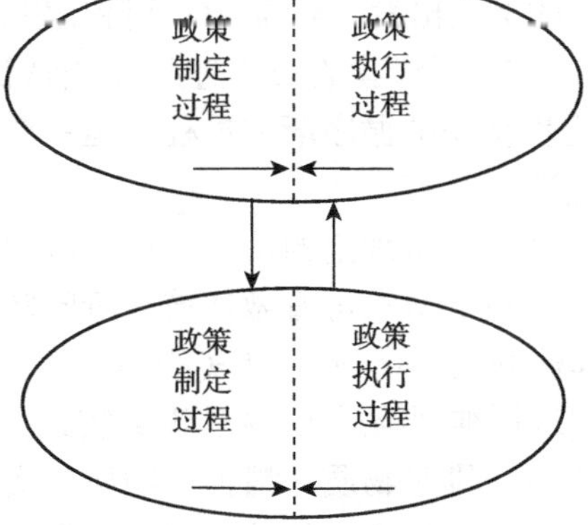

图 4-7　“上下来去”政策过程模型的两过程与各过程内两阶段的相互关系

图中虚线标示的只是逻辑上的区隔

① 邓小平. 邓小平文选[M]. 第 2 卷. 北京：人民出版社，1994.

（三）“上下来去”

模型中的“上”指的是主观、精神、认识、理论，以及居于上位或核心地位的政策行为者；“下”指的是客观、物质、实践、行动，以及居于下位或外围地位的政策行为者。“上”与“下”是互动的，互动的路线和方向在政策的社会认识过程中是客观—主观—客观（或物质—精神—物质）、实践—认识—实践、个别——般—个别；在社会操作过程中是从群众中来，到群众中去，其具体操作性程序是群众—领导—群众、民主—集中—民主、点—面—点。这两个过程的上下互动都不是一次完成的，而是要经过无数次的循环往复（图 4-8）。

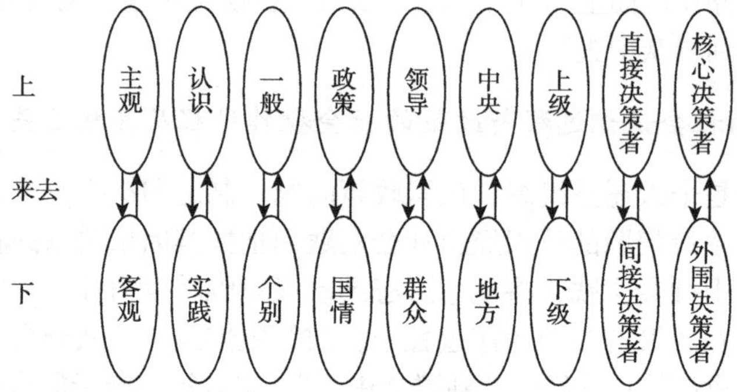

图 4-8 “上下来去”政策过程模型中的上、下互动

（四）四个子模型

1. 政策认识的实事求是模型

这也可称做政策认识的真理性模型。基本命题如下：政策的正确性取决于政策主体经由实践而对客观真理发现和把握的程度，客观真理是认识对象本身固有的规律性。对真理的认识与发现，必须从客观存在的事实出发，从国情的实际出发，从社会实践出发。这种认识与发现不是一下子完成的，而是一个“摸着石头过河”，由认识一个个特殊事物，到从中抽象出一般，由感性认识到理性认识的循序渐进过程；是一个从有限理性到完全理性，由相对真理接近绝对真理的过程。

一个特定的政策过程可分为从实践中获得理论的认识，再使认识回到实践，指导实践，受实践检验这样两个大阶段。已形成的政策可看做从前一阶段转入后一阶段的中间环节，前一阶段是从客观到主观（即从物质到精神），从实践到认识，从个别到一般的过程，后一阶段则是从主观到客观（即从精神到物质），从认识到实践，从一般到个别的过程。从政策的与时俱进、不断完善来看，则是物质—精神—物质，实践—认识—实践，个别——般—个别循环往复的过程。模型的核心命题是“实事求是，一切从实际出发”，“摸着石头过河”（在认识论意义上）和“实践是检验真理的唯一标准”。

2. 政策操作的群众—领导模型

这也可称做政策操作的群众路线模型。基本命题为政策过程是一个群众—领导—群众的过程。正确的政策来源于群众的实践、群众的经验、群众的意见，来源于作为政策主体的领导“紧紧地依靠群众，密切地联系群众，随时听取群众的呼声，了解群众的情绪，代表群众的利益”。政策形成的过程应是领导者将群众的、分散的、无系统的意见集中起来，经过研究，化为集中的系统的意见，找出解决问题的方法的过程；政策执行过程则是领导者又到群众中去宣传解释政策，使政策化为群众的认识，带领群众坚持下去，并在群众行动中检验政策是否正确，然后再从群众中集中起来，修正、完善政策，再到群众中坚持下去的过程。“如此无限循环，一次比一次地更正确、更生动、更丰富”。这个模型的核心命题是“从群众中来，到群众中去”。

3. 政策操作的民主—集中模型

这也可称做政策操作的民主集中制模型。其基本命题是正确的政策的形成及其有效实施有赖于民主集中制原则的实行。实行民主集中制的前提条件是把各种政策行为者区分为决策者和非决策者：决策者将采取民主集中制作为决策原则；各种非决策者，无论是体制内外，都被视为群众。决策者以听取意见、讨论、协商等方式发扬民主，使各方面的认识、要求和建议反映出来，使政策问题产生的各种因素都得到调查。在这个基础上，决策者将各种材料集中起来，分析研究，总结提高，形成政策方案。决策者是由若干成员组成的一个委员会，决策者按照“少数服从多数、个人服从组织、下级服从上级、全国服从中央”的原则，将政策实施于群众之中。群众（包括执行机关）在贯彻政策时，“要经过详尽的讨论，以求彻底了解指示的意义，并决定对它的执行办法”。最终，决策者组织群众对政策执行的情况进行总结，形成反馈。这个模型的核心命题是“在民主的基础上集中，在集中的指导下民主”（图 4-9）。

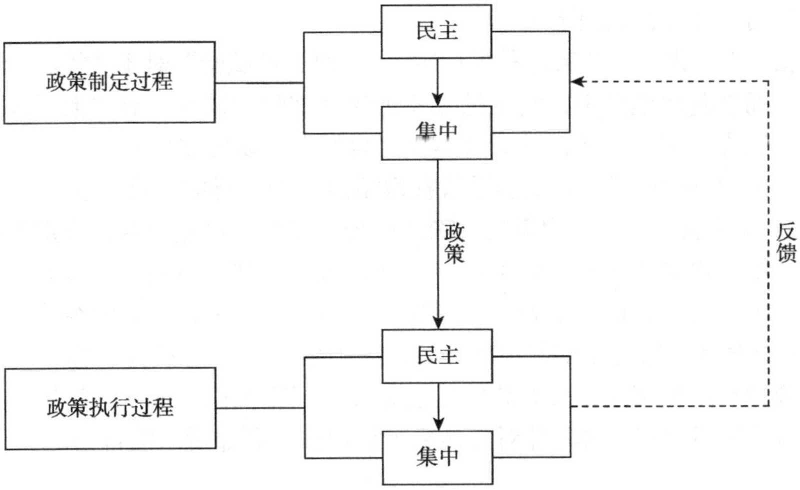

图 4-9　政策操作的民主—集中模型

4. 政策操作的试验模型

这个模型的基本命题是正确的政策的形成和执行是一个从点到面，再从面到点的过程。共性、普遍性、必然性存在于个性、特殊性、偶然性之中。对较多的个体和局部进行调查，或者选择少量个体和局部（“选点”）进行系统观察，“解剖麻雀”，做个体研究，并对这些个体和局部做比较分析，发现导致政策问题形成的诸因素之间的因果联系，以此为根据做出决定，形成政策（“封面”）。然后，政策主体在对政策执行做出一般号召的同时，选择少量个体和局部先行实施政策，即选点试验，从个别人群、个别地方、个别单位、个别事件取得经验并先行显示政策效果，做政策可行性试验，以求“典型示范，以点带面”，推动并完善政策的全面实施。这个模型的核心命题是“一切经过试验”“解剖麻雀，引出一般”“一般号召个别相结合”。

（五）“上下来去”政策过程模型的特征和适用性

“上下来去”政策过程模型是以本土经验为依据、具有鲜明的中国特色的政策过程模型。与其他已有的政策过程模型相比较，除了具有抽象的实践经验不同以外，“上下来去”政策过程模型还有以下特征。

第一，这一模型遵循的哲学路线是辩证唯物主义和历史唯物主义，而其他政策过程模型遵循的哲学路线则是逻辑实证主义或后现代主义。具体地说，辩证唯物主义和历史唯物主义规定了政策与实践、政策与理论、人民群众与政策主体的基本关系：政策是实践经验的原则化并在实践中得以完善和发展，实践必须以政策作为出发点并贯穿整个过程；理论来源于实践并为政策提供理论依据，政策是理论与实践的中间环节；人民群众是政策的主体，群众的社会实践是检验政策正确与否的唯一标准。

第二，在“上下来去”政策过程模型中，政策运作的逻辑流程是“上”“下”互动的双向流程；而其他模型，如多元主义模型和精英主义模型，其政策运行的逻辑流程则是单向的（自下而上或者自上而下）。

第三，在“上下来去”政策过程模型中，“一切经过试验”对于政策的运行起着十分重要的作用；而在其他模型中，则未见有关于政策试验的设计。对“上下来去”政策过程模型来说，试点对于政策运行的意义不亚于自然科学研究中的实验。试点是检验政策或理论的正确性的有效途径，是实验手段在政策运行中可行的替代方法。

第四，“上下来去”政策过程模型明确地把公共政策的制定与执行设定为社会集体行为，即公共政策不仅是领导者集体决策的产物，而且是群众与领导、地方与中央、下级与上级、间接决策者与直接决策者、外围决策者与核心决策者互动的结果。一些外国观察者认为，社会集体决策可以解释改革开放以来中国为什么能够迅速崛起[①]。与此不同的是，其他政策过程模型则是把公共政策设定为某一国家机构（如立法机构、行政官僚机构）或某些利益集团的相互博弈并对公共决策机构输入利益诉求的行为。“上下来去”政

---

① 例如，德国《新德意志报》2006 年 2 月 8 日载文《是什么让中国人齐心协力》：“究竟是什么让中国社会尽管矛盾重重仍然齐心协力？是什么让中国在没有西方式民主和价值观的情况下取得如此成功？”答案是：中国的公共决策体制“在直接关系到人民生活和工作条件的问题上，给予他们更多的发表意见和参与决策的权利。只有这样，国家政策才能更加有效和透明地传达到基层。”（中译文载《参考消息》2006 年 2 月 10 日）。西班牙《先锋报》2007 年 10 月 18 日的一篇报道说：“在中国，政策的制定是一种集体行为，是由社会各界做出比西方国家更具有确定性的决策。这解释了过去三十年中国发生的一切。”（中译文载《参考消息》2007 年 10 月 18 日）

策过程模型与其他模型的这种差异，实际上是决策体制之间的差异①。

第五，“上下来去”政策过程模型的根本诉求是公共决策的科学化与民主化，所以乐于容纳具有同样诉求的其他政策过程模型。“上下来去”政策过程模型是由若干个亚模型组成的。西方学者在另外的理论背景和经验事实的基础上建构的政策过程模型，经过改造可以被整合到某一个亚模型中去。例如，理性决策模型和有限决策模型之间的对立有可能在决策认识的真理性模型中得到消解，精英决策模型以科学决策作为根本诉求的成分可以被群众—领导模型吸纳，等等。更有意义的是，西方现代社会调查的程序设计和技术手段、统计方法、计算机决策辅助系统等，都可以在“上下来去”政策过程模型的政策操作过程中大显身手②。

第三节　公共政策分析的相关理论

一、公共选择理论：政策是自利个人的群体选择

公共选择理论是用经济学的方法研究非市场决策，尤其是把经济分析方法应用于公共政策制定。传统上，经济学研究市场行为并假定个人追求个人利益；而政治学则是研究公共领域的行为，并假定个人是为了实现公共利益。因此，对于人类动机，在经济学和政治学中有着不同的解释：“经济人”理论假设自利的个体追求个人利益的最大化；而“政治人”理论则假设具有公益精神的个体追求社会福利的最大化。

公共选择理论还有助于理解与环保相关的利益集团夸张和宣扬他们事业的行为。然而，公共选择理论对个体在政治和市场中具有不同行为的观点进行了挑战。这个理论假定所有的政治行为主体——选民、纳税人、候选人、立法者、官员、利益集团、政党、官僚体系和政府——都像在市场中那样寻求个人利益的最大化。诺贝尔经济学奖获得者、现代公共选择理论的创始人詹姆斯·布坎南（James Buchanan）认为，个人在政治生活中联合在一起是为了实现他们各自的利益，就如同他们在市场中结合在一起一样；在政治中通过协议（契约）来增进他们自己的福利，就如同在市场中通过交易增加他们各自的利益一样③。简而言之，不论是在政治中还是在市场中，人们都是追求自我利益的，即使都出于自利的动机，他们也能够通过集体决策来实现共同利益。

政府源于个体之间的社会契约，为了彼此的利益，人们遵守法律并支持政府，以换取政府对他们的生命、自由和财产的保护。因此，公共选择理论家声称他们是英国政治家约翰·洛克（John Locke）思想的继承者，也是托马斯·杰斐逊（Thomas Jefferson）思想的继承者，后者把这种社会契约理念融入美国《独立宣言》中。在自我利益引导下，个人达成宪政契约，并建立政府来保护其生命、自由和财产。

① 美国未来学家约翰·奈斯比特在《中国大趋势》一书中对当代中国的公共决策体制的描述如下：“国家的长远目标通过自上而下与自下而上的程序形成，政府制定优先政策和优先发展重点，而人民各尽其责，在保持和谐与秩序的同时允许多样性的存在。”（奈斯比特 J. 中国大趋势[M]. 魏平译. 北京：中华工商联合出版社，2009.）

② 宁骚.公共政策学[M]. 第2版. 北京：高等教育出版社，2011.

③ Buchanan J M，Tullock G. The Calculus of Consent[M]. Ann Arbor：University of Michigan Press，1962.

公共选择理论认为，政府必须履行特定的职能，处理市场不能解决的问题，也就是政府必须弥补“市场失灵”。第一，政府必须提供公共物品——也就是一旦向某个人提供，就必须向其他所有人提供的物品或服务。市场不能提供公共物品，因为对于单个的购买者而言，这种物品的成本超过了它的收益，而且单个购买者也不能阻止其他购买者享用这种物品。国防就是典型的例子：抵制外国的侵略，对于个人来说，这种服务的成本是极其高昂、无法购买的；但是，一旦提供了这种服务，任何人都无法被排除在服务之外。第二，外部性是另一种市场失灵，需要由政府来干预。当个人、企业或地方政府的行为给其他主体带来损失而并不承担或无法承担成本时，外部性就发生了。最常见的关于外部性的例子是空气和水污染问题，如空气和水污染物的排放，就把成本强加给了其他人。政府回应的方式是，要么管制那些产生外部性的行为，要么对这些行为给予处罚（交纳罚金），以此补偿对社会造成的损失。

公共选择理论有助于解释为什么政党及其候选人在竞选活动中通常不能够提出明晰的政策方案。政党及其候选人对提出的方针政策不感兴趣而只对赢得大选感兴趣，他们为赢得选举而阐述政策立场，而赢得选举并不是为了形成公共政策。每个政党和候选人都在寻求能够吸引更多选民的政策立场[①]。假设在某一政策问题上的观点是呈单峰分布的（图 4-10），政党和候选人将会向中间运动以实现得票数的最大化。只有“空想理论家”（失去理性的、怀有意识形态动机的人们）才会忽视这种能够赢得最高得票数的中间派策略。

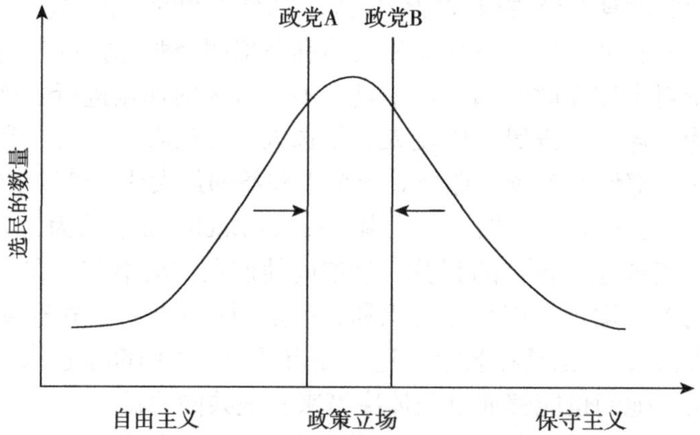

图 4-10　公共选择政党得票数最大化的竞争模型

公共选择理论认为，个人与组织在政治活动中都追求自身利益的最大化。例如，政党和候选人的政策主张可能明显趋向于自由主义或保守主义，但他们为了获得最多的选票，政策主张在大选期间则趋向于向中间立场靠拢。

二、博弈理论：政策是竞争状态下的理性选择

博弈理论是对特定情境中理性选择的研究，即两个或两个以上的理性参与者进行选

① Downs A. An economic theory of political action in a democracy[J]. The Journal of Political Economy, 1957, 65（2）: 135-150.

择，而且自己选择的结果还取决于其他人所做出的选择。把博弈理论应用于政策制定中，需要强调的是，在特定情境中，人们不可能做出相对独立的“最佳”选择——这种“最佳”结果要依赖于其他人所做出的选择。

“博弈”的概念就是理性的决策者处于相互依赖的选择当中。“博弈者”必须调整其行为，不仅要考虑自己的愿望和能力，而且还要预料其他人的行为。也许“博弈”[①]用在此处并不合适，因为它似乎表明博弈理论难以应用于严肃的场合，并不适合用来分析严重的冲突情境。但情况恰恰相反，博弈理论可以应用于关于战争与和平、核武器的使用、外交、国会或联合国的谈判乃至结盟等重大决策问题，以及许多其他重要的政治情形。“博弈者”可以是个人、集团，也可以是一个国家的政府，抑或是具有明确目标的、能够做出理性行为的任何人。

下面分析一下“胆小鬼游戏”中的博弈实例。两个青年人驾驶汽车迎面高速而行，每个汽车一侧的轮子都行驶在高速公路的中线上，如果两个青年都不调整方向，两辆汽车就会相撞，谁改变行驶方向，谁就会被看做“胆小鬼”。虽然两个驾驶者都不想一撞而亡，但又都不想成为“胆小鬼”而“失去尊严”。最终结果取决于两个青年究竟如何选择，每个青年还必须预测对方如何行动。这种“边缘政策”的形式在国际关系中是很常见的（表 4-3）。我们观察这个矩阵可以看出，两个驾驶汽车的青年都改变一下行驶方向，使损失（−10 分）的可能性最小化，这对双方都是比较好的选择，但这种矩阵太简单了。每个博弈者可能对这个数字代表的结果赋予不同的价值。例如，一个博弈者在这种竞争中宁可失去生命也不愿丢掉尊严。每个博弈者都会试图计算对方的代价，但又都无法掌握对方愿意付出多大代价的完全信息。并且，还存在着这样的可能性，即某一方利用其占有的价值或资源欺骗或故意误导对方。例如，在这个“胆小鬼游戏”的博弈中，其中一方可能利用这样的策略：赛前让对方发现自己酒后大醉，踉踉跄跄地去开车，还喃喃自语地说“在这个堕落的世界上活够了”。对方受到影响，认为他坚持不改变方向的可能性很大，为此决定改变行驶方向，而让他成为赢家。

表 4-3　“胆小鬼游戏”的博弈理论矩阵

<table>
<tr><th colspan="2" rowspan="2">项目</th><th colspan="2">驾驶者 A 的选择</th></tr>
<tr><th>留在中线</th><th>改变方向</th></tr>
<tr><td rowspan="2">驾驶者 B 的选择</td><td>留在中线</td><td>A：−10
B：−10</td><td>A：−5
B：+5</td></tr>
<tr><td>改变方向</td><td>A：+5
B：−5</td><td>A：−1
B：−1</td></tr>
</table>

博弈论的分析需要对结果进行量化。如果驾驶者 A 选择不改变行驶方向，而驾驶者 B 也选择不改变方向，对于双方的结果就是−10 分，即两车相撞。如果驾驶者 A 选择留在中线，而 B 改变方向，结果 A 得到+5 分（“有勇气”），而 B 得到−10 分（“丢面子”）。如果 A 改变方向，而 B 坚持留在中线，结果就会相反。如果 A 和 B 都改变方向，每个人都稍微丢点面子（−1 分），但是，失去尊严的程度不如任何一方坚持留在中线那么严重。

① 英文是 game，有游戏的含义。

博弈理论的一个重要因素是威慑的概念。威慑就是通过警告对方，如果做出某种行为就会产生可怕的结果，从而努力阻止对方做出这种行为。当博弈者用报复性的行为威胁对方，并断言这种行为给对方造成的成本负担远远大于对方获得的收益时，这位博弈者便是用了威慑。威慑实际上是一种心理的防御，即通过让对方对报复性行为产生巨大的恐惧，而试图阻止对方采取特定的行为。

威慑策略是否能够运用取决于报复性威胁的可信性，以及对方的理性判断，对方必须确实相信他的行为会遭到报复，并且给自己、国民、国家带来无法承受的代价，但是，那些不相信报复性攻击的对手是不会被威胁吓倒的。并且，对手同样是理性的——他肯定会权衡自己所采取行为的成本与收益，然后选择一种所付出的代价不会超过收益的行动路线；但那些不理性的对手——他们不考虑自己的行为给自己、国民、国家带来的损失——就不会被威胁吓倒。

三、公共池塘资源治理：诺贝尔经济学奖得主埃莉诺·奥斯特罗姆的观点

公地“悲剧”必定出现吗？许多公共资源都面临着即将耗尽的困境，如国际渔场。但是，历史上对公共资源实施有效治理的成功的例子也不胜枚举，许多集体建立了管理共有财产的有效机制，有的机制已经持续了好几个世纪。埃莉诺·奥斯特罗姆（Elinor Ostrom）是美国印第安纳大学公共和环境事务学院的教授和政策分析学家，她因证明“通过规则和实施机制可以治理共有资源的过度使用问题”而获得了 2009 年的诺贝尔经济学奖。

奥斯特罗姆毕生研究公共池塘资源（common-pool resources）问题，公共资源不能被单个人独自享有，但是，每个人的使用都减少了这种资源对其他人的潜在价值①，如鱼类存量、牧场或灌溉用水。奥斯特罗姆在她的重要著作《公共事务治理之道——集体行动制度的演进》一书中②，阐述了以公共资源为生的使用者经常会通过制定规则、监督机制和处罚机制保护这一资源。

瑞典皇家科学院在 2009 年诺贝尔奖的新闻稿上这样写道：“传统观念认为，公共财产无法得到有效管理，需交由中央权威机构进行管理或加以私有化，奥斯特罗姆的研究成果颠覆了这种看法。在对鱼类存量、牧场、林地、湖泊、地下水等公共资源展开广泛研究后，奥斯特罗姆得出结论，认为这些公共资源的实际结果经常并不是如同理论标准所预期的那样。她发现，资源使用者为了解决诸多利益冲突，经常能设计出复杂的决策与执行机制。她概括了能够实现这一成功结果的几个规则。”③

奥斯特罗姆在书中也列举了几个地方政府治理公共资源失败的案例。从公共政策的

---

① Economic Governance：Scientific Background on the Sveriges Riksbank Prize in Economic Sciences in Memory of Alfred Norbel 2009. Economic Sciences Prize Committee of the Royal Swedish Academy of Sciences，2009-10-12.

② Ostrom E. Governing the Common：The Evolution of Institution for Collective Action[M]. New York：Cambridge University Press，1990.

③ Economic Governance：The Organization of Cooperation. Royal Swedish Academy of Sciences，2009-10-12.

角度来说，关键在于要认识政府何时应该介入公共资源的治理，以及何时不应该介入。根据实证研究，奥斯特罗姆证明了以下几个有效的治理公共资源的原则：①清晰界定权利的边界；②制定充分的冲突解决机制；③个人维护共有资源的责任应该优先于他的利益；④应由资源使用者自己或者其可信赖的一个团体执行监督和制裁机制；⑤制裁应该由轻到重，初犯略施薄惩，再犯严惩；⑥共有资源的治理应当是民主的；⑦地方使用者管理共有资源二等权力应当得到外部权威机构的明确承认①。

本章小结

基于对公共政策不同角度、不同侧重点的分析，学者们提出了不同的公共政策分析模型。公共政策分析模型通过对公共政策过程的简化表述，突出公共政策及政策过程的本质特征，是公共政策研究中的主要内容板块。本章主要介绍了制度主义模型、过程模型、理性主义模型、渐进决策模型、团体理论模型、多元化模型，以及“上下来去”政策过程模型。同时，本章对公共政策分析的相关理论：公共选择理论、博弈理论和公共池塘资源治理理论进行了简单阐释。

关键术语

政策模型　制度主义模型　过程模型　渐进决策模型　团体理论　精英模型
多元化模型　公共选择理论　博弈理论　公共池塘资源治理理论

复习思考题

1. 试论述理性决策的前提条件及优缺点。
2. 精英们决策的公共政策是否一定会违背一般大众的福祉？
3. 使用渐进决策模型进行决策需要满足哪些条件？
4. 以你的家乡为案例研究，哪种模型（精英模型或多元化模型）最能描述你所在地区的权力？谁是经济、社会和政治领域里的主要“权势人物”？
5. 构建一个关于中国贫困问题的原因和后果的模型。该模型要体现什么样的假定？你会在模型中包括哪些更重要的原因和后果？

◆ **案例分析**

矛盾激化：滴滴专车和出租车们开始互砸饭碗

易到用车、滴滴专车、一号专车……随着市场需求的激发、资本的涌入，专车市场最近愈发火热，越来越多的诸如法律等方面的问题也随之暴露出来。

有媒体报道，上海市交通委员会对“滴滴专车是否属于黑车”进行明确表态，称其为黑车且营运不合法。

---

① 韦兰 C. 公共政策导论[M]. 魏陆译. 上海：格致出版社，上海三联书店，上海人民出版社，2014.

黑车接入专车让出租车司机不满

如果说之前打车软件扮演的还是出租车司机好伙伴的角色，那么在专车服务上线后，特别是越来越多的黑车（私家车）加入专车平台后，双方就直接构成竞争关系。虽然滴滴专车多次表示其有正常运营资质，但就笔者的打车经验来看，下班后利用私家车赚奶粉钱的专车司机比比皆是，也有媒体暗访发现“滴滴出行”平台专门组织私家车司机培训，私家车变身专车，只需要 1 个小时。而这些成功进入专车服务的不具备运营资质的私家车，都是典型的黑车。

黑车通过“滴滴出行”平台洗白，来抢出租车的生意，更尴尬的是，出租车司机罢运之后还得依赖打车软件接活，因为用户习惯已然改变，不去适应只能承受损失，这是任何一个个体都无法对抗的大趋势。如果有一天，出租车司机因为专车越来越难赚到钱，他们的饭碗有一半是自己亲手砸的。

出租车和专车一开始就不在同一个起跑线，专车司机除自付油费外，能拿到 80%的车费，以一个月收入 2 万元计算（注：因为各种补贴的缘故，很多专车司机一天收入 1 000 元以上，甚至有一天收入 3 000 元的），赚取 1 万元很轻松，而出租车司机收入则要低得多，2014 年一份调查显示北京出租车单车月均收入 16 300 元，扣除份子钱和各种税费，司机到手不到 4 000 元。

出租车服务有被颠覆的危险

“滴滴出行”平台可以说专车的收费与出租车不是一个档次，但是，算上朋友圈满屏的专车红包，专车有时候比出租车更便宜。这个故事跟当年发展出租车司机用打车软件一模一样，先让大家都用起来，用习惯了再把补贴撤掉。由于专车没有份子钱的压力，可以承受的价格弹性比出租车高得多，一旦专车档次（车型、收费）降下去，不就是一家全国性的大型出租车公司吗？说专车颠覆不了出租车的人，难道没有看到 Uber（优步）在欧美掀起的一股又一股出租车司机罢工潮吗？

专车与出租车的这场战役，还会持续很久。Uber 此前在法国、德国等多国遭遇禁令，因为官司已停止在西班牙提供服务，打车应用 Easy Taxi 也在 2015 年 1 月 1 日之前宣布退出中国台湾市场。类似打车应用因为当地法律及出租车司机抗议等因素退出市场的案例还有很多。

到底是滴滴专车们把出租车司机饭碗砸掉，还是出租车司机推动监管部门封杀专车服务，还是个未知命题。“滴滴出行”平台当然不希望自己的“钱景”被阻拦，毕竟专车服务是目前来看唯一有希望支撑“滴滴出行”平台继续成长的动力之源。希望这条动了出租车公司蛋糕的“鲶鱼”不被扼杀在摇篮里，也希望通过类似的专车服务，把黑车纳入正常的市场竞争中去，真正实现“让天下没有难打的车”。

资料来源：李彤，王嘉伟. 矛盾激化：滴滴专车和出租车们开始互砸饭碗[EB/OL]. 人民网，http：//history.people.com.cn/peoplevision/n/2015/0106/ c371464-26333713. html，2015-01-06

◆ **问题**

1. 政府是否应该介入滴滴专车和出租车们的矛盾？为什么？
2. 研究滴滴专车和出租车的矛盾是否有政策意义？如果有，有什么意义？
3. 本章哪个政策模型适用于剖析该案例？试对该案例进行政策分析。

第五章　公共政策的制定

■ 学习目标

通过本章的学习，掌握政策问题、政策议程、政策规划的含义，了解政策问题的类型；熟悉政策议程建立的过程，了解政策问题进入政策议程的途径；熟悉政策规划的主要步骤；理解政策合法化的意义，熟悉政策合法化的途径。

■ 知识框架图

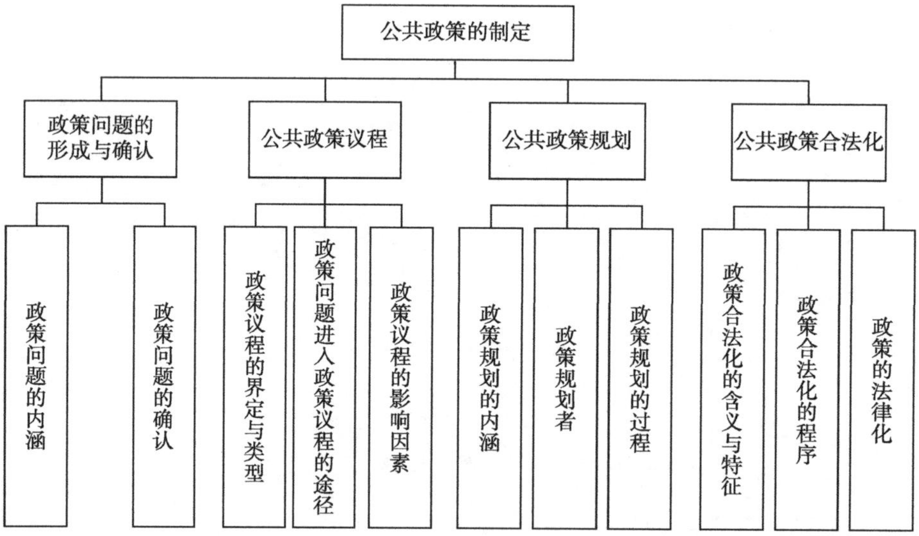

■ 名人名言

许多伟大的真理开始的时候都被认为是亵渎行为。

——爱尔兰社会活动家、文学家萧伯纳

第一节　政策问题的形成与确认

公共政策的功能在于解决社会公众所面临的一些特定的问题，所以问题是政策过程的起点，问题总是先于政策的制定，而且问题的性质及特点常常决定了相关政策形成过程的性质及特点，从这个意义上说没有政策问题的确认就不会有公共政策的出台。

一、政策问题的内涵

人类社会生活中存在着各式各样的问题：个人会遇到身高偏矮、择业不易等问题；家庭会遇到收入过低、住房面积小等问题；学校会遇到师资不足、校舍亟待维修等问题；企业会遇到成本太高、竞争激烈等问题。然而，这些问题中有很多不需要政府也不应该由政府来加以解决，因为政府的政策干预所要解决的不是个人问题，也不是一切公共问题，而是某些引起公众广泛关注、得到政府充分重视并且属于政府管辖权限范围内的特定公共问题。

（一）政策问题的定义

囿于政府有限的资源、手段和能力，实践中不是所有的公共问题都必然会转化为政策问题，某些公共问题可以经由协商或者通过非政府组织的活动而得到解决，也可能随时间流逝而自然消失，不需要诉诸政府。因此，政策问题的外延与公共问题的外延并未重合。既然如此，我们应该如何把握政策问题的内涵呢？美国政治学家安德森指出："政策问题可以被定义为某种条件或环境。这种条件和环境引起社会上某一部分人的需要或不满足，并为此寻求援助或补偿。寻求援助和补偿的活动可以由那些受环境影响的人直接从事，也可以由别人以他们的名义进行。"中国台湾学者林水波和张世贤认为，政策问题是"在一个社群中，大多数人察觉到或关心到一种情况，与他们所持的价值、规范或利益相冲突时，便产生一种需要、受剥夺或不满足的感觉，于是透过团体的活动，向权威当局提出，而权威当局认为所提出者属其权限范围内的事物，且有采取行动加以解决的必要"。张金马教授在其主编的《政策科学导论》中强调："公共问题、社会问题只有当通过个体与集团的行动向政府有关部门提出，而且该问题又属于该部门权限，政府又试图采取干预的手段去解决时，才会把它们列入政府议程，此时的问题就成为政策问题。"

综合上述学者的界定，我们可以归纳出政策问题所具有的五层含义：第一，政策问题是客观存在的公共问题，表明现状出了偏差或存在不足；第二，政策问题与公众流行的价值观有冲突，被认为是不公正的或不合理的；第三，政策问题已被多数人察觉，有了明确的"问题"意识；第四，政策问题已通过个人或团体的行动予以表达，并产生了一定的压力；第五，政策问题属于政府管辖范围，且被列入政府议程①。

具体而言，所谓政策问题是指基于特定的社会问题，由政府列入政策议程并采取行动，通过公共行为希望实现和解决的问题。

（二）政策问题的特征

政策问题作为政府需要重视的公共问题，具有关联性、主观性、人为性和动态性等特征。

---

① 刘圣中. 公共政策学[M]. 武汉：武汉大学出版社，2008.

（1）关联性。政策问题往往并非孤立存在，而是相互依存的，换言之，某个领域的问题可能会影响到其他领域，如春运期间出行游客众多导致车票难买、环境脏乱、财物被盗、误班误学等一系列问题。与此同时，政策问题还总是相互交织的，即某个问题可能只是问题"丛林"中的一个组成部分，如美国黑人犯罪率高就与其易失业、过度贫困、家庭不完整、遭受种族歧视等问题紧密相连。在这种情况下，试图将它们拆解或分割成各个要素往往显得较为孤立，而且即便能够做到也很难获得对政策问题的清晰认识。因此，只有从整体、系统的角度来把握政策问题才能真正准确地辨别、界定乃至最终解决它们。

（2）主观性。政策问题是思想作用于环境、主观作用于客观的产物，其所涉及的外部客观状态、现象和情境等只有在经过人脑的思考和加工后，被发现与人所信奉的价值观不相契合时才会被判定为"问题"。于是，某种社会现象在不同时期，经由不同人群看来可能是问题，也可能不是问题。例如，在中国古代，"父母之命、媒妁之言"被视为理所当然，而在当代，包办婚姻成为影响很多家庭幸福的社会问题，为婚姻法所禁止，其所反映的正是社会主流价值观的变迁。不仅如此，被普遍认为是问题的某种客观状况在持不同价值观的不同人群眼里也可能属于不同性质的问题。例如，中国农民贫困化的问题，一些人看到的是农民负担过重、农产品价格低；另一些人看到的是农民保守、图安逸、思路不开阔；还有些人看到的则是农民有效参与不足，政治上缺乏充分的代表。

（3）人为性。政策问题的存在通常导源于人类对自然界和社会的改造，以及人的行为，故而具有人为性的特征。首先，政策问题往往与人们违背客观规律，破坏与自然界和谐、协调的关系有关。在这方面有很多需要吸取的教训，如水土流失和沙漠化问题是人类乱砍滥伐所致，能源紧缺是人类不间断开采和无节制使用所致，温室效应和大气污染是人类机动车排放大量尾气所致，等等。其次，政策问题可能是先前某些社会成员的错误行为，或者政府不恰当的政策所造成的。例如，苏联末期族际矛盾激化及各共和国离心倾向加剧的问题，在一定程度上就肇因于苏联政府某些领导人推行的大俄罗斯主义。最后，政策问题还涉及特定人群的利益，需要通过他们的公共活动予以表达，并根据一定的价值观来确认。正因如此，脱离人的行为的政策问题是不存在的。

（4）动态性。政策问题反映出的是公众对现状的不满意及希望对其加以改进的意愿，它可能因为社会生活的发展及人们价值观念的更新而逐渐缩小、消失，也可能不断扩散乃至恶化，如人口、能源、环境等问题就大多是到20世纪才逐渐演变成为严重的全球问题的。除此之外，政策问题的解决方案也会随着外部环境因素及人们对问题内容、性质的理解的变化而变化。20世纪90年代，以北京为代表的许多大中城市纷纷立法禁止鞭炮燃放，以减少因燃放烟花爆竹造成的财产损失和人身伤害事件，而十余年后又正是这些大城市在陆续改禁为限，以体现对民俗的尊重。更何况就某些具有时效性的政策问题而言，所拟订的相应解决方案若不能及时付诸实施，必然失去时机而无法再发挥作用。

（三）政策问题的类型

政策问题的种类很多，按照不同标准可以对其进行不同的分类。例如，按照问题发生的领域可以划分为经济问题、政治问题和文化问题；按照问题作用的范围可以划分为全国性问题和地方性问题，等等。在这里，我们将根据问题结构，即与政策问题相关的各种内在要素的构成状态，依次介绍政策问题的三种不同类型——结构优良的问题、结构适度的问题和结构不良的问题。

（1）结构优良的问题。结构优良的问题涉及的是一位或几位拥有相同价值偏好序列的决策者对少数备选方案进行政策选择。在做这样的选择时，每种备选方案的效用大小都可以根据前述的价值偏好序列来加以判定，而且每种备选方案的结果要么具有完全的确定性，要么在可预测和可接受的风险范围之内。因此，结构优良的问题属于可以完全计算机化的问题，其所有备选方案的结果都可以预先加以规划。最典型的代表就是政府或其他公共机构的基层执行部门中的大量操作性问题。

（2）结构适度的问题。与结构优良的问题一样，结构适度的问题也涉及一位或几位决策者对数量有限的备选方案做出选择，而且政策价值取向也基本反映了决策者对排列好的政策目标顺序的共识。但与前者不同的是，在面对结构适度的问题时，各种备选方案的后果并不是确定的，也无法在可接受的误差范围内加以计算。此时，决策者可能会陷入决策的困境，正如在所谓的“囚徒困境”中一样，个体看似理性的选择可能会导致小到团体、政府机构，大到社会整体的集体不理性。

◆ **拓展阅读**

理性选择与囚徒困境

囚徒困境是博弈论的非零和博弈中最具代表性的，一个虚构出来的例子，它在1950年由兰德公司的梅里尔·弗勒德和梅尔文·德雷希尔提出，然后经艾伯特·塔克以囚徒方式阐述并正式得名“囚徒困境”。

在经典的囚徒困境中，犯有重罪的两名嫌疑犯遭到逮捕，由于警方没有足够证据指控两人有罪，于是就分开关押他们并避免他们相互沟通，然后警方分别和两人见面，并向双方提供以下相同的选择：①若一人认罪并做证检控对方（即“背叛”对方），而对方保持沉默，此人将即时获释，沉默者将被判监禁10年。②若两人都保持沉默（即互相“合作”），则两人同样被判监禁半年。③若两人都互相检举（即互相“背叛”），则两人同样被判监禁两年。

那么，涉案的两人会做何选择呢？根据博弈论中的理性假定，即每位参与者都会尽力寻求自身最大利益而不关心另一参与者的利益，困境中的两名理性囚徒因身处信息隔绝的境地，都会这样设想：①若对方沉默，那么背叛会让我获释；②若对方背叛指控我，我也要指控对方才能得到较低的刑期。所以，囚徒困境最终的可能结果是双方参与者都背叛对方，两人同样服刑两年。

资料来源：张维迎.博弈论与信息经济学[M].上海：上海人民出版社，1996

（3）结构不良的问题。结构不良的问题通常涉及许多个不同的决策者或决策机构，他们所持的价值偏好要么是不可知的，要么无法按统一的标准来排出优先顺序，同时政策备选方案及其结果也是不清楚的，而决策的风险和不确定性也难以估计。在这种情况下，政策选择的目的主要不是去揭示各种已知的确定关系，也不是去计算备选方案所具有的风险或不确定性，而是要明确问题的本质。与前两类问题不同的是，结构不良的问题属于完全不具传递性的政策问题，它说明的是，在偏好排序缺乏一致时不可能选出一个优于其他所有方案的方案，对此经济学家肯尼思·阿罗已经通过“不可能定理”进行了详细的论述。

◆ **拓展阅读**

政策问题类型的比较

要素	问题的结构		
	结构优良	结构适度	结构不良
决策者	一位或数位	一位或数位	许多
备选方案	有限	有限	无限
效用	一致	一致	冲突
结果	确定性和风险	不确定	未知
概率	可计算	不可计算	不可计算

资料来源：邓恩 W N. 公共政策分析导论[M]. 第四版. 谢明，伏燕，朱雪宁译. 北京：中国人民大学出版社，2011

二、政策问题的确认

公共政策问题的确认是政策制定过程中的一个重要环节，它主要关注公共政策问题在什么情势下被确认、由谁来确认、确认过程如何等问题。

（一）政策问题确认的条件

政策问题确认的条件是指什么样的社会问题才能被确认为政策问题。这主要包括以下几个方面。

（1）客观情势的存在。客观情势是指出现和形成了某种客观事实，并且这一客观事实是可以直接观察的，是可以通过自然语言描述的，是可以通过广泛的符号系统表述的。任何一种社会问题首先是客观存在的，且这种客观存在的情势，需要经过主观的判定，才能确认为政策问题。

（2）出现强烈的公众诉求。当某种客观事实持续存在甚至出现扩大趋势或趋向于严重的时候，社会公众的政策诉求随之持续存在且趋于强烈。这种情形反映出公众的利益由于某种客观存在而遭受了较为严重的冲击和损害，或者反映出公众的价值观由于某些客观事实的存在而遭受了冲击和挫折。公众要求政府采取行动来解决问题，或者问题引起了社会公众的普遍关心，要求政府把这种问题当做重大问题来解决，否则，政府就会失去公众的信任。

（3）问题的影响程度深，影响范围广。被确认为政策问题的那些问题都是影响程度较深或影响面较大的问题。例如，吸毒问题就属于影响程度较深的问题，其性质极为恶劣，危害性极大，而且还会引发一系列其他的社会问题，所以需要作为政策问题加以处理。

（4）属于政府及其有关部门职权范围内的问题。一方面，问题的解决不在政府职能范围内，或有其他的方法比政府解决更好，则不宜确认该问题为政策问题；另一方面，问题还得属于有关部门的职权范围内。因为不同领域的政策问题需要不同的政策部门来确认和解决，所以某类政策问题需要得到相应部门的确认。

（5）形成明显的政策需要。当现实的某些问题到了非解决不可的程度时，从政府及有关部门来说，就形成了明显的政策需要，如果不解决，就会构成对政府履行职责的能力及政府合法性的严重挑战，面临着严重危机①。

（二）政策问题确认的主体

公共政策问题一般并不是由单一的主体来确认的，而是通过多方主体的互动来认定的，主要包括以下几个方面。

（1）政府部门。政府部门是公共政策问题最直接和最重要的提出主体。政府部门作为公共的权力机构，负有管理和维护社会秩序、保障个人权利、调控经济运行等职责，它们会通过自身系统收集和反馈信息，主动提出各种政策问题。由于政府部门是政策的讨论和制定者，因此，它们提出的政策问题往往最容易进入政府的政策议程。其中行政部门及其领导提出的政策问题往往最多，也最易于受到重视。

（2）政治领袖。政治领袖通常是指通过法定的途径占据国家、各种政党或政治组织高层权力地位的政治领导人物。在现代民主国家，由选举产生的政治官员为了获得选民的支持，会积极提出政策问题并谋求解决。无论在何种体制下，政治领袖总是影响公共政策问题认定的一个极为重要的主体。

（3）政党组织和利益集团。政党是近现代社会中最重要的政治组织，其核心目标就是争取执政以解决公共政策问题，维护其所代表的阶级或阶层的利益，因而它必然是提出公共政策问题的重要主体。利益集团往往以特定的行业或职业的代表为特征，其核心目标并不在于上台执政，而在于千方百计地影响政府各机关制定和执行有利于自身的公共政策。出于自身利益的考虑，利益集团也会经常向政府和有关公共组织提出公共政策问题。

（4）各类政策研究组织。在现代社会中，随着社会问题的日益复杂，政府决策越来越要求科学化，因此，适应决策科学化需要的政策研究组织的作用也日渐突出，如各类智库如今成为现代科学决策过程中不可或缺的一个主体。

（5）社会公众和新闻媒体。社会公众是社会发展的支撑和推动力量，当社会问题影响到一部分公众的利益或导致特定损失时，他们就会要求政府来解决相关问题。新闻媒体通过自己的工作过程，会发现一些严重的社会问题，通过进行相关的报道引导社会舆论，引起相关部门的重视。

---

① 陈潭. 公共政策学[M]. 长沙：湖南师范大学出版社，2003.

◆ 拓展阅读

卫生部部长陈竺：感谢媒体曝光“问题胶囊”事件

铬含量超标胶囊事件经媒体曝光，引发了越来越多民众的关注。民众在谴责问题胶囊生产厂家的同时，亦对采用问题胶囊的药品生产厂家提出了质疑。

据央视新闻报道，浙江新昌县关于胶囊原料及半成品抽检结果公布，结果显示，从 4 家被查获利用工业明胶制造药用胶囊的企业中，共抽取了 61 份样品，其中包括原料、胶囊半成品及胶囊成品，检出 29 个批次的铬含量超标；在其他 14 家企业抽取了 39 份样品，在完成检测的 35 份样品中，有 4 个批次不合格。合计已完成 96 个批次样品的检测，33 份样品被检出铬含量超标。占全国近三分之一空心胶囊生产量的新昌，其生产的问题胶囊到底流向了何处？这是公众最为关注的问题。

“目前国家食品药品监管局督查组已到达新昌，将会同当地食品药品监管部门对报道涉及的药用空心胶囊生产企业进行检查，尽快查明药用空心胶囊所用原料明胶来源、质量检验、生产工艺及产品销售去向等情况。目前调查结果还没有出来，销售流向也还不清楚，我们会及时公布监测情况。”国家食品药品监督管理总局新闻发言人王良兰表示。

2012 年 6 月 2 日卫生部部长陈竺在上海参加公共卫生人才培养与学科建设研讨会上表示，我国居民 85%的死亡是由慢性病引起的，一系列的新形势使我国公共卫生服务面临着前所未有的挑战。对于媒体曝光“问题胶囊”等行动，他表示感谢并指出，许多深刻的教训，反映了公共卫生的极端重要性。

资料来源：根据《中国青年报》2012 年 6 月 3 日报道及《第一财经日报》2012 年 4 月 19 日报道汇编

（三）政策问题确认的过程

政策问题确认的过程是指对于政策问题的察觉、界定和描述的过程。

（1）问题察觉。问题察觉是指某一社会现象被人们发现并扩散，逐渐引起社会公众和政府有关部门关注的过程。在这个过程中，人们普遍感到应该行动起来做点什么，以改变目前这种状态，但究竟应该做什么和怎么做，人们并没有认真思考。问题察觉能否实现，不仅取决于客观条件，而且取决于相关人员的主观条件，如政治立场、思想意识、个人利益、价值观念等。

（2）问题界定。问题界定是指对问题进行特定分析和解释的过程。首先，需要通过一定的方法对问题进行必要的归类。例如，根据政策问题的性质可以将其界定为政治的、经济的、社会的；根据政策问题的作用范围可以将其界定为全局的和局部的、国际的和国内的、全国性的和地区性的；等等。其次，需要对问题进行必要的诊断。诊断问题应主要解决两个问题：一是差距何在。一个问题的存在，实际隐含着现实状态与理想状态之间的距离，任何解决办法无非都是为了缩短或消除这种距离，因而，准确表达这种差距，就成为发现解决办法的必要前提。二是原因何在。仅找到差距还不够，还要弄清产生这些差距的原因。最后，需要把问题情境转变为实质问题。问题情境实际上包含了问题牵涉的众多因素及其相互间错综复杂的关系，问题界定的主要目标就是要把复杂、混沌的问题情境总结概括为清楚明了的实质性问题，从而理清主要矛盾，把握重要因素。

（3）问题描述。问题描述是指运用可操作性语言（如运用数字、文字、符号、图表等表达方式）对问题进行明确表述的过程。为了进行有效的政策制定，问题确认过程中应注意以下两方面问题：第一，问题描述应做到真实详尽，切忌人为夸大或缩小；第二，尽量缩短报告链条，减少报告层次。总而言之，对于政策问题的描述，要尽量做到以客观代替主观，以直接代替间接，以准确的事实代替加工过的材料，坚持实事求是的原则，有一说一，有二说二[①]。

第二节　公共政策议程

政策制定实际上就是把社会上各种利益诉求输入政策系统并将其转化为政策输出的过程。在利益派别及主张多元化而政府财力又有限的情况下，决策者只可能对少数利益诉求进行认真审议和考察。因此，不同政治力量常常会围绕对政策议程的控制而展开持续不懈的斗争，毕竟政策议程决定着政府资源优先划拨给哪些领域和哪些人，决定着谁在何时得到什么。

一、政策议程的界定与类型

（一）政策议程的内涵

政策议程又称政策日程，是指政策制定者就某个广为关注的公共问题进行讨论，以决定是否需要对其采取行动、何时采取行动及采取什么行动。政策议程包括相关政府部门慎重考虑特定问题并对其做出反应、采取措施的各种事务，它的形成过程既是统治阶级或人民群众反映和表达自己的愿望和要求，促使政策制定者制定政策给予其满足的过程，也是政党或政府集中与综合它代表的阶级、阶层和集团的利益，并通过政策制定予以体现的过程。通常而言，公共问题只有以一定的形式进入政策议程才能通过政治途径加以处理，因此，政策议程是社会问题、公共问题转化为政策问题的关键一步。不过，某个公共问题出现在政策议程上并不意味着政策制定者就必然会为之制定政策，因为政府在讨论过后可能做出不予理睬或推迟再议的决定，直到引起社会民众更广泛的关注，或者有更适宜的时机出台政策。

（二）政策议程的类型

在现代民主国家，政策议程的构建有两种主要形式，即公众议程和政府议程。

（1）公众议程。公众议程是指公共问题引起公众的广泛关注与热烈讨论，从而形成一股强大的社会力量，要求政策制定者将其列入自己的议事日程，并采取措施加以解决

① 战建华. 公共政策学[M]. 济南：山东人民出版社，2011.

的过程。公众议程依赖于有正义感、责任心、公共精神和批判意识的公众，出现在公众议程上的问题大多是与老百姓切身利益相关的民生问题，如环境污染问题、食品安全问题、医药卫生问题、拆迁安置问题等。它们得以进入公众议程的前提条件如下：①问题具有典型性，已经广泛流传并受到充分注意；②大多数人都认为有必要对此问题采取行动，否则，该问题会扩散或恶化；③公众普遍认为该问题属政府某部门权限范围内事务，非政治途径无法解决。需要注意的是，由于公众是分层次和地域的，因此，公众议程可能是某一层次上或某一地域中的公众对社会公共问题的讨论，从而使政策问题也具有相应的层次性或地域性。不过，当影响范围逐步扩大时，局部的焦点问题也可能提升为全国范围的问题，如雾霾最初集中出现在北京，但快速的蔓延使其很快成为全国民众高度关注的问题。

（2）政府议程。政府议程是指政府相关部门根据特定程序，把公共问题列入自己的议事日程进行讨论、研究和处理的过程。由于政府议程在程序上较为固定，在方式方法上比较严谨和精确，因此，又称为正式议程。一般来说，政府是否将某个公共问题列入议事日程取决于民众压力的大小、其他问题的相对重要程度及政治意识形态等多种因素。在这方面，它所承担的角色可分为四类，即任其产生、有限介入、积极鼓励和阻碍压制。当问题确认需要较高成本或者纯属常规性事项时，政府可能只会消极接受公众已充分讨论并要求政府予以考虑的公共问题，将其列入政府议程。当议程中还有其他更重要的事项而政府又不愿被指缺乏回应性时，政府会给公众提供某些反映问题和表达意愿的渠道，使其被列入政府议程更为容易。当问题激起了民众强烈反响，不及时处理会影响政府威信时，或者当问题属于全局性、长远性事项时，政府会积极帮助公众界定和表述问题，甚至自己直接界定问题、确认政策目标。当问题不符合统治阶级的意识形态或者涉及执政党、政府自身利益时，政府会有意限制或阻止公众对其的讨论，而不愿意将其列入政府议程。相比较而言，公众议程中的政策问题大多以未成形、抽象、模糊的形态存在，而在政府议程中对政策问题有较明确的界定，并且也开始考虑相关解决方案。通常情况下，政策问题会先进入公众议程，再进入政府议程，因此，公众议程是政府议程的基础。但是，要解决政策问题的话，政府议程又是必需的，因为两者之中只有后者在本质上是个行动议程。

二、政策问题进入政策议程的途径

政策议程是问题认定的重要阶段，只有通过政策议程才能达到解决问题的目的。另外，政府所面对的公共问题众多，现实政策议程的建立是一个复杂的政治过程，只有少数公共问题才能进入政策议程。那么公共问题如何进入政策议程？主要通过什么途径或方式进入政策议程？综合各种途径，从政治学的角度出发，我们认为，政策议程建立的途径主要有以下几个。

1. 政党或其他政治组织

政党和政治组织的存在及其活动是现代民主政治的一种普遍现象。政党的主要活动本质上说是围绕政权开展的，无论是西方的多党制、两党制，还是中国的多党合作制，为了实现其政治主张，体现其代表的根本利益，各政党总是通过各种方式或途径将自己集中起来的问题推进政策议程，上升为国家政策。除了政党外，还有大量的其他政治组织，它们分别代表不同阶层、团体的利益，在通常情况下，单个人在推进政策议程中的作用总是有限的，必须借助一定的组织形式。这些政治组织能很好地集中和反映其所代表的利益、要求和呼声，具有一定的代表性和典型性，所以这些利益、要求和呼声一旦被某个政治组织提出来，就能比较容易地引起大家的呼应，产生共鸣，并能在一段时间内引起政府的极大关注，从而顺利进入政策议程。

在中国，中国共产党是执政党，各民主党是参政党，他们在政治生活中的地位和作用是不同的。中国共产党在领导过程中通过集中人民的意见和建议，形成自己的主张，再经过一定的法定形式，将其上升为国家意志和主张，这其中就包括了政策议程建立的过程。各民主党派处于参政地位，他们经常就国家的大政方针、改革中的重大问题和其他公共问题提出意见和建议，通常这些意见和建议被列入政策议程的可能性程度很高。其他政治组织，如工会、妇联和青年组织等由于在中国具有特殊地位，其利益要求也很容易进入政策议程。

2. 政治领导人、政府官员和行政人员

政治领导人是政治生活中最常见的一种政治主体，他们是一定阶级、集团最高利益的代表者和政治上的代言人，他们以其特殊的地位和卓越的才能影响一系列重大政治事件，能够使其发现和关注的问题直接进入政策议程，开展决策、制定决策。安德森认为："无论是出于政治优先权的考虑，还是因为对公众利益的关切，或者两者兼而有之，政治领导人可能会密切关注某些特定的问题，将它们告之公众，并提出解决这些问题的方案。"中国改革开放政策的提出是与以邓小平为主的中国政治领导人的政治推进分不开的，他们审时度势、总揽全局，在经济建设中制定了党的基本路线，开创了社会主义的伟大事业。

政府官员是政府部门中决策的主要主体，他们承担着使大量公共问题向政策问题转化的任务，是政策议程建立的重要途径和渠道。在中国，行政机关领导体制实行的是首长负责制，各级政府官员利用他们对问题的感觉和掌握程度，在行政管理中不断发现和解决问题，经常性地把各种公共问题列入其议事日程是政府官员工作的主要内容之一。行政人员在执行政策及处理具体事物中，因其接触范围较广，掌握信息较多，对公众在生产和生活中遇到的实际问题比较了解，因而在他们的推动下，相关问题会被列入政策议程。

3. 政治制度

政治制度包含的内容很多，其中代议制和与代议制相配套的选举制是政策议程形成的一个基本途径。代议制是指公民通过选举产生代表组成权力机关（议会或代表大会），反映各自所代表的利益、愿望和要求，就有关公共问题形成各种议案、提案、建议等，以引起政府关注或要求政府列入议程的制度。在民主国家中，代议制是建立政策议程最主要、最正式的途径。中国实行的是人民代表大会制度，这一制度是中国的根本政治制度，是广大人民行使权力和解决自己切身利益相关问题的基本形式。

4. 利益集团

利益集团在现代社会中普遍存在，是由具有共同利益需求或相同观点的社会成员组成的、企图通过参与政治过程而影响国家公共政策以实现其利益的、不同于政党和政府的民众性组织。各种利益集团会在发展中不断寻求某种合理的平衡，在政治生活中的一个主要目的就是影响决策过程，以便实现自己的目的和主张。它们也会经常性地就与自己利益相关的问题，单独或联合其他团体向政府提出要求，通过游说、宣传、助选、抗议和施加压力等手段迫使政府将其列入政策议程。

◆ **拓展阅读**

《中华人民共和国劳动合同法》制定过程中的利益集团参与

利益主体的多元化和逐利行为的多样性是现代社会经济活动的主要特征之一，纷繁复杂的各种社会矛盾的核心是利益矛盾。劳动关系是现代社会最基本的社会关系之一，直接关系着劳动者和企业投资者或经营者的利益。从社会利益分配上说，劳动合同也是劳动者和用人单位关于劳动利益分配的协议。《中华人民共和国劳动合同法》（简称《劳动合同法》）的任务是平衡双方的利益，将劳资双方的矛盾和冲突引向合作，建立起和谐稳定的劳动关系。《劳动合同法》是劳动法体系的重要组成部分，相对于劳动基准法和合同法，其处于基础或基石立法的地位，它既是资本与劳动力的联姻结合机制，也是劳动权的实现机制。劳动合同立法关乎亿万劳动者和投资者的切身利益，也关系到劳动关系是否能够顺畅与和谐。因此，这一立法过程引发的争论、争议与博弈在中国立法史上是独一无二的。

除制度化的决策核心圈外，有大量的利益集团参与了这一立法决策过程，这些利益集团主要有以中华全国总工会为代表的工会系统、企业利益集团、劳动者，以及分别站在劳方或资方立场的专家学者。中华全国总工会在此次立法决策过程中发挥了积极主动的作用，把劳动者的声音通过其自身的渠道顺利地表达了出来，而且正是由于其不懈的努力和争取，《劳动合同法》的最终文本较多地反映了中华全国总工会的主张，保障了劳动者的利益。对资方来说，《劳动合同法》对其切身利益产生了巨大影响，因而他们基于各自利益也形成了行动联盟，其中比较明显的是外资企业利益集团通过其协会和商会上书等方式影响立法过程，内资企业也发挥了一定作用。在《劳动合同法》制定过程中，专家学者也纷纷参与其中，他们基于各自利益、价值和理念的差异，在《劳动合同法》制定审议和修改过程中提出不同的意见，呈现出针锋相对的两派。一部分学者为劳方代言，另一部分学者则为资方利益说话。因而，《劳动合同法》制定过程中的决策参与圈形成了以中华全国总工会为代表的劳方利益集团和以外企为代表的企业利益集团，这两大利益集团在整个立法过程中凭借各自资源进行激烈的博弈，以期通过合适的行为策略来影响政策过程和结果。

资料来源：陈水生.中国公共政策模式的变迁——基于利益集团的分析视角[J].社会科学，2012，（8）：21-22

5. 专家学者和公民

专家学者是在社会的各个领域中具有一定专长的社会群体，他们能通过自己的专业研究发现某些重要问题，在运用各种科学理论和技术分析的基础上，对社会发展的趋势和进程进行科学的预测，为具体问题的解决提供可行性，他们在现代决策体制中具有重要的作用。因此，当他们的成果对经济建设和社会发展产生巨大和深远影响时，也能通过各种渠道进入政策议程。公民是国家和社会的主人，是宪法和法律中最基本的权利主体。公民在政治生活中的活动之一就是不断诉求权利，通过一定的途径和手段，对损害自己利益的问题寻求解决之道。在某些情况下，如果问题得不到解决，或者问题不能进入政策议程，公民还会采取一些措施（如抗议、示威、暴乱等）向政府施加压力，迫使政府采取行动解决问题。

6. 大众传媒

大众传媒被西方称为“第四种权力”，在推动政策议程的建立过程中起着非常关键的作用。它能把少数人发现的问题进行广泛传播，以争取多数人的理解和支持，为建立公众议程创造条件。另外，它能制造强大的舆论压力，促使政府决策系统接受来自公众的愿望和要求，并将其纳入议事日程。例如，在中国，出租车行业“份子钱”过高的问题通过新闻媒介报道后，引起了社会的强烈反响和政府的高度重视，从而促进了部分地区放开出租车牌照管制的举动。

7. 危机和突发事件

危机和突发事件具有危害性大、影响广、突然性等特点。在通常情况下，某些人可能对某些问题有所察觉，并提出政策主张希望采取行动，但其他人根本意识不到问题的存在及其危害性。危机和突发事件的爆发，往往会立刻成为社会各界和政府高度关注的焦点，也会让相关问题的解决变得迫切和必要，促使问题提上政策议程。近年来，北京等地区爆发的“雾霾”危机及其后来的应对措施充分说明了政策议程建立的具体过程，北京市很快出台的《北京市空气重污染应急预案》就是对相关问题解决的应变之策。

三、政策议程的影响因素

政策问题进入政策议程是多种力量、多种因素相互作用的结果。其中，既有一些起到助推作用的诱发因素，也有一些阻碍因素。

（一）政策议程的诱发因素

根据政策科学家科布和艾尔德的看法，可以把政策议程的引发机制分为内在的引发机制和外在的引发机制两种形式。内在的引发机制包括自然灾害、意外的人为事件、科技方面的重大变革、资源分配中的偏执与失衡、生态变迁。外在的引发机制包括战争、武器技术的重大发展、国际冲突、世界性联盟的格局变化。美国政策学家安德森在其《公共政策制定》一书中认为，下列因素促成了政策议程的建立。

第一，某种危机、自然危害或轰动性事件。很多时候，人们可能已经对某些问题有所察觉，并提出了政策诉求，希望能够对之采取必要的行动。但它没能引起普遍性的重视，政府也处于左右为难之中。在这种情况下，的确需要有某种突发性事件，将问题推上政策议程。突发性的重大事件往往会使形势发生逆转，从而成为社会各界关注的焦点，引起政府的高度重视。例如，2015 年“叙利亚危机”引发大量难民涌入欧洲，面对汹涌而至的难民潮，欧盟多次召开会议协调内外政策，将应对难民问题提上了欧盟的政策议程。

第二，抗议活动。抗议活动是使问题引起决策系统关注并进入政策议程的另一种途径。抗议活动是一种激烈的利益表达形式，往往带有某些反常规的行动特征，其表现形式有示威游行、静坐斗争、绝食抗议、暴力冲突、武装对抗等。社会中出现大规模的抗议活动通常说明社会问题已经发展到非常严重的地步，政府的现行政策已经难以调和这种矛盾，只有做出新的政策选择才能平息由抗议所引发的混乱局面。抗议活动是建立政策议程的有效方法，但不是最佳的途径。它多以极端方式向政府施压，表达某些利益群体的政策诉求，往往形式过激、发生突然、超乎常规、始料不及，给政府带来“超负荷压力”。在能够有效控制和疏导这种压力时，政府可能会采取一定程度的妥协，建立相应的政策议程。然而，这种激烈的表达方式毕竟有可能造成社会失态，形成与政府的严重对立，对既成的社会秩序构成威胁，导致一些悲剧性后果。

第三，新闻媒介的关注。一些问题可能会引起新闻媒介的特别注意，通过新闻媒介的报道，这些问题很可能会成为政策议程的内容。如果没有新闻媒介的介入，这些问题就很可能长久地存在而不会引起社会公众的注意，政府自然也就不会考虑这些问题。而对于那些已经被提上议程的问题，新闻媒介的渲染也能够使其获得更多的关注。新闻媒介作为重要的社会舆论机器对政策议程的整个过程及其结构都有重要的影响。当然，新闻媒介报道问题往往出于各种不同的动机，或为了制造新闻，或为了增加发行量，或为了公众的利益，或出于其他目的，所以不可避免地会出现不真实的报道，这对政策议程的建立也会产生一些负面影响。

此外，还有统计数字的变化、政治变化（包括选举结果、行政改革、民意变化）等也会诱发政策问题被提上政策议程。

◆ **拓展阅读**

人口出生率统计与全面放开“二胎”政策

2015 年 10 月 29 日闭幕的中国共产党第十八届中央委员会第五次全体会议提出，全面实施一对夫妇可生育两个孩子政策，积极开展应对人口老龄化行动。这是继“单独二孩”政策之后的又一次人口政策调整，实施了 30 多年的计划生育政策发生了重大改变。

根据联合国最新统计，目前平均每位中国女性在一生中生育 1.55 个孩子——该出生率仅仅高于像德国（1.39）和日本（1.4）这样的国家。专家认为，独生子女政策的终结并不意外。在很多国家，如日本和德国，低出生率造成的老龄化给社会福利和医疗系统带来了极大的负担，而中国的这一举措也是出于类似的担忧。

资料来源：《科学美国人》中文版《环球科学》2015 年 10 月 30 日报道

（二）政策议程的阻碍因素

并非所有的社会问题都能进入政府议程，对于有些问题，决策者可能觉得没有制定政策加以解决的必要。其中，以下因素会阻碍社会问题进入政府议程。

第一，政治原则的偏离。任何国家都有被其视为立国之本的基本政治原则，坚持这些原则是政府义不容辞的职责。因此，政策诉求一旦偏离了这些原则，政府就会通过各种方法将其排斥在政策制定系统或制度化程序之外，有时甚至在其提出之前或接近相关的政策领域之前就会被改变或扼杀。

第二，价值体系的排斥。价值体系涉及社会的基本观念及其信仰倾向，是人们思考的依据和行为的准则。任何社会都有其占主导地位的价值体系，它排斥特定的社会问题和政策选择方案进入政策议程。换言之，如果提出的政策诉求与社会价值体系不符，就难以形成公众议程，更不可能转化为正式议程（即政府议程）。

第三，政府体系的封闭。如果政府体系保守，决策过程封闭，民选代表不能代表选举人的利益，那么公众与政府联系的渠道就会出现障碍，公众的呼声和愿望就很难为决策者所知，人们不仅无法与决策者进行必要的沟通，而且不能通过问题讨论等形式参与政策的制定过程。在这种情况下，公众认定的社会问题很难进入政策议程。当然，我们并不否认政府的"暗箱操作"有时是切实可行的甚至是唯一可行的办法，但这并不意味着对其"暗箱操作"没有限度。公共政策事关公众的利益，必须接受公众的检验，一个保守的政府、一种封闭的体制难以产生有效的政策。

第四，超过承受能力。任何一种政策问题的提出，如果超出了决策者的承受能力，就会受到他们的排斥或回避。即使这种问题的提出对社会有利，符合时代潮流，往往也难以进入政策议程。

第五，表达方式失当。有些问题本可以通过法定的正常渠道提出，却偏偏要选择非正常渠道；明明可以在正式场合上讲，却偏偏要进行地下活动；明明可以采用和平形式提出政策诉求，却偏偏要采取过激的形式。表达方式的失当，很多时候使本该列入政策议程的问题没有被列入其中。

第三节　公共政策规划

就政策过程而言，某一问题成为政策问题，进入政府议程之后，接下来的任务便是寻求适当的问题解决途径，以及合适的问题解决步骤，这一过程便称做政策规划，主要涉及政策方案的设计、整理、比较、选择等一系列问题。这个阶段是政策制定的关键性环节，因为这一过程显示了一项政策从无到有的全过程。在这个过程中，政策分析人员和参与者围绕确定的政策问题，将希望达到的政策目标、政策所涉及的利益群体、各种不同的利益要求、可能发生的政策走势、已有的政策资源、可能的时间约束及可行性限制等因素进行综合考虑，制订出一个或多个政策方案。再根据决策者所面临的具体环境和各种限制性因素及不同价值要求的重要程度，选择一个相对最优的政策方案，完成政策规划过程。

一、政策规划的内涵

（一）政策规划的含义

学者们对政策规划的含义有不同的解释。安德森认为，政策规划是指“为解决问题而提出相关的、可接受的行动建议（通常被称为备选方案、政策建议或可选方案）的过程”。林水波和张世贤认为，政策方案规划“是一个针对未来，为能付诸行动以解决公共问题，发展中肯并且可以接受的方案的动态过程”。张金马认为政策规划“是个狭义的政策分析过程，包括政策目标的确立、政策方案的设计、政策方案的选择、政策方案的可行性论证等程序”。张成福则认为政策规划是“政府为了解决公共问题，采取科学方法，广泛搜集各种信息，设定一套未来行动方案的动态过程”。陈振明认为，政策规划“是对政策问题的分析研究并提出相应的解决办法或方案的活动过程，它包括问题界定、目标确立、方案设计、后果预测、方案抉择五个环节”。结合以上认识，我们认为，政策规划是公共权力机关针对特定的政策问题，依据一定的程序和原则确立政策目标、设计政策方案进行优选抉择的过程。

（二）政策规划的特征

根据公共政策专家罗伯特 · 梅叶的看法，政策规划有以下五个方面的特征。

第一，政策规划的目标导向。政策规划即“达成未来事务现状”，因此，它具有一定的目标导向，主要表现为任何一项政策规划必须有前瞻性和指导性。要实现政策规划所设计的“未来状态”，就必须有相关人力、物力、财力的支持和大家的共同努力。

第二，政策规划的变革取向。要实现未来状态，就必须逐步改变现状，才可能最终达到预计状态，因此，政策规划必须要有“变动性”与“创造性”。

第三，政策规划的选择取向。政策规划重在“选择与设计”，包含一系列大大小小的抉择活动，其表现在选择上要有广度、深度、连续性和相关性。也就是在进行规划时，要设法扩大选择的机会，在有限的资源约束下，做有效的选择，只有这样，才能激发创新，发掘智慧。

第四，政策规划的理性取向。政策规划的基本精髓就在于重视理性。其真正的意义在于通过环境、目标、手段之间的有效搭配，产生政策规划的可行性情形，如果政策规划超越了环境的限制，便缺乏可行性。

第五，政策规划的群体取向。现代政策问题的复杂性，使政策规划必须由相关部门和人员进行相互协作与配合。只有人人参与、群策群力、彼此配合、相互补充，才能共同达成公共利益，才能真正为大众服务，取得大众的支持和拥护①。

（三）政策规划的原则

第一，信息完备原则。信息是政策规划的基础材料，从某种意义上讲，政策规划的

---

① 陈刚. 公共政策学[M]. 武汉：武汉大学出版社，2011.

过程就是信息的收集、整理、加工和处理的过程，政策规划的成效在很大程度上依赖于信息的全面、具体、准确、及时。如果没有充分的信息保障，政策规划也只能是“巧妇难为无米之炊”。

第二，系统协调原则。任何政策问题都不是孤立存在的。在社会大系统内，不同范围、领域、层次的社会问题存在着相互联系、相互制约的辩证统一关系，这就要求政策规划工作的参与者必须牢固树立系统观念，在决策活动中要根据客观事物所具有的系统特征，正确处理整体与局部、战略与战术、当前利益与长远利益、主要目标与次要目标的关系。考虑问题应以大局为着眼点，从事物的整体出发，去认识、分析和处理局部性问题。

◆ **拓展阅读**

全面创新改革试验区的设置

2015年5月5日，中央全面深化改革领导小组召开第十二次会议，会议审议通过了《关于在部分区域系统推进全面创新改革试验的总体方案》。该方案是结合东部、中部、西部和东北等区域发展重点，围绕推动京津冀协同发展、加快长三角核心区域率先创新转型、深化粤港澳创新合作、促进产业承东启西转移和调整、加速军民深度融合发展、推进新型工业化进程，选择1个跨省级行政区域（京津冀）、4个省级行政区域（上海、广东、安徽、四川）和3个省级行政区域的核心区（武汉、西安、沈阳）进行系统部署，重点促进经济社会和科技等领域改革的相互衔接和协调，探索系统改革的有效机制、模式和经验。试点区域将紧扣创新驱动发展目标，以推动科技创新为核心，以破除体制机制障碍为主攻方向，开展系统性、整体性、协同性改革的先行先试，统筹推进科技、管理、品牌、组织、商业模式创新，统筹推进军民融合创新，统筹推进“引进来”和“走出去”合作创新，提升劳动、信息、知识、技术、管理、资本的效率和效益，加快形成我国经济社会发展的新引擎，为建设创新型国家提供强有力支撑。

资料来源：中共中央办公厅、国务院办公厅《关于在部分区域系统推进全面创新改革试验的总体方案》

第三，科学预测原则。政策规划是对未来事物所做的行为设计和方案抉择，是一种面向未来的活动。凡事预则立，不预则废，科学预测是保证政策规划成功的必要前提。只有建立在可靠预测基础上的政策方案，才是具有现实可行性的政策方案。

第四，客观求实原则。实事求是，尊重客观规律，把握政策对象及其环境的主要特征，一切从实际出发，克服政策规划过程中的主观随意性，这是政策规划最基本的要求。只有做到这一点，才能大大减少政策规划的主观盲目性。

第五，民主参与原则。政策规划要体现政策是否反映公民的利益和要求，必须发动公民参与到政策规划过程中去。同时在政策规划过程中，借助外脑并积极发挥思想库的作用，是现代政策规划不可缺少的外部条件。

二、政策规划者

（一）政策规划者的内涵与分类

政策规划者是指参与政策方案的设计、研究、审议等活动的各种机构和人员，他们可分为政府系统内部的规划者和政府系统外部的规划者。

1. 政府系统内部的规划者

在当今社会，政府系统内部的规划者是政策规划的主要承担主体，这是由其自身的特点及国家的制度安排所决定的。政策规划通常会涉及比较复杂的综合性的政策问题，其中既有政治学、社会学的价值判断问题，又有数据的调查和收集、政策分析模型及相关的专业技术问题，因此，需要各类专业人员的专业智慧和技术判断力，而在所有的公共权力机构中唯有政府可以调动广泛的政策资源和大批的专业人员。另外，政府还拥有行政立法权，可以依据立法机关的授权自行制定行政法规，并通过立法创议权在很大程度上左右立法机关的立法方向。有统计表明，各国立法议案的大部分和最重要的议案往往都是由政府提出来的。例如，第二次世界大战后，日本从第十四届国会到第四十九届国会通过的 2 646 件法案中，就有 2 231 件是由行政机关拟定并由总理大臣提交国会通过的。

政府系统内部有专门的政策规划机构和人员的存在，以及政策规划作为一项政府活动相对独立出来，这是政策科学化的一个重要标志。具体而言，政府系统内部的规划者主要承担以下职能：第一，应决策者的直接要求就重大问题进行调查研究，集中和协调各方意见，提供政策的备选方案；第二，在广泛调查研究的基础上，对特定领域的问题进行分析和预测，并主动向决策者提出意见；第三，对其他部门或政府组织以外的政策研究机构所提供的政策方案进行研究、论证和选择，确保政策的整体性、协调性；第四，为政策方案设计可供选择的、操作性的实施计划。

2. 政府系统外部的规划者

政府系统外部的规划者主要是指各种智囊团、思想库和研究机构，由于它们都集中了大批高级专家和专业技术人员，因而在政策规划过程中也常常发挥重要作用，尤其是在其接受政府委托从事某项课题研究时更是如此。这些规划者提供给决策者考虑的意见往往是互不相同甚至是彼此对立的，他们各抒己见，表达自己的观点。各种方案都摆出来供决策者比较、衡量、选择，这样可以提高政策的科学性，减少失误。另外，各种方案各有优缺点，在政府最终制定政策时，可以兼收并蓄，取长补短，提高规划工作的质量。虽然政府系统外部的规划者在获取信息方面不如政府系统内部的规划者那么便利，但是，通过广泛而深入的访谈、系统而科学的调查，他们同样能够提出有价值的政策建议。正因为如此，一些人员构成合理、研究方法科学的政策规划组织能够在关键性领域取得丰硕的成果，并通过与政府的紧密联系得以将研究报告转化为实际政策。另一些规划组织虽只对某些特别的政策问题进行研究和规划，如美国的人口协会、未来资源研究所、城市研究所，但其研究的精深度亦使其结论为有关部门所重视。

政府系统外部的规划者大多为独立的科学工作者，既不需要接受政府领导，也不需要依附于政府，这使他们可以尽量避免决策者主观意志的干扰，进行科学的政策规划工作。但是，这些外部规划者中有很多人也需要接受来自公司、基金会的赞助，因此，把他们看做完全客观和价值中立的也不正确，毕竟“对于在智囊团和大学工作的知识分子而言，他们的首要任务是按照基金会设定的政策导向而工作”，因而最终“是他们将金钱变成各种政策选择”。

（二）政策规划者应注意的问题

政策规划者要想设计出科学合理、技术上可行的方案，就必须小心翼翼地对待自己的规划工作，注意避开各种陷阱，特别是力争做到以下几点。

第一，不过度依赖经验，但又不一味求新。对大多数政策规划者来说，当所遇到的问题与过往某个问题相类似时，寻求之前的经验支持是很自然的事情，那样做不仅有利于尽快弄清政策问题，也的确常能为其找到相对行之有效的解决办法。但是，过度依赖经验有可能使我们错误地界定问题，或者因过早局限了自己的视野而错过了新的机会。事实上，新、旧问题之间不仅有相似性也有相异性，只有多运用创新思维，不因循守旧，才能真正解决很多老办法无力解决的新问题。当然，一味求新的做法同样不可取，因为新的并不意味着就是好的，新的方案会有新的风险，而且只有在与之相适应的政治环境中才会被认可，更何况没有继承也很难出新。

第二，在观点和灵感出现后及时将其记录下来。一名成功的政策规划者是需要付出很多努力和勤奋的，这其中就包括及时记录各种蕴含灵感的思想和见解，以增强瞬间记忆并作为着手进行方案设计的基础。虽然规划者所接受的长期的专业训练很容易使其低估直觉的重要性，但是，非逻辑的、发散性的思维方式确曾贡献出极有价值的政策方案，因而是科学推理的有益补充。在现实生活中，人们的奇思妙想常常来得快去得也快，把握自己和他人的跳跃性思维，做必要的摘记是极有帮助的。有时候，规划者所记录下的几个关键词就能使其回忆起曾经闪动的智慧火花，从而使设计出的方案更为完备和更有创造性。因此，要想成为合格的规划者，需要牢记一句话：“好记性不如烂笔头。”

第三，不试图对问题仓促地做全面界定。在政策规划过程中，问题的界定是既关键又复杂的事情。一方面，没有对问题的完整把握就不能制定明确的政策目标，即便能设计出各种不同的方案，也缺少可以比较的参考标准；另一方面，问题的现状调查及原因分析需投入大量的时间和精力，而且问题可能仍然处在不断的变化当中，这使问题的界定殊为不易。既然这样，规划者就不应过于急切地试图对问题做全面的界定，因为在揭示出问题暗含的每个方面之前，就对此问题做全面界定是很难完成的。如果为了提高规划的效率而很快下结论，宣称对问题已有了非常明确的认识，那么接下来对问题的错误说明就有可能导致非常严重的后果，最终造成政策规划的失败。

第四，不过早对方案产生偏好，也不随意对方案进行先期评估。所有政策规划者都可能偏爱某些类型的方案。例如，倾向于市场的办法，而拒绝加强管制的办法；更喜欢集权式的手段，而不是分权式的手段；想要尽可能地避免一切风险，而拒绝为更大的收益花费必要的代价。然而，规划时的这种先入为主，常常是有害的，因为如果受限于分析工作中过早产生的偏好，就有可能排除或者难以考虑那些可行的方案。基于同样的理由，随意对方案进行先期评估亦是不恰当的，因为过早排除一些方案的过程，就形成了对评估标准的控制权，从而无法对所有可适用的标准做全面的竞争性分析。

第五，当客观情况发生变化时，应重新考虑被排除的方案。政策规划活动需要在问题界定、方案设计、方案审议和方案择优之间来回转换，虽然任何规划活动都可能为提高效率而在起初就排除某些可行性很低的方案，但是，当问题所嵌入的自然和社会环境有了大的改变时，它们或许在突然间变得相关起来了。一位谨慎而有经验的规划者不会放弃再度审视这些被排除方案的机会，因为历史曾经多次证明，最先被排除的方案其实是最有效的解决方案。尽管如此，什么样的变化需要重新检视之前的筛选机制，这在很大程度上仍有赖于对问题和方案细致而深入的分析。

第六，正确对待自己的信仰和价值观。政策规划者不是纯粹的社会科学研究人员，不必信守价值祛除原则，对他们来说致力于好的规划不仅是他们的工作，亦是其所负有的使命。这些规划者大多拥有自己的信仰和价值观，并且是以此为支撑而开始其职业生涯的。虽然说这类主观的东西的确不应该影响到对问题的客观分析，而人为增删数据以改变评估结论的做法更与科学共同体的要求相悖，但是，运用专业学识来说服决策者走哪个方向本就是规划者要做的，因而也是不可避免的。当规划者的信仰和价值观与政策制定者的信仰和价值观发生冲突时，规划者会处于伦理上的两难困境之中，于是真正的考验就出现了，而如何才能从中脱困其实也是规划者必须深思和学习的。

三、政策规划的过程

根据对公共政策制定过程中的不同理解，可将对政策制定过程的阶段性认识分为两类：一类是广义上的公共政策过程，即从政策问题的确认开始，一直到政策评估和政策终结为止；另一类是狭义上的公共政策制定过程，是指从确立政策目标到抉择方案的过程。前者是从宏观角度，关注从问题确认到政策终结这样一个完整的政策周期；后者则站在微观角度，关注从确立政策目标到决策方案的微观过程。本教材采用狭义的理解，将政策规划分为政策目标的确立、备选方案的设计、政策方案的评估及政策方案的抉择四个过程。

（一）政策目标的确立

（1）政策目标的作用。政策目标是有关公共组织，特别是政府为解决有关公共政策问题而采取行动所要达到的目的、指标和效果。第一，它能为制订政策方案提供方向性指导。政策目标就是政策方案所要遵循的方向，如果目标不明确，政策方案也就失去了明确的方向。这不仅不利于政策方案的抉择，还不利于政策方案的贯彻，更不利于有关公共政策问题的解决。第二，它能为政策方案的规划和实施提供核心的评估标准。虽然政策评估的标准和方法很多，但最核心的标准仍然是把方案的可能后果、实际后果与政策原本的目标进行对比，看两者的差距到底有多大，以及产生这种差距的原因何在，从而决定是修改政策方案、完善实施手段与步骤，还是调整政策目标，甚至完全废止有关政策。正因为明确政策目标对于政策制定、执行和评估作用重大，我们在政策制定的过程中就必须尽一切可能去弄清有关公共政策问题的实质和各种成因，考量各种因素及其未来走向，明确制定切实有效而又具体的政策目标，为政策制定做好铺垫。

（2）政策目标的有效性。政策目标的有效性取决于两个环节，即政策目标的设计正确和不同的参与者对政策目标的共识。为保证目标的有效性，政策目标的制定必须符合以下要求：第一，政策目标的具体明确性。政策目标应该具体明确，不能模棱两可，对于目标中的有关概念、时间要求、目标内容、相关条件等都要进行清晰界定或说明，最好做到表达准确，含义清楚单一，各项要求详细具体，能量化的予以量化，等等，以利于理解和操作。第二，政策目标具有前瞻性。政策问题处于不断的发展状态中，在确定政策目标时，要以发展的眼光看问题，科学地预测政策问题的发展动态，掌握问题发展的各种可能趋势，使政策目标具有前瞻性，从而使目标得到合理的定位。第三，政策目标具有可行性。在确立目标时，要考虑客观实际情况，立足于国内外现实，建立在人力、物力、财力、技术等资源相适应的基础之上。第四，政策目标具有协调性。由于公共政策问题比较复杂，往往具有多个目标，这些目标之间会有不一致甚至是冲突的情况，因此，在确立目标时，要把不同的目标进行协调，使它们之间协调一致。第五，政策目标的规范性。政策目标的确立要体现社会公众的利益，符合社会的价值观、道德风俗习惯，同时不能与国家的法律法规相抵触。

◆ **拓展阅读**

全面创新创业与就业率提升

2015年，我国经济增速总体保持连续高位下行态势，第三季度降至6.9%，但下降幅度较前两年缩小，经济总体仍然保持了中高速增长，运行在合理区间，同时我国经济发展方式转变、产业转型升级、经济结构调整持续深化，经济发展进入动能转换关键期。在此背景下，我国就业局势维持总体稳定，呈现一些新的变化特点和一些需要关注的新动向、新问题。在国家大力推行大众创业、万众创新的背景下，以创业带就业出现了新的局面，获得了令人瞩目的发展。

就业形势总体保持稳定，城镇新增就业在波动中逐步趋稳，2015年第一季度，城镇新增就业出现多年来的首次同比减少，且最高减少28万人，但之后减幅逐步收窄，第二季度基本企稳，第三季度持续回暖，同比增加3万人，累计减幅收窄至16万人。1~9月，全国城镇新增就业累计1 066万人，提前完成全年1 000万人的目标任务。

资料来源：奚婷. 2015年中国就业：创新创业促进全面就业. 中国网，http://www.china.com.cn/guoqing/2015-12/28/content_37410694.htm，2015-12-28

（3）政策目标确立的困难。虽然政策目标在政策过程中的作用非常重要，但在实践中，政策目标的确立有比较大的困难。第一，政治因素。公共政策从某种程度上来说是政治过程的产物，而不是个人行为决定的结果，有时决策者可能会故意把目标弄得模糊不清。同时，还存在很多的利益集团，通过不同的途径向政府施加压力，也影响了政策目标的确立。第二，价值因素。政策目标在很大程度上取决于决策者的价值判断。由于不同的决策者受到社会经济和政治地位、利益偏好、伦理道德、传统习惯、历史因素等的影响不同，会形成不同的价值观，给政策目标的确立带来困难。第三，多目标间的冲突。政策问题解决所要达到的目标往往不是单一的，而是多重的、多层次的，它们之间会有一定的冲突和矛盾，如何取舍，怎样分清目标的主次轻重，也是一个难题。

（二）备选方案的设计

备选方案是决策者用来解决政策问题，达成政策目标的手段、措施和办法。备选方案的设计是解决好政策问题的关键性环节。如果说问题界定是为了发现问题“是什么”，目标确立是为了确定“做什么”，那么，备选方案就是解决“怎么做”的问题。

（1）备选方案设计的基本原则。备选方案的设计是政策制定过程中十分关键的一个步骤，要确保方案的质量，必须注意以下几项原则：①紧扣政策目标。设计备选方案是达成政策目标的一个重要规划步骤，因此，它必须先紧紧围绕针对某一或某些问题的政策目标，科学地设计实现有关政策目标的具体备选行动方案。否则，方案的设计既可能无的放矢，也可能无从着手。②规划多重方案。所设计的方案的数量一般不少于两个，且越多越好。这一原则属理性决策模式的要求，其重要意义在于，既可以让人们利用自己的理性能力尽可能充分地考虑一切可行的解决方案，从而在众多的备选方案中进行优中选优；又能为此后修正、调整和更新政策方案提供便利条件。③方案彼此独立。该项原则要求所设计的多重方案彼此要相对独立，互不隶属，当然彼此可以同属某一大类。如果相互隶属，即某一方案可能属于另一种方案的一部分，这两种方案实际上仅仅是一种方案。这样，就不能达到真正的方案多重化要求，没有多样的方案可供选择。④方案要有创新。创新是新时代思维的灵魂，在政策方案的设计中也是这样。⑤方案切实可行。目标要可行，实现目标的方案也要可行。要充分考虑现有和将来的条件，去设计实现目标的主体、手段、技术、步骤等，力争它们都具有可行性和可操作性。

（2）备选方案设计的步骤。对于备选方案的设计，我国学术界通常把它划分成两个阶段，即轮廓勾画和细节设计。第一，轮廓勾画。轮廓勾画即从不同的角度和途径概要提出多种多样的方案设想。它主要涉及两个方面的内容：一是为了达成既定目标，可设计方案的大致数量；二是各种方案轮廓的勾画。第二，细节设计。对于轮廓设想中产生的诸多方案，应先进行初步的筛选，淘汰那些明显不可行的方案，留下一些较为可行的方案，并对这些方案进行深入的研究和精心的设计。细化设计阶段应该遵循以下几条规则：①实用性。设计出来的方案细节对现实政策问题的解决有实际的作用，能够确保政策目标的实现。②可操作性。具体方案所规定的政策手段、方法和步骤，不是抽象的理想原则，而是具体的、可行的、具有可操作性的方法或程序。③细致性。要求方案的细节具体、仔细、全面，方案轮廓的每个步骤都要考虑全面周到，不能顾此失彼、以点带面，也不能遗漏某些部分或环节。

（三）政策方案的评估

设计出各种备选方案之后，就需要对它们进行评估，以供决策者进行选择。一般来说，政策方案的评估包括价值评估、效果评估、风险评估和可行性评估，其中，可行性评估是政策方案评估的重点。

（1）价值评估。政策方案价值评估所要回答的问题是为什么设计这一方案；与政策目标是否一致；为了谁的利益；期望达到什么结果；优先考虑的问题是什么；值不值得为这些目标去奋斗。要对这些问题进行分析评估，就必须对政策目标所产生的背景和现状进行分析，从而确定其价值所在。

（2）效果评估。这是对一个政策方案将产生的效果进行预测和分析，从而决定该政策方案的取舍。效果既包括正面效果，也包括负面效果；既有社会效果，也有自然生态效果；既有物质方面的效果，也有精神方面的效果。要对产生的各种效果进行综合评估、权衡利弊，以选择那些能产生积极、正面和预期效果的政策方案。

（3）风险评估。这是对方案不确定性的评估，不同政策方案有着不同的风险程度，必须对各个备选方案风险的强弱程度、防范性措施的准备程度进行预测评估，以选出那些在相似条件下风险相对较小的方案。

（4）可行性评估。这是政策方案评估中最重要、最主要的任务，其基本目标是明确这个方案在现实中能否实施。一般包括以下方面：第一，经济可行性分析，指对实施该政策方案所必需的经济、物质等资源获取的可能性进行评估。第二，政治可行性，指某种政策方案被有关决策者、部门接受、采纳的可能性。第三，技术可行性分析，指政策方案在技术上的可实现程度。第四，文化可行性分析。政策方案的实施离不开一定的文化环境，尤其政治文化是影响政策可行性的又一重要因素。

（四）政策方案的抉择

政策方案的抉择是指在若干经过评估而具有可行性的备选方案中选出一个最优的或相对满意的方案。很显然，如果备选的各种方案优劣明确，择优就比较容易进行，但是，由于政策问题的复杂性，实践中往往不存在只有利而无弊的政策方案。因此，政策方案择优的结果，不可能是理想化的最优，只能是现实可能的最优。在有些时候，择优还表现为一种综合过程，即以较好的方案为蓝本，吸收其他方案的长处，综合出一个新的较为满意的政策方案。方案抉择过程通常涉及如下几个方面的具体工作。

第一，综合比较成本与收益，力争挑选出能最大限度实现政策目标，经济社会效益最好且消耗的政策资源、实施风险及副作用尽可能最少的政策方案。一般来说，政策方案的收益不仅包括物质收益，还包括精神收益，而方案的实施成本除了经济费用，还有社会代价等。在这种情况下，有时要对所消耗的各种费用和付出的代价换成统一的具有可比性的计量方法来进行比较；有时必须对评估因素加权，选择加权平均数比较大的政策方案。然而，无论如何，此类计算都非常困难，特别是当涉及人的生命和尊严时，伦理的考量也会在其中起着重要作用。第二次世界大战末期，杜鲁门总统被迫面临是否对日本使用原子弹的重大抉择，他要求当时被称为“临时委员会”的一个机构向他报告原子弹的使用在政治、军事和科学各方面将会产生什么问题。以奥本海默为首的一些科学家最终认为，“要是立即在军事上使用它，就能拯救美国士兵的生命”“结束战争”，而“技术示威不大可能结束战争；除了直接在军事上使用外，我们找不到其他替代办法”。虽然使用原子弹轰炸的确带来了立竿见影的效果，很快导致了日本战败投降，但直到第二次世界大战结束后很久，仍然有科学家对此决定表示遗憾，并坚持技术示威是可行的。

第二，广泛听取群众、专家和各方面的意见，集思广益，博采众长，逐渐形成决策者对抉择标准的共识，以提高方案择优的科学性。任何方案的抉择都必须有统一的标准，这里主要强调的是价值标准。正如罗伯特·达尔所说：“选择一项政策意味着你既有规范性的标准又有经验性的判断。因为当你选择一项政策时，你就是试图走进一个你认为是可取的目标，因而你就不得不对达到那一目标的各种可能的方式做出判断，并判断某种方式的难易程度。一项好的政策是你认为值得付出代价达到最佳境界的途径。”然而，抉择标准的统一是要以充分的协商和良好的沟通为基础的，没有之前各方观点的充分表达，共识就很难形成，也就不能说明何者为更优。中国自十一届三中全会以来，党和国家机关已经形成了一种制度，即在每个政策制定之前，都要认真听取和考虑民主党派和无党派人士的意见，并取得了很好的效果。举例来说，祖国大陆一系列惠台政策措施的制定、出台等都凝聚了台湾民主自治同盟（简称台盟）代表、委员的心血和工作成果。2007 年全国人大、政协会议期间，台盟中央委员会及其盟员中的人大代表和政协委员围绕保护闽南文化、推动闽台文化交流所提交的大会发言、建议和提案议案，受到了党中央、国务院的高度重视，最终推动了国家级“闽南文化生态保护实验区”挂牌启动。

第三，提出最佳的政策方案建议，并对其进行最后的修改与完善，以增强可操作性，然后按照特定的规则、程序和方法来实现最终的方案抉择。政策规划的最后一步是提出最佳政策方案建议，这是非常关键的一步，必须精心组织。政策建议报告应当写得条理清楚，重点突出。一份政策建议报告一般包括下列内容：对政策目标的阐述，政策方案的必要性、可行性和预定效果，在实施过程中可能产生的其他影响及其解决办法，对其他政策方案的阐述和比较，替代方案的形式和内容，等等。在必要时，还应该请有关方面的权威人士签署审核意见。在最佳方案呈报上去之后，直接决策者会根据特定的规则、程序和方法来做出最终的抉择。如果实行的是专制政体，那么一切都取决于统治者个人的好恶；如果实行的是民主政体，那么决策者常常是一个机构，如委员会或内阁，而它可能遵循全体一致同意原则、多数决策原则、淘汰投票原则等来实现方案的择优。全体一致同意原则是指全体参与抉择的成员必须完全一致地同意选择某个政策方案才能通过，于是一票即可否决；多数决策原则即少数服从多数，这意味着哪种方案得到的赞成票最多即获选取；淘汰投票原则即由参加投票的集体成员对其认为可以舍弃的政策方案投反对票，得票最多的方案就被淘汰直至最后一个得票最少的方案被选择出来。

以上介绍了政策规划的四个主要环节。需要注意的是，实际的政策规划过程并非一个单向线性的过程，而是一个双向多阶段的反馈系统。在系统运转过程中，当某些步骤出现问题时，系统就会跳回到前一步骤，或直接返回程序的起点，通过不断反馈、调整和总结，规划出最终的政策。

第四节　公共政策合法化

公共政策的最终抉择在整个政策过程中处于至关重要的地位，因此，许多国家都会就各自公共政策的抉择问题规定相关的制度和程序。决策者无论属于个人决策者还是集体决策者，都必须在制度、规则和程序允许的范围内行使决策权。只是因为法制化水平和具体制度不同，各国才在政策合法化的具体内容上存在一些差异。在此，我们将主要介绍政策合法化的含义与特征、政策合法化的程序，以及政策的法律化等问题。

一、政策合法化的含义与特征

（一）政策合法化的含义

对于政策合法化这一概念，美国学者琼斯早在1977年就明确指出，在任何政治系统中，都存在着两种层次的政策合法化，第一个层次是政治系统统治正当性的过程（legitimacy，即合法性过程），第二个层次是政策获得法定地位的过程（legitimation，即合法化过程），两者相互依存，缺一不可。他的这一观点在中国因林水波、张世贤的介绍而广为传播。对这一观点，本教材的看法是，尽管它所揭示出的合法性与合法化之间的辩证关系对我们思考政策的合法化问题具有较重要的启发意义，但是，就政策抉择过程的合法化本身来说，琼斯的界定显得过于宽泛。其实，它第一层次的内容主要涉及的是政治统治体系的合法性问题，它有时还可能从根本上决定政策抉择的合法化问题，但它毕竟不能直接或完全决定政策的合法性问题，因为有了第一层次的合法性，并不一定就有第二层面的合法化。鉴于此，我们通常应研究在具有第一层面合法性情况下的第二层面的合法化问题，也就是说，我们必须关注政策本身的合法化过程问题。

◆ **拓展阅读**

政策的合法性[①]

要理解政策的合法化，需要先理解政策的合法性。政策合法性中的“合法”与我们通常意义上理解的概念有极大的不同。通常意义上的“合法”意味着符合法律规范的相关规定，意味着不违法，这种“合法”在英文中称为legality。但这种合法仅仅是政策合法性中“合法”的部分含义。政策合法性中“合法”的另外一层含义是指政策内容和政策制定过程要得到社会的认可和尊重。这种合法性中的“合法”在英文中称为legitimacy，中文翻译为“正当性”或“合法性”，相对而言“正当性”更能反映legitimacy一词的确切含义且不易产生歧义。但由于中文语汇中更多地使用“合法性”这一种翻译，此处采用合法性这一译法。政策合法性就是政策获得“合法性”的过程。

我们认为，政策的合法化不仅涉及政策抉择的程序化和一定情况下的政策法律化问题，而且还有一个常被人忽视却极其重要的问题，即政策在实质内容方面也要合乎既定法律的问题。试想如果仅有程序上的合法性，而没有实质内容上的合法性，那么所谓的合法性也仅仅是徒具形式意义。因此，我们对政策合法化的界定是有关政策抉择主体依据有关法律，按照法定程序对政策方案加以审查、通过或批准、签署及发布的过程[①]。

（二）政策合法化的特征

（1）所有政策有其合法化过程。没有经过价值认可或公众认可的所谓的政策均难成为政策，这不仅包括中央政策，也包括地方政策。政策合法化的目的就是使政策方案获得合法地位，转为合法有效的政策，从而获得公众认可、接受和执行，最终实现政策目标，解决政策问题。

（2）政策合法化的主体具有广泛性和特定性。政策合法化的主体是依法有权使政策方案获得合法地位的国家机关。这里的国家机关，既包括国家立法机关，也包括其他国家机关；既可以是中央国家机关，也可以是地方各级国家机关，但政策合法化的主体也具有特定性，仅指具有法定权限、特定职权的国家机关，如依照宪法规定，国务院只有各部委有权发布规章，而国务院直属机关不具有这项权力。不具有法定的公共政策制定权力或超越法定权限的主体，都不能使政策合法化。

（3）政策合法化的程序具有相对性。政策的内容、形式和效力范围不同，政策合法化的程序也不一样。立法机关或权力机关的政策合法化过程基本包括提出议案、审议议案、表决和通过议案、公布政策，其政策合法化过程更强调公平与民主。相对而言，行政机关的合法化过程强调效率，如国务院制定的重大政策，由国务院常务会议或全体会议讨论决定后由国务院总理签发，对于一般性政策，国务院总理有权直接签署发布。

二、政策合法化的程序

政策合法化的一个重要方面就是政策抉择过程应合乎法定的程序要求。这就是说，法定的决策程序在政策合法化中占有极其重要的地位。在法学中，人们历来强调程序的正义，在决策上我们同样要重视程序正义原则。政策的抉择过程通常是非常复杂的，这不仅表现在它本身的具体过程繁多，而且不同机构不同主体的合法化决策程序也是各有不同的。下面我们主要介绍行政系统和立法系统的决策程序。

（一）行政系统的决策程序

行政系统的决策特点往往要求快捷、高效，与此相适应的行政决策体制，无论是委员会制还是首长制，实际上决策的集中化程度都会较立法机关要高，这突出地表现在，决策者的数量往往较少，通常流行行政首长集权现象。即便在委员会制下，决策委员的数量也不会太多，连内阁制下的阁员一般也都不会超过 20 人，在战争或其他紧急时刻实

---

① 李建军，武玉坤，姜国兵. 公共政策学[M]. 广州：华南理工大学出版社，2009.

际参与决策的阁员数量还会更少。在当代中国，行政决策一般实行的是行政首长负责制，这项制度把决策权主要赋予行政首长，但同时又要求行政首长应在行政领导会议集体讨论决定的基础上行使决策权，具体的行政决策程序如下。

（1）法制部门的审查。中国县以上各级行政机关及其职能部门都设有专门的法制机构，它们的主要职责之一就是审查各项政策方案的合法性。有的行政机关还专门规定“规范性文件非经法制工作机构的法律审核把关，领导不予签发”的制度。

（2）领导会议的讨论决定。据有关法律规定，县以上各级人民政府工作中的重大问题，需要经政府常务会议或全体会议讨论决定，行政首长召集和主持这两种会议，对会议所讨论的结果和应做出的决定拥有最终的决定权。这两种会议都不实行委员会制下的一人一票和少数服从多数的原则，而是以集体讨论的方法来收集信息，最终由行政首长拍板定案。行政领导会议的形式除了上述两种以外，还有行政首长办公会议。该会议是行政首长处理日常决策事务的一种会议形式，可以由行政首长根据工作需要随时召集，有些政策特别是政府职能部门制定的许多政策就是由首长办公会议讨论决定的。

（3）行政首长的签署发布。行政首长在整个行政决策中处于核心地位，拥有最高决策权和领导权，其最主要的表现就是行政首长对有关决策有最后的决定权、签署权和发布权。当然，在中国行政实践中还存在着“分管决策制度”，即在行政首长之下的各副职领导人对自己分管的日常事务有决策权，这是对行政首长决策制度的一种有效的补充。

需要说明的是，有些政策，如政府工作报告、行政性立法等，经过行政首长的决策后还不能完成整个决策程序，还要进入人大或其他权力机关的决策程序。

（二）立法系统的决策程序

立法系统的决策涉及的事务对于国家来说有重大意义，再加上合议制的特点，其决策程序往往较行政决策程序复杂得多。虽然各国在立法机关抉择程序的复杂性程度方面存在很大的差异，但是，它们都会包括提出议案、审议议案、通过议案和公布政策这四个阶段。

（1）提出议案。政策议案的提出主体既可以是立法机关的民意代表、有关委员会及领导机构等，也可以是其他国家机关，如行政机关、司法机关、军事机关等。在现代立法机关的决策实践中，提出政策议案的主要主体总是政府，各国概莫能外。这一方面说明行政权的扩张程度，另一方面说明许多涉及社会公共管理的决策一般也只有直接负责这些事务的行政机关能及时感知和提出。

（2）审议议案。立法机关对有关政策议案的审议程序总是立法机关决策程序中最复杂的一种程序。在西方国家奉行的审议程序有一读、二读和三读程序。其中，英国等国的三读审议程序最复杂，一项政策议案要在民意代表、专门委员会之间接受多次反复的审议、辩论和修改。

（3）通过议案。规则一般是过半数通过，一些特别重要的议案，如宪法修正案等，则要求更高比例的通过率，甚至有些议案还会要求最终进行全民公决。

（4）公布政策。政策通过后还必须经过法定的公布程序，才能生效。立法系统通过的法律、政策通常都要经过国家元首的签署和发布。在中国，国家主席根据全国人大和人大常委会的决定签署主席令，公布法律和政策①。

◆ **拓展阅读**

中国公共政策合法化过程的突出问题①

中国公共政策合法化过程存在的问题突出表现在政策制定过程中公众参与不够，群众路线流于形式。例如，《人民网》报道，江西将建220座日式、欧式等50年不落后的四星级公厕，但按江西的经济水平，这一决策绝对是一个“形象工程”、一个“拍脑袋”工程，绝对没有征求市民的意见。另外，问题还突出表现为公开听证会不同程度地存在走过场现象。例如，《新华日报》有一篇题为《听证会，听而不证!》的报道——一份民意报告显示，听证会的价值正在广州市民心目中滑落，有6成被访者认为听证会已是流于形式或成为摆设。广州社情民意调查中心（现更名为广州社情民意研究中心）此前的调查表明，受访者认为听证会对公民参与政府决策“没有作用”、“作用不大”和“是形式主义”3项合计比例竟有62.5%，其中15.5%的人认为“是形式主义”。听证会实际作用名不符实，必然招致市民的厌恶。长此以往，听证会这种好形式也就要寿终正寝了。

三、政策的法律化

（一）政策法律化的含义

政策的法律化就是有立法权的国家机关将有些成熟、稳定的政策上升为法律的过程，也称政策立法。它实际上就是一种立法过程，它遵循的就是立法程序。

政策立法的主体一是立法机关，二是有权将一般的行政决策上升为行政法规的那些行政机关。从政策立法的政策范围来说，并不是所有的政策都要法律化，而是那些有立法必要的、比较成熟和稳定的政策才需要立法。由于政策的涵盖范围要比法律广泛，政策中只有那些对国家和社会来说事关重大的政策，那些有必要用法律的形式加以加强和固定化的政策，那些实行了相当一段时间从而较为成熟、完善和稳定的政策，才有必要上升为法律，如《中华人民共和国农业法》就是将改革开放后制定和经实施获得较好政策效果的许多农业政策统一起来而制定出的一部法律。

从政策制定过程本身来看，政策法律化是政策合法化的一种极其重要的形式，这些政策是早已制定出来并得到长期实施、修改和完善的，它们并不是一般意义上的政策制定过程，而是一种特殊的政策制定过程，即将有关政策转变为更具强制力、更具普适性的法律的过程。当然，它也不是简单地或原原本本地把有关政策变为法律，而常常是继续修正、完善相关政策的过程。

（二）政策法律化的特征

（1）并非所有的政策都可以法律化。从上述政策法律化的含义中我们得知，只有那

① 陶学荣. 公共政策学[M]. 第二版. 大连：东北财经大学出版社，2009.

些事关全局有重大影响力、有立法必要且成熟、稳定的政策才可以转化为立法。不具备上述条件的政策若转为立法，会亵渎法律的尊严和权威，造成国家法制的混乱。

（2）政策法律化的主体具有特定性。政策法律化的主体只能是立法机关，因为只有立法机关才能依法有权将政策转化为法律。例如，在中国，享有立法权的国家机关包括全国人大及其常委会、省级地方人大及其常委会，随着政府职能扩张，国务院及其各部委也获得了部分立法权。

（3）政策法律化的程序具有规范性和程式化。立法程序一般都由宪法或其他法律文件加以规定。严格说来，政策转化为立法可分为四个步骤：第一，立法倡议。只有经过立法提案权的部门或人员提出立法倡议，原有政策方案方可列入立法程序。第二，法律草案的讨论。采取的形式有代表小组会议、代表团会议、主席团会议和全体会议。第三，法律草案的通过。一般而言，作为政策转化为一般法律只要有全体代表或全体委员过半数的支持率即可通过，转化为宪法条例则需全体代表2/3的支持率才能通过。第四，法律的公布。法律通过后由国家领导人公布，这是政策转化为立法程序的最后必要步骤。

本章小结

政策问题是政策过程的起点，问题总是先于政策的制定。人类社会生活中存在着各式各样的问题，但只有某些引起公众广泛关注、得到政府充分重视并且属于政府管辖权限范围内的特定公共问题才是政策问题。政策问题具有关联性、主观性、人为性和动态性等特征。根据问题结构，即与政策问题相关的各种内在要素的构成状态，政策问题可以分成三种不同类型，即结构优良的问题、结构适度的问题和结构不良的问题。

现实中，只有符合一定条件的问题才能被确认为政策问题。公共政策问题一般并不是由单一的主体来确认的，而是通过政府部门、政治领袖等多方主体的互动来认定的。

当政策问题确认后，政策制定者就会对其进行讨论，以决定是否需要对其采取行动、何时采取行动及采取什么行动，也就是进入政策议程。政策问题进入政策议程是多种力量、多种因素相互作用的结果。其中，既有一些起到助推作用的诱发因素，也有一些阻碍因素。就政策过程而言，某一问题进入政府议程之后，接下来的任务便是寻求适当的问题解决途径，以及合适的问题解决步骤，这一过程便称做政策规划。一般来说，政策规划遵循政策目标的确立、备选方案的设计、政策方案的评估及政策方案的抉择四个步骤。

由于政策规划在整个政策过程中处于至关重要的地位，因此，许多国家都会就各自公共政策的抉择问题规定相关的制度和程序，这就要求政策合法化及政策法律化。政策合法化的界定是有关政策抉择主体依据有关法律，按照法定程序对政策方案加以审查、通过或批准、签署及发布的过程。政策的法律化就是有立法权的国家机关将有些成熟、稳定的政策上升为法律的过程，也称政策立法。

关键术语

公共政策制定　公共政策问题　政策议程　政策规划者　政策规划过程　政策方案
政策合法化　政策法律化

复习思考题

1. 结合实际，比较公共问题与社会问题有何区别，简述公共问题的种类。
2. 什么是政策议程？简述政策议程建立的途径。
3. 什么是政策合法化？结合实际，谈谈当今政策如何才能合法化。
4. 简述政策合法化的意义。
5. 结合中国现实，分析中国公共政策制定的特征及存在的问题。

◆ 案例分析

《中华人民共和国刑法修正案（九）》出台

2015 年 6 月，一个关于“人贩子应不应该判死刑”的话题在微信朋友圈蔓延。拐卖人口导致一个家庭的破碎，人贩子令人深恶痛绝。但对于人贩子的惩罚是不是应该判处死刑，死刑真的能够抑制拐卖人口的犯罪吗？

呼吁判人贩子死刑，心情可以理解。例如，电影《亲爱的》中的原型之一孙海洋，8 年前他的儿子被人贩拐走，一直杳无音讯。一提到拐卖小孩，他就很激动：“买家要判刑！人贩子要死刑！我特别支持。”也许所有被拐孩子的家长，都有这种想法，但是，如果对人贩子一律判死刑，后果很严重。或许会让人贩子横竖一条心，走上不归路，原因很简单，“拐也是死，卖也是死，弄死也是死，横竖一死，不如悄悄弄死”。

2015 年 6 月 16 日，针对近期网络中关于“人贩子应不应该判死刑”的讨论，最高法院有关负责人称，从刑期看，拐卖儿童犯罪的最低刑期高于故意杀人罪的最低刑期。该负责人称，当前拐卖儿童犯罪出现了一些新情况，突出表现在采取偷盗、强抢、诱骗犯罪的发案数量明显下降，大部分被拐儿童系被亲生父母出卖或遗弃，继而被“人贩子”收买、贩卖。

为此，2015 年 2 月，最高法院公布了一批拐卖儿童犯罪典型案例，其中法院对收买被拐卖儿童的犯罪分子依法定罪判刑，再次向社会昭示，法律绝不容许任何买卖儿童行为，抱着侥幸心理收买被拐卖的儿童进行“抚养”，最终不仅会“人财两空”，还要受到法律的制裁。该负责人表示，随着《中华人民共和国刑法修正案（九）》出台，收买被拐卖儿童的犯罪分子将一律追究刑事责任，这将有力打击买方市场。

资料来源：山东省人民检察院. 保护孩子，刑法修正案（九）放大招. 搜狐新闻，http://mt.sohu.com/20151028/n424453226.shtml，2015-10-28

◆ 问题

1. 什么是公共问题？政府如何解决公共问题？
2. 运用本章所学知识，分析收买被拐卖儿童定罪问题是如何被纳入政府议程的。

第六章　公共政策执行

■ 学习目标

学生通过本章的学习，在理解公共政策执行含义、特征与功能的基础上，掌握公共政策执行的程序与手段；分清公共政策执行的影响因素——政策资源、目标群体与执行队伍；理解公共政策执行偏差的表现形式、原因及其危害，找到解决公共政策执行偏差的对策。

■ 知识框架图

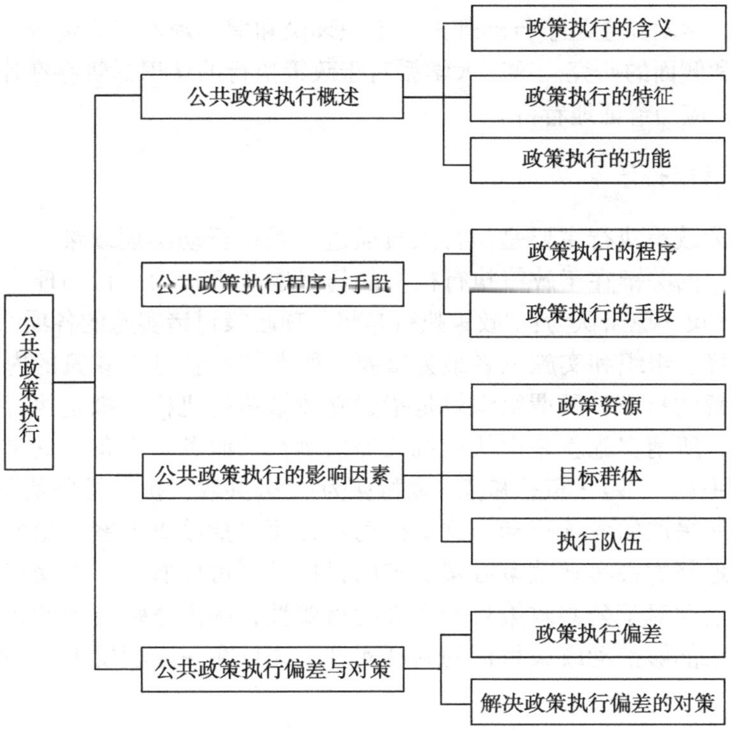

■ **名人名言**

在实现政策目标的过程中，方案确定的功能只占 10%，而其余的 90%取决于有效的执行。

——美国著名行政学者 G.艾利森

第一节 公共政策执行概述

公共政策执行是公共政策生命周期中最重要的环节之一，从根本上决定了公共政策问题能否有效解决、公共政策方案能否顺利实现，以及解决和实现的程度和范围。本节在对政策执行的含义进行界定的基础上，探究政策执行的特征与功能。

一、政策执行的含义

政策执行，也可称为政策实施，是指国家行政机关及其工作人员通过运用各种手段，将法定政策方案付诸实践，将公共政策内容转化为现实，从而实现公共政策目标的一种行为。作为从政策生效到实现政策目标的整个过程，政策执行包括两方面内容，即将政策转化为可以操纵的过程和按照政策所确定目标而进行的努力。

长期以来，学术界立足于行动理论、组织理论和博弈理论三大流派，对政策执行进行了不同角度和侧面的研究。这三大学派对于政策执行的认识尽管存在片面性，但也都有其合理之处，应当辩证地看待。

（一）行动理论学派

该学派认为政策执行主要是执行人员通过一系列行动实现政策目标的活动过程，因此，政策执行的关键在于政策执行机构如何采取政策行动。行动理论学派的主要代表人物查尔斯·奥·琼斯认为："政策执行是将一项政策付诸实施的各项活动，在诸多活动中，尤以解释、组织和实施三者最为重要。所谓解释就是将政策的内容转化为民众所能接受和理解的指令；所谓组织就是指建立政策执行机构，拟定执行的办法，从而实现政策目标；所谓实施就是由执行机关提供例行的服务与设备，支付经费，从而完成议定的政策目标。"①范·霍恩和范·麦特认为："公共政策执行指公私个体和团体为了实现政策目标所采取的各项行动。这些行动一方面包括政策方案要求的具体化，另一方面包括连续地努力去实现政策方案要求的目标。"②可以看出，行动理论学派强调的是一系列执行活动对于公共政策目标实现的重要性，认为坚强有力的政策行动和切实可行的行动方法能够推动政策目标的顺利实现，这将在一定程度上弥补政策决定的局限和无能。

---

① 黄顺康. 公共政策学[M]. 北京：北京大学出版社，2013.

② 王骚. 公共政策学[M]. 天津：天津大学出版社，2010.

（二）组织理论学派

该学派认为任何政策都是通过一定的组织得以实施的，没有组织作为依托，没有组织原则作为保证，任何政策目标都难以实现，因此，政策执行问题的关键在于政策执行组织机构重要作用的发挥。组织理论学派的主要观点体现在两个方面：第一，政策执行组织机构是公共政策执行的主体，政策执行的行动过程要由组织来完成。艾尔莫指出："任何一项观念转变为行动，都要涉及重要的具体工作，组织是从事具体工作的主体。其处理问题的方法，是将问题分成具体的管理项目，再将这些项目分配给专业化机构负责执行。因此，只有了解组织的运作，才能认清原初政策设计是否在执行中被修改或附加新意。"①第二，政策执行组织机构可以集中反映公共政策方案本身或者由执行环节失误导致的政策成败。政策执行组织机构的主客观条件，即在主观上是否能够理解和领会政策，是否具有执行的积极性；在客观上是否拥有足够的资源，是否拥有足够的执行能力，这些都将影响政策执行是否具有有效性。

（三）博弈理论学派

该学派认为政策执行是政策执行主体与政策目标群体对社会利益进行选择、追逐、交易和谈判的过程。博弈理论学派的主要代表人物 E.巴特什认为，政策执行的核心在于控制，整个执行过程是在议价、劝服和策划等不稳定的条件下进行的。为此，E.巴特什把政策执行看成一种赛局，主要包括竞赛者（政策执行人员和相关人员）、利害关系、策略与技术、竞赛规范（取胜的条件）、公平竞赛规则、竞赛者之间的信息沟通性质和所得结果的不稳定程度等要素，而政策执行成功的关键在于参加者的策略选择。在博弈理论学派看来，政策执行的核心观点就是交易，是政策制定者、政策执行者、目标群体在政治上进行讨价还价的过程，彼此之间在互动中达成某种妥协、退让或默契。如此一来，政策的目标与方案的重要性和可靠性都大打折扣，这是因为原先的政策目标与方案是以政策制定者和执行者都讲究理性为假设条件确定下来的，一旦在实际执行中出现了政治交易，目标与方案就会出现某种程度的曲解。

二、政策执行的特征

政策执行作为公共政策生命周期中最重要的环节之一，既有政策过程各个阶段所具有的共性，还有其自身的特殊性，其具有目标性、适用性、有序性、时效性和动态性五大特点。

（一）目标性

政策执行活动和全部过程具有明确的目标性，即为了实现决策目标。这要求政策执行者无论通过何种具体方式和手段，都要为实现特定的政策目标服务。由于政策目标具有规定性和统一性，除非被实践证明确有重大失误，必须通过追踪决策进行调整和完善，

---

① 王骚. 公共政策学[M]. 天津：天津大学出版社，2010.

通常情况下，政策执行者不能随意变更政策目标。

（二）适用性

一定的政策只适用于一定的对象，因此，任何政策都必须明确其适用对象，即目标群体。政策执行的首要任务是弄清该政策的适用对象和范围，以免影响政策的权威性和严肃性，削弱政策执行的力度。关于政策对象的界定，通常有着狭义和广义之分。狭义的政策对象是指政策直接作用和影响的对象；广义的政策对象不仅包括直接政策对象，还包括与政策执行效果有关联的间接政策对象。因此，政策执行者不仅要针对直接的政策对象执行政策，还应该做好间接对象的工作。应该指出，在政策中如何准确地表达其适用范围，是影响对象适用性的关键。严格地说，政策执行对象的适用性是指政策的时间效力、空间效力和政策对人的效力。同时，政策目标的不清晰、不确定也往往对政策执行对象的适用性构成障碍。

（三）有序性

有序性主要是指政策执行应保持一定的阶段性和过程的连续性，这既是政策执行程序的核心要求，又是保持政策执行工作稳定开展的基础要素。政策执行的有序性要求政策执行程序的每个环节按照时间上的先后顺序进行，一旦公共政策执行开始，就要一环扣一环，每个阶段紧密相连，层层推进，依据规定的顺序进行下去。总体上，就是要求政策执行不仅立足于最终目标，也要关注阶段性目标，将二者有机地、科学地结合起来。

（四）时效性

时效性也可称为政策执行的时限性，主要包括两个方面：第一，多数政策对执行中的许多阶段和环节都有着一定的时间规定，这就意味着对政策执行中随意现象的限制和对权力的制约；第二，公共政策执行过程的及时完成。政策执行的实效性为政策执行者提供了统一化、标准化的时间标准，有利于克服政策执行者的个别化和非规范化行为，从而保障政策执行行为在实践上的连贯性和衔接性，以免政策执行诸环节的中断。

◆ **拓展阅读**

政策的时空效应

政策是针对实际情况而制定的，实际情况总是处在绝对变化与相对稳定的辩证运动中；政策的实施是一个过程，这些就决定了政策的时效性。政策必须在时间的延续中才能显示出价值，谓之政策的时间效应。不同层次、不同内容的政策，具有不同的时间效应。在一套完整的政策体系中，其核心政策具有最长的时效性，即能在最长的时限内发生作用。应当明确每一项政策的适用时间。在执行政策中，未过时的政策不能随意放弃，过时的政策不能继续使用。

所谓政策的空间效应，是指政策必须在空间中展开才能显示出价值。政策空间，主要是指政策适用的范围和对象，如地域、行业、部门、单位、个人和群体等。不同的政策，有不同的空间特性；每一项政策，有自己的特定适用范围和对象。一方面，不能越出政策的使用空间，或在此一空间搬用另一空间的政策；另一方面，在适用空间之内必须让该政策充分发挥作用，将政策贯彻到底。

资料来源：孙金年. 政策的价值与时空效应[J]. 松辽学刊（社会科学版），1991,（3）：89-93

（五）动态性

政策执行是一个思想和行为需要不断变化、调整的过程。一方面，政策方案无论怎样制订，都难以与复杂多变的客观现实保持一致。另一方面，随着时间的推移、执行活动的推进及环境条件的变化，政策执行过程中会遇到一些新情况和新问题，政策执行者只有适时、灵活地应对和处理新问题，才能保证政策方案的顺利实施和政策目标的顺利实现。

三、政策执行的功能

美国著名行政学者 G.艾利森曾经指出，在实现政策目标的过程中，有效的政策执行的功能占 90%。作为政策运行机制中的关键，政策执行在政策过程中的功能主要体现在以下方面。

（一）政策执行是实现政策目标的关键环节

政策执行是政策制定的目的和归宿。在公共政策过程中，政策制定是一个研究问题的过程，但政策制定的目的在于解决问题，而政策执行正是运用政策解决问题的关键环节。如果没有政策执行，制定的政策只能束之高阁，纸上谈兵，也就不可能实现政策目标，那么政策也就失去了其自身的价值。公共政策的价值和意义只有通过政策执行才能得以实现。因此，只有依赖于有效的政策执行，经过一个直接、实际、具体的操作过程，才能使最初的政策目标和方案得到贯彻和落实。

（二）政策执行是检验政策正确与否的唯一标准

一项政策正确与否，需要实践来检验，实践是检验真理的唯一标准。公共政策尽管经过了程序化、科学化的逻辑推理和理论预设，但仍然属于主观认识范畴，其是否符合客观实际，是否真正有效，必须通过实践，即政策执行来检验。通过政策执行过程，可以发现政策本身的不足之处，并根据实际情况进行完善，进而提高政策质量。

（三）政策执行及其结果是后继政策制定的重要依据

后继政策主要包括两方面含义：一是对原有政策的修正和补充，即决策追踪；二是制定新的政策。对于前者来说，经过政策执行之后，原有政策可以得到不断调整、修正和完善，进而更加明确和具体；对于后者来说，任何政策都有着它的生命周期，当它超过了一定的时空范围时，这个政策就失去了效用或者完成了本来使命，就要被新政策所取代。公共政策由制定到执行再到制定，体现了理论与实践的逻辑循环过程。政策执行是政策制定的检验、完善过程，也是政策再制定、再决策的追踪、提高过程。总之，政策制定者要根据原有政策执行中和实施后由各种渠道反馈上来的信息，以原有政策执行情况为依据，制定新的政策。因此，政策执行及其结果是后继政策制定的重要依据。

第二节　公共政策执行程序与手段

公共政策执行是一个复杂的动态过程，要经过一系列相互衔接的基本程序，并辅之以各种手段的综合运用，才能实现既定的政策目标。

一、政策执行的程序

当公共政策制定以后，其执行机构执行政策要经过一系列程序，主要包括准备阶段、正式实施阶段和总结阶段，具体包括学习和宣传政策、制订政策执行计划、组织落实、政策试验、政策全面推广、政策协调监控、绩效评估和追踪决策等程序。当然，并不是所有的公共政策执行都要经历这些程序，在现实中这些环节也是经常变动的。

（一）政策执行的准备阶段

“好的开端是成功的一半”，“军马未动，粮草先行”，这些都说明了充分准备的重要性。政策执行首先要做好充分的准备工作，做到“有备无患”。

1. 学习和宣传政策

政策的认真学习与宣传是政策执行的首要程序。通常情况下，政策制定以后人们不会自动、自发地去实施和主动接受，这就要求政策制定者对政策进行广泛宣传，使人们理解和认同所发布的政策，主要包括两个方面：一是政策执行主体对于政策的学习与掌握，应深刻领会政策的精神实质、内在机理和外部关系，使全体执行者统一思想，减少政策执行的阻力，提高执行的效率，为实现共同的政策目标而努力工作；二是政策对象对于政策的认知与理解，应促使政策对象充分理解政策的内容，充分认识到政策和自身利益之间的关系，使他们认同并自觉自愿地积极接受政策，从而为政策的有效执行奠定坚实的基础。因此，政策执行者除了要通过组织学习和改善知识结构等途径来提高自身的政策认知水平以外，还要通过政策宣传来推动政策对象对于政策的认知与认同。总体上，进行政策宣传有利于消除政策执行中，如心理、经济、思想意识等方面的阻力。而要使政策宣传取得良好的效果，需要遵循重在说服教育、个性化原则，不仅可利用时事、新闻、讲授等灵活、机动、针对性强的直接性宣传，还可利用微信、微博、电视、电影、歌曲等间接性宣传。

2. 制订政策执行计划

政策执行作为一个复杂的动态过程，制定科学、可行的执行计划是保证政策执行活动有序进行的前提条件和必要条件。政策执行者根据政策方案要求，结合实际情况，将执行政策所需的人力、物力、财力等资源进行系统安排和筹划。通过制订政策执行计划，政策执行者明确其各自的责任，以及在执行机构中所处的位置及作用，明确相互之间的关系，明确可供利用的设备及环境条件，明确整个政策执行活动的程序和步骤，进而按部就班、有条不紊地开展工作。

在遵循可行性、全面性、弹性等原则的前提下，主要做好以下工作：第一，分解政策目标。在分析政策目标的层次和类型之后，既要将其分解为近期、中期和长期目标以便分步实施，又要将其分解为各个方面的具体目标以便最后的总体合成。同时，还要分清政策目标的内在结构和重点，进一步确立具体的目标值，以量化指标来明确各方面应达到的程度。第二，预测和明确应有的人力、物力、财力资源，要求通过预测未来情况，充分考虑各种主客观条件。第三，制定政策执行的具体行动方针、计划步骤，说明各阶段要实现的指标等。第四，充分考虑政策方案在执行后可能出现的意外问题及问题的影响和危害，并通过研究做好相应的防范措施。此外，考虑到计划的调整和修改，可同时制订出几套计划方案，一旦某一环节出现问题，可以在政策执行过程中根据具体情况做出相应的修改和调整。

3. 组织落实

政策方案和政策计划的执行，都是通过组织来进行的。组织是公共政策执行的主要力量和责任承担者。政策执行的组织落实主要包括以下方面。

第一，确定政策执行机构，这是组织落实中首要的任务。在通常情况下，对于那些常规性和例行性的政策执行来说，现有的行政组织就可以承担执行任务，不必另建组织；对于那些特殊情况下的非常规或者紧急而重大的牵涉面较广的政策执行来说，可以赋予某一机构特殊地位和职权，或者抽调各部门人员组成临时机构并赋予特殊权力，但是，应在政策目标实现之后及时撤销。无论是指定、委托或建立新的组织机构，都一定要按公共部门职能的需要和政策目标实现的需要而设立，明确其执行政策的任务。对于政策执行机构的确立应做到权责明确、分工合理、界限清晰，尽力避免争功诿过、相互扯皮的乱象。

第二，选拔和配备能够胜任执行工作的人员。人力资源是组织中最重要的因素，选对人、用对人是政策落实组织准备工作中的一项重要内容。在选对人方面，要求政策执行人员具有从事本职工作的业务知识和管理经验，具有较强的政策理解能力和沟通协调能力；同时要具有宽广的胸怀，善于处理人际关系，讲求工作效率，善于从实际出发，采取机动灵活、与时俱进的方式方法，有步骤、有次序地实施政策。在用对人方面，要求因事择人，在解决具体问题时选择有专业知识和经验的人，扬长避短，发挥每个人的优点，能起到事半功倍的效果；同时，对执行人员要合理予以授权，包括实施中的强制权和知情权，明确执行人员的职权，在实施过程中责权利要明确、清楚。

第三，建立健全规章制度。完善的规章制度准备是推动政策执行组织有规则、有秩序地运行的保障。政策执行要求严格遵循组织规章、操作程序、行为规范等规章制度，健全目标责任制、奖惩和考核制度、检查监督制度、组织纪律、职业道德、行为规范等内容。只有这样，才能确保政策执行保持领导统一、计划统一、指挥统一和行为统一，做到有章可循，规范管理。

（二）政策执行的正式实施阶段

作为实现政策目标、提高政策效益的关键环节，政策执行的正式实施阶段主要包括政策试验、政策全面推广和政策协调监控等环节。

1. 政策试验

在一项新政策正式推出之前，通常要先进行政策试验，即根据政策目标群体和政策适用范围，选择具有代表性的局部地区、范围或者群体，使用较少成本和较短时间，对政策试行。作为政策执行过程中的必要环节，政策试验为政策的全面推广奠定了基础。一方面，政策执行的条件不够成熟、计划设定不够完美，再加上政策信息的不对称性导致政策执行主体对政策执行过程及其结果缺乏精准判断，政策执行必然面临着一定的风险，而政策试验通过利用有限的资源进行局部性和临时性判断，有利于相对减少公共政策执行风险。另一方面，政策试验有助于检验政策的可行性和有效性，使政策方案得到及时修改和完善，并从中获取重要的经验和信息资源，最终提高政策执行效率、降低政策执行成本。

科学的政策试验过程主要包括三个步骤。

第一，选择政策试验对象。根据政策方案的要求，进行政策试验的对象应在全局中具有典型性和普遍性。关于政策试验对象的选择，要遵循“中间（或中位）法则”，就是不应选择条件最差的，但也不能选择条件最好的，而是应该选择条件中间偏上的试验对象。

第二，设计政策试验方案。政策试验方案是根据试验对象的实际情况进行政策内容试验的计划书，要求设计力争周密，强化针对性、方向性和目标性。为了比较鉴别以择优录用，通常以设计三个以上方案为最佳。一般把试验对象分为试验组和对照组，在具体实施试验方案之前，先分别测定两组相关因素的状况并将其记录下来，然后在试验组中具体实施政策方案，对照组则不实施。在政策试验结束之后，可以再次测定两组相关因素的变化情况，并与试验之前情况比较，进而得出科学合理的结论。另外，为了避免各种人为因素的干扰、保证试验的科学性，可采取不公开的方式进行试验，在必要时可反复试验，以免在全面推广时犯错误。

第三，总结政策试验结果。作为政策试验过程最后也是最关键的一个阶段，总结政策试验结果的基本要求是根据政策试验的过程和结果来检验、评估、修改、补充或否定政策方案，从而为政策执行再决策和政策全面推广提供经验数据和材料。总结政策试验结果主要包括三个方面内容：一是在质量和数量上，将政策目标和实施计划中的标准要求同实施情况、统计数据和材料进行比较，检查实施进度与效果及其与原实施计划出入的原因、问题和经验教训等；二是对政策实施情况进行评定，得出客观结论；三是总结政策实施的成功经验和失败教训，尤其是对于失败的政策试验结果，要弄清是政策本身的问题，还是政策试验方案或者具体实施时出现的差错。除此之外，还要分清楚政策试验的适用范围和条件。

◆ 拓展阅读

中国改革决策实践中的三种政策试验类型

第一种类型是决策者精心选点、布点和组织试验，初见成效后部署梯度推进，大见成效后再做全面推广。中国的经济体制从封闭型到开放型、从计划型向市场型转变需要进行一系列的政策创新、制度创新，作为这些创新的综合试点，就是首先在广东、福建沿海地区设立4个经济特区；其次扩大试验范围，开放14个沿海港口城市；再次在沿海设立一系列经济开发区，开放数十个沿江、沿边和省会城市，增加开放口岸；最后则是西部开发、东北振兴、中部崛起各发展规划的制定和落实。这样，改革开放政策从作为试点的经济特区起步，经过典型引路、特区功能的辐射，逐步由特区向沿海扩展、由沿海向内地推进、由东部向西部延伸，最终覆盖和改变了全中国。

第二种类型是政府暂时不作为（等一等，看一看）或模糊决策（政策表述含糊其辞），使局部范围（单位、部门、地区）某些突破现行规制的新生事物获得生长空间，待新生事物表现出强大的生命力和优势并被人民群众认识时，政府就及时地给予肯定和支持，总结经验，制定总体性政策，提高和完善新生事物并使之得到全面推广。例如，在中国改革开放最初15年（1978～1992年）里，农村家庭联产承包、个体经营者雇工、私有经济在所有制结构中的地位等政策的形成，都经历了这样的试验过程。

第三种类型是某一地方层级（省、市、县、乡）的政治领导人从自己对高层决策者的某一政策理念或战略构想的特殊理解出发，在未获上级领导正式批准的情况下，在自己管辖的范围内进行政策试验，或者选定辖区内某一局部范围作为试点。但是，高层决策者在进行顶层设计时对这类试点经验的选择是十分慎重的，对某一试点的经验给予全盘肯定并吸收到整体性政策方案中的情况较为少见。尽管如此，由于中国的改革开放是逐步深入的，而每一阶段的改革决策都需要以丰富的、对多种可能性都进行过探索的试验和思考为基础，所以这个类型的政策试验对于改革决策的成功仍有重要贡献。

资料来源：宁骚.政策试验的制度因素——中西比较的视角[J]. 新视野，2014，（2）：27-33

2. 政策全面推广

在政策试验成功的基础上，开始对政策进行全面贯彻实施，即全面推广。这是公共政策执行过程中操作性和程序性极强、涉及面最广、变量最多、最艰难的一个环节。政策全面推广要求严格遵循政策执行的基本原则，充分发挥政策执行的功能要素，确保政策目标的顺利实现。针对中国国情及政策推广的实践经验，政策全面推广环节应注意把握重点和解决难点相结合，立足全面和着眼总体战略相结合。其中，把握重点就是要把握政策执行的关键因素，通过对主导利益群体的特征与基本情况的分析，争取取得主导利益群体的支持与配合；解决难点就是要将主要力量放在难点的分析和解决上，只有难点问题得到切实解决，其他问题才有可能迎刃而解。

3. 政策协调监控

作为一项极其复杂的管理活动，政策执行全过程都需要协调、监督和控制。政策协调是一种重要的功能性活动，是指在政策执行过程中，通过引导、调停和说服的方式，在执行组织与执行人员之间建立起互相协作、互相配合的关系，使政策执行组织及其内部各部门、各环节的政策执行活动尽量少发生或不发生冲突和内耗，从而高效率地实现政策目标。政策协调主要有行政指挥和政策沟通两种方式。有效的指挥，要符合指挥明确、统一、适时、适度等要求；有效的沟通，应注意目的明确、内容准确、言行一致、渠道畅通，战略上可利用非正式组织进行沟通。政策协调的类别主要有纵向协调、横向协调和综合协调。政策协调的技术主要包括合流法、中间数法、冷处理与热处理法、当面表态法、跟踪处理法，协调方法主要有会议协调、组织协调、信息协调等。

监督控制是政策执行活动的保障环节，是指政策执行者为使政策执行状态与计划所要达到的状态一致而进行的管理活动，主要是针对政策实际执行与计划的差距或背离的纠偏行动。监督控制的目的在于保质保量地按时完成政策执行活动，实现政策期望目标。监督控制的方式主要有事前控制、事中控制和事后控制三种。实行有效的监督控制的关键在于四个方面：一是确定控制标准，选择多层次多形式的目标，建立起可以考核的定量或定性的完整的目标体系；二是加强控制组织建设，确定控制机构和人员，明确各控制主体的职责和权限；三是遵循科学的控制原则，强调依法原则、经常原则、公开原则等；四是多种方法并用，形成严密的行政控制网络，强调各种控制手段的有机协调和衔接。

（三）政策执行的总结阶段

在政策执行完成之后及时地进行总结，这是政策执行的最后一个阶段，同时也是为制定和执行新政策做准备。政策执行总结主要包括两个方面，即绩效评估和追踪决策。

1. 绩效评估

绩效评估是政策执行过程这一有机链条中必不可少的一个环节，对于改进政策制定和执行系统、克服政策执行中的弊端和障碍、提高政策质量和效益具有重要的促进作用。绩效评估的基本要求是科学、客观、系统和全面，主要检验的是政策执行的效率、效益和公平性。一项构思精良、经多方论证认定是无懈可击的政策执行以后，究竟有没有达到预期目标、产生预期效果，不能仅由政策执行者进行主观判断，而是需要使用科学的指标，遵循严格的程序，进行客观评估，从而决定政策去向，并进行追踪决策。

2. 追踪决策

追踪决策也可称为政策执行再决策，是指当政策执行过程中的主客观情况发生重大变化时，或是发现原有政策本身有着原则性错误时，对原有政策方案进行根本性的修正与变革。因此，追踪决策并非修补原有政策方案，其实质上是对原有政策问题的重新决策，要严格按照科学决策的程序和方法进行。追踪决策要求对原有政策的制定过程及其环境逐步逆推，找出产生失误的环节及其症结所在，以便采取相应的对策；要求以已经变化了的主客观条件为起点，重新进行决策，重新审查目标，重新拟订方案，重新抉择更优方案。这是因为原有方案的缺陷已经在执行过程中暴露，新拟订方案应有前车之鉴，必然要优于原先方案，在此基础上，从中选择最佳方案。

二、政策执行的手段

美国政策学家安德森曾经指出："行政管理机构的实施活动依靠的不仅仅是该机构官员的态度和动机，以及外部的压力，而且取决于该机构所能获取的政策实施技术。"[①]政策执行手段运用的恰当与否直接关系到政策执行目标能否实现，关系到执行主体的政策执行力的大小。根据性质、作用和特点不同，公共政策执行手段主要如下。

（一）行政手段

行政手段是政策执行最基本的手段，是行政主体凭借行政权力，依靠行政组织的层级节制性，采用规章制度、命令指示、决定、组织纪律等方式来推进公共政策执行的方法。行政手段的本质是通过行政权力和行政隶属关系进行强制，要求下级必须无条件地服从上级。

行政手段的特征如下：第一，权威性。行政手段所依赖的是国家行政权力，以无条件服从为前提，实现政策执行的统一组织、统一指挥和统一行动。第二，强制性。行政手段以规章制度、命令指示、决定、组织纪律等形式出现，以行政处罚作保障，在规定的范围内，任何组织和个人都必须执行，否则就要承担一定的责任，并受到一定的惩罚。第三，垂直性。行政手段根据行政组织的系统隶属关系向纵向层级传达，只对上下级垂直隶属关系具有约束力，下级只服从其顶头上司，低一层次只听从上一层次实行垂直性传递的信息，横传的命令一般无效。第四，具体性。行政手段是就某一具体任务而做出的，其内容、对象、时间、范围、限度、措施等都是具体的，具有特指性。第五，无偿性。上级组织根据政策需要，运用行政手段调动和使用人力、物力和财力，这中间并不存在等价交换问题，具有无偿性的特征。

行政手段的优点：第一，行政手段在控制、制约和协调社会各方力量方面具有优势，能够保证政策执行的集中统一；第二，行政手段灵活迅速、发挥作用耗时短、见效快，有助于推动政策准确无误地、坚决有力地得到执行。当然，行政手段也有其不足之处，主要在于：运用行政手段容易只从行政角度考虑问题，忽视其他政策规律和各方面的利益，容易产生"一刀切"、瞎指挥现象；行政手段在政策执行中的频繁运用会在一定程度上对下级组织及其官员的积极性和创造性造成不良影响；行政手段中的垂直管理特征，导致横向沟通困难、矛盾较多。因此，在政策执行过程中，行政手段只是其中一种执行手段，行政手段不能滥用，且离不开有效的监督措施。

（二）经济手段

经济手段是指政策执行主体根据客观经济规律和物质利益原则，利用各种经济杠杆

---

① 安德森 J.E. 公共决策[M]. 唐亮译. 北京：华夏出版社，1990.

来调节政策执行过程中的各种经济利益关系，进而实现政策目标的方法。经济手段利用的经济杠杆主要包括价格、工资、利润、利息、税收、资金、罚款及经济责任、经济合同等。经济手段是一种通过经济利益诱导进行间接管理的方法，在市场经济条件下发挥着越来越重要的作用。

经济手段的特征如下：第一，间接性。不同于行政手段的直接干预，经济手段是通过经济杠杆来调节各利益主体之间的关系，进而实现间接调控。第二，有偿性。与行政手段下的无偿服从不同，经济手段所依据的正是客观经济规律和物质利益原则，以有偿的物质利益来刺激和调动各方的积极性。第三，关联性。经济手段的方式是多种多样的，包括价格、信贷、利率、税收、工资等，且彼此之间相互关联，每一种经济杠杆的变化都会引起多方面的连锁反应。不同地区、不同时间、不同部门所采用的经济手段也都有所区别。

经济手段的优点是基于物质利益的经济手段能够充分有效地调动组织和个人的主动性和积极性，能够促进横向组织之间的沟通与合作。经济手段的缺点在于不具备强制力和行政约束力，其对政策执行工作的调节作用受到一定程度的限制。当个人的基本物质需要得到满足以后，其更高层次的精神需要上升，导致经济手段的刺激效应递减，而且经济手段的应用不能完全解决个人的精神需要和社会需求问题。

（三）法律手段

法律手段即法治，是指政策执行主体以行政立法、行政执法和行政司法的方式履行职能，实现公共政策目标的政策执行方法。在依法行政的今天，法律手段已经成为政策执行的主要方式之一，要求政策执行主体以法律法规为武器，根据法律活动的规律、程序和特点执行政策，实现政策目标。

法律手段的特征如下：第一，权威性。法律是国家意志的体现，法律手段的实施以国家强制力为后盾，对于全体社会成员都有强制力，人人都必须平等地遵守，无条件地服从。第二，规范性。法律对一般人普遍适用，对其效力范围内的所有组织和个人具有同等的约束力。法律和法规都要用极其严格的语言，不能发生歧义。不同层次的法律法规不得相互冲突，法规要服从法律，一般法律又要服从宪法。第三，稳定性。稳定性是指行政法规一经国家立法和行政机关颁布，就将在一定时期内生效并保持相对稳定，不会经常变动，更不允许任何机关、团体和个人随意更改。行政法律和法规的修订必须根据客观形势发展的要求，由国家立法和行政机关遵循立法程序进行。第四，可预测性。法律是明确公开的规范，人们可以通过法律预测自己的行为后果，从而决定如何行为。

作为其他执行手段的保障，法律手段是最具有政策执行效力的手段，是政策执行法治化、制度化、规范化的根本要求。只有有效运用法律手段，逐步消除政策执行过程中的人治重于法治的现象，才有助于政策执行的顺利进行。但是，法律手段并不能解决所有的问题，也存在着不足之处，如灵活性不够、滞后性显著等。

（四）思想教育手段

作为行政管理最经常和最广泛使用的手段，思想教育手段是指依靠宣传、说服、沟通、精神鼓励等激励人们的积极性，实现政策目标的方法。思想教育手段的主要方式有启发教育、说服劝告、建议协商、树立典范等。

思想教育手段的特征如下：第一，潜在性和长期性。思想观念是一种内在的心理活动，转变人的思想观念绝非一日之功，需要进行反复、细致和长期的工作，而且人的思想观念转变也是一个潜移默化和渐进的过程。第二，内在稳定性。一旦思想教育手段使管理思想内化为管理对象的自觉意识，它将产生一种稳定的动力，持续地激励和引导管理对象的行为。第三，超前性。思想教育手段一旦生效，便能调动管理对象的内在积极性，预先主动地约束自己的行为。

与行政手段、经济手段和法律手段相比，思想教育手段可从根本上激发人们的主观能动性，但其工作艰巨、耗时较长。思想教育手段的政治性、科学性和艺术性很强，这就要求在实际的政策执行工作中对被执行者晓之以理、动之以情。同时，思想教育手段具有较少的强制性，是政策对象更易于接受的执行方式。

总之，行政手段、经济手段、法律手段和思想教育手段各有优越性和不足之处。四种手段之间不是孤立的，而应是相互联系、相互制约和相互促进的。因此，在政策执行活动中，应灵活地使用各种手段，使各种手段协调配合、相辅相成，共同促进政策目标的有效和顺利实现。

第三节　公共政策执行的影响因素

公共政策执行作为一项极其复杂的管理活动，受到多种因素的综合影响，主要包括政策资源、目标群体和执行队伍。

一、政策资源

资源是各种要素的总和，是一切行动的依托。张世贤曾经指出：“政策执行要投入一定的资源，方能达到既定的政策目标。资源的投入对政策的执行犹如注入活力。”政策执行所需要的资源条件，主要涉及权威资源、财力资源、信息资源、管理资源等方面。

（一）权威资源

作为政策执行的根本保证，权威是政策有效执行的一项特殊而重要的资源。所谓权威资源，是指在公众中具有非同一般的威慑力与影响力的资源。政策执行活动的基本特点是需要人的共同活动，而共同活动的首要条件就是要有一个可以处理一切问题、能够起到支配作用的意志，即权威。没有权威，人们就不可能形成共同的、相互协作的活动，在各行其是的情况下是无法实现政策目标的。建立政策的权威，就是要使政策成为国家的意志，迫使每一个执行者和社会成员都服从它，否则政策就无法执行或在执行中走样。当前，我国政策执行过程中存在着不同程度的“上有政策，下有对策”现象，就是政策权威性不强的一种表现。

◆ 拓展阅读

凯尔曼试验

在该项心理试验中，同一个人就预防青少年犯罪问题做了三场内容完全相同的报告，只是对报告人的身份做了不同的介绍。在第一场报告中，将他介绍为一位著名的法官；在第二场报告中，将他介绍为一位社会热心人士；在第三场报告中，将他介绍为有过前科的悔过人员。试验结果表明，报告人以法官身份出现，其报告内容最容易使人信服；而以悔过人员的身份出现，报告几乎起不到说服的作用。

资料来源：李维新.公共政策学导论[M]. 哈尔滨：东北林业大学出版社，2007

（二）财力资源

“政策执行越来越需仰赖经费。”政策执行需要有必要的财力资源的投入，财力投入度直接影响政策执行的过程和效果。在政策执行过程中，如果有充足的财力资源保障，就可以为政策执行者在政策执行的各个环节上进行要素的最佳组合、追求政策的最优效果提供条件；如果财力资源不足，物质基础薄弱，必然会给政策执行带来执行不力、效果不佳的后果。有的学者认为“经费是政策执行的动力”。当然，财力资源的投入应当遵循以最小的投入获得最大的产出的原则。这里的财力资源，指的是必要的财力资源，并非财力资源投入越多，政策执行效果就会越好，有时财力投入过多反而会造成财力资源浪费、政策执行效率低下的情况。

（三）信息资源

信息资源是政策执行的必要条件，信息的沟通能力在政策执行过程中发挥着重要的作用。在政策执行过程中，政策执行者和接受者之间要通过各种信息渠道，保持全真的信息沟通，进行全方位、多层面、立体式的交流。从控制论的角度分析，政策执行过程是一个信息的控制过程。因此，政策方案要保证政策执行者有畅通的信息获取渠道和足够的信息来源，如果失去信息获取的渠道和信息沟通的手段，执行者就无法制订出切实可行的行动计划，也无法对政策执行过程采取必要的控制，同时也就难以实现政策执行的预期效果。实践证明，政策执行中的某些失误或困难，往往是因执行者缺乏必要的信息而造成的。

（四）管理资源

政策执行需要科学管理作为载体，需要管理资源的投入。在政策执行过程中，如果只有人力、财力资源的大量投入，而没有建立起严格、科学的人财物管理制度，那么政策执行也必定难以实现既定的政策目标。从政策执行的角度来看，要运用现代管理学理论和方法，将运筹学的相关模型运用于政策执行的全过程。建立健全相关管理制度，结合先进的管理技术，促使政策执行人员按章办事、依法行政，防止因政策执行人员滥用职权而导致政策执行失败。同时，还可促使政策执行人员从管理科学化的角度去研究政策执行，进而提高政策执行的科学化程度。总之，政策执行有赖于对管理资源的开发和利用。

二、目标群体

目标群体与政策执行主体是一种互动的关系，政策能否达到预期目标，在很大程度上取决于目标群体的接受程度。在现实的政策执行过程中，目标群体的利益分配必然会受到影响，或者剥夺一部分人的利益，或者增加其义务，这必然会引起部分目标群体对政策执行的拒绝行为。

（一）目标群体拒绝政策执行的表现

由于政策执行可能会触动部分目标群体的既得利益，该部分目标群体主要通过以下方式来拒绝政策执行：第一，目标群体对政策执行的不作为。在一些政策执行中，政策执行目标群体对赋予其的义务或者权利采取不作为措施来应对，这就使政策不可能得到切实的贯彻与执行，这种对政策执行的不作为是一种消极的不顺从行为。第二，目标群体对政策执行的规避。在政策执行过程中，政策执行目标群体可能会采取一些措施，有意地规避政策执行，以减少自己应该承担的责任或免除应有的义务，这是一种积极的不顺从行为。第三，目标群体对政策执行的抵制。在政策执行过程中，目标群体对政策执行的最积极的不顺从表现就是对政策执行的抵制行为，即目标群体通过各种积极的行为和手段对政策执行进行反抗，以避免承受某种义务或责任。

（二）目标群体拒绝政策执行的原因

目标群体对政策执行的拒绝行为直接导致政策执行不能达到预期目标，影响政策执行效果，其原因主要包括以下方面。

第一，目标群体对政策执行认知不清。目标群体对政策执行的认知程度直接关系着政策执行能否为他们所认可和接受，关系着政策执行能否得以顺利开展、政策目标能否顺利实现。如果目标群体对政策执行认知清楚，能够较好地理解政策执行的实质，那么就会接受政策执行，政策目标就能够很好地实现。但是，如果目标群体不能够较好地认知政策执行，担心被剥夺已有的利益或被强加义务，他们就会抵制政策执行，这就会造成政策执行难以实现预期目标。

第二，目标群体的成本–收益分析失衡。目标群体对政策执行的成本–收益分析也是决定他们对政策执行支持与否的关键因素之一。巴达克以博弈理论来分析公共政策执行过程，他把政策执行过程视为一种赛局，在冲突和竞争的情况下，每一位参加者都寻求得到最大的收获，并且将损失降低到最低限度，而政策的成功与失败，取决于各方参加者的“战略选择”。如果目标群体认为政策执行能够为其带来一定的净收益，那么他们就会支持该政策执行，并积极地宣传和实施。如果目标群体对政策执行的成本–收益预期较低，往往会对这项政策执行进行坚决的抵制。

第三，对目标群体的调适量太大。在政策执行中，对目标群体调适量的大小也会影响目标群体对政策执行的态度。如果目标群体认为政策执行对其调适量较小，后果比较容易预测，成本收益较为明显，他们对政策执行的阻碍就较小。如果目标群体认为政策执行对其调适量太大，即使有些政策执行从长时期来看是会获益的，他们也会偏向于维持现状，阻碍政策执行。

第四，目标群体的反感心理。有些政策执行虽然能够确保在短期内给目标群体带来收益，或者并非对目标群体的利益有所损害，但是，由于政策执行主体在政策执行中的方法运用不当和政策手段不合理，仍然会遭致目标群体对政策执行的抵制。这是因为虽然政策执行本身对目标群体并无损害，但是，执行手段欠妥、执行方法不合理，使目标群体对政策产生误解，或者造成目标群体的逆反心理，转而对政策执行进行不作为或抵制行为。

三、执行队伍

任何公共政策都需要一定的组织、机构及成员来执行，政策执行队伍对于公共政策执行有着不可低估的影响。执行队伍对政策执行的影响主要从政策执行组织机构与政策执行人员两方面体现。

（一）政策执行组织机构对政策执行的影响

政策执行组织机构是政策执行的载体，在任何政治体系中，政策的执行都是由政策执行组织机构实施的。分析组织的配置状况对于政策执行是不可或缺的，政策执行组织机构的合理性、权责的明确性直接对政策执行的力度与效度产生重大影响。

（1）政策执行组织机构的合理性。合理的政策执行机构是实现政策目标的组织保证，能够有效地实现其整体功能。组织机构的规范、有序、协调程度直接影响组织的外向输出情况，执行组织的合理结构要求组织的纵向结构层次化和横向结构专业化。层次化是指各级政府及其部门的上下级之间的机构、职位、人员配备和责任、权利、工作程序的有序等级划分。该划分有利于政策执行目标分解，逐层落实，有利于政策执行的上传下达和监督控制。专业化是指将政策执行组织按照政策目标、管理对象、权利责任和业务性质划分为若干个横向的职能部门。专业化的部门划分有利于提高政策执行的专业技术水平，有利于合理利用和吸收专业人才，有利于事权一致、政令畅通。除此之外，政策执行组织的合理结构还要求执行组织的年龄结构、知识结构等方面相互协调且功能互补。

（2）政策执行组织权责的明确性。明确组织权责，即理顺中央政府与地方政府之间、上级政府与下级政府之间、各职能部门之间的权责关系。就中央与地方、地方与地方的关系而言，需要进行事权划分，落实责任制，建立责任追究机制。划清中央政府与地方政府之间、地方政府与不同层级之间的事权、财权等，实现党政分开、政企分开、政事分开，简化审批制度，实现集权与分权的结合，在保证上级权威和不影响上级政府对辖区内的事务做综合管理和宏观调控的前提下，实现必要的分权，以调动下级政府应对地方实际情况的灵活性和执行政策的积极性与创造性。就各职能部门之间的关系而言，要明确各部门及其工作人员的权利和责任，责权利保持一致，做到统一指挥、统一行动，杜绝各种形式的相互推诿、越权、失职和渎职行为。

（二）政策执行人员对政策执行的影响

政策执行人员作为众多因素中最活跃和最关键的要素，其水平的高低直接决定了政策执行结果的好坏。因此，政策执行人员的综合素质和利益倾向是影响政策执行的重要因素。

（1）政策执行人员的综合素质。政策执行人员的综合素质体现在“德”和“才”两个方面。从“德”的角度看，要求政策执行人员具有强烈的事业心、高度的责任感、踏实的工作作风、坚韧的毅力和追求完美的品质；从“才”的角度要求，政策执行人员要有与执行政策相适应的业务水平和业务能力，包括组织和管理能力。在政策执行过程中，政策执行人员的综合素质主要体现在下列方面：第一，政策执行人员的职业道德，即政策执行人员的价值取向和个人职业修养。职业道德的缺乏可能致使政策执行人员忽视所接受的执行指令，或不愿意执行指令，或阳奉阴违甚至是公开抵制，对政策执行打折扣。为强化政策执行人员对政策执行的正面影响，减少负面影响，应对执行人员加强业务培训，不断更新观念，提高其素质和水平，并建立健全各项监督考核制度。第二，政策执行人员的知识能力，即专业技术知识水平、准确理解和把握政策规定的能力及对具体执行计划的执行能力。政策执行人员如果对政策认识不够、理解不清，把握不准其精神实质，就难以正确、全面地执行政策，就会导致政策在宣传、执行中失真、失误。

（2）政策执行人员的利益倾向。政策执行人员的自身利益、需求和行为，影响着政策的有效执行。政策执行人员具有多重身份。政策执行人员作为国家的代表，会从社会整体利益角度出发去理解和执行公共政策，但同时，政策执行人员还有对本地区、本部门利益的考虑，有时甚至从个人自身利益的角度出发去理解和执行公共政策。因此，公共政策执行过程也是一个社会整体利益、地区利益、部门利益和个人利益相协调、冲突和斗争的过程。当这些利益相互协调，在方向上彼此一致时，公共政策能够得到有效执行；但是，当这些利益之间彼此冲突、斗争且难以协调，地区利益、部门利益和个人利益又得不到有效控制的时候，公共政策执行就有可能出现扭曲和变形。美国公共政策学者尤金·巴达克以博弈理论来分析政策执行过程，他把政策执行过程视为一种赛局，在冲突和竞争的情况下，每一位参加者都想寻求最大的收获，并将损失降低到最小。而政策的成功与失败，取决于各方参加者的“战略选择”。

第四节　公共政策执行偏差与对策

作为一项极其复杂的社会实践活动，公共政策执行的有效性往往因各种因素的阻滞而受到影响，甚至产生公共政策执行偏差。本节针对公共政策执行偏差的表现形式、原因及其危害，提出了解决公共政策执行偏差的对策建议。

一、政策执行偏差

所谓政策执行偏差，指的是政策执行主体在政策执行的过程中，受到主客观因素的制约，使其效果偏离政策目标并产生不良后果的政策失真现象。

（一）政策执行偏差的表现形式

在中国自上而下的强制性政策执行模式中，政策执行偏差的表现形式主要如下。

（1）象征式政策执行，主要是指公共政策执行主体在政策执行过程中只做表面文章，通常只是进行简单的、一般性的宣传号召，实际上并未采取可操作性的具体措施。具体表现为政策执行措施流于表面，组织、人员、资金缺位，执行过程“阳奉阴违”，或者前紧后松，或者敷衍塞责。其总体特征是对公共政策束之高阁，不予贯彻执行，使原定的政策目标没有落到实处，原本严肃和权威的政令变成一纸空文，造成公共资源的极大浪费，给社会和人民带来恶劣的影响。

（2）附加式政策执行，主要是指在公共政策执行过程中，政策执行主体基于个人利益或者局部利益的考量，为所执行的政策附加了一些不恰当的内容，导致政策的调整对象、范围、力度、目标超越了原来政策的要求，从而影响既定政策目标的有效实现。附加式政策执行的特征是政策执行主体在原来政策目标的基础上自行添加若干新目标，而这些新目标是为了政策执行主体的私利而设置的。现实中的“土政策”正是附加式政策执行的一种典型形式，即打着“贯彻上级政策要结合实际”的旗号而自行附加额外目标的政策，为谋取地方利益或者个人利益提供方便。

（3）残缺式政策执行，也可称为选择式政策执行，主要是指有选择的政策执行，即一个完整的政策体系在执行时只有部分被贯彻落实，断章取义，其余则被遗弃。公共政策执行主体在执行政策过程中，对于完整政策的精神实质或者部分内容有意取舍，对于那些有利的就贯彻落实，不利的则有意曲解乃至舍弃。这就使原本完整的政策内容变得残缺不全，致使公共政策的整体功能得不到有效发挥。

（4）替代式政策执行，主要是指当政策执行主体与所需执行的政策之间出现利益冲突时，政策执行主体对政策的精神实质或部分内容有意曲解，利用政策的某些抽象性，借口本地区或部门的特殊性而做出不同于原有政策精神实质的解释，从而导致政策失真甚至被替换为与原来政策完全不同的“新”政策。两种政策之间从表面看一致，实际上，原来政策的内容、目标、性质都已经发生了根本变化。

（5）观望式政策执行，也称为观潮式政策执行或政策执行停滞化，主要是指在公共政策执行过程中，公共政策执行主体或因疲于应付具体事务，或因自身私利受损等原因，行动迟缓、思想犹豫、心理矛盾，对政策总是被动坐观，观望中央是否还有政策变动，观望其他执行机关的执行情况以便于模仿。观望式政策执行的特征是政策执行主体采取“软拖”方式，勉强应付执行，这大大降低了政策的执行效率，严重损害了政府在目标群体中的形象。

（6）照搬式政策执行，也称为机械式政策执行，主要是指公共政策执行主体在政策执行过程中，不经过认真学习与思考，不结合本地实际情况进行分析，习惯于机械式地照搬照抄，“原原本本传达，不折不扣落实”。主要体现为无视公共政策精神实质，不考虑客观环境条件，对相关问题不能因时、因事、因地做出具体分析，机械地照搬其他地区、部门或行业的公共政策；或者无视公共管理中各种新情况、新问题、新特点，机械地照搬陈旧的、过时的公共政策；或者无视公共事务的时效性，在公共政策不到位的情况下，对亟须解决的公共事务问题无所作为，因坐等上级政策而丧失解决问题的最佳时机。

（二）政策执行偏差的原因

政策执行的偏差由主观和客观两方面原因造成。主观原因是指政策执行者造成的原因，其责任在于政策执行者自身；客观原因是指非政策执行者造成的，各种其他的限制性条件。其具体原因如下。

（1）政策执行主体的综合素质不高。政策执行主体的综合素质在相当程度上决定了公共政策执行的顺利程度。目前，在中国政策执行过程中呈现出来的各种问题说明，政策执行主体的综合素质有待提高，主要体现为：第一，政策执行主体的专业知识水平相对有限，未能正确理解公共政策的精神实质、内在机理、具体要求，导致公共政策的错误执行，即所谓的“心有余而力不足”。第二，政策执行主体的能力相对有限，不能有效地计划、组织、实施公共政策，在领导能力、沟通能力、协调能力、创新能力等方面的不足，导致目标群体对其不信任、不支持，进而失去政策执行应具有的威望。第三，政策执行主体的执行方式单一、粗暴，缺乏科学性，即滥用行政手段、忽视法律手段和思想教育手段。

（2）政策执行主体的利益驱使。政策执行主体的自身利益、需求和行为影响着公共政策的有效执行。因为各项公共政策的最终执行者都是具体的人，而每个人都是追求效用最大化的经济理性主义者，那么，对于官员而言，也将不可避免地陷入对最大化利益的追求中。官员作为个人利益、部门（层级）利益和公共利益的三重代表，尽管其所处的职务要求其只追求社会公共利益，但个人利益和部门（层级）利益也时常左右着他们的行为。因此，要使政策执行主体在公共政策执行过程中保持绝对的“价值中立”，在现实中是难以实现的。当政策执行主体的利益与政策制定者的利益发生冲突时，尤其是威胁到自身利益时，政策执行主体可能通过各种手段来维护、补偿和扩大自身的利益，造成对公共政策的抵制，公共政策难以有效执行。

（3）政策执行过程的制度缺陷。主要体现为：第一，政策执行的权力配置机制不合理。纵向的中央与地方之间、横向的执行机构之间，在权力规范、职能配置等方面存在着交叉重叠的问题。一方面，权力过于集中，加之缺乏合理的权力制约机制，不利于调动下级组织的积极性，不能因地制宜，容易“一刀切”，导致政策敷衍和政策照搬。另一方面，执行权在不同地区、不同职能部门之间配置不协调，机构之间或机构部门人员之间权责不明确，政策执行中思想分歧、行动异步，甚至在执行过程中互设障碍，相互拆台。第二，政策执行的信息沟通机制不健全。中国的官僚制拥有比较庞大的层级系统，当政策信息逐级传递时不可避免地出现过滤和扭曲现象。第三，政策执行的监督和责任追究制度欠缺。政策执行过程缺乏正常的监督，执行效果缺乏明确的考核，执行考核结果缺乏必要的赏罚措施，这导致部分政策执行主体的责任感、使命感和危机意识不强，从而使各种政策执行偏差行为难以得到制止和及时纠正。

（4）政策执行资源的不足。充足的政策资源是政策能够有效执行的保障，主要包括人力、经费、技术、信息、权威等资源。而人力资源、必要经费、支撑技术、信息、权威资源的不足都是政策执行偏差产生的客观原因。尤其是权威资源的流失是政策执行过程中“上有政策，下有对策”问题产生的一个重要原因。从中国的实际情况看，政策执行资源主要是中央宏观政策在执行中的施控，而地方政府执行机关正是这种具体施控的发源地。作为最高和最有权威的政策施控主体，中央政府的施控力和权威直接决定了公共政策的有效执行。面对中国众多的官僚架构，中央的意志经过层层转移，可能不能精确地传递给地方基层，权力会在层层的传递中发生流失，如果官僚组织的层级很多，就会产生累积性的权威流失。这将对上层官员命令的效力产生很大影响，导致中央政策无法充分实施。

（5）政策本身的科学化程度不高。政策本身的科学性和正确性是公共政策得到有效执行的根本前提。而政策本身的不科学性主要体现在下列方面：第一，政策缺乏明晰性，政策目标错位或模糊不清。政策目标的正确与否是衡量政策执行好坏的标准，进而成为政策执行效率的标准。当政策目标错误时，政策执行效率越高，则政策失误越大。政策目标模糊不清，主要是指政策目标不切实际，难以完成，难以比较和衡量，没有明确所期望的结果，没有规定完成的期限。第二，政策内容混乱，政出多门、内容又相矛盾，政策“打架”，使政策执行者难以把握正确的执行标准，进而发生偏差。第三，政策缺乏合理性，或者政策过于抽象、不可行，或者缺乏具体的操作方案，使政策的实际执行过程很困难，甚至变成不可能。第四，政策缺乏稳定性和连续性，朝令夕改，随意变动，造成政策体系结构性紊乱，政策之间产生摩擦、冲突及不衔接，使政策执行主体感到无所适从，导致令不行、禁不止，政策的权威严重流失，从而造成政策执行偏差。

（6）政策执行中利益集团的压力。“利益集团曾受到官僚制组织的轻视，但是现在越来越被看做政策和管理过程中至关重要的环节。”利益集团更多的是代表目标群体的利益要求，是与公共政策执行主体进行政策博弈的竞争对手，因此，不免在与公共政策执行主体互动中产生一定的负面效应，利益的排他性与扩张性就可能对公共政策执行产生一定的消极影响，进而导致公共执行偏差。利益集团从本集团利益出发对公共政策执行行为进行预期估计，并将对这种预期的结果与自己的实际行动结合起来，若政府执行不符合自己的利益需求，就不予接受和支持，并且这种预期与实际利益差距越大，对公共政策执行的阻碍就越大。

◆ 拓展阅读

利益集团对公共政策执行的影响

一、利益集团对公共政策执行的积极影响

（1）集中各种利益。利益集团是公共政策执行中的目标群体为了共同的政策利益而结合在一起的社会组织。共同的政策利益就会促使具有共同态度的目标群体得以组织并统一行动，从而使利益集团能集中代表目标群体个人的利益愿望与要求，增加与公共政策执行主体讨价还价的声势和能力。同时，利益集团通过向这些不太高兴的公民（感到被政府所遗忘或歧视的被疏离的人们）提供一种“安全阀”——发泄抱怨和挫折的合法渠道，从而有助于维护社会的稳定。

（2）提高政府绩效。第一，利益集团能给公共政策执行主体提供政策执行的实际情况，包括政策问题的数量、性质、特征和各种影响因素等，以及目标群体的实际情况，包括传统习俗、价值观念、经济收入、生活困难等相关信息。第二，利益集团来自于群众，能为公共政策执行主体提供有关公共政策执行的有效方案和技术性服务，起到“政府助手”的作用。第三，利益集团拥有一定的财力、物力、人力和时间等政策资源，通过沟通与协调，公共政策执行主体可以利用利益集团的部分资源来推进公共政策的执行工作。第四，利益集团是公共政策执行中最大的对象性制约因素，如果能获得这些利益集团的支持、理解和帮助，显然有利于公共政策执行的有效推进，消除公共政策执行中的政策对象障碍。

（3）强化政策监督。一方面，利益集团与公共政策执行主体内部存在着多多少少的联系，从而能获得关于公共政策执行主体内部行为的“灰色”信息；另一方面，利益集团在与公共政策执行主体的实际互动活动中获得关于公共政策执行主体行为的各种信息，通过各种信息的搜集与统计分析，及时发现公共政策执行中的不良行为，因利益集团共同政策利益的存在，反对腐败的呼声和压力就会更加强烈和有效，更能有力地监督公共政策执行，防止公共政策执行主体的权力异化和腐败的发生。

二、利益集团对公共政策执行的消极影响

（1）削弱政府权威。利益集团将内部雄厚的物质资源或其他资源作为政策上讨价还价的“砝码”，甚至出现施蒂格勒提出的“俘虏理论”中认为的一些政府管制部门往往和相关利益集团存在合作关系，并可能会被管制对象的利益集团所俘虏，并受其控制的情况，这在一定程度上可能导致更坏的结果，政策利益的平衡机制将被打破，利益集团操纵政治行为，使政治生活更加分裂，最终影响公共政策执行的全面实施和权威推进，影响公共政策执行的公平性、公正性和有效性。

（2）加大执行成本。利益集团为了追求自身利益的最大化，在政策不利于自己利益时，会用各种手段抵制和削弱政策执行及其效率，加大政策执行成本。布坎南认为，由于政府的各项经济决策往往以某种公共利益需要为解释而为某些利益集团服务，特殊的利益集团为谋求政府保护，逃避市场竞争，实现高额垄断利润，往往进行各种“寻租活动”，于是便会产生政府的寻租行为。不同的利益集团之间还会出现寻租竞争。利益集团的寻租行为直接导致政策执行受阻或效率低下，或执行得不彻底、不公平、不公正，而寻租竞争又增加公共政策执行的交易成本和摩擦成本，造成社会政策资源的无谓浪费。

（3）导致执行偏差。利益集团从本集团利益出发对公共政策执行行为进行预期估计，并把这种预期的结果与自己的实际行动结合起来，若政府执行不符合自己的利益需求，就不给予接受和支持，并且这种预期与实际利益差距越大，则对公共政策执行的阻碍就越大，即所谓的“有利就执行，无利就变形”，“上有政策，下有对策”。

（4）忽视弱势群体。利益集团与公共政策执行主体之间的竞争与互动集中了较大多数社会主体的利益要求，使公共政策制定及其执行明里或暗里在利益问题上偏向那些组织严密、成员众多、资金充沛、领导有方的利益集团，难以对处于社会弱势的群体和个人进行公平性对待与必要的政策扶助，因而有悖于公共政策执行的公平原则。

资料来源：宁国良，陆小成.利益集团对公共政策执行的影响[J].湖南社会科学，2004，（3）：55-57

（三）政策执行偏差的危害

政策执行主体在公共政策执行过程中出现的各种偏差行为，直接影响政策预期目标的顺利实现，妨碍政府公共管理职能的正常发挥，严重损害公共政策的严肃性和权威性，造成公共政策资源的极大浪费，降低政策执行对象对社会公共权威的信任度，引起政治、经济、社会生活的无序和混乱，阻碍社会主义现代化建设的进程。

（1）政策执行偏差直接影响政策预期目标的顺利实现。政策预期目标的实现不仅有赖于政策制定的可行性，更离不开政策的有效执行。政策执行偏差的直接结果是公共政策目标无法完整地实现，公共政策主要功能的弱化。公共政策的主要功能包括管制功能、引导功能、调控功能和分配功能。政策执行偏差使违反政策行为得不到及时制止和相应惩罚，政策管制功能失效；人们无法认识到怎样做才是对的，做错会有怎样的后果，政策执行偏差违背公共利益，产生了负导向作用；政府不能有效利用政策对社会公共事务中出现的矛盾进行调节和控制，而且无法满足社会需求的价值和利益的最优分配，公共政策的调控功能和分配功能失效。例如，现实中的环境保护政策、助学贷款政策、廉租住房政策等拖延执行，春运票价不上浮的替换执行等偏差都不同程度地影响了政策主要目标和功能的实现。

（2）政策执行偏差破坏正常的政策秩序。稳定的政策秩序是政策有效执行的前提和基础。在正常情况下，政治、经济、社会、文化等各领域政策之间相互影响、相互依存，共同构成了一个完整的有机政策系统。只有保持政策执行的连续性、有效性，才能够维持各个政策之间的配套协调和动态平衡，从而最大限度地发挥政策系统的整体功效。而政策执行中的偏差，必然会使一些政策无法实现其原有目标，造成政策之间相互脱节，政策系统整体性功能丧失，还可能形成公共政策调节的盲点和灰色地带，滋生政策投机、政治腐败等违法行为，危害社会稳定。同时，人们逐渐丧失对政府及其政策的信赖，以致有令不行、有禁不止，政府权威受到损害，社会凝聚力遭到破坏。

（3）政策执行偏差损害党和政府的形象。政策执行与党和政府的形象之间是相辅相成的关系。一方面，党和政府形象作为一个整体性概念，需要党和政府全体人员的维护。政府部门及其行政人员的政策执行情况会直接影响人们对党和政府形象的认知和评价。政策执行能否体现公平、公正、效率，进而实现公共政策的目标，不仅影响着公众的满意程度，还影响着党和政府形象能否得以提升。另一方面，政策能否有效执行在很大程度上取决于党和政府的形象。良好的党和政府形象有利于减少政策执行阻力，提高公共政策执行的效力，从而实现既定政策目标。

二、解决政策执行偏差的对策

根据政策执行偏差的表现形式、原因及危害，可以找出解决政策执行偏差的对策，即明确既定目标、实施反馈控制、注意政策整合。

（一）明确既定目标

政策执行是执行官员和目标群体调整其行为使之与政策目标相吻合的行动。政策目标是政策执行者最终要实现或达到的结果或目的。通常情况下，为了保证政策的适用范围，政策多表现为“目的描述”，比较宽泛。而在政策执行过程中，为了能够将政策文本、上级指示、精神转化为具体行动，基层官员一般会将政策目的转换为政策目标，再由政策目标转化为行动目标。政策目标制定的基本要求是清晰和连贯，不能含糊不定。

实际的政策执行活动可分为程式化政策执行和适应性政策执行两种。所谓程式化政策执行，是指政策执行一般是按常规进行，一旦做出决策，执行就会按部就班地进行。程式化政策执行在现实中经常遭遇失败，其中一个重要的原因就是政策目标比较含糊，为此，要制定清晰的政策目标。当然，对于那些牵涉面广、争议较大的政策，其政策目标可以适当模糊一些。政策执行学者 Matland 的研究表明，政策目标模糊在一定程度上可以降低政策执行中的对抗问题。此外，Berman 的研究也显示，一项共识尚不够强的适应性政策，除了目标不宜过于明确外，还要多吸收一线执行人员的意见。在适应性的政策执行中，目标厘定并不是必需的，政策制定者应该把一部分目标制定和内容设计留给一线执行者自行处置，一线执行者也有权根据当地的情况进行调整。

（二）实施反馈控制

反馈作为一种控制论方法，是指将以往的系统操作结果再输入系统中，也就是根据过去操作情况去调整未来行为，因此，反馈是以系统活动的结果来调整系统活动的一种方式。公共政策在执行过程中会遇到诸多不确定性和风险问题，如政策系统的惯性和滞后性导致政策失灵，因此，应对公共政策执行过程进行监控，辨析环境的变化情况，及时反馈政策执行中的不足之处，并进行调整，反馈控制、逐步完善。公共政策执行中反馈控制的基本过程是先确定一个理想的政策执行目标，并将其与公共政策执行的实际效果进行比较，找出其中存在的偏差及成因，以此为据制订偏差的纠正方案。公共政策执行的反馈控制、逐步完善是一个持续的、普遍适用的过程。

在公共政策执行过程中，要重视并建立起有效的反馈控制系统，做到以下方面：第一，强化反馈控制的意识。政策执行反馈控制系统的主体和客体都应培养和强化反馈控制意识，对反馈控制的理论和方法有正确、充分的认识。政策执行人员应积极转变观念，在政策执行中有意识地锻炼反馈意识，培养对政策环境信息的敏感度，将反馈控制的应用变成一种自觉的行为。第二，严格实施政策执行控制，其实质上就是政策执行主体通过检查和监督政策执行工作的进展情况及实际成效是否与目标计划相符合，及时发现偏差，在此基础上查找问题的成因，采取措施，加以纠正，保证政策执行目标与计划的实施。第三，建立健全政策执行的信息网络和“政府上网”工程。公共政策执行要求各级执行机构建立信息中枢系统，强化政策信息网络的运行机制，尽快实现政策信息工程手段的现代化，加强“政府上网”工程建设，加快电子政务进程。“政府上网”中的“信息反馈”和“电子政务”等栏目的开辟，更加体现了政策执行的民主、公正、法治理念，是目标群体反映情况、倾吐心声、表达建议、实现意志的有效路径。第四，优化政策信息传播和反馈渠道。加大报刊、广播、电视等舆论工具的政策信息宣传和及时披露力度，加强对公共政策信息的发送及执行情况的具体报道，并制定规范的公开报道制度；建立健全群体上访制度、社会协商对话制度、市长电话和市长信箱等政务公开制度，充分体现公共政策执行的“公开、公平、公正”原则，推行“阳光工程”，使目标群体能向有关政策执行机关及时地、直接地反馈政策执行信息。

（三）注意政策整合

政策整合是政策清理的延续，政策整合在于分拆重组、去伪存真，整理出有用的政策部分并使之发扬光大，进而实现总体政策体系的继承发展和源远流长。随着社会经济的发展，政策环境、法律体系、文化背景都发生着动态变化，若公共政策体系不定时清理、不及时更新、不迅速调整，会引起民众质疑并引发社会矛盾。目前，中国政策清理和整合工作思路不清晰、脉络不明确、监督机制不到位，政策清理和整合不及时、被动消极，导致政策执行人员随惯性执行旧政策，阻滞了政府与社会的信任协调。因此，开展政策的评估、清理和整合非常必要。但是，由于政策整合不仅涉及自身整合，还涉及其他机关之间的整合，需要协调各方利益关系，难度很大。因此，政策整合力求建构兼容性政策网络体系，以减少政策冲突、避免政策网络紊乱，在契合法治环境的情况下实现职能整合，援引民间力量参与，建构跨区域、跨部门、跨层级的合作伙伴体系。

本章小结

政策执行，是指国家行政机关及其工作人员通过运用各种手段，将法定政策方案付诸实践，将公共政策内容转化为现实，从而实现公共政策目标的一种行为。政策执行的特点体现在政策执行的目标性、政策执行对象的适用性、政策执行的有序性、政策执行的时效性、政策执行的动态性等方面。

政策执行包括准备阶段、正式实施阶段和总结阶段，具体包括学习和宣传政策、制订政策执行计划、组织落实、政策试验、政策全面推广、政策协调监控、绩效评估和追踪决策等程序。政策执行手段主要有行政手段、经济手段、法律手段和思想教育手段，应灵活地使用，协调配合、相辅相成。公共政策执行受到政策资源、目标群体和执行队伍等因素的综合影响。

政策执行偏差，指的是政策执行主体在政策执行的过程中，受到主客观因素的制约，使其效果偏离政策目标并产生了不良后果的政策失真现象。政策执行偏差的原因主要包括政策执行主体的综合素质不高、政策执行主体的利益驱使、政策执行过程的制度缺陷、政策执行资源的不足、政策本身的科学化程度不高、政策执行中利益集团的压力。解决政策执行偏差的对策包括明确既定目标、实施反馈控制、注意政策整合等方式。

关键术语

公共政策执行　公共政策执行程序　公共政策执行手段　影响因素　执行偏差

复习思考题

1. 什么是公共政策执行？其特征有哪些？

2. 公共政策执行程序有哪些？
3. 公共政策执行手段有哪些？
4. 论述公共政策执行的影响因素。
5. 公共政策执行偏差有哪些方面？如何解决？

◆ 案例分析

C市新医改引发市民严重聚集抗议，执行一周后被紧急叫停

2015年3月25日，新的《C市医疗服务项目价格》实施，旨于降低检查检验费，提高诊查护理费。其中，大型设备检查、检验类项目价格均降低25%，诊查、护理、治疗、手术类项目价格分别提高30%、30%、13%和13%。时隔6天后，C市市民自发聚集占道，对新医改政策表示严重抗议，患者及家属甚至拉起横幅誓死捍卫生存的权利。

对于C市新医改，患者和医生都表达了各自的看法。

"我是尿毒症病人，靠每周3次血液透析维持生命。在医疗改革前，每次普通透析需要自己支付现金95元，现在需要每次支付现金200元，透析用药和并发症用药另算，算下来，费用上涨了100%以上。每个月透析10次、滤过2次、灌流1次（维持生命的基本治疗），保守估计至少花费在3 500元以上，这还只是二甲医院的费用，三甲医院会更高。"

"其他项目降了价，就非得在我们这些重症绝症病人身上来补差价么？……"

"我是主城区一家国有二甲医院的医生。本次医改的核心是提高医护人员服务项目的费用，如手术、一些治疗、护士的护理费等。确实，以前执行的医疗收费项目有十几年了吧，物价都涨了好多，医疗收费却一直没变，从医护人员的角度来讲，确实该涨，因为像手术这些有风险、技术含量高的工作其收费根本不能体现主刀医生的价值。"

"其实医改的关键还是两个字——报销。而这次医改让老百姓最火大的就是医疗费用上涨，但报销费用却没有大的提高。"

"其实我们医护人员对这次医疗费用大幅上涨也是很矛盾的，不错，涨价了之后，可能我们的工资会有点提高，但老百姓的怒火却会全部撒到我们这些工作在一线的医护人员身上。真正的医改，应该是在提高医疗费用的同时，提高报销的比例，扩大医保的项目，尽量使所有的医疗项目都纳入医保（整形、美容、近视眼手术这些不是治疗目的，可以除外），门诊的检查治疗也应该等同住院一样报销，至少不低于80%。"

还有人对比了上海市和C市两个城市的情况，前者的人均可支配收入将近后者的两倍，而医疗服务价格却在同一价位，"难道C市的医疗成本远高于上海市吗？"

2015年4月1日下午15时左右，C市政府要求各级医院恢复之前的物价标准，之前多收的费用立即清退，少收的由医院承担。

国家卫生和计划生育委员会（简称国家计生委）新闻发言人表示，C市医改的方向是正确的，但还需统筹考虑药品价格、医保支付，特别是困难患者的健康权益等多重因素。积极推进三医联动，加强医改政策的整体性、协调性和系统性。卫生计生部门要配合各地的物价管理部门，认真完善医疗服务价格改革方案，同时还要做好政策的宣传解

释工作，及时回应社会关切，让改革真正惠及群众。

资料来源：重庆市新医改引发市民严重聚集抗议[EB/OL].http://news.xinmin.cn/shehui/2015/04/01/27246299.html，2015-04-01；国家卫生和计划生育委员会.重庆医改方向是正确的[EB/OL].http://china.cnr.cn/NewsFeeds/20150413/t20150413_518307020.shtml，2015-04-13

◆ **问题**

C 市新医改政策执行有失的原因有哪些？应从哪些方面解决新医改政策执行有失问题？

第七章　公共政策评估

■ 学习目标

通过本章的学习，掌握公共政策评估的含义、目的和意义；理解公共政策评估的基本内容、类型、功能和要素；认识公共政策评估的三个步骤；理解和认识中国公共政策评估的现状、障碍和发展趋势。

■ 知识框架图

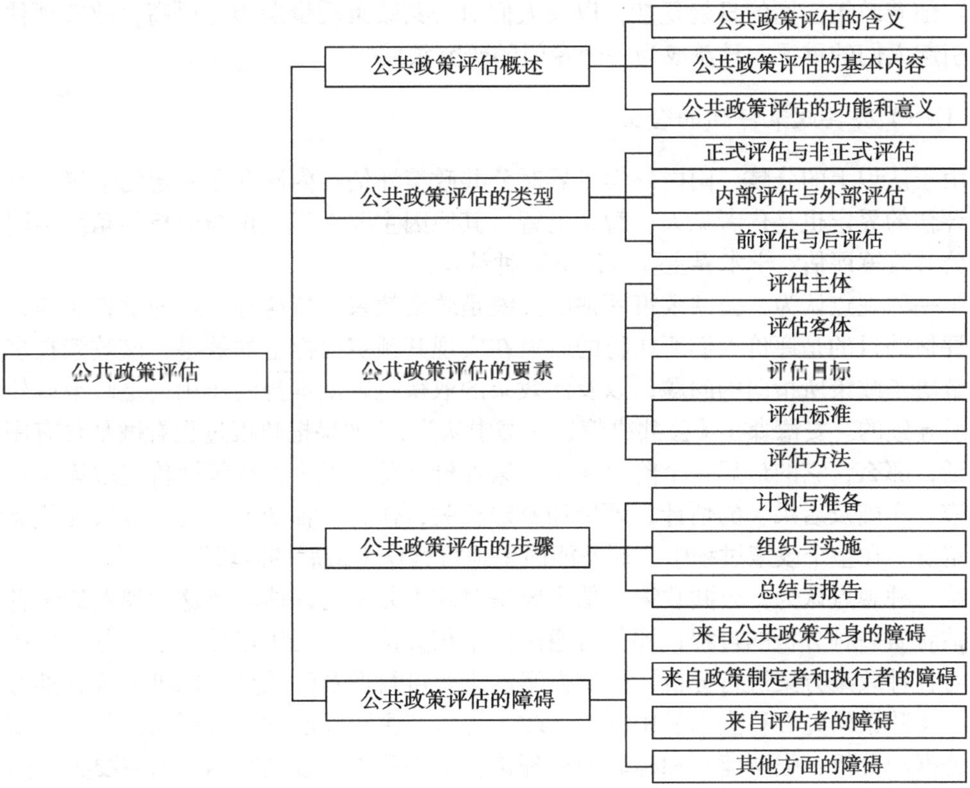

■ 名人名言

科学研究能破除迷信，因为它鼓励人们根据因果关系来思考和观察事物。

——阿尔伯特·爱因斯坦（Albert Einstein）

第一节 公共政策评估概述

评估通常是指根据一定的标准去判断某一特定系统的整体，或系统内部诸要素和环节的结构与功能的状态，以及判断系统产出的数量和质量水平与预定目标的差距等基本情况，从而得到特定信息的过程。公共政策评估是公共政策运行过程中的一个重要环节，对政策过程的结果和新政策的产生有较大的影响。通过公共政策评估，人们能够判断一项公共政策是否收到了预期效果，从而决定这项政策是应该继续、调整还是被替代；同时，通过公共政策评估，还可以总结公共政策执行的经验教训，为以后的公共政策活动提供理论参考和实践借鉴。

一、公共政策评估的含义

公共政策评估也称公共政策评价，英文为“public policy evaluation”，是一种具有特定标准、方法和程序的专门研究活动。在整个政策过程中，特别是在政策执行之后，需要对政策方案和政策执行情况进行评估。在相当长的时间里，政策评估并未引起人们的重视。随着政策问题的日趋复杂，以及人们对公共政策质量期望的提高，政策评估已越来越引起人们的重视，日益成为一个专门的研究领域。

（一）公共政策评估的含义

由于认识上的分歧，国内外学术界对公共政策评估的内涵存在一定的争议，对公共政策评估的界定也是仁者见人、智者见智。其原因主要在于认识与分析的角度不同。什么是公共政策评估？学术界主要有以下五种认识。

第一种观点认为，公共政策评估的关键是政策效果。持这种观点的学者认为，公共政策评估的目的是评价人们所执行的政策在实现其预定目标上的效果，该政策在多大程度上解决了政策所指向的问题，以及此效果的取得是政策本身的作用还是政策以外其他因素所导致的。安德森在《公共决策》一书中认为，“如果把政策过程看做某种有序的活动的话，那么，它的最后一个阶段便是政策评价。总的说来，政策评价与政策（包括它的内容、实施及后果）的估计、评价和鉴定相关，作为某种功能活动，政策评价能够而且确定发生在整个政策过程中，而不能简单地将其作为最后的阶段”[①]。

第二种观点认为，公共政策评估主要是对政策方案的评估。持这种观点的学者把政策评估看做一种分析的过程，评估者通过搜集相关信息，运用定性与定量分析方法和技术，对各种政策方案进行分析，确定方案的现实可行性及优缺点，以供决策者参考。那格尔在《政策研究百科全书》中认为，政策评价“主要关心的是解析和预测，它依靠经验性证据和分析，强调建立和检验中期理论，关心是否对政策有用，而主要关心的是把评价看成一种科学研究活动”[②]。这种观点主要强调应用定量分析等方法，对公共政策本

① 安德森 J E. 公共决策[M]. 唐亮译. 北京：华夏出版社，1990.

② 那格尔 S S. 政策研究百科全书[M]. 林明，等译. 北京：科学技术文献出版社，1990.

身进行评价并评判优劣。

第三种观点认为，公共政策评估应是对政策方案进行全方位评估。持这种观点的学者认为，政策评估不仅是对政策方案的评估，还包括对执行情况和政策结果的评估。政策评估被看做一种着眼于整个公共政策全过程的、广泛的收集资料、论证评价的过程。中国台湾学者林水波和张世贤在《公共政策》一书中认为，公共政策评价是有系统地应用各种社会研究程序，收集有关资讯，用以论断公共政策概念与设计是否周全完整，知悉公共政策实际执行情形、遭遇的困难，有无偏离既定的公共政策方向；指明社会干预公共政策的效用[①]。

第四种观点认为，公共政策评估就是发现误差、修正错误。持这种观点的学者认为，公共政策过程是未来取向的，评估者凭借自己已具备的知识和经验，对公共政策全程跟踪观察，发现问题并随时纠正，在某种程度上，评估者类似于引领航行的导航员。中国台湾学者朱志宏在《公共政策》一书中认为，“就一项公共政策而言，发现误差、修正误差就是政策评估，换言之，政策评估的工作就是发现并修正政策的误差”[②]。按照朱志宏等的观点，政策评估就是在政策执行过程中发现问题、解决问题，因而公共政策是未来取向的。

第五种观点认为，公共政策评估属于广义政策执行过程中的一个阶段。持这种观点的学者认为，一个公共政策的生命历程通常包括下列几个阶段：公共问题的提出，问题列入政策议程，解决问题的目标选择，政策的规划和制定，政策的执行，政策的评估，政策的修改和变更，政策的调整[③]。

本教材认为，公共政策的重点在于政策效果，公共政策评估就是对公共政策实施效果所进行的研究。所以，公共政策评估是依据一定的标准和程序，运用特定的方法，对政策的科学性、效益、效率及价值进行检测和评价，以判断政策效果实现政策目标程度的活动。公共政策评估的目的在于取得有关这些方面的信息，将其作为决定政策变化、政策改进和制定新政策的依据。

（二）公共政策评估的特质

公共政策评估的特质是指政策评估独特的、核心的品质。邓恩指出，公共政策评估有四个特质[④]。

1. 以价值为焦点

公共政策评估与追踪检测不同之处在于，它不仅搜集政策行动的结果与信息，还必须判断一项政策或计划的价值或社会效用如何。中国改革开放三十多年来，随着社会全面转型的加速推进，利益群体诉求日益多元化，民生问题日益凸显，并给政府的公共政策造成巨大压力，这要求公共政策必须体现以人为本、公平正义、民主的价值导向。为

① 林水波，张世贤. 公共政策[M]. 台北：五南图书出版公司，1993.

② 朱志宏. 公共政策[M]. 台北：三民书局股份有限公司，1991.

③ 伍启元. 公共政策[M]. 香港：商务印书馆（香港），1989.

④ 李允杰，邱昌泰. 政策执行与评估[M]. 北京：北京大学出版社，2008.

保障公共政策价值的实现，必须对价值伦理失范的原因进行分析并采取措施加以消解。

2. 事实和价值相互依赖

公共政策评估结果的诉求所凭借的基础应是价值与事实并重。换言之，公共政策评估在于公共政策的价值判断必须以事实依据为基础。因此，进行公共政策评估活动，无法避免事实与价值之间的互动。

3. 目前与过去取向

政策评估不同于政策倡议，其重点不在于对未来的建议，而在于对现在与过去情况的分析。政策评估活动分析公共政策当前的发展概况，了解政策发展的方向是否按照政策的预期目标进行。同时，政策评估也需要搜集公共政策过去的发展经验，以掌握过去发展的路线是否按照预期的方向前进，才能进行比较完整的评估和比较。

4. 价值的双重性

公共政策评估所处理的价值具有双重特质，既是目的，有时也可以是手段。目的是内在价值，而手段是外在价值。例如，评估重庆主城区“柴火鸡”油烟污染的管制政策，除了应评估这种管制政策是否达到降低大气污染目标的内在价值目标外，还要评估此项政策是否有助于发展“柴火鸡”餐饮项目这种外在价值目标。

◆ **拓展阅读**

邓恩的政策分析框架

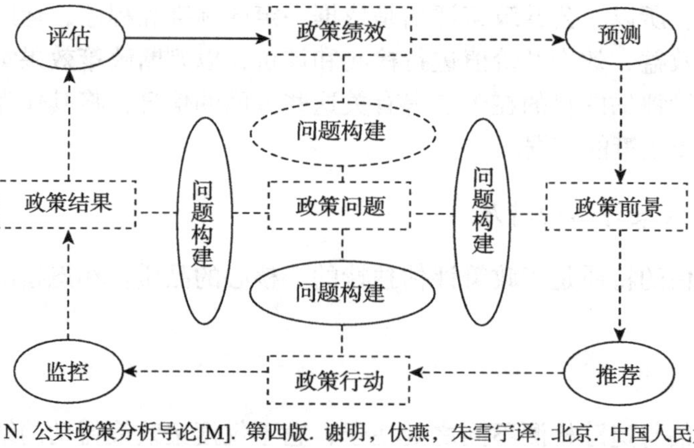

资料来源：邓恩 W N. 公共政策分析导论[M]. 第四版. 谢明，伏燕，朱雪宁译. 北京. 中国人民大学出版社，2011

二、公共政策评估的基本内容

公共政策评估涉及的内容较多，包括政策方案、政策执行和政策效果等方面。综合众多学者的观点，本教材认为，公共政策评估主要有以下六个方面的基本内容。

（一）评估政策成本

政策成本评估就是评估政策投入与产出之间的比例关系。政策成本是指整个政策过程中所投入的全部政策资源，包括直接成本和间接成本。直接成本是指政策实施过程中直接消耗的资源，包括人力、物力、财力等方面，直接成本比较容易计算。间接成本是指由于政策实施而失去其他机会，它常常涉及社会和心理方面，有的是有形的，有的是无形的，如时间、信息、机会、风险、环境等方面，常常无法计算。政策产出是政策执行的直接结果。有些政策经过评估，与其效果相比，因成本较高而得不到支持，可能被终止。有的政策经过评估，被认为成本比较低，就可能会继续得到执行。例如，某市实施郊区开发战略，在郊区建设了大市场，鼓励个体工商户迁往郊区市场营业，政府投入了许多资金，这是直接成本；同时，个体商业者也因为搬迁失去了许多客户资源，耽误了营业，这是间接成本。因此，需要核算或评估政策的成本，才能准确地评估政策的效果，进而做出正确的判断。

（二）评估政策需求

公共政策需求评估是评估政策运作所需的社会条件及满足社会问题的程度等，即社会组织或个体有什么样的问题需要政府采取政策来解决。政策需求评估是构建政策议程、制定政策的前提和基础。例如，无家可归者、低收入家庭、精神病患者、退伍老兵等群体对政府有解决其面临的现实问题的需求，评估“反贫困计划”“家庭倍增计划”等公共政策时需要综合考虑这些群体的最核心要求和目标，是增加收入还是改变他们的态度和行为。如果政策需求产生多重效果，那就需要考虑优先顺序，而且还要考虑政策需求产生非预期的影响，如旨在提高农民收入水平的农产品补贴计划可能导致补贴产品的过量生产等。

（三）评估政策效益

公共政策效益评估是对政策结果和政策投入之间关系所做的评价，即评估政策目标得以实现的程度。总体来看，一项公共政策的实施效果离预期目标越近，效益越好；相反，离预期目标越远，其效益就越差。如果在政策效益不变的情况下，成本越少，说明政策越成功；相反，成本越大，就越不成功。这需要评估在政策执行过程中所投入的各种资源的质与量及分配状况，分析政策对客观事物与政策环境所造成的实际影响、投入工作量与绩效之间的比例关系，以及政策满足人们需求、价值或机会的有效程度，如公务员加薪政策。

（四）评估政策过程

公共政策过程评估就是对政策运行各个环节进行评估，它涉及政策制定过程、执行过程、调整过程的操作状况。通过评估政策实际的运行状况，考察政策过程的各个环节，对发现问题、有效改进工作有现实意义。为了有效认识整个政策制定过程和执行过程，就需要对政策制定过程和执行过程进行一定的事实和价值评判，防止出现偏差，也能及时纠正偏差、及时校正，因而过程评估同样尤为重要。例如，通过评估三峡移民政策在实施过程中执行情况如何，可以知道国家移民资金是否到位、有无挪用的问题、移民的安置如何、三峡移民政策执行后产生了什么副作用。因此，在政策没有经验可循、政策面临不确定性较多时进行政策评估是有益和必需的。

（五）评估政策价值

通过某种方式对政策在价值上所具有的意义进行评估，就是政策价值评估。政策的价值是政策存在和终止的基本依据，是政策的内在生命力。而政策的价值往往是隐含的，一项公共政策是否有价值，不能凭主观臆断，必须通过对政策影响目标群体的情况进行评估来证实。20世纪70年代以前，人们通常只重视事实评估，而对价值评估不予重视。70年代以后，人们逐渐对传统政策评估的适当性提出质疑，认为评估不仅应当是客观真实的，而且应当是正义的，是有价值的。如果政策的价值天平严重倾斜，政策失之公平、公正，就应在政策评估之后终止。所以，评估政策价值也就成了政策评估的重要内容之一。

（六）评估政策影响

政策影响指的是政策实施对社会和公众及政策对象所产生的各方面直接的或间接的影响，包括积极影响与消极影响、正面影响与负面影响、整体影响与局部影响等，当政策的消极影响或负面影响超过其积极影响或正面影响时，如果还不采取有效的改进措施，决策者就有可能被建议或被要求调整或终止该政策。政策影响会产生两种结果方式：一种是净结果，包括政策的间接结果、直接结果；另一种是总结果，它既包括政策的间接结果和直接结果，又包括环境对政策所产生的影响结果。政策影响评估的主要任务是将政策评估的净结果从观测到的总结果中分离出来，并把净结果作为政策评估的重点。

◆ 拓展阅读

我国人口计划生育政策变迁史

1953年8月，政务院批准了卫生部颁布《避孕及人工流产办法》。1955年3月，中共中央发出了《关于控制人口问题的指示》。1957年2月，毛泽东在最高国务会议上提出“人类要控制自己，做到有计划地增长”。当年，马寅初提出了他对人口问题的主张，发表了“新人口论”。1962年年底，中共中央和国务院发出《关于认真提倡计划生育的指示》。1971年，国务院批转了卫生部、商业部、燃料化学工业部《关于做好计划生育工作的报告》，提出除人口稀少的少数民族地区和其他地区外，都要加强对这项工作的领导。1973年，国务院成立了计划生育领导小组，在计划生育宣传教育上，提出了“晚、稀、少”的口号。1978年，中国共产党十一届三中全会把计划生育提到国策的高度。1979年，第五届全国人民代表大会第二次会议提出“鼓励一对夫妇只生育一个孩子”。1980年，中共中央提出计划生育要采取立法的、行政的、经济的措施，鼓励只生育一个孩子。1980年9月，第五届全国人民代表大会第三次会议通过了新的《中华人民共和国婚姻法》（简称《婚姻法》），第十二条规定“夫妻双方都有实行计划生育的义务”。1982年9月1日，党的十二大报告明确提出，实行计划生育，是我国的一项基本国策。1982年12月，第五届全国人民代表大会第五次会议通过的《中华人民共和国宪法》中规定：“国家推行计划生育，使人口的增长同经济和社会发展计划相适应。”21 世纪初，我国计划生育政策调整为“双独二胎”。计划生育政策做出了一些调整，符合特殊情况者，由夫妻双方共同申请，经计划生育行政部门审批，可按人口计划及间隔期规定安排再生育一个子女，这其中就包括独生子与独生女结婚的情况。2013 年 11 月 15 日，中共十八届三中全会通过《中共中央关于全面深化改革若干重大问题的决定》，标志着“单独二孩”政策将正式实施。

2015 年 10 月 29 日，中共十八届五中全会决定全面放开二胎。

资料来源：中国人口计划生育政策变迁史一览. 中国报告网，http://www.chinabaogao.com/gonggongfuwu/2015/12/28/2R30S62015.html，2015-12-28

三、公共政策评估的功能和意义

公共政策评估是政策运行过程中具有特定功能和重要作用的政策行为，也是进一步完善公共政策实施效果的重要步骤之一，多表现为政府行为，是一种政治性活动。从我国目前的政策制定和执行情况来看，“只讲耕耘，不问收获”的现象时有发生。事实上，许多事情并不是无法可依，问题的关键在于政策交叉重叠，规制泛滥，政府认为其任务是制定并出台政策，对其实施的效果并不关心。导致这一现象出现的原因，除了我国传统文化因素的影响之外，政府对公共政策功能的不了解也是一个重要的方面。

（一）公共政策评估的功能

（1）诊断功能。公共政策评估的基础和首要功能是对政策及其运行状况进行分析，做事实评判，为决策和执行人员把握诊断政策方案或政策运行的实际状况做参谋助手，因此，公共政策评估具有诊断功能。一项政策正确与否，投入运行后效果如何，往往不能一目了然，更不能主观臆断，只能进行政策评估，充分利用一切可行的技术和手段收集政策效果信息，并在此基础上加以分析，做出科学的判断，确知该项政策的特点、优点、缺陷，以及实施该项政策在多大程度上达到了预期目标，产生了什么样的社会效益、经济效益和生态效益等，充分发挥政策评估的诊断功能，避免政策陷入盲目的境地。

（2）预测功能。公共政策评估者在事实评判的基础上，依据评估手段、技术还可以对政策方案及其运行状况做价值评判，确定其科学性、可行性，并据此预测政策运行对决策者、执行人员及利益关系人的影响和对其需要的满足状况，所以，公共政策评估具有预测功能。政策的运行是一个多层次、多方面、连续的动态过程，任何政策在执行一段时间后，政策决策者必须根据实际情况，决定该项政策是否延续、革新或终止，而政策评估则为这项决定的做出提供现实的依据，从而引导政策运行趋向正确、科学的方向。

（3）反馈功能。健全的公共政策评估系统，能够及时有效地将政策方案及其运行状况，以及评估者的判断、预测、建议等信息，反馈给决策者或执行人员，作为决策者修订、完善政策的依据，进而不断提高政策质量。因此，公共政策评估具有反馈功能。

（4）矫正功能。公共政策评估是政策监控机制的重要组成部分，通过事实、价值评判能够对政策运行进行监督控制，并参与或服务于决策者调整政策运行、矫正政策方案的活动。如果政策执行过程中出现问题，决策者应认真核查执行机构的工作流程、资源分配、人员配置、执行手段等，找出原因，强化政策执行。所以，公共政策评估也具有矫正功能。

（5）总结功能。公共政策评估系统能够对政策运行做阶段性或最终的评审，对政策运行的目标性、效率、影响力等做综合的分析、比较和总结，并为新的政策制定和运行奠定基础。

（二）公共政策评估的意义

公共政策评估作为一种对政策的效益、效率、效果及价值进行判断的政治行为，是政策运行过程中的重要环节。政策评估对改进政策制定系统，克服政策运行中的弊端和障碍，增强政策的活力和效益，提高政策水平具有重要作用，意义深远①。

1. 政策评估是检验政策效果、效益和效率的基本途径

从公共政策的连续性看，任何一项公共政策的制定都是以原有政策及其执行效果为背景的，都不是孤立产生的。因此，政策投入运行后，其效果如何，有没有达到预期的目标，产生了哪些新的问题和冲突，需要政策评估主体对其执行的走向进行密切关注，收集相关的信息和资料，再加以科学的分析、论证，得出可靠的结论，以确定该项政策是否有好的效果，这就是政策评估的过程。因为政策执行结果如何，不能仅凭人们的主观判断，而必须重视客观现实的体现。例如，“单独”“双独”计划生育政策的执行，就需要我们密切关注它的执行情况，并通过定期的人口普查及年度人口统计来确定这项政策的执行效果及偏差。

2. 政策评估是决定政策去向的重要依据

公共政策是个动态过程，政策制定和执行到某一阶段时，由于客观环境和主观价值方面的变化，政策决策者需要根据实际情况，决定该项政策的去向。而政策评估正是决定政策去向的主要依据，是政策变迁的基石。政策的走向一般有三种情况：①政策继续，即通过科学的评估，发现政策所指向的问题还未得到解决，其政策环境也没有发生大的变化，还适宜用原来的政策继续指导这个问题的解决。②政策调整，如果一项政策在执行过程中遇到新情况、新变化，原来的政策已明显不适应新的政策情况，那就必须对原有政策进行调整或更新，以适应新变化，更好地实现政策目标。③政策终结，也就是完全终止原来的政策。这有两种情况：一是政策目标已经实现，原有政策的存在已没有意义，自然终结；二是政策环境或问题本身发生了非常大的变化，原有政策已明显不能解决问题，甚至会使问题更加严重，而且调整已无济于事，需要终结旧政策，代之以新的、更为有效的政策。无论是政策的继续、调整还是终结，都必须建立在科学、系统、全面的政策评估基础上。

3. 政策评估是合理配置资源的基础和手段

由于公共政策资源的有限性，政策决策者和执行者必须考虑如何以有限的资源获得

① 陈振明. 公共政策学[M]. 北京：中国人民大学出版社，2004.

最大的效益，这要求政府部门在不同的政策投入中，必须合理地配置资源，为此，需要政策评估的介入。只有通过政策评估，才能确认每项政策的价值，并决定投入各项政策的资源的优先顺序和比例，以寻求最佳的政策效果，有效推进政府各个方面的活动。同时，通过政策评估，还可以对照以往的政策资源分配情况，看其是否合理，并总结经验，吸取教训，使政策活动优质高效地进行。

4. 政策评估是公共政策决策科学化、民主化的必由之路

在现代社会，政府利用政策来调整、组织社会生产和社会生活是国家管理活动中重要的一环。随着社会的进步，新情况和新变化层出不穷，单靠传统的经验决策已不能适应形势的变化。实践证明，经验决策必须向科学决策转变，而政策评估正是使决策迈向科学化的必由之路。通过政策评估，不仅可以检验政策效果，更合理地配置政策资源，形成一种优先顺序和比例，而且可以与时俱进，随时抓住情况的变化，对政策做出继续、调整或终止的决定。通过政策评估，还可以为下一阶段的政策活动提升科学化、民主化水平奠定基础。

第二节　公共政策评估的类型

随着政府活动的日益复杂化和影响的深广化，政策评估也日益呈现出多样化的特点。从不同的角度，依据不同的标准，我们可以将多样化的公共政策评估分为不同的种类。从公共政策评估组织活动的形式上看，政策评估可分为正式评估和非正式评估；从评估机构的地位看，政策评估可分为内部评估和外部评估；从公共政策评估在政策过程中所处的阶段来看，政策评估又可分为前评估和后评估。本节着重从以下几方面来探讨公共政策评估的类型。

一、正式评估与非正式评估

从公共政策评估组织活动的形式上看，政策评估可分为正式评估和非正式评估。

（一）正式评估

正式评估是指事先制订完整的评估方案，并严格按规定的程序和内容执行，由确定的评估者进行的评估。它在公共政策评估中占据主导地位，其结论是政府部门评价政策的主要依据。正式评估具有评估过程标准化、评估方案科学化、评估结论比较客观全面的优点。其缺点是要求的条件苛刻。正式评估不仅要求有足够的评估经费，系统地掌握相关信息，还要求评估者自身具备较高的素质。

（二）非正式评估

非正式评估是指对评估者、评估形式、评估内容没有严格规定，对评估的最后结论也不做严格的要求，人们根据自己掌握的情况对政策做出评估。非正式评估具有方式灵

活、简便易行的优点。通过非正式评估，不仅可以全面了解政策的实际效果，还能够吸引社会各阶层的人士参与评估活动，增强公众的参与意识。但由于非正式评估者掌握的信息有限，再加上缺乏科学的程序和方式，因而得出的结论难免粗糙，容易犯以偏概全的错误，同时，因其具有随意性，结论也难以搜集和整理。非正式评估被看做正式评估的必要准备和补充。

正式评估和非正式评估是公共政策评估的两种主要方式，它们各有优缺点。正式评估是占据主导地位的评估，直接关系到评估活动的质量，是应该大力提倡、不断改进的一种方式；非正式评估一方面可视为正式评估的必要准备，另一方面也是正式评估的一种重要补充。因此，在公共政策评估中，非正式评估和正式评估缺一不可，都应给予足够的重视。

二、内部评估与外部评估

从评估机构的地位看，政策评估可分为内部评估和外部评估。

（一）内部评估

内部评估是由政策系统或行政机构内部的评估者所完成的评估。政策系统内部的评估者可以是政策的制定者和执行者，也可以是政策机构中的专职评估人。它可分为由操作人员自己实施的评估和由专职评估人员实施的评估。

由政策制定者或执行者所进行的评估是内部评估的一部分，这类评估由于评估的主体本身就是政策的制定者和执行者，因而对整个过程具有全面了解，能掌握第一手资料，有利于评估活动的展开，使评估者根据评估结论，对自己的政策目标和政策措施迅速做出调整，令评估活动真正发生作用。但是，要求政府部门对自己的行为做出客观公正的评估，实非易事，这主要是由于：首先，评估就意味着批评，政策制定者和执行人员会尽力避免这样做，在他们看来，这样做无异于是对他们自身能力的质疑，影响到自己的声誉，因而评估中往往夸大成绩，掩盖失误；其次，评估往往代表某一机构的局部利益，这使公共政策评估容易走向片面性并带有浓厚的主观色彩；最后，公共政策评估是一项复杂而细致的工作，需要评估者系统地掌握有关的理论知识，并熟悉某些专门的方法和技术，而操作人员往往缺乏这方面的系统训练。

由行政机构中专职评估人员进行的评估也属于内部评估的范围，与操作人员进行的评估相比，由专职人员从事评估工作，可克服缺乏必要的技术方法、无法进行宏观分析等问题。但是，他们也置身于机构内部，这些专职评估仍然受到机构利益的牵制，他们必须处理好与操作人员间的关系，并听命于机构负责人的指示。因此，他们的评估也解决不了内部评估最大的痼疾，很难具备客观性。

（二）外部评估

外部评估是由政策系统或行政机构外的评估者所完成的评估。有各种外部评估者自己组织的评估，也有评估者接受有关单位的委托而进行的评估。它可以由行政机构委托营利性或非营利性的研究机构、学术团体、专业性的咨询公司、大专院校进行，也可以由投资机构或立法机构组织，还可以由报纸、电视、民间团体等其他各种外部评估者自己组织。外部评估同内部评估相比，常常能够不带偏见，比较客观，但是，这种方式获取资料困难，评估缺乏权威性，结论也不易受到重视。

由行政机构委托的评估是外部评估的一种最主要的评估方式。受行政机构委托的评估者往往是研究机构、学术团体、咨询公司或高等院校的专家学者，他们居于中立地位，一般能够客观地评估政策的是非功过；由于受行政机构委托的关系，评估资料的获取也较为容易，其评估结论也容易被行政机构接受，而且评估者是掌握评估技术方法的专家，因而能够保证公共政策评估的质量。这是受行政机构委托的评估所具有的优点。但同时，这种评估也有其致命的弱点，即由于评估者在评估经费和评估资料方面受到委托人的制约，为了获得评估经费，评估者可能牺牲原则，做出不科学、不公正的评估结论，从而使公共政策评估的科学性大打折扣。

由投资机构或立法机构组织的评估也是外部评估的一种重要形式。投资部门（如基金会）评估的目的是了解资源的使用情况，防止资源的滥用，侧重点在于经济利益；立法部门（如美国国会的会计总署）评估的目的是了解高额公共投资之后，政策执行的效果如何，是否使政策对象和环境受益，侧重点在于政治利益。一般来说，由投资部门或立法机构组织的评估最为客观和公正，但评估的准确性如何，要取决于评估资料的真实性与充分性如何。由于这种评估的结论对行政机构的利益得失至关重要，因而行政机构往往采取隐瞒真实情况，提供虚假信息的方法影响评估。所以，评估者也可能被虚假信息所迷惑，做出失真的评估结论。

除上述两种类型的外部评估之外，还有一种评估是由社会某些组织、团体和个人自发进行的评估，如专门的评估机构、某些研究机构、专家学者、新闻媒体和个人自发地对某些公共政策进行的评估。这种评估没有机构或部门利益，反映的是社会公众的观点，因而评估的态度最为客观，但多因经费短缺，评估活动难以深入进行，同时囿于不了解重要的评估资料，评估结论也不被重视。

从以上分析可以看出，内部评估和外部评估各有其利弊，因而，在实践中，我们应把内外评估结合起来，取长补短，以提高评估质量。

三、前评估与后评估

从公共政策评估在政策过程中所处的阶段来看，政策评估又可分为前评估和后评估。

（一）前评估

前评估也称事前评估，是在政策执行之前进行的一种带有预测性质的评估。这种从单纯的事后检测变成事前控制的工具是公共政策评估领域的一次重大突破。前评估的内容包含三方面：其一，对政策实施对象发展趋势的预测。政策是面向未来的，对未来的趋势、发展规律把握得如何决定着政策的成败。其二，对政策可行性的评估。通过分析主客观条件和不利因素，对政策的可行性做出评估。一项政策的实施具有多种可能性，有的政策虽一时可行，但从长远看，则弊端重重，有的则是局部可行，而在全局则不可行，事前评估可以使决策者在选择或实施政策时，对它做严格的时空限制和规定。其三，对政策效果进行评估，即通过对政策内容和外在环境的综合分析，对政策实施可能产生的效果做出评估。

前评估要求对评估对象进行全面的、多向的、开放的、动态的测试和研究，要求从根本上尊重科学和事实，一切从实际出发，排除盲目无知的主观性，以收到良好的效果。现代科学技术尤其是电子计算机的发展，使人们在政策执行以前就能对政策执行效果做出准确的估计，勾勒出政策的未来轮廓，让决策者看到政策实施的有利因素和成功之处，同时也对不利因素和失败的可能有一定的思想准备，一旦出现意外情况，也可随机处置，将政策执行所致的损失减至最低。也就是说，前评估带有一定的超前性和预测性，可以做到防患于未然。当然，在政策实施过程中，有时系统结构会产生一定的变化，旧有的稳定性受到破坏，有时会发生意外情况并对政策造成干扰，因此，前评估与未来的事实和实际的成效还有一定的距离。

（二）后评估

后评估也称事后评估，是政策执行完成后对政策效果的评估，旨在鉴定人们执行的政策对所确认问题的解决程度和影响程度，辨识政策效果成因，以求通过优化政策运行机制的方式，强化和扩大政策效果。它在政策执行完成以后发生，是最主要的一种评估方式。

公共政策评估的主要任务是依据一定的标准和方法，具体考察一项政策的执行在客观上对社会、政治系统、自然环境、某些团体和个人产生的影响，综合分析一项政策的效果。作为政策过程的总结，效果评估对政策所做的价值判断最具有权威性和影响力。根据效果评估可以基本上决定一项政策的延续、改进或中止，以及长期性的政策资源的获取和分配问题。在进行效果评估时，评估者必须注意分清预期效果和意外效果、实际效果和象征性效果、短期效果和长期效果，并在此基础上加以综合分析，以便对政策的价值做尽可能全面而客观的判断。为了弥补人们认识能力的局限，也为了尽可能节约政策执行的资源，减少或避免资源的浪费，政策的决策者、规划者和执行者都必须重视效果评估，从中发现政策的成败，及时扬长避短。在效果评估时应特别注意政策影响，即政策产出对个人、团体、社会、自然环境、政治系统发生的作用，以此反观政策的价值。

◆ 拓展阅读

南京“瓜车新政”政策试错与决策调适

为了城市建设的需要，南京市人民政府依照2004年制定的《中华人民共和国道路交通安全法》，规定从2005年6月20日至8月10日，一律禁止拖拉机、三轮机动车运送瓜果进市区。此项政策的出台，虽然初衷是提升城市品位，创建良好的城市环境，减少拖拉机、三轮机动车这些噪声巨大、通行速度缓慢的车辆在夏夜行驶时造成的污染，以及杜绝因瓜车违反交通规则造成的事故，创造一个宁静、平安的夏天，但实施起来，却在损害广大瓜农利益的同时，给市民带来了不便，也使政府陷入尴尬境地。为此，南京市及时做出反应，对该项政策进行解释和调试，使矛盾得到缓解。公共政策的实现，一方面取决于在制定公共政策时要充分占有信息，了解政策利害相关人的意见，权衡利弊；另一方面取决于在执行公共政策时，政策执行者与受影响者之间要就目标或手段进行相互调试，寻求一个双方都可以接受的政策执行方式。

资料来源：陈潭，舒白雪. 中南大学精品课程网站，2016-01-07

第三节　公共政策评估的要素

公共政策评估是一个动态过程，是一种有计划、按步骤进行的活动。虽然评估活动步骤会因为评估类型的不同而不尽相同，但是，一般公共政策评估系统由共同的基本要素组成，这些要素是构成政策评估系统的微观单位。具体来说，该系统是由评估主体、评估客体、评估目标、评估标准和评估方法等要素构成的一个有机整体。公共政策评估就是政策主体在一定的政治经济制度环境下，依据政策评估标准，采取一定的评估方法，对政策评估客体做出评价或判断的过程和结果。

一、评估主体

公共政策评估主体就是直接或间接地参与公共政策评估过程的个人、团体或组织，具体来说，包括政策决策者和执行者、专业学术团体和研究机构、政策目标群体等，这是公共政策“公共性”的基本体现。政策评估主体在评估体系中处于核心地位，发挥着主导作用。政策评估主体可以区分为内部评估者（即政策主体）和外部评估者。从机构上看，内部评估者包括政策决策部门、政策执行部门、政策监督部门、政策咨询部门和绩效考评部门；从人员上看，内部评估者既有各级行政领导也有普通行政人员。外部评估者由政策主体以外的组织或个人构成，官方的外部评估者有立法机构和司法机构的组织或个人，非官方的外部评估者主要是利益团体（包括政党）、各种民间组织、大众传媒及社会民众等。

（一）政策决策者和执行者

决策者和执行者是承担政府活动的关键角色，能够比较全面、直接地掌握政策活动的第一手资料，具有较强的信息优势。但由于与公共政策有直接关系，决策者和执行者在政策评估时容易受到很多因素的干扰，如部门利益、思维方式、上级压力、心理因素等影响，从而使政策评估的结果受到影响甚至是质疑。因此，在选择决策者和执行者作为评估主体时，应该控制和协调好各种影响因素对评估的干扰。

（二）专业学术团体和研究机构

专业学术团体和研究机构往往受托于政策部门进行政策评估，因而在评估经费、信息获取等评估条件方面具有一定的优势，而且因为是专业学术团体和研究机构，其具备专业理论知识和方法技术，他们能够胜任政策评估工作，其评估结论通常也更有权威。但这些专业学术团体和研究机构有时也不可避免地受到来自政府部门的种种影响，容易接受某种暗示，存在一些心理障碍，从而影响政策评估的质量。有学者将专业学术团体、研究机构和媒体界定为非政府部门的评估主体，将非政府部门参与的政策评估命名为“政策评估产业”。尤其是大学里的学者和一些私人性质的研究组织，他们通过与政府部门签订合同的形式，积极从事政策评估活动，如布鲁斯基金会和美国企业协会将大多数甚至全部的精力和时间投入政策评估项目。与政府部门的研究机构相比，这类研究组织的活动更具有独立性，对政府的活动及其政策更具有批判性，其评估结论往往能够引起政府部门的高度重视。

（三）政策目标群体

政策的目标群体既是政策的受体，又是政策过程的参与主体，其与政策成败具有直接的利害关系，他们往往能够通过自己的亲身感受和彼此间的信息沟通对政策执行效果做出具有针对性的评价。重视听取目标群体的意见，也是建设政策民主化，实现社会公正的有效途径。但是，目标群体中既有政策的利益获得者，也有政策的利益受损者，他们可能会从利益角度对政策进行价值判断，可能会设法掩盖政府效果的缺陷，也可能设法夸大政策执行中的负面影响，甚至采取极端态度，全盘否定有关政策。所以，在听取目标群体意见的时候，一定要注意他们的政治立场，不能一概接受，也不能一概否定。

二、评估客体

公共政策评估的客体是指公共政策评估的对象，是评估主体评判的对象和指向目标，即所评估的具体政策。虽然在一项具体的政策评估活动中，评估对象是既定的，但政策评估应以有效性（有没有价值）、必要性（有没有需要）、可行性（有没有条件）为前提，具体问题具体分析，不能一概而论。对每项公共政策的评估都可能对评估客体产生影响，这种影响可能产生在评估过程中，也可能产生在评估结束以后。

公共政策评估的对象或客体是相对于主体而言的，没有客体就无所谓主体，也就不存在公共政策的评估系统，所以公共政策评估的对象是公共政策评估体系中的基本构成要素之一，它与其他要素构成一个紧密联系的互动关系。自从有了公共政策，就有了公共政策评估。公共政策即政策评估的客体或对象。一般来说，对公共政策评估客体的界定或理解，可以从以下几个方面进行研究分析或划分。

（一）以政策方案为评估对象

以政策方案为评估对象（或客体）的公共政策评估，属于政策评估中预测评估的范畴，这类评估把公共政策评价作为对政策方案的选择。西方著名学者劳伦斯·摩尔和纳希尔都认为政策评估应该在事前预先进行，而不是针对某一事件的反应或事后进行。公共政策评估主要关心评价结果是否对公共政策有用，把评估看成一种科学研究活动。评估者通过收集相关信息，运用定性和定量分析方法和技术，对各公共政策方案进行分析，确定各种方案的现实可行性及优缺点，以供决策者参考。

（二）以政策过程为评估对象

以公共政策过程为评估对象（或客体），既包括对公共政策方案的评估，也包括对公共政策执行及公共政策效果的评价。国外学者安德森认为，“公共政策评估涵盖对一项公共政策的内容、执行、目标实现及其他效应的估计与评价”①。林水波和张世贤认为，“公共政策评价是有系统地应用各种社会研究程序，收集有关资讯，用以论断公共政策概念与设计是否周全完整，知悉公共政策实际执行情形、遭遇的困难，有无偏离既定的公共政策方向；指明社会干预公共政策的效用”②。以公共政策过程为评估对象（或客体），是一种大评估的思想，有将政策评估和政策分析等同的意味。

（三）以政策效果为评估对象

以政策效果为评估对象（或客体），其特点是将公共政策评估的目的界定为评价公共政策执行在实现其预定目标上的效果，评估的重点是该项公共政策在多大程度上解决了公共政策所指向的问题，以及该效果的取得是公共政策本身的作用还是由公共政策以外其他因素导致的等。西方著名学者邓恩主张政策评估的着眼点应是政策效果；国内学者陈振明认为，公共政策评估就是对公共政策实施效果所进行的研究。本书研究的公共政策评估主要侧重于对政策效果的分析。

由于政策资源的有限性，所以任何政策的实施都必须考虑成本问题，不能为了取得理想的结果而不计成本，不惜代价，因此，政策评估对象的成本因素是评估过程中需要加以重点考虑的内容。当然，成本不仅包括与政策密切相关的直接成本，还包括政策实施的机会成本和其他间接成本。此外，由于政策内容与环境因素具有很强的互动性，所以政策评估不能不考虑环境条件的发展变化。基于此，也有不少国内学者认为公共政策评估的对象或客体有以下五个方面：①法定评估项目；②问题较大的政策；③效果显著的政策，④应要求评估的政策；⑤长期项目的阶段评估，即对于长期项目，应该根据阶段性要求确定是否进行评估。

三、评估目标

评估目标即评估工作的出发点和目的，就是设法回答“为什么要进行政策评估”这样一个问题，并做出必要的解释。一般来说，评估目标能够决定政策评估的发展方向、基本内容和选择标准。评估目标主要涉及以下四个方面的内容。

（一）政治方面

政治方面，即政策制定与执行所追求的政治目标，更大程度上体现执政党的执政目的，具体表现为：政策的执行对国际、国内或地区产生什么政治影响，是否会影响现有

① Anderson J E. Public Making：An Introduction[M]. Boston：Wadsworth/Cengage Learning，2014.

② 林水波，张世贤. 公共政策[M]. 台北：五南图书出版公司，1993.

的分配状态，是否有利于社会的团结与统治的稳定，是否会破坏原有的政治格局，是否有利于政权的巩固与发展；政策是否取得了合法性地位，是否得到了舆论界和社会公众的认可与支持，是否树立了良好的政府形象，是否会影响现存的政治、经济制度；等等。

（二）行政方面

行政方面，即评估某个或某些政府机构能否在政策执行中发挥其作用；是否具备这方面的能力；能否通过政策执行获得这样或那样的利益；能否有效克服组织管理方面存在的问题；政府在宣传、组织、实施政策方面是否具备能力；为达到政策所追求的目的和效果，政府机构是否支付了相对应的成本，是成本大于效益还是效益大于成本；等等。

（三）法律方面

法律方面，即从政策合法性角度进行评估，重点关注执行程序是否存在问题，行政行为是否合法且具有一定的灵活性。法治的原则是程序优先，政策执行如果不符合程序规定，即使政策效果再好，也不可行。

（四）方案方面

方案方面，即评估政策方案的应用价值是否达到了预期目标，是完全达到还是部分达到，政策的产出与投入是否合乎预期的要求，政策的实施是否对政策环境构成预期的影响，等等。

通过公共政策评估，明确政策的可行性程度，发现政策制定过程中的偏差，得出继续执行或停止执行政策的判断，也为备选方案确定优先顺序提供依据。不同的政策会有不同的经济效果、社会效果与政治效果，这就需要通过评估活动，分清多项政策的轻重缓急，对政策资源进行重新配置，为下次政策制定、执行和调整过程准备一定的有利条件。

四、评估标准

公共政策评估实质上是一种价值判断，要进行价值判断，就必须建立相应的价值尺度，即评估标准，它是政策评估者在政策评估过程中对公共政策方案和政策效果进行优劣判断的尺度和准则。公共政策评估标准是对公共政策实施情况进行测量、评定的参照体系，没有标准将无法对政策进行正确客观的评估，而且这些标准是所要分析问题的核心所在，较早说明评估标准也有助于避免日后出现选择个人偏好的方案的行为。一套科学、合理的评估标准可以判断一项政策的好坏及其目标实现程度。选择什么样的评估标准，不仅取决于评估目标与评估者，还取决于评估的技术与方法。但在现实的政策实践过程中，由于政策涉及面广，参与人数众多，政策过程中的变量因素很多，因此，难以设定一套所有人都能认同的标准，国内外学者对政策评估的标准都有自己不同的看法。

美国的卡尔·帕顿和大卫·沙维奇在其合著的《政策分析和规划的初步方法》一

书中认为，公共政策评估标准可归入四种综合类型，即技术可行性（technical feasibility）、经济与财政可能性（economic and financial possibility）、政治可行性（political viability）和行政可操作性（administrative operability），而且分析人员应当在每一种类型中为每一个政策问题确定相关标准①。美国的邓恩在《公共政策分析导论》一书中，将评估标准分为六类，即效益、效率、充足性、公平性、回应性和适宜性，见表 7-1。

表 7-1　政策评估的标准

标准	问题	说明性的指标
效益	结果是否有价值	服务的单位数
效率	为得到这个有价值的结果付出了多大代价	单位成本；净利润；成本收益比
充足性	这个有价值的结果的完成在多大程度上解决了目标问题	固定成本（第 1 类问题） 固定效益（第 2 类问题）
公平性	成本和收益在不同集团之间是否等量分配	帕累托准则；卡尔多-希克斯准则；罗尔斯准则
回应性	政策运行结果是否符合特定集团的需要、偏好或价值观念	与民意测验的一致性
适宜性	所需结果是否真正有价值或值得去做	公共计划应该效率与公平兼顾

资料来源：邓恩 W N. 公共政策分析导论[M]. 第四版. 谢明，伏燕，朱雪宁译. 北京：中国人民大学出版社，2011

中国台湾学者林水波和张世贤在其合著的《公共政策》一书中综合了国外学者的观点，提出一般性政策评估标准应包括以下八种：①政策投入工作量。在政策执行过程中所投入的各项资源的质与量及分配状况。②政策绩效。依据具体明确的目标，分析政策对客观事物与政策环境所造成的实际影响，绩效既包括政策推动的结果，又含有民众心目中认定的满意程度。③政策效率。投入工作量与绩效之间的比例关系。④充分性。满足人们需求、价值或机会的有效程度，反映绩效的高低。⑤公平性。政策所投入的工作量及产生的绩效在社会不同群体间公平分配的程度。政策的类型不一样，所反映的公平性的角度与观点也不一样。⑥适当性。政策目标和所表现的价值偏好及所依据的假设是否合适。⑦执行力。探求影响政策成败的原因，进而构建因果模型。⑧社会发展总指标。对社会状态与发展的数量进行描述与分析，既可以反映过去的动向，又可以作为社会现状的说明，其特征是以描述性指标为主②。

中国学者张国庆从一个较独特的角度提出了政策评估的基本标准和次级标准的概念。他在《现代公共政策导论》一书中认为，对于一项政策的整体评估是建立在若干单元评估基础上的。所以，他把用于整体评估的标准称为首要标准，把用于单元评估的标准称为次要标准。中国学者陈振明在《公共政策分析》一书中认为，政策评估有五个标准，即生产力标准、效益标准、效率标准、公正标准和政策回应度③。

上述学者的观点各有千秋，但总体上是可行的。但在制定或选定公共政策的评估标

① 帕顿 C V，沙维奇 D S. 政策分析和规划的初步方法[M]. 第 2 版. 孙兰芝，等译. 北京：华夏出版社，2003.

② 林水波，张世贤. 公共政策[M]. 台北：五南图书出版公司，1993.

③ 陈振明. 公共政策分析[M]. 北京：中国人民大学出版社，2003.

准时，应遵循以下几个原则：第一，客观性原则。公共政策评估标准的选定要树立科学的思想，实事求是，客观公正。第二，系统性原则。公共政策评估标准的选定，需要注重系统理论和方法，考虑各方面的情况，照顾各方面的利益。第三，准确性原则。公共政策评估涉及事实的分析、价值的判断，必须科学准确，坚持原则性与灵活性分析相结合。第四，可操作性原则。公共政策评估选定的标准需具有可操作性和实用性，简便易行，切合实际，尽量量化。第五，导向性原则。公共政策评估对政策运行以至于社会的发展都有一定的导向作用，因此，选定的标准应遵循导向性原则。中国公共政策实践，把促进社会生产力发展、适应社会全面发展作为一项根本标准。根据这个标准和上述原则，综合国内外学者对公共政策评估标准的研究，我们认为，公共政策评估标准基本可分为以下几个方面。

（一）生产力标准

生产力标准是评价一个国家、一个政党战略方针的根本标准，也是评价一项政策的基本准则。按照社会发展的规律，只有那些代表先进生产关系，能促进社会生产力发展的阶级和社会力量才能推动社会的发展。无论是对政府还是对社会来说，能够代表先进生产关系、满足人们的利益要求、促进社会生产力发展的公共政策就是一项进步的政策，就能得到人们的拥护和支持，反之，就是落后的甚至反动的政策，就会遭到人们的反对，最终归于失败。人民的利益要求最重要的是经济利益要求，而经济利益及其他社会利益的满足归根到底取决于社会生产力的发展。生产力作为社会发展的根本动力，以它为标准对政策进行评估，最能体现人民的根本利益和要求。

（二）政策效率标准

政策效率标准是衡量政策取得的效果所耗费的政策资源的数量，它通常表现为政策投入与政策效果之间的比例。政策效率的高低往往反映出政策本身的优劣和政策的执行状况。一般来讲，政策的效率标准包括三个层次，即政策的成本层次、单项政策的投入和产出层次、政策的全部成本与总体产出层次。在政策成本层次上，必须掌握政策过程中的资金来源与支出、物资与信息的调配与使用、决策者与执行者的数量与工作时间；这一层次上的效率评估，关心的是政府投入了多少资源，只有足够数量和质量的政策投入，才能实现政策目标。在单项政策的投入产出层次上，必须掌握一项政策投入一定的资源后，是否产生了效果，是否存在其他更好的途径，政策成本降低后，是否还能达到相同的效果；这一层次的效率评估，关心的是如何以较好、较快、较少的投入实现政策目标，即在最小的政策成本下达到政策的目标。在政策的全部成本与总体产出层次上，必须掌握由于除了直接用于政策过程的资源外只用于该项政策，而不能用于其他方面而造成的机会成本有多大，以及该项政策实施所产生的直接效果以外的附带效果、象征效果、非预想效果等；这一层次的效率评估，关心的是政策系统与社会整体系统的关系。

（三）政策效益标准

政策效益指的是政策的有效性及达到政策目标的程度。确定政策效益标准的目的在于衡量政策投入之后的所得成果，比较政策执行的实际效益与原来预期的理想水平，分析政策目标的达到程度。政策效益评估的重点不在于是否按照政策方案加以实施，以及采取了什么方法和手段，投入了多少人力、物力、财力、信息和时间，而是政策实践是否达到了预期的效果。政策效益的标准比较复杂，在进行政策效益评估时，应充分考虑各种因素的影响，重点考虑政策预期目标的合理性和实现的充分性，包括政策预期目标满足人们有效需求的程度、政策预期目标解决社会问题的深度和广度。此外，政策效益既表现为政策实施后的经济成果，又表现为非经济的成果，因为非经济成果的评估是难以计量的，需要从多方面进行定性分析。

在进行政策效益评估时，在着重于政策达到的直接效果的同时，还应注意政策影响的全部结果，尤其是可能或已产生的副作用，充分估计负面效应对正面效应的低效成程度，坚持实事求是的原则，保持评估的客观性，从而做出政策效益的科学判断。

（四）政策回应性标准

政策回应性是指政策实施后结果满足人们需求的有效程度。确立政策回应性标准的目的是从总体上衡量政策对社会的宏观影响。一项政策即使有较高的投入或良好的效益和效率，但如果回应性程度不高，同样不能被认定为成功的政策。在实际生活中，政策回应的重点不在于政策的制定和执行的形式方面，而在于政策的内容和实际效果。当然，政策回应程度不能简单地等同于人们的需求、价值和机会与政府系统输入程度和政府系统输出程度之间的对应性，因为人们的利益和需求会随着时间、空间和其他条件的变化而发生调整，“众口难调”，而且政府掌握的资源有限。这就要求政府广泛搜集有关的政策信息，多方面了解政策对象的反应，从政策执行前后社会发展变化的总体情况的比较分析中，考察政策内容与结果的社会公平性，从而做出客观的评估。

（五）社会公正标准

公共政策是政府依据特定时期的目标，在对社会公共利益进行选择、综合、分配和落实的过程中所制定的行为准则，公共性是公共政策的重要特征和体现。市场的失灵，不能保持国民经济的综合平衡和稳定协调的发展，这使政府的积极干预成为必要。政府对社会经济活动的干预，实际上就是公共政策的制定和执行过程。因此，政府在制定公共政策的过程中应该以社会利益最大化为其目标，最大限度地体现最大多数人的利益，尽可能地实现帕累托最优。政策在满足大多数人利益的同时，也可能导致一部分人的利益受到损害，所以，为了实现帕累托最优，就要求政府必须注意那些由于政策因素而合法利益受损的少数人群体或部分利益集团的利益，通过利益的再分配或补偿等方式给予那些受损的合法利益以合理的补偿，从而体现和照顾大多数人的利益。因此，公共政策是否成功的重要标准之一就是看其是否体现政策的公平和公正，是否体现和维护大多数人的利益。

五、评估方法

公共政策评估方法是指政策评估主体在进行公共政策评估过程中所采用的所有方法的总称。评估方法对政策评估具有非常重要的意义，从某种意义上讲，评估的成功往往取决于方法的成功。从目前情况看，评估方法多种多样，有经验型方法，也有演绎推理型方法；有定性分析的方法，也有定量分析的方法；有传统的方法，也有现代的方法。无论采取哪种评估方法，都是在政策评估的基本方法指导下进行的，这个基本方法就是“前—后”对比分析方法。

“前—后”对比分析是政策评估的基本思维逻辑，是通过政策执行前后有关情况的对比分析，从中测度公共政策效果及价值的一种定量分析方法。它通过大量的参数对比，使人们对公共政策执行前后情况的变化一目了然。这种分析方法不仅可以帮助人们了解公共政策的准确效果，还可以帮助人们认识公共政策的本质和误差，因此，是公共政策评估常用的基本方法。目前学术界比较公认的“前—后”对比分析方法具有四种表现形式或设计①。

（一）简单“前—后”对比分析

简单“前—后”对比分析是先确定公共政策对象在接受公共政策作用后可以衡量出的值，再减去作用前衡量出的值，从而评估公共政策实施的效果。这种方法的优点是简单、方便、明了；缺陷是不够精确，无法将公共政策执行所产生的效果和其他因素（公共政策对象自身因素、外在因素、偶发事件、社会变动等）所造成的效果加以明确区分。该方法具体原理如图 7-1 所示，其中 A_1 表示公共政策实施前的效果值，A_2 表示公共政策实施后的效果值，A_1–A_2 则表示公共政策实施效果。

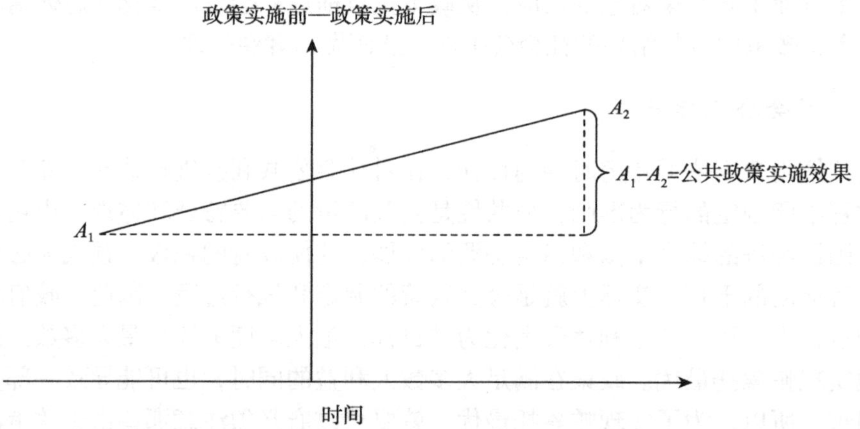

图 7-1　简单“前—后”对比分析示意图

“前—后”对比分析通常可以降低成本，节省实际操作的时间，但存在一个主要缺

① 黄顺康. 公共政策学[M]. 北京：北京大学出版社，2013.

陷，即所发生的变化可能存在其他的解释。例如，河水水质的改善可能源于水流量的增加、污染制造者的自我抑制，或者生产设备的改进，等等。另外，如果“前—后”对比分析在预期的方向上没发生多少变化，那么也不能就断言这个计划没多大效用。即便如此，对照式研究仍然有可能提供别的方式所无法获得的有关某一计划的信息①。

（二）“投射—实施后”对比分析

“投射—实施后”对比分析是将政策执行前的趋向线投射到政策执行后的某一点上，并将所得到的投影与政策执行后的实际情况进行对比，以确定政策的效果图。与简单的“前—后”对比分析相比，“投射—实施后”对比分析考虑了失误发展定位趋势，通过比较公共政策实施前后效果的差值来评估公共政策。这种方式考虑到非公共政策因素的影响，其结果更为精确。缺点是政策执行前以外环境的数据资料难以收集，难以建立起公共政策执行前的倾向线。如图 7-2 所示，O_1O_2 为根据政策执行前的各种情况建立起来的趋向线；A_1 为趋向线外推到政策执行后的某一时点的投影，代表若无该政策会发生的情况；A_2 为政策执行后的实际情况；A_1–A_2 代表公共政策实施效果。

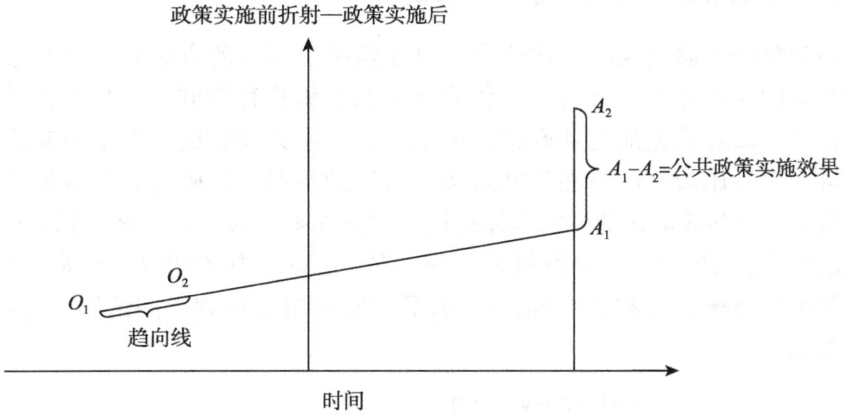

图 7-2 “投射—实施后”对比分析示意图

（三）“有—无”对比法

“有—无”对比法就是将事物放在有公共政策实施和无公共政策实施的两种环境中，分别分析其发展情况，然后通过对比二者的情况来评估公共政策实施效果的方法。具体来说，就是在政策执行前和执行后这两个时间点上，分别就采取某一政策和无政策时的两种情况进行前后对比，然后再对两次比较结果进行对比，以确定被评估的政策的效果。这种方法的优点是能够比较有效地将被评估政策的“纯效果”从政策执行后产生的总效果中分离出来。如图 7-3 所示，A_2 和 B_2 分别表示各个政策执行后有无公共政策的两种情况；A_1A_2 为各个政策执行前的各种情况；A_2-A_1' 为有公共政策条件下的变化结果；B_2-B_1' 为无公共政策条件下的变化结果。这种方法排除了非公共政策因素的作用，能够较为准确

① 谢明. 公共政策导论[M]. 北京：中国人民大学出版社，2004.

地测度出公共政策的效果，是测度公共政策纯效果的主要方法。

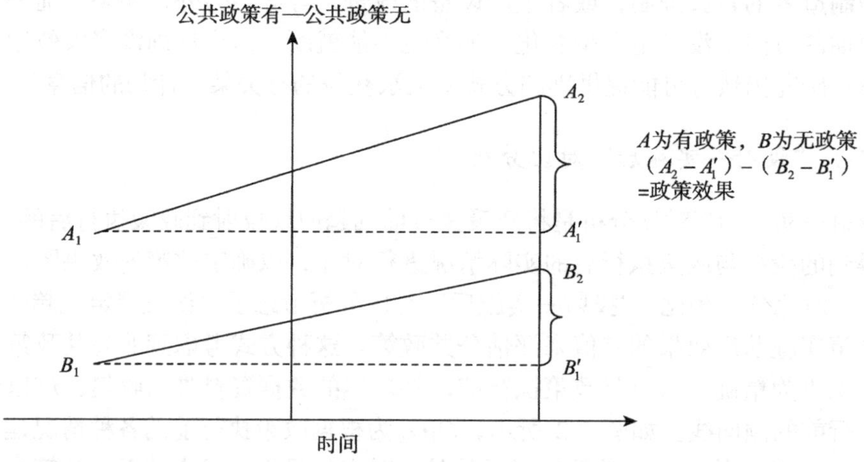

图 7-3 “有—无”对比法示意图

（四）“控制对象—实验对象”对比法

“控制对象—实验对象”对比法是通过设定参照对象的方法对公共政策进行评估的方法。在运用这种评价设计时，评估者将公共政策执行前同一评估对象分为两组，一组为实验组，即对其施加公共政策影响的组；一组为控制组，即不对其施加公共政策影响的组。然后比较这两组在公共政策执行后的情况，以确定公共政策的效果。这是社会实验法在公共政策评估中的具体运用。如图 7-4 所示，A 和 B 在执行前后是相同的，A 为实验对象的情况，B 为控制对象的情况。图 7-4 中 A_1 和 B_1 分别为实验前的实验组和控制组的情况；A_2 和 B_2 分别为实验后的实验组和控制组的情况；$A_2–B_2$ 则表示公共政策实施效果。

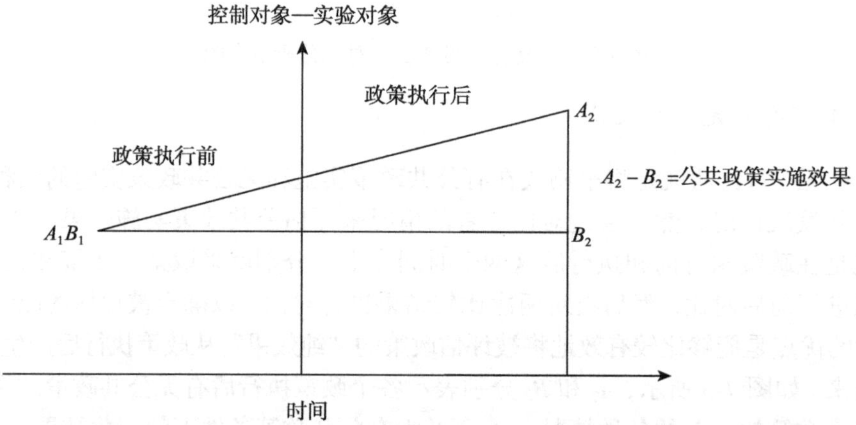

图 7-4 “控制对象—实验对象”对比法示意图

此外，还可用成本–收益法、模糊综合评估法等定量分析法。实践表明，没有一种既适合情况又能取得最佳效果的政策评估方法。所以，评估方法的使用，一定要结合具体的评估对象、评估阶段和评估环境，根据特定的条件，选择适合政策问题并在时间允许范围内可以完成的方法。

◆ **拓展阅读**

个人生命的价值评估

四种为成本-收益分析设计的个人生命的价值评估方法如下。

（1）个人资本途径，有时也叫做贴现未来收入。这一方法不带伦理色彩，它认为个人价值取决于未来贴现，即他在职业生涯内能够取得的收入。某些分析者从收入中减去个人生活支出以得到净值。无疑，一个人收入越多，其生命价值越大。

（2）个人支付意愿。这可能是由对比方式决定的。对比危险职业的工资与相对安全职业的工资，来计算人的生命价值。例如，一项死亡风险高出 1/50 000 的工作在收入上多出 50 美元，那么可以得出生命的价值是 250 万美元。这种评估方法的不同之处在于通过调查确定出人们愿意支付多少以降低健康风险，然后根据调查反馈确定生命的货币价值。

（3）法庭判例。法庭和陪审团对造成生命安全的责任案件与玩忽职守案件的审判可以用来确定生命的价值。但需注意的是，这些判例在赔偿数量上有很大差异。

（4）个人评价。假定个人是自己利益的最好判断者，那么可以调查他们为避免死亡愿意支付多少钱。换句话说，人们对付出自己的生命能够接受什么样的价钱。

资料来源：安德森 J E. 公共决策[M]. 唐亮译. 北京：华夏出版社，1990

第四节　公共政策评估的步骤

公共政策评估是一个动态的、有规律可循的系统过程，是一种有计划、按步骤进行的活动。尽管由于评估对象和评估方法的不同，具体的政策评估过程也会有所差异，但一般来讲，公共政策评估一般都要经过计划与准备、组织与实施和总结与报告三个阶段。

一、计划与准备

计划与准备是公共政策评估的基础性工作，是政策评估得以顺利进行和卓有成效的前提条件。组织准备工作比较充分，就能保证评估工作有计划、按步骤展开实施，避免盲目性。计划与准备的主要任务包括以下方面。

（一）确定评估对象

评估对象的正确定位是政策评估的方向性工作。作为评估的客体，各项具体执行的政策是既定的，但由于公共政策具有相关性，一项政策结果的形成要受多项公共政策的影响，要清楚地划出一项政策作用范围的边界并不容易。同时，并不是任何政策在任何时候都可以而且有必要进行评估。例如，某项政策仅具有象征性意义或者尚未完全发生作用，评估的时机尚未成熟，则暂时没有必要进行评估。这就要求选择的评估对象是确有价值且需要评估，同时也是可以进行评估的，即从时机、人力、物力、财力等方面都能满足评估需要的基本条件。一般来说，有四类政策可以确定为评估的对象：正在执行的比较成熟的政策；实施效果与环境变化之间有明显因果联系的政策；评估的结论有代表性和推广价值的政策；负面效应突出，普遍引起公众质疑的政策。

（二）制订评估方案

这是政策评估准备阶段最为重要的一项工作，其质量的高低决定着评估活动的成败。完整的评估方案一般包括五个因素，即评估对象、评估目的、评估标准、评估方法、评估主体。因此，评估方案必须以书面的形式系统、详细地说明以下内容：第一，阐述评估对象，明确说明评估什么。第二，明确评估的目的、意义和要求。评估目的决定评估的基本方向，解决的是为什么要进行评估的问题。第三，确定评估的标准。确定评估标准可以保证评估具有合理性的客观尺度，对于不同的评估目的，标准的选择也不一样，在实践中一般都要进一步量化，即采用“指标体系及指标体系的集合”来实施评估活动。第四，选择评估的方法。由于各种评估方法都有一定的优缺点，适用的场合也不相同，使用单一评估方法可能会产生非常严重的后果，因此，要考虑各种不同评估方法的互补性。第五，确定评估主体，说明包括哪些类型的人、各占多少比例、这些人在评估决策中的权重如何。多元性、独立性和专业性是评估主体的要求。简言之，评估方案应将评估的五个基本要素，即评估对象、评估目的、评估标准、评估方法和评估主体都包括在内，构成一个完整的政策评估体系。

（三）建立评估机构

选择或建立合适的评估机构是评估的保证，必须根据评估的具体要求确定相应的组织规模和职位数量，挑选合格的评估人员。

（四）挑选和培训评估人员

公共政策评估是一项严肃的研究工作，对评估人员的理论素养要求很高。评估人员是公共政策评估系统构成要素中最主要的要素，其素质的高低、专业化程度、评估态度、敬业精神、评估立场等都直接影响评估的质量。因此，要精心挑选合适的评估人员进行必要的培训，提高他们的业务水平和综合素质，构建具有较高专业水准的评估队伍。

（五）落实评估条件

落实评估条件应包括评估的时空条件（评估场地和评估时间）、工作进度安排、经费筹措与使用、设备准备、人员要求等。

二、组织与实施

政策评估的实施是政策评估活动中最为重要的一个环节，其主要任务是收集政策评估资料、综合分析收集来的资料及运用适当的评估方法进行政策评估。这一阶段工作的好坏，直接决定着公共政策评估的成功与否。实施评估大致包括以下几个方面的内容。

（一）收集评估信息

信息是进行政策评估的基础原料。评估资料的丰富与否在很大程度上会影响政策评估的结果。由于政策作用对象是不断变化的社会事务，且引起其变化的因素多种多样，因此，在很多时候我们无法断定政策作用对象的变化就是政策实施的结果。所以，对于评估资料的收集可以帮助我们弄清政策的实施导致政策作用对象的哪些变化，进而有助于提升政策评估结果的可信度。通常评估资料的收集主要包括：①政策作用前的政策对象及社会环境的状态；②政策作用后的政策对象及社会环境的状态；③政策对象与社会环境间的相互关系。收集资料的方法有很多，常用的有现场观察、实际调查、资料查阅、个案分析、实验研究等，这些方法各有其特点和应用范围，最好是交叉使用、相互配合，务求所获信息具有广泛性、系统性和准确性。

（二）分析评估信息

分析评估信息是对收集到的评估信息进行统计分析处理的过程。由于收集的信息是原始资料，比较分散、杂乱，所以需要对其进行系统的整理、分类、统计、综合和分析。统计分析方法很多，公共政策效果评估通常采用多变量统计分析等方法，对各类数据进行系统研究。根据公共政策评估的要求对信息进行分析，需要关注六个方面：一是客观性，防止信息失误或带有“水分”；二是完整性，信息要素应齐全，结构完整；三是代表性，信息要表现平均水平或大多数人的状态；四是广泛性，信息的内容应覆盖面广，涉及范围广；五是深刻性，信息能够反映事物的本质特征；六是启发性，信息能够反映趋势变化。

（三）综合运用适合的评估方法，得出评估结论

在综合统计分析评估信息之后，运用直接比较法、综合比较法、成本效益分析法、前后对比分析法或统计抽样分析法等具体方法，给出结论性意见并提出政策建议，即根据政策评估的结论，设法提出下一步的行动方案。在进行评估时，要坚持评估资料的真实性、全面性、多样性和具体分析的客观性、可比性、科学性等几个原则，客观、公正、真实、准确地反映公共政策的实际效果。在提出政策建议时，可以是针对政策本身的，也可以是面向政策过程的；可以是针对政策目标的，也可以是针对政策手段的；可以是针对政策制定部门的，也可以是面向政策执行部门的。

三、总结与报告

公共政策评估的总结阶段是整个评估过程的最后一个阶段包括：撰写评估报告，总结评估工作等内容。

（一）撰写评估报告

政策评估的目的不仅仅是对政策成败的认识，还要找出导致政策失败的原因。撰写书

面的政策评估报告就是政策评估者以书面形式提交评估结果，并对使政策成功的原因做出总结，对导致政策失败的原因做出具体分析。政策评估报告除了对政策效果进行客观描述、做出价值判断、提出政策建议之外，还应包括对评估过程、评估方法和政策评估中的一些重要问题进行必要说明，对评估工作进行总结，以便提高今后的政策评估水平。

（二）总结评估工作

除了撰写评估报告以外，对评估活动进行认真总结也是结束阶段的重要任务。一是要自我检验，统计分析评估信息所得出结论的可信度和有效度；二是要让政策设计者、决策者、执行者、参与者了解评估结论，以便发挥评估的诊断、监督、反馈、完善和开发的作用，提高政策的科学性。结束阶段还要注意妥善处理决策者与评估者之间的分歧，实现决策者与评估者之间对评估报告的最大限度的协调。

◆ **拓展阅读**

美国禁枪为何难?

在美国，私人拥有枪械。对这种代价昂贵，只有潜在意义的自由和权利，美国人在支付了有目共睹的惨重代价之后，为什么至今没有放弃呢？要回答这个问题，说难也难，说易也易。看看下面这段小故事，我们可能就会有了答案。

一名生活在美国的犹太人后裔在得知以色列正在建立所有第二次世界大战中被迫害致死的犹太人的详细档案时感到奇怪：那么多的牺牲者怎么会无力反抗？后来他发现，第二次世界大战之前的德国人也是合法拥有武器的，但在希特勒上台之后，先搞枪支登记，然后设法逐步没收枪支，以致犹太人最后只能束手就擒。他由此坚信失去自卫武器是造成犹太民族悲剧的原因之一。他拥有好几种枪，他说：“我也希望永远不去用这些枪。但是你应该知道，枪不仅是一种工具，更是一种权利。”

的确，在美国，人们捍卫自己与生俱来的权利能够得到宪法的保障和司法制度的支持。简单地说，凡是发生“抄家”这类的情况，法律是支持开枪一方的，但是，为了避免误伤，必须事前发出警告，如果在受到警告之后继续侵犯，主人有权开枪，事后不必承担后果。

资料来源：转引自谢明. 公共政策导论[M]. 第3版. 北京：中国人民大学出版社，2012

第五节 公共政策评估的障碍

公共政策评估是一个非常复杂的问题，评估涉及因素众多，并且缺乏一个统一的尺度将目标转换为一个类似经济学中的问题进行分析。任何公共政策调整都将涉及不同利益群体的利益，调整这些关系将受到固有的抵触。在现实生活中，公共政策的调整还涉及公共政策制定者和执行部门的利益关系，这使问题进一步复杂化。因此，虽然公共政策评价在理论上和实践上意义重大，但在实际运作中，要对公共政策进行系统、全面的评价十分困难，面临重重阻力和障碍。所以，正确认识这些问题，分析公共政策评估面临的障碍或困难，有利于形成对公共政策评价作用的合理期待，有助于推进公共政策评价的顺利进行。

一、来自公共政策本身的障碍

来自公共政策本身的障碍主要是由公共政策固有的特点决定的，这常常赋予政策评估“多重不确定性”，使政策评估流于形式。一般认为，公共政策固有的特点是指公共政策目标的不确定性、公共政策影响的广泛性、公共政策资源的混合和政策行为的重叠、公共政策问题的复杂性等。

（一）公共政策目标的不确定性

公共政策评估的一项重要工作就是考察、检验政策执行是否达到了预定的目标，或者接近目标至何种程度。在现实生活中，公共政策问题的复杂性、变动性及政策制定者的主观因素，可能使政策目标出现分散和不确定的情况：①政策目标不可能量化，如维持社会稳定和文化保护类的政策；②大多数政策都具有多重目标，有些目标之间还存在着矛盾；③在政策执行过程中，政策目标还可能发生变更而被修正；④有时政策制定者和执行者还有意用含糊的、不太确定的形式来表达和说明政策目标，以此增加某种应变的能力；⑤不少目标是在冲突与妥协中达成的，无法全面公开和客观公正；⑥政策制定者和执行者在特殊情况或紧急情况下，不得不做出决策和实施政策时，往往难以明确确定和说明目标[①]。总之，政策目标的不确定性及其表现形式的多元化，不仅给政策评估的最终价值判断带来障碍，还会给政策评估标准的确定造成困难。

（二）公共政策影响的广泛性

公共政策实施产生的效果是多重的，其影响涉及社会生活的许多方面：既有预期的影响，也有非预期的影响；既有短期影响，也有长期影响；既有正面影响，也有负面影响。在导致这些影响的所有因素中，有些因素难以测定，甚至根本无法测定；此外，各种影响因素往往难以用一个计量标准来衡量，这给政策评估带来相当大的障碍。例如，对我国计划生育政策的调整进行评估，不能仅仅考虑多年来生育率的下降，劳动力的短缺，促使政策进行调整，还要分析这一政策调整带来的正面、负面影响，以及对家庭结构、家庭经济承受能力的影响等。一项政策的实施，往往会产生正反两个方面的结果，既有积极的，也有消极的。例如，在内陆修建水电站，既可以发电，又可以防洪，但也会对生态平衡、文物古迹产生不利影响，等等。因此，政策评估要对这些相互矛盾、错综复杂的因素进行客观、公正的分析，进而对某项政策的价值做出科学的评判，这给政策评估带来不小的障碍。

（三）公共政策资源的混合和政策行为的重叠

任何一项政策都不是单独、孤立存在的，往往有多个政策在同时发挥作用，这就产

① 张国庆. 现代公共政策导论[M]. 北京：北京大学出版社，1997.

生了两个问题，即政策资源的混合和政策行为的重叠。

政策资源的混合是指投入不同政策的资源彼此纠结在一起，难以明确界定某项资源的支出属于哪一个政策，投入的总量有多少。政策资源的混合使政策的成本难以核定，而其效果难以测定。在中国，造成政策资源的混合的原因主要有以下两个方面：①用于所有政策的款项都来源于同一个部门，实行统一支付的方法，即使专项经费规定专款专用，但实际操作过程中，很难判断某项经费是否属于某项政策的单项投入；②一项新政策的投入总数是在原有政策的沉淀成本基础上进行的，如经费、物资、组织机构等的设置，人员的配置，以及长期积淀下来的各项投入和资源，这就使政策成本不易确定，增加了政策评估的难度。

政策行为的重叠是指针对相同的或相似的政策问题和政策目标群体，不同的机构或部门都制定并执行各自的政策，多项相关政策同时作用于某项政策对象。在此情况下，很难将某项政策的实际效果从总体变化中区分出来。有时由于缺乏沟通和协调，造成各项政策之间的相互干扰，使区分每项政策各自的效果变得更为困难。

（四）公共政策问题的复杂性

公共政策一般是针对政策问题发布和实施的，但政策问题往往牵涉非常复杂的因素，如前文所述，带有很大的不确定性。一个问题常常包含另一个问题，而此问题又有可能是其他问题的一部分，分析起来具有相当的难度，这给政策评估工作带来了很大的障碍，如政策因果关系就是公共政策过程中的一种基本的关系形态，也是政策评估需要确定的基本的关系形态。但是，在实际的政策评估中，人们经常难以充分地证明，某种客观情形的改变是直接起因于某一项公共政策的实施；在导致某一社会事实出现的所有的因素中，究竟哪一个因素发挥了主导的作用，哪一些因素发挥了重要的作用，哪一些因素发挥了一般性的作用，其中，政策因素起了多大作用。政策过程中的因果关系不确定，给政策评估带来困难，如影响中国农业发展的因素一是政策，二是科学，三是投入，但要定量地确定三种因素对农业发展各自起的作用就不是一件易事。另外，由于政策活动涉及面广、参与者多，政策执行后产生的影响往往涉及社会生活的方方面面，既有预期的影响，也有非预期的影响；既有显性的影响，也有潜在的影响；既有短期的影响，也有长期的影响。有些政策就达到其直接目的的结果来说是好的，但随着时间的推移，其负面效果也凸显出来。例如，实行计划生育政策后，逐渐形成“晚婚晚育，少生优生”的婚育观念；有利于妇女的身体健康，增加了妇女参加社会工作的机会，提高了妇女的社会地位；人口数量得到控制，人口质量大幅提升；等等。但是，这项政策的实施带来的一系列负面影响也逐渐表现出来，如中国人口老龄化趋势加快，新生儿性别比例失衡，农村独生子女户、纯女户的社会养老问题都比较突出。

二、来自政策制定者和执行者的障碍

来自政策制定者和执行者的障碍主要有认识上的误区、行动上的阻挠。

（一）认识上的误区

公共政策评估虽然是对政策的价值判断，但任何政策都是由人来制定和实施的，所以政策评估也是对有关人员行为的一种价值判断。政策评估不可避免地涉及政策功绩的评判，涉及政策制定和执行过程的优劣功过的评判。政策评估本身就具有一种批判性，因为政策评估的目的就是从政策实践活动中发现问题，找出差距，总结经验教训，从而提高政策活动的水平。因此，与政策有关的人员和机构既可以是政策评估最坚强、最有力的支持者，也可以是最坚强、最有力的反对者，他们的态度取决于其对政策评估机制判断倾向的认同程度。大多情况下，政策制定者和执行者对政策评估会产生一种抵触心理，这种抵触心理的形成有四个方面的原因：①担心、害怕政策评估会得出不利于自己的结论，从而影响自己的前程。对政策制定者和执行者来说，政策制定和执行倾注了他们大量的劳动和心血，政策的制定和执行评估也与他们的部门和个人利益紧密相关。但政策评估的后果，往往涉及政策制定系统的各个组成部分中担当特定角色的具体人员的素质与能力的问题，因此，那些处于领导岗位，掌握重大权力但素质与能力低下的政策制定者可能会对评估持消极甚至反对的态度。②认为政策评估活动会打乱现有的秩序或干扰现有的生活，打乱他们的计划，使既定目标无法实现。③机构的惯性或惰性作用所致。评估通常意味着变化、变革，而机构一旦开始某项政策并运转起来，惯性就形成，它本能地反对任何变化的要求。④人本能的支配心理。有关人员的抵触主要表现为拒绝提供评估经费和资料，藐视、贬低和否定评估结论等。在政策评估面临的所有困难中，人为的抵制是最直接、最严重的一种障碍。

（二）行动上的阻挠

如果政策制定者和执行者不愿意看到政策评估的真实结果，就会设法阻挠。例如，拒绝提供政策评估所需的真实材料，甚至提供筛选的虚假信息，试图掩盖事实真相，或者拒绝提供评估经费、场所等条件，或者采取其他手段给评估设置障碍。

三、来自评估者的障碍

来自评估者的障碍主要有两个方面：一是评估者不能超脱私利而搞形式评估；二是评估者能力不足等问题。

（一）形式评估

形式评估就是评估者事先按照设定的结果或目标进行操作，评估的目的就是通过合法化的程序得出事先设定的结果。因此，在评估方法上常采用定性方法，以价值分析代替实证研究，其结果是使评估流于形式，其原因多在于不得罪政策制定者，目的是获得项目经费和项目。究其原因，主要是没有建立科学的公共政策评估机制，导致评估工作主观随意性很大，评价目的消极，评价动机也不甚妥当。主要表现为：以评估作为炫耀工作绩效的途径，背离实事求是的原则；以形式取代实质，使评估工作徒有虚名，仅具有典型的形式主义含义；借评估使原本效果不佳、绩效不良的政策变得合理化，掩盖自己政策举措失当甚至无能的事实；借评估以推卸自己应负的责任或将责任推给他人；等等。由于上述不良动机的存在，政策评估不可能真正有效地发挥评估的效能。

（二）评估者能力不足

政策评估是一项集实证研究与理论分析于一体的工作，理论分析的难度较大，它对评估者的素质和能力有较高的要求，有些评估者的素质和能力不能适应评估工作的要求，成为影响评估科学化的障碍。目前中国从事官方评估工作的人士绝大部分都非“内行人”，即使从事政策研究的专家学者大多数也都是研究社会科学出身，很少有人兼备自然科学和社会科学知识，其知识结构和思维方式比较单一，难以兼有思辨和公理化思维方式的长处。因此，他们在进行政策评估时不可避免地倾向于用价值判断代替事实分析，用定性分析取代定量结论。这样的政策评估与中国现实政治生活和传统政治文化十分重视意识形态和道德建设的纯洁性密不可分。但随着中国社会主义市场经济体制的不断完善，随着信息网络化和经济全球化进程的不断加快，人们的思想观念不可避免地发生深刻变化，必然引起公共政策评估标准和评价方法的改变，迫使评估者提高自身素质和评估能力。

四、其他方面的障碍

（一）评估条件欠缺

政策评估的科学化需要多方面的保证，其中物质基础是很重要且不可或缺的保证，物质基础不具备，势必影响政策评估，这主要体现在两个方面：①资料缺乏。政策制定者和执行机关不重视信息管理、信息系统不完备、资料记载有遗漏、统计数据不准确、对政策信息的收集和处理散乱、不愿意向评估者提供真实信息等原因，使政策评估工作难以进行。②经费缺乏。政策评估需要投入相当的经费和资源，但政府更愿意在政策制定和执行方面投入资源，不愿意在政策评估方面投入资源，因此，造成政策评估所需的经费十分缺乏，即使政府愿意投入经费，数量也有限，且常常用经费投入影响政策评估者，导致评估的科学性受到影响。

（二）政策成本与收益不易核算

政策评估必须搞清政策的成本和收益。由于政策资源投入时往往是几个同时实施的政策的资金同时拨付，所以常常不能做到专款专用，且许多政策建立在原有政策的沉淀成本之上，政策成本不好计算，即使能够计算政策的直接成本，政策的间接成本也难以准确衡量，政策的收益也存在难以量化的问题，这些都成为政策评估科学化的障碍。

（三）政策评估结果闲置

政策评估主客观方面存在许多障碍，政策评估的结论即使准确、客观，也常常因受到政策制定者和执行者的非议和冷淡而被束之高阁，导致政策评估推动政策科学化的作用大受影响。在中国，政策评估的结论缺乏影响力且不被有关部门重视是一个不争的事实，这使政策评估活动难以发挥其应有的作用，同时也导致中国的政策评估研究发展缓慢。当政策评估的结论与政策支持者的期望不一致时，往往会受到指责、批判，结论就会被认为有片面性，不值得重视。即使政策评估的数据相当准确、明显，足以证明政策相关人员的绩效不佳时，政策支持者也会有种种理由加以反驳，进而将其闲置。如不消除这种现象，政策评估就无法进行，也没有意义。

上述种种障碍或困难，既说明公共政策评估在当前面临的困难，也提出了政策评估在理论上和实践上的探索任务。要想使政策评估走出困境，必须寻求政策评估科学化与法制化的实际措施，但是，无论采取什么措施，都应遵循以下几点原则：一是要根据公共政策所固有的特点来确定评估对象，明确评估标准，严格按照评估程序和要求进行评估，选择科学的、多元化的评估方法，把评估过程纳入科学、规范的管理轨道；二是必须明确独立的评估主客体的权利与义务，规范政策评估主客体的行为，使评估能够真正做到实事求是，能够真正促进公共政策的科学化。

本章小结

公共政策评估是政策主体在一定的政治经济制度环境下，依据政策评估标准，采取一定的评估方法，对政策评估客体做出评价或判断的过程和结果。公共政策评估包括评估政策成本、评估政策需求、评估政策效益、评估政策过程、评估政策价值、评估政策影响六项基本内容，具有诊断功能、预测功能、反馈功能、矫正功能、总结功能五项功能。

公共政策评估类型日益多样化。从公共政策评估组织活动的形式上看，政策评估可分为正式评估和非正式评估；从评估机构的地位看，政策评估可分为内部评估和外部评估；从公共政策评估在政策过程中所处的阶段来看，政策评估又可分为前评估和后评估。公共政策评估系统由基本要素组成，这些要素是构成政策评估系统的微观单位。具体来说，其是由评估主体、评估客体、评估目标、评估标准和评估方法等要素构成的一个有机整体。公共政策评估一般都要经过计划与准备、组织与实施、总结与报告三个阶段。当前，中国的公共政策评估还处于初创阶段，存在来自公共政策本身的障碍、来自政策制定者和执行者的障碍、来自评估者的障碍和其他方面的障碍，应从思想、组织、制度、手段和投入等方面推动我国的公共政策评估事业的发展。

关键术语

评估政策　评估标准　评估类型　评估要素　评估障碍　评估方法　评估主体
正式评估　非正式评估　前评估　后评估

复习思考题

1. 什么是公共政策评估？公共政策评估的意义何在？
2. 公共政策评估包括哪些基本内容？

3. 公共政策评估有哪些基本类型?
4. 公共政策评估有哪些标准?
5. 公共政策评估有哪些方法?如何运用这些方法评估现有政策?
6. 公共政策评估障碍何在?你认为应如何解决或克服这些问题?
7. 简述政策评估的过程。

◆ 案例分析

中国公路收费政策30年的争议与改革

案例摘要:2015年7月21日,交通运输部就《收费公路管理条例》的修订向社会征求意见,持续已超30年的中国公路收费政策,再次迎来改革契机。回顾过去30年,在公路收费的政策中,中国公路建设突飞猛进,而与此同时,收费乱象与争议之声也日渐凸显,改革势在必行。

1. 上路不收费的那些年

在新中国成立之后的很长一段时间内,司机开车上路不必考虑"要交钱"的事情。新中国成立以后至20世纪80年代初,中国的公路基础设施建设资金来源单一,除国边防公路外,国家几乎没有投入,公路的修建和养护主要依靠公路养路费和民工建勤。这样的大背景下,中国的公路建设缓慢,公路交通渐渐成为制约国民经济发展的"瓶颈"。改革开放以后,中国经济迎来了飞速发展的"春天",民众的出行需求日益频繁,国内外贸易规模不断扩大。不过,改革开放之初,中国公路建设以财政资金为主,资金严重短缺,路网发展滞后,交通供给能力不足和效率低下的问题凸显,"行路难"成为制约国民经济和社会发展的重要因素。根据交通运输部的数据,1978~1984年,全国公路货运周转量增长了51%,客运周转量增长了156%。与此不相适应的是,公路基础设施严重滞后,数量少、等级低、路网连通度差,1978~1984年,全国公路总里程仅由89.02万千米增长为92.67万千米,6年间共增长4.1%。到1984年年底,全国二级及以上公路里程只有1.9万千米。全国37%的公路是简易的等外公路,近30%的公路晴通雨阻。

2. 收费模式的确定与效果

"要想富,先修路。"1984年12月,国务院召开常务会议,将"贷款修路,收费还贷"确定为促进公路事业发展的四项优惠政策之一。自此,收费公路开始发展,银行贷款、发行债券等融资方式逐渐成为公路交通基础设施建设最为主要的资金来源。1997年出台的《中华人民共和国公路法》(简称《公路法》)对"贷款修路,收费还贷"政策从法律的层面进行明确和规范。《公路法》明确民间资本与外资均可依法投资经营收费公路。《公路法》还明确规定收费期限、收费标准、收费站点的设置均由省一级政府依照法律规定设定和批准。2004年国务院颁布《收费公路管理条例》,条例明确中国公路发展应当坚持非收费公路为主,适当发展收费公路;除法律规定的例外情况,二级以下(含二级)公路不得收费。

根据此条例,政府还贷公路最长收费不得超过15年(中西部为20年);经营性公路最长收费不得超过25年(中西部为30年),而"收费公路的收费期限届满,必须终止收费”。30 年间，收费政策对中国公路发展的促进作用显而易见。根据官方数据，截至 2014 年年底，全国公路总里程达到 446.39 万千米，是 1984 年年底的 4.8 倍，在这些公路网中，超过 98%的高速公路、61%的一级公路和 42%的二级公路，都是依靠收费公路政策建成的。

3. 收费争议与改革推进

30 年来，高速公路从无到有，非高速公路也如雨后春笋般出现。与公路里程的快速增长相伴而生的，还有关于公路收费的争议之声。此间，2012 年 7 月，国务院发布《关于批转交通运输部等部门重大节假日免收小型客车通行费实施方案的通知》，从 2012 年的国庆长假开始，春节、清明节、劳动节、国庆节 4 个国家法定节假日，以及当年国务院办公厅文件确定的上述法定节假日连休日中，小客车可免收通行费。不过，节日公路免收费的政策并不能消弭舆论对于“买路钱”的争议。舆论中，一边是业内人士认为“没有收费公路政策，就没有中国公路交通的今天”，一边是民众开始抱怨收费站点太多，“买路钱”太贵，一些地区曝出公路“乱收费”，甚至收费腐败乱象。那么，在民众的不理解中，收费修路的账簿到底如何？

根据交通运输部公布的《2014 年全国收费公路统计公报》，2014 年全国收费公路通行费收入 3 916.0 亿元，支出 5 487.1 亿元，收支缺口为 1 571.1 亿元。相较 2013 年，亏损额度扩大。消息一出，舆论关于公路收费的“盈亏”争议声再起。2015 年 7 月 1 日，《人民日报》刊发题为《亏损千亿收费公路得“算大账”》的评论文章。文章指出，管理部门理应反思，既不能把公路当成“现金奶牛”，也不能视其为“债务平台”，理顺关于收费公路的种种不同意见，还需打好改革牌。文章称，面对“期满收费”“马甲换装”“定价不准”的种种非议，公示台账走出了改革的第一步；面对“即使不再建设一公里的路，现有税费也仅能保证养护和还债”的迫切现实，配套改革也不容再拖。因此，改革管理模式、修订《收费公路管理条例》、探索特许经营、管控债务风险等一系列举措落地出台方能形成合力。

资料来源：阚枫. 新闻背景：中国公路收费政策 30 年的争议与改革[EB/OL]. 中国新闻网，http://news. xinhuanet. com，2015-07-22

◆ 问题

1. 中国公路收费政策争议是否属于公共政策问题？

2. 中国公路收费政策是否存在缺陷？结合案例所给的资料，谈谈你对中国公路收费政策的建议。

3. 如何评估中国公路收费这一政策的经济效益？

第八章　公共政策监控

■ 学习目标

通过本章的学习，理解公共政策监控的基本含义，了解公共政策监控的系统构造，熟悉公共政策监控的运行体系及调整范式。

■ 知识框架图

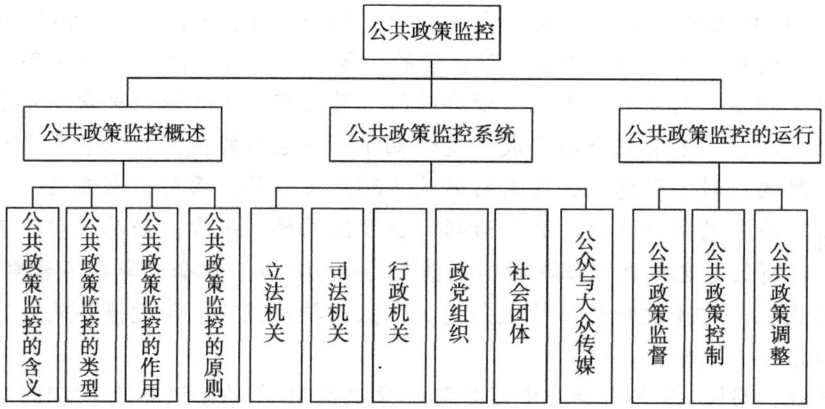

■ 名人名言

一切有权力的人都容易滥用权力，这是万古不易的一条经验。有权力的人们使用权力一直到遇到有界限的地方才休止。

——孟德斯鸠

第一节　公共政策监控概述

公共政策监控贯穿政策过程的所有环节，对公共政策的制定、执行、评估和终结都起着重要作用。它主要是在公共政策制定、执行、评估等环节中，通过全方位监督，发现各种主客观因素导致的政策制定失误、政策目标偏差、政策执行效能低下、方案缺乏可操作性等影响政策产出及效果的问题，并及时反馈于相应环节，以对政策进行不断的修正、补充和发展。本节主要介绍公共政策监控的含义、类型、作用和原则，以便形成对公共政策监控的基本认识。

一、公共政策监控的含义

公共政策监控本身是一个动态的过程，它既是公共政策活动的重要内容和公共政策运行过程的重要组成部分，又是实现公共政策科学化和民主化的重要保证。可以从以下几个方面来理解公共政策监控的内涵。

（一）公共政策监控的目标

政策监控的根本目的是解决公共问题、促进公共利益，即保证政策目标的实现。同时，政策监控是一种目标性明显的行动，其目标性表现在两个层面上：一是保证政策内容的合法性。公共政策就其本质而言是一种政治活动，从政治学的角度看，合法性是它的必然指向，此为其一般性目的或政治意义所在。二是保证政策结果的有效性。公共政策是政府管理公共事务的一种手段或方式，从管理学的角度看，有效性是它的必然指向①，此为其特定目的或管理意义所在。

（二）公共政策监控的主体

公共政策监控的主体是从事监控的个人、团体和组织，即阐明谁来进行政策监控，一般由立法机关、司法机关、行政机关、政党组织、社会团体、公众及大众传媒等组成。但公共政策监控的主体并非是固定的，它呈现出变化性，表现为：一方面，公共政策由不同层次的机关及其组成人员制定、执行、评估及调整，因而公共政策监控的主体也随之改变；另一方面，公共政策监控在政策过程的不同环节之中由不同的机关及其组成成员负责实施，公共政策监控主体也相应地变化。

（三）公共政策监控的客体

公共政策监控的客体是公共政策系统及其运行，其中包括公共政策的制定、执行、评估、终结及承担这些功能活动的个人、团体和组织。值得注意的是，公共政策监控的主体与客体的划分具有相对性，它们之间并不是简单的监控与被监控的一一对应关系，而是相互交叉、重合，呈现为复杂的网络状的结构。例如，立法机关主要负责制定政策，它同时又负有对下级立法机关（及人员）和相应的执行机关（及人员）的监督与控制的职责。但是，由于立法机关的权力并不是至高无上的，立法权来自大众对政权的支持与认同，所以，即使是最高的国家权力机关，也受一定的机构和社会力量的监督与控制。由此可见，在公共政策过程之中，公共政策监控的主体往往同时也是客体，二者处于复杂的相互作用之中。

（四）公共政策监控的本质

公共政策监控并不是一个孤立的活动环节，而是由公共政策监督、公共政策控制、

① 刘亚娜，彭运望. 公共视角下的政策监控：概念剖析与机制分析[J]. 学习与实践，2008，（4）：94-97.

公共政策调整等功能活动所组成的动态过程。它与公共政策制定、执行、评估等环节相互联系，又反作用于各个环节，形成一个循环系统。

◆ **拓展阅读**

学者观点

邓恩从监测的本意出发剖析政策监测，他认为政策检测是用来提供公共政策的原因和结果的信息的一种分析程序。监测使分析者能够描述政策实施情况与结果之间的关系，所以，它就成了获取有关政策执行状况信息的首要来源。从某种意义上讲，监测是努力说明和解释公共政策的另外一种说法。照此而言，监测乃是形成关于政策运行历史与现状报告的一种途径，而政策监测是为衡量不同目标群体和受益者中目标锁定的主客观条件的变化而获取政策相关信息的过程。

彼得·罗西等的研究认为："项目监测（政策监测）就是系统地记录项目绩效的主要方面，包括项目是否按预期的或按照恰当的标准运行。项目监测通常包括服务利用领域内的项目绩效、项目组织和（或）项目结果。监测服务涉及对预期的目标人群接受预期服务程度的检查；监测项目组织需要比较项目应该做的内容，尤其是与提供服务有关的计划和实际已完成的事；监测项目结果需要项目参与状况的调查，并调查项目参与者接受服务之后的状况，以确定结果是否与预期的目标一致。"

资料来源：罗西 PH，费里曼 HE，李普希 MW. 项目评估方法与技术[M]. 第 6 版. 丘泽奇译. 北京：华夏出版社，2002

二、公共政策监控的类型

从不同的角度看，公共政策监督有不同类型。按公共政策监督的过程、时态、内容等标准，可以划分为以下五种。

（一）根据政策过程的不同阶段分类

按照政策监控在政策过程中所处的不同阶段，政策监控可以分为政策制定监控、政策执行监控、政策评估监控和政策终结监控。

（1）政策制定监控。它是对政策制定过程中的信息收集、问题界定、政策决策、政策撰制人员的选择、政策制定程序、发布程序，以及方案的规划、选择和合法化等活动的监督和控制。对政策制定的监控，有助于保证政策本身的科学性和合理性，保证政策的实际结果达到预期目标，尽量减少决策失误。

（2）政策执行监控。政策本身的科学合理并不一定能保证实际效果达到既定目标，在政策执行过程中，执行者的误解、目标团体的不配合、客观情况的变化等原因都有可能造成政策的变形、扭曲和走样。因此，为了保证政策能够得到全面、准确的落实，就要对政策执行过程进行监督和控制，以纠正政策执行的偏差。

（3）政策评估监控。它是指对政策执行效果的评估活动过程的监控。由于现实评估工作中存在的障碍可能会阻碍政策评估的顺利运行，如信息反馈的时滞和失真，所以必须对评估工作进行监控，其核心是对政策执行信息反馈过程的监控，以保证获得客观准确的政策效果信息，从而为政策的继续执行或终结提供依据。

（4）政策终结监控。它是指对政策终结活动过程的监控。该阶段的监控促使政府及时废止失败或过时的政策，以减少损失，提高政策绩效。

（二）根据政策监控的不同时态分类

按照政策监控发生的不同时态，可以分为事前监控、事中监控和事后监控三种。

（1）事前监控，即事前评估，帕顿和沙维奇称之为“事前政策分析”①。它是指监控主体在政策实施之前，就未来政策活动中可能发生的情况，特别是就导致与预定政策目标不一致的各种因素进行预测，并采取预防措施加以预防，尽量减少损失，保证既定政策目标的实现。

（2）事中监控，即政策执行的监测。它是指在政策运行过程中，实施同步监控，记录政策实施的过程，观察参与人员的情况及评估阶段性执行的效果，一旦其与原定的政策目标出现不一致，就采取对应的纠偏措施，促使政策得到真正的落实。

（3）事后监控，即事后评估。它是指在一种政策行为之后或一项政策活动过程结束之后，把政策活动产生的实际效果与既定的目标、要求等做比较，找出并纠正偏差和失误，总结经验，并反馈于下一次的政策活动，避免再犯同样的错误。但由于监控发生于政策活动之后，若政策本身或实施过程有偏差，则损失已经产生，本次政策活动无法减少该损失，就需要在后续政策中考虑对损失的弥补。

（三）根据政策监控的内容分类

按照政策监控的内容，政策监控可以分为目标监控和关键点监控。

（1）目标监控是指以政策目标的实现与否作为监控的核心和重点，按照政策目标的要求来运行整个政策活动，随时监测政策运行过程中的目标状态，并以此为标准来调整政策活动的具体细节，最终实现目标与结果的相一致。

（2）关键点监控。它是指以政策的重点为监控核心，即对政策的重点目标、重点内容、重要环节、重点主体进行的监控。实施关键点监控的首要任务是选准关键点。在一次政策活动中，监控的关键点可以是一个，也可以是多个。

（四）根据政策监控的层次分类

按照政策监控的层次，政策监控可以分为自我监控、逐级监控和越级监控三种。

（1）自我监控。政策制定和执行主体根据政策的目标要求，在政策过程中进行自我检查、自我分析，及时控制政策实施的进度、质量，纠正执行中的偏差，从而实现政策监控。

（2）逐级监控。上下级的政策主体之间按照授权关系，自上而下逐级对政策的制定、实施、评估等政策活动过程中的各项事务进行监督和控制。

---

① 帕顿 CV，沙维奇 DS. 公共政策分析和规划的初步方法 [M]. 第2版. 孙兰芝，等译. 北京：华夏出版社，2003.

（3）越级监控。越级监控是指越过中间层级，上层政策主体直接对下层政策主体进行监控，或者下层政策主体对上层政策主体进行监控。

（五）根据政策监控的主体分类

按照政策监控的主体，政策监控可以分为立法机关的政策监控、行政机关的政策监控、司法机关的政策监控、政党系统的政策监控、利益集团的政策监控、公众和大众传媒的政策监控等，上述内容会在公共政策监控系统中做更为详细的介绍。

三、公共政策监控的作用

公共政策系统主要是通过政策监控子系统及监控活动，来确定政策方案是否合理、合法，找出政策目标与执行手段之间、预期政策目标与实现政策绩效之间的差距，发现问题所在，并从中寻找解决问题的新办法，如调整政策目标、加大执行力度、重新配置资源等。政策监控的作用主要表现在以下方面。

（一）保证公共政策的合法化

公共政策制定在形式上必须符合法定程序与规则；在内容上必须使政策目标、方案不违背宪法及有关法规，不违背执政党的纲领及章程，不违背公众的利益和意愿。但是，政策的制定要受多种因素的影响，有时并不能保证政策的合法性，这就需要政策监控，以促进政策的合法化。保证公共政策的合法化，指的是对政策制定活动进行监控，使政策的制定严格遵守法定的程序和原则，并审查所制定的政策是否符合宪法和有关法规。它由有关国家机关根据法定的程序和权限对立法活动所做的审查构成，是政策取得合法性的一个重要环节。一般来说，政策合法化的实现是由各国的立法机关完成的，但各国的实际情况有很大区别，主要体现在宪法的解释权的归属不同。在中国，宪法的解释权属于全国人民代表大会及其常务委员会，因此，全国人民代表大会及其常务委员会从法律上来说对政策的合法化负最终责任。

公共政策监控对政策合法化的保障作用主要包括以下两方面内容：一是实现政策形式合法化，即政策的制定活动严格遵守法定程序与规则；二是实现政策内容合法化，即使政策的目标、方案等不违背宪法和有关法规。值得一提的是，即使一项政策从形式到内容都合法化，未必等于它已经获得了合法性地位，因为该项政策仍然可能危害公众利益，或不能满足公众的愿望和要求。

（二）保证公共政策的贯彻实施

公共政策监控对政策的正确、全面贯彻执行起推动作用。政策只有在被采纳并付诸实施之后，才可能产生实际的作用并达到预期的目标。但使政策正确、全面地贯彻执行，并不是一帆风顺的，执行者的认知水平、价值取向、个人及其所代表的利益、偏好等，经常使政策在执行过程中被误解、曲解、滥用、消极抵制甚至反抗。因此，为了保证政策全面、正确地贯彻执行，就要根据一定的标准对政策的执行活动进行检查、监督，防止种种抵制、违反、滥用政策的现象发生，或者发现预期目标与实现效果之间的偏差，并找出其中的原因，做出相应的调整。

（三）促进公共政策的调整与完善

客观世界总处于不断的变化发展之中，而人的认识能力的提高速度总是赶不上客观世界发展变化的速度。政策作为人的认识的产物，总会存在不尽完善之处，而且，政策一旦制定出来并付诸实践后，需要保持相对的稳定，这就使政策的变动总是滞后于人的认识的深化，更滞后于外部世界的发展变化。因此，政策必须随着外部世界的变化和人的认识的深化而做出调整，只有这样才能使政策目标、实施步骤、执行手段等与现实相符合，从而产生良好的绩效。政策监控的作用就在于敏锐地察觉外部世界的发展并深化对其规律的认识，发现政策之间的差距，以便及时做出调整，使之臻于完善。

（四）促使公共政策终结

公共政策监控对于过时的、错误的政策的终结起重要作用。所有政策都具有时效性，即原来适用的政策随着客观环境和政策环境发生变化而不再适用，许多情况并不是仅仅做出政策调整就能解决的；有些政策则是在错误的理论指导下制定的，它本身就是错误的政策。对于这些过时的、错误的政策，只能终结。但政策监控的作用不在于具体实施政策的终结，而是通过工作本身发现那些错误的、多余的或无效的政策，及时向有关方面提出报告或提交合理建议，促使实现政策终结。这对提高政策绩效、推进政策更新有积极作用。

四、公共政策监控的原则

虽然公共政策监控涉及公共政策制定、执行、评估、终结等各个不同的环节，但并非散见于各个环节，而是形成自己的完整体系。为保证公共政策监控的科学运行，需要遵循以下基本原则。

（一）封闭原则

在科学的政策监控过程中，首先必须符合封闭原则，即整个政策监控系统是由有机的封闭的系统运行完成的。政策过程从制定、执行、评估到终结构成一个完整系统，政策监控围绕政策目标来不断调整、完善政策，相应地也构成一个封闭的监控系统。这个系统由相互影响和相互关联的子系统组成，局部监控与总体监控协调一致，而且，每个政策活动都有相应的监控，不留空白和死角。例如，在政策发布之后，为保证政策能够正确贯彻执行，不仅需要一部内容全面的执行法，而且应该有针对执行的监督法及反馈法，其中包括针对在执行过程中产生矛盾的仲裁法，针对执行发生错误的处理法等。

（二）反馈原则

政策监控贯穿于政策运行全过程，具有动态性，需要随时收集政策运行各环节的信息，因而要运用反馈原则。在政策监控过程中，必须建立准确、高效的信息反馈系统。政策监控主体通过及时、准确地接收有关政策执行状况、结果等的反馈，及时校正违背或脱离政策目标的情况，使政策按照政策目标的方向运行。因此，政策监控的有效性，在很大程度上取决于灵敏、正确、有力的信息反馈。

（三）能级原则

在政策监控过程中，需要科学合理地划分和设置监控层次，并在每个层次配置有相应能力的监控者，这就是政策监控的能级原则。政策监控系统的子系统处于不同层次，不同的监控主体在各自层次内履行监控职责。需要注意的是，监控层次的划分应适度。如果监控层次设置过少，或监控者能力不够，就会使政策过程在某些环节失去监控；如果监控层次设置过多，或监控者能力过剩，又会造成监控资源的浪费，甚至造成职责不清、互相扯皮等现象，降低监控的效率和效果。

第二节　公共政策监控系统

公共政策监控系统是由政策监控主体与政策监控客体互相作用、互相影响、互相补充而构成的完整体系，主要包括政策过程中所涉及的立法机关、司法机关、行政机关、政党组织、社会团体、公众与大众传媒等。下面主要从监控主体的角度分别讨论其构成及作用方式。

一、立法机关

立法机关是直接参与公共政策制定的行动者之一，同时也是最重要的政策监控主体之一。经由选举产生的立法机关，是最具权威性的公共主体，是其行使公共政策监控权的基础所在。具体地讲，立法机关对政策监控的权力是其立法权派生的，是具有最高法律效力的监督形式，是法律监督、财政监督、人事监督和工作监督的总和。作为监控主体的立法机关的主要活动表现如下。

（一）依靠法律监控公共政策

立法机关所制定及废止的法律为公共政策提供了框架。一切公共政策的制定与实施都必须遵循法律，均不得违背法律，也不能超越法律，否则均被视为非法。对违背法律、超越法律的政策，可以及时依法取缔，从而对政策的制定和实施形成强有力的制约。

（二）通过听取和审议预算、决算、立项等，对公共政策的内容、规模、方向等加以监控

立法机关有权审查政府的有关报告和计划，如国家行政机关提出的国民经济和社会发展计划及计划执行情况的报告、关于国家预算及预算执行情况的报告、重要项目的立

项情况报告等，需要通过严格审查做出相应决议，对公共政策产生有力的监控作用。

（三）通过人事任免来影响和监控政策

权力机关依法行使人事任免权，它可以通过选举、任命及罢免有关领导者及工作人员而直接监控政策的制定和执行。例如，总统制国家的立法机关对总统提名的高级官员具有监督审查权；内阁制国家的立法机关对政府首脑具有直接选举的权力，对其他重要官员免职具有监督同意权，还拥有对出现政策失误的政府进行不信任投票的权力，这也是迫使政府改变政策的一个重要方法。

（四）以质询和诘问等方式对公共政策加以监控

质询是由议员或代表在立法机关中就与公共政策实施有关的事件对政府责任机关及主要相关负责人发问并要求予以答复的方式。质询和诘问都是法律赋予议员或代表的权力，政策执行者无权避而不答，议员或代表由此来对政策执行加以强有力的监控。

（五）通过视察、检查和专项调查对政府各部门政策及其执行情况进行监控

各国宪法一般都规定立法机关及其代表有权视察和检查政府部门工作，以便在这种日常性监督工作中及时发现问题，提出建议，以此来督促政府各部门改进工作，从而对政策的执行实施有效监控。总之，立法机关通过上述各种形式的活动，对公共政策的采纳、制定、执行、评估及终止等实行有效监控，它是政策监控最重要的主体之一。此外，由于立法权是在纵向层次上分布的，为了保证国家法律统一，尤其是在单一制国家，上、下级立法机关之间往往形成一种监控与被监控的关系，上级立法机关有权否决下级立法机关通过的法案。

◆ **拓展阅读**

从防火墙机制看《预算法》修正草案之不足

预算法修正从构筑三道防火墙机制开始。

防火墙之一：预算授权。在中国的公共财政管理实践中，大量“预算外资金”“小金库”“财政专户”的存在表明，许多公款的获取和要求并不在预算授权的框架内提出，而是在一定程度上被隐藏在立法机关、审计机关和公民的视线之外，因而很难约束行政部门对其合规和绩效负责。预算法草案仍然规定“各级国库库款的支配权属于财政部门”。代表公民的立法机关向政府提供预算授权构成第一道防火墙。一般地讲，没有能够正常运转的预算授权制度和相应的基本治理安排，就不可能有安全的政府。预算授权强调，在民主社会里，行政部门既不能从公民和自然人那里拿走任何钱财，也不能实施任何支出，除非得到来自代表公民的立法机关的明确授权。授权是有效控制支出、防止滥用与挪用公款的前提和基础。本质上，《中华人民共和国预算法》（简称《预算法》）就是一部界定预算授权及其运作程序、规则、立法、行政部门角色与职责的法律。作为一种控制机制，《预算法》的基本特征就在于通过授权使用公款来实现控制目的。

防火墙之二：标准TSA（treasury single account，即国库单一账户）机制。预算授权的操作性建构，要求设立能够确保立法机关有能力追踪与监督公款流动的机制和程序，其中最核心的部分就是TSA机制。经济合作与发展组织国家几乎全部采用这个机制。中国大陆于2001年开始推动的“财政国库管理制度改革”，其初衷也在于引入这一机制。然而，在实践中，这一机制出现了重大变异，其中最主要的方面就是在TSA之外，在商业银行开设大量“财政专户”，包括收入过渡账户、支出过渡账户。这些账户并非“零余额账户”。大量公款的流入与流出都通过这些账户处理，而且长时间地存放于这些账户。绝大部分此类账户没有法律依据，没有立法机关的特别批准，甚至没有“行政法规”的依据（非常容易泛滥）。审计部门与央行国库也难以知情和监督，更不用说公众了。

防火墙之三：立法机关对公共账户资金流动的监控除了标准TSA外，链接预算授权安排的操作性机制还必须有第三道防火墙——立法机关对TSA与其他账户资金动用的监控。也就是说，“纳税人钱包”中的资金流入与流出情况必须处在立法机关的实时监控之下。据此，除非有清晰的授权，否则不应被允许进行任何资金支付。根据预算授权签发支付令，通常属于财政部门的权力，执行支付令要求使用来源于公共账户上的资金进行支付（向供应商付款），这个过程必须处于立法机关的监控之下。在实务上，这意味着国库（包括财政国库与央行国库）需要向立法机关定期或实时报告这些账户上的资金流动①。

资料来源：王雍君.从防火墙机制看《预算法》修正草案之不足[EB/OL]. 凤凰网财经，http://finance.ifeng.com/opinion/fhzl/20120802/6859345.shtml，2012-08-02

二、司法机关

司法机关的政策监控是国家政策监控系统的重要组成部分，它包括人民法院和人民检察院的监控。司法监督与立法监督及行政监督的显著区别是它具有强大的威慑力度，是国家使用法律监督，运用强制力来维护社会秩序的最后一道防线。

（一）司法监督

司法机关的政策监控主要是通过法律手段来实现的。人民法院和人民检察院通过审查、提起公诉、审判等方式，对国家工作人员或公民的行为产生强有力约束，从而对政策的有效实施起到较好的效果，间接起着政策监控的作用。在一些行政诉讼案件中，对各级政府一些涉及具体行政行为的规定、办法或命令等，法院可不予适用，且在审判过程中可附带审查这些规定、办法或命令是否违反国家宪法和法律。它有国家强制力作保证，因此，具有较高的权威性。

中国实行“议行合一”体制，司法权力从属于立法机关，司法监督活动必须受立法机构，即权力机关的监督。因此，在中国，宪法监督权利并不是由最高人民法院行使，

① 王雍君. 预算法修正请从构筑三道防火墙机制开始[EB/OL]. 正义网，http://econorng. Gmw. Cn/2012-08/06/Content-4723431. Htm，2012-08-06.

而是由各级人民代表大会及其常委会行使。

（二）司法审查对公共政策有效监控的特性

司法审查学说是美国政治理论的一个独特之处。根据司法审查学说，联邦法院不仅有权审查联邦行政机关和国会的行为是否违宪，而且有权以州政府的活动违宪为由而宣布其无效。司法审查制度既有其理论渊源，又有宪法的保障，且有具体的可操作的规则与程序，有其可借鉴之处。这主要表现在以下方面。

第一，司法审查的理论渊源。司法审查制度的理论渊源可由启蒙运动追溯到中世纪教权与王权的二元对立，直至古希腊和罗马，经过漫长的历史演化，终于使“限权政府”的观念成为社会各界的共识，其直接的理论则来自洛克和孟德斯鸠关于分权与制衡的思想。也就是说，美国宪法是欧洲分权与制衡理论的制度化、具体化的表现方式，经此转变之后，分权与制衡的抽象原则才具有可操作性，因而能够在现实生活中运转起来。

第二，司法审查的主要内容。其表现为两个方面：一是对联邦行为的审查。实际上，在美国的宪法中，找不到与司法审查制度相关的人和明示的条文根据。首开司法审查先例的是 1803 年的“马伯里诉麦迪逊案”，此后，联邦法院在阐释宪法方面具有最高权威这一基本原则得以确立。在 1974 年“合众国诉尼克松案”的判词中，最高法院裁定，国会可要求总统随司法程序做出回答，总统拥有秘密通信的特权成为不可由法院审理的理由。二是对州政府行为的审查。早在 1801 年最高法院就曾宣布一项州法律违宪。在 1816 年“马丁诉亨特的承租人案”的裁决中，斯托里大法官代表联邦最高法院发表意见，认为“决定联邦最高法院享有管辖权的因素是案件，而不是法院”，对此案件的裁决一直是联邦法院对州法院行使管辖的关键依据。

第三，限制司法审查的原则。进行司法审查并不意味着联邦法院可以为所欲为，它同样也要受到许多限制。其中，有宪法上的限制，也有政策上的限制。此外，最高法院还根据一些具体原则拒绝受理某些案件，而不去裁决它是否违宪。司法审查包括以下三个方面的问题：一是诉讼资格问题，即什么人可对是否符合宪法问题提出诉讼；二是时机问题，即何时可对是否符合宪法问题提出诉讼；三是标准问题，即什么样的宪法问题可向联邦法院提出诉讼。上述三个方面的问题，使司法审查制度具备可操作性。因此，司法审查制度及其理论体现了分权与制衡的原则，其精神实质在于以权力制约权力，从而使权力的运行不再是任意的和专断的，也即在于保证权力的有序运行，这有其合理的因素。

三、行政机关

行政机关的政策监控是行政系统内部对自身行为的一种纵向监督和控制。它主要是指上级主管机关对下级执行机关工作的指示、检查、布置、督促等。这种监控分为两种形式，即行政监督与监督行政。

（一）行政监督

行政监督又称一般行政监控，它从行政法规定的行政管理权中产生，由上级政府部门对下级政府部门及其所属机关进行业务监督、人事任免等，以达到政策监控的目的。其监督主要包括三种情况：第一，中央政府对所属部门和地方政府及其人员的监督与控制；第二，综合部门的政策监控，即行政机关通过综合性的业务，如劳动人事、福利、保险、文教、卫生、税务等，对各部门、各地区进行政策监控；第三，主管部门对下级业务部门及其所属单位的执行情况的监控。

监控的具体方法有以下几种：改变、撤销所属部门和下级机关发布的不适当的命令、指示；直接对所属部门和下级机关发布命令、决定和指示；对所属部门和下级机关进行人事任免；考核、奖惩。由于这种监控以法律、法规、纪律等为监控的依据，所以具有强制性。

（二）监督行政

监督行政又称专门行政监督，即行政监察。它由依法享有行政监督检查职权的行政机关或法律、法规授权的组织对行政机构内部的工作人员在政策制定、执行过程中的行为进行监控，其内容侧重对违法违纪现象的查处，其对象是自然人而非法人。其监控的方式见本节对“司法机关”的介绍。行政监察以国家的强制力为后盾，具有很强的监控效果。

另外，在行政系统内部的这种纵向监督，也存在自下而上的辅助形式，即下级机关对上级机关进行监控。这种监控虽然并不具有强制力和法律效力，但是，这种来自下边的声音很可贵、很重要。它有利于上级机关进行正确的政策决策，及时纠正工作中的失误，减少不必要的损失，以提高政策的绩效。

◆ 拓展阅读

2014年7月8日~9日，重庆市年度行政执法和质量监督培训会在江北区大石坝召开。市民防办党组成员、主任助理魏景洲到会并做动员讲话，市民防办工程管理处副处长尚维蓉、市民防办政策法规处翁瑞雪到会并讲话，市人防监察队全员及区县民防办相关人员参加了会议。魏助理在讲话中首先强调了市民防办领导对行政执法和质量监督工作的高度重视，充分肯定了一年以来重庆市民防行政执法及人防工程质量监督工作取得的成绩。在行政执法方面，建立健全了依法行政制度，在人防工程质量监督方面，市人防监察队2013年5月正式开展人防工程质量监督工作，规范并宣传了人防工程质量监督工作，并通过对人防工程建设各个环节的把控，对人防工程建设质量形成了有效监督，提高了人防工程的建设质量。其次，魏助理对2014年行政执法和人防工程质量监督工作做了部署：一是认真开展执法检查，检查各区县贯彻落实“一法一例”及市政府125号文件精神的情况；二是开展人防工程质量监督工作，严格监督人防工程参建各方切实履行质量责任，认真检查工程实体质量环节，切实保障人防工程建设质量；三是稳步推进人防综合执法体系建设。他同时强调了规范执法行为的重要性，要求执法人员树立“以人为本、执法为民”的理念，着力解决“七个问题”，切实做到“五坚持、五严禁”，最终实现“一个明显上升，三个明显下降”。最后，他要求大家珍惜学习机会，遵守作息时间和会场纪律，认真学习政策并将其运用到实际工作中。市民防办工程管理处副处长尚维蓉在会上发言。她简要介绍了人防工程质量监督工作的内容和近年来重庆市人防工程质量监督工作的概况，肯定了监察队自2013年5月开展人防工程质量监督工作以来所取得的成绩。她同时指出，人防工程质量监督工作是一项专业性很强的工作，对相关专业知识水平要求较高，要求大家继续努力学习相关专业技术知识，为重庆市人防工程质量监督工作的继续开展和推进提供技术保障。市民防办政策法规处翁瑞雪在发言中对重庆市2014年人防行政执法工作做了安排。一是市民防办2014年规范区（县）人防行政执法工作，在渝中区、九龙坡区和万州区试点，并根据试点情况，逐步规范其他区（县）人防行政执法工作；二是组织“一法一例”执法检查，要求各区（县）先进行自查并于2014年年底前将数据和总结材料报法规处汇总，市民防办将于7月开始对区（县）民防行政执法情况进行抽查式调研；三是2010年统计的执法人员证件有效期为5年，将于2015年年底到期，要求还未取得执法资格证件的从业人员及时与当地法制部门联系取得证件，报市民防办政策法规处备案。

资料来源：胡尊辉. 2014年度行政执法和质量监督培训会议召开[EB/OL].重庆市民防办公室，http://bmf.cq.gov.cn/html/zwxx/xzzf/14/07/5791.html，2014-07-15

四、政党组织

政党组织可以分为执政党、参政党和在野党。其中执政党在政策制定与执行中发挥着决定性的作用，同时也是对政策运行过程进行调控最重要的力量。在实行多党合作制的国家中，参政党作为政治生活中的重要力量，也会对政策起到一定的影响和监控作用。而那些有在野党的国家，在野党对政策的监督与调控作用比较显著。

（一）执政党的政策监控

执政党分为一党执政和多党联合执政两种形式。一般来说，执政党的政策监控大都采用以下几种方式。

（1）将执政党成员选入立法机构，通过影响立法来影响并监控公共政策的制定。通过这种途径，该党及其所代表的利益、纲领、路线、方针等都可以在公共政策中得到反映。这种方式对公共政策的监控力度很大。

（2）将执政党成员列入各级政府机关及政府各部门中，以影响政策的实施。这是一种强有力地监控政策执行的途径。例如，在西方，执政党一般不直接参与政府决策和政策执行，而是以政府首脑的名义发挥间接作用。

（3）通过从党纪到国法的各种形式对政策制定者和执行者进行检查、监督、任免或处罚，以强制手段保证执政党的政策贯彻执行。执政党对国家各种权力机构的控制权为实现这一监控方式提供了有力保障。

（4）通过执政党所影响的社会团体、社会组织及它所掌握的大众传媒等进行舆论宣传，从而对公共政策各个环节进行有力的监控。

（二）参政党和在野党的政策监控

参政党和在野党在公共政策的监控中也发挥着重要作用。其监控的主要方式有两种：

一种是通过在立法机关、行政机关占有一定的席位，根据法律赋予的权力对政策的制定和执行过程施加一定的影响，起一定的制约作用。例如，美国的在野党虽无权参与政府政策的制定，但有权在议会内外批评执政党的内政外交，发挥监督、牵制政府施政的作用，并组成后备政府，随时准备取而代之。另一种是动用其所影响的社会力量，如社团组织、群众组织、新闻媒体等对国家各级机关及其工作人员进行各种形式的监督。但其政策监控力度不如执政党那样大。

◆ **拓展阅读**

2014 年 9 月 17 日，中央国家机关工委副书记、纪工委书记俞贵麟赴浙江省宁波市出席全国机关党建理论研讨会并讲话。这次会议，是全国党建研究会机关专委会组织的，主要是研讨交流“强化机关党组织对权力运行制约和监督”课题成果。中央直属机关工委副书记王秀峰出席会议并讲话，浙江省委副秘书长、省直机关工委书记施利民，宁波市委常委、市委秘书长王剑波致辞。会前，王秀峰、俞贵麟会见了浙江省委常委、宁波市委书记刘奇和宁波市委常委、纪委书记李会光。俞贵麟指出，习近平总书记在十八大以来对强化对权力制约和监督发表了一系列重要论述，深刻阐明了权力属于人民的理念，提出了健全权力运行制约和监督体系的重大任务，强调了实现干部清正、政府清廉、政治清明的目标，并从党的干部队伍建设、作风建设、反腐倡廉建设等多个方面提出了明确要求，体现了党要管党、从严治党的要求，对于加强党的建设、反腐倡廉建设和依法治国，都具有重大深远的意义。一定要把总书记重要论述深入学习好、领会好、贯彻好。俞贵麟强调，强化机关党组织对权力运行的制约和监督，要突出五项重点工作：严明党的纪律，特别是政治纪律和组织纪律；在简政放权、深化改革中加强廉政风险防控；在完成中心工作中发挥监督作用；按照党管干部的要求，积极参与干部工作监督；坚决做好惩治腐败工作。要落实党风廉政建设“两个责任”，机关党组织要强化党要管党、从严治党的政治责任意识，把主体责任记在心上、扛在肩上、抓在手上，层层分解责任、传导压力、推动落实，在落实“两个责任”上当表率、做示范。会后，俞贵麟同志开展纪检工作调研。与浙江省直机关工委的同志座谈，参观了全国廉政教育基地“清风园”、廉政文化建设示范点余姚市工商行政管理局，听取宁波市、余姚市纪委关于纪检工作的情况介绍[①]。

五、社会团体

社会团体一般是以特定的利益为背景而进行经常性活动的组织，如工会、各种社团、协会等。这里讨论的是除取得法权地位（如政党）以外的社会团体，其对政策活动的影响在形式上和公民一样，但比单个公民的影响力要大得多。社会团体是现代社会中参与政策运行的重要力量，它基于自身的利益，不仅积极参加政策的制定与实施，而且也乐于参与对政策过程的监控。

---

① 俞贵麟. 强化机关党组织对权力运行的制约和监督[EB/OL]. 中国共产党新闻网，http://dangjian.people.com.cn/n/2015/0428/c395787-26917475.html，2015-04-28

（一）社会团体在政策过程中的作用

它在政策过程中的主要作用在于两个方面：一是以各种方式将社会变化及该团体的要求表述出来，以期影响公共政策的制定、采纳与实施；二是将国家意志和信息传达给社会，以达到全社会对政策监控的目的。

（二）社会团体的监控体现

社会团体对政策的监控，主要体现在两个方面：一方面极力阻挠、反对、阻滞不利于自己团体利益的法规、政策的制定与实施；另一方面极力争取有利于自己团体利益的法规、政策的制定与实施。

（三）社会团体监控的方法

具体方法如下：第一，通过向政策决策者、政策执行者提供有关的信息来影响政策制定；第二，通过创办民间政策研究机构和政策咨询、评估来影响政策运行；第三，通过组织基层群众的政策参与来进行政策监控。

六、公众与大众传媒

公众对政策的监控主要是通过社会舆论的形式实现的。社会舆论是公共意志的集中反映，可以表达公众的利益、愿望和要求。由于政策总是与公共事务有关，因此，政策制定和执行的各个环节，都必须充分考虑人民群众的利益和要求。社会舆论确定了公共政策的基本范围和方向，因而，社会舆论在现代政策中的影响应引起高度重视。

（一）大众媒体的调控方式

在现代民主社会中，大众传媒、社会舆论的作用越来越大。它不仅对政策问题的发现、政策的规划、政策的决定具有重要影响，而且在政策执行的调控中也发挥着特殊的功能。大众媒介对政策执行的调控主要是通过以下方式实现的：一是对政策的执行进行跟踪报道，让政策执行机构的行为直接显露在政策目标群体和公众面前，从而使政策的执行更为公开化、透明化；二是对政策执行中的效果和问题加以评论，让政策执行机构能及时地听取政策目标群体及公众对政策的实施与实施中中间效果的意见和建议。

（二）大众媒体监控的前提

大众传媒监控作用的发挥只有以自由为前提，才可能独立、客观地反映政策活动中的事实，以达到监控的目的。一旦丧失舆论自由，缺乏进行监督的权利，大众传媒往往会降低监督意识，甚至可能沦为权力的附属品，若其为利益集团所操控，可能会出现社会小部分人的利益或某些利益集团的利益比公众利益更为强烈地表现出来的情况。在此基础上制定并执行的政策就不可避免地被扭曲，即公共政策不反映广大民众的普遍利益，而仅仅反映一小部分人或一些集团的利益，从而无法实现对政策的监控。另外，公民作为公众意志的载体，还可以通过选举成为民意代表、向司法系统（或监督系统）提出申诉等方式，对公共政策实现间接的监控。

◆ **拓展阅读**

《环境与生活》杂志详细说明了渭河源头莲峰河垃圾污染问题的整改措施和初步成果，并配上整改后莲峰河道的现场照片。渭源县委宣传部副部长祁小平和莲峰镇镇长万维对《环境与生活》杂志说，媒体的报道督促我们高度重视环境治理，特别是水污染问题，我们已经开始建立有关环境保护的长效机制，开展了全县环境保护及城乡环境卫生综合治理的集中整治行动，避免同类问题再次发生。《直击渭河源头“堆粪门”》的报道主要反映了当地两个问题：一是莲峰河河道垃圾堆积，影响渭河水质和当地百姓生活；二是莲峰镇集贸市场的拆迁改造工程引发了当地百姓和政府、开发商之间的冲突。两个问题互有关联，环境问题本身很容易发展为社会问题。针对报道反映的情况，县委宣传部副部长祁小平和莲峰镇镇长万维介绍，自 2015 年 1 月本刊记者实地调查采访后，县委县政府责成县环境保护局、水务局、住房和城乡建设局等部门对污染源进行了全面排查和清理整治。3 月初河流解冻后，镇政府筹资 5 万多元，组织人力，出动铲车、翻斗车等大型车辆，对莲峰河河道垃圾进行了清理、转运和填埋，同时加强环保宣传教育，查处违法行为。祁小平和万维表示，目前莲峰河河道堆积的垃圾已清理完毕，河道变干净了。4 月 18 日凌晨，渭源县通过其“渭源发布”的官方微博，就莲峰河河道水源污染的整改措施、整改效果和如何建立长效机制，向关注此事的公众做出回复。当天，县委书记吉秀还带领分管领导和相关部门负责人，实地勘察了莲峰河、清源河河道垃圾综合治理情况。据透露，莲峰镇及全县此次地毯式的环境卫生大整治行动，除了为回应媒体监督外，更是为了实现渭源县创建全国生态文明示范县的目标。2012 年 4 月，该县被列入“全国生态文明示范工程试点县”，是甘肃省 6 个试点县之一。渭源县实施了全民动员，要求做到“无卫生死角、无一片垃圾、无污水横流”。

资料来源：廖素冰，刘军民. 渭源县：媒体监督政策落实 环境整改初见成效[EB/OL]. 新闻频道，http://www.yxcf.org/xwpd/gnxw/2015-04-30/40553.html，2015-04-30

第三节　公共政策监控的运行

政策监控的运行过程是由政策监督、政策控制、政策调整三大环节所组成的一个动态过程。政策监控是指为实现政策的合法化与保证政策的贯彻实施而对政策的制定、实施、评估和终结等活动进行监督与控制的活动过程。其目的在于保证政策系统的顺利运行，提高政策制定与实施的质量，促进既定政策目标的实现，提高政策效率。

一、公共政策监督

公共政策监督本身是一个动态的过程，它既是公共政策活动的重要内容和政策运行过程的重要组成部分，又是实现公共政策科学化和民主化的重要保证。

（一）公共政策监督的含义和特点

（1）含义。公共政策监督是指公共政策监督主体从一定制度、法规的依据出发，对政策系统的运行，包括政策的制定、实施、评估、终结活动进行监察和督促的行为。公共政策是公共意志的体现，公共政策行为则是公共意志的实现，因此，对公共政策行为的纠正，必须以公共权威为前提。换言之，只有公共权威主体才可能构成公共政策控制的主体。而公共政策监督则并不必须具备这样的主体资格，非公共权威主体同样可以实施政策监督。公共政策监督的内涵，主要包括以下几个方面：一是政策监督的主体是立法机关、司法机关、行政机关、政党组织、社会团体、公众与大众传媒等。二是政策监督的对象是政策过程的各个环节，包括政策的制定、实施、调整、评估和终结，以及承担这些功能活动的个人、团体和组织，简单地说，就是公共政策运行的过程及其主体。三是政策监督的宗旨是实现公共政策运行的法制化，不断提高公共政策的质量与效率。

（2）特点。公共政策监督不同于其他监督，其特点表现为以下方面：一是系统性与广泛性。公共政策的复杂性和整体性的特点，决定了政策监督必须涉及公共政策的各个系统、各个方面，从而具有广泛性；同时也决定了政策监督必须涉及公共政策的过去、现在和将来，从而具有系统性，即政策监督具有时时、处处的特点。二是经常性与及时性。由于公共政策具有强烈的时效性，因此，政策监督要经常对公共政策实施做出及时的监督。三是群众性与民主性。公共政策涉及对象的广泛性，决定了政策监督必须具有广泛的群众基础和一定的民主性。公共政策具有目的和手段的双重属性。从政府的角度看，公共政策是一种政府输出，或者说是一种政府产品，政府通过一系列的公共政策实现其对社会事务的管理，维护良好的社会秩序；从社会的角度看，公共政策是一种政府行为，这种行为表现为对社会价值的权威性分配，但公共政策过程本身也是公共事务的一部分，并且构成了公共秩序的重要部分，甚至核心内容。公共政策的这种两重属性，构成了公共政策监控的问题所在。公共政策各类主体的公共权威性存在差异，这种差异既表现为等级上的位差，也表现为分工上的不同（职能差异）。职能分工上的差异，决定着不同的政策主体的公共权威具有不可替代性。在公共权威上，没有哪一类政策主体能够完全代表公共意志，也没有哪一类政策主体能够完全替代其他所有的政策主体。公共政策主体性的不完整，使公共政策监控的主体既不可能是外部人，也不可能是政策过程中的某一类主体，而只能是相互作用的不同政策主体。

（二）公共政策监督的程序

公共政策监督程序包括以下步骤。

（1）计划安排。制订公共政策的监督计划，该计划包括监督的对象、监督的标准、何人何时何地、怎样实施监督和监督的目的等。

（2）政策观察。对公共政策监督对象的观察，应着重注意政策活动中最重要的和最具有特色的事实和现象，以便从关键地点和时间上取得最能说明问题的信息，从而及时做出评价。

（3）评价分析。在政策观察的基础上，做出评价分析。评价的目的是确定实际政策活动偏离计划标准的程度，估计其动态趋势和后果，为采取适当的纠正行为提供可靠的依据。

（4）纠正偏差。这就要求在分析偏差、干扰和干扰因素的基础上，制定必要的纠正措施。为此，需要确定在有效时间内能够采取有效行动的措施，并确定纠正措施的范围、方向、内容和实施时间。

（5）利用成果。在纠正偏差的同时，再利用监督成果。其做法为纠正所发现的重大偏差，在一定范围内进行通报，引起人们重视，并通过对政策效果的评价，完成对主管机关与人员所作贡献的测定和评判，为主管部门提供信息。

根据上述程序，公共政策监督的具体过程可用图 8-1 表示。

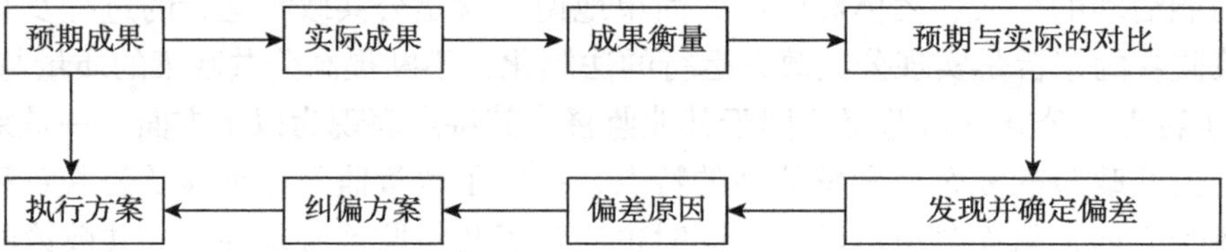

图 8-1　公共政策监督的具体过程

（三）公共政策监督的内容

1. 公共政策制定的监督

决策者所掌握的信息有限性、决策者自身的有限理性、决策者个人及其所代表的集团或党派的利益与偏好的不同，以及决策者以有限的甚至是错误的知识体系或价值体系为指导的状况，决定了决策者制定出的任何一项政策都有可能是不完善的。决策者对政策环境的不完全正确的认识等因素，也影响着决策的科学性。

此外，由于决策者在制定政策时，可能没有严格遵守法律制度所规定的规则与程序，因此，制定的政策又存在着不合法性。一些地方政策以保护主义为价值取向，制定了一些损害“公共利益”的政策，如规定对本地区资源和市场的行政性保护，以及为维护本行业、本部门和本地区利益，人为设置市场障碍，防止外地同行业竞争者进入等。例如，南方某省某县出台过一项政策，规定非本县生产的香烟，一律按“走私烟”处理。因此，对于这类政策的制定过程及其活动必须进行有效的监督，以保证政策制定与实施的质量。

2. 公共政策实施的监督

制定出的公共政策若得不到贯彻实施，该政策所要解决的政策问题及经济社会发展目标就无法实现，而且由于制定政策并不能保证其实施与目标一致，因此，在公共政策行为开始之后进行全程跟踪监督是非常重要的。

每项公共政策的实施，可用苗圃中栽植的幼苗作比喻，若让幼苗自然生长，其结果可能长成一棵小树，也可能长成一棵大树。但是，幼苗一旦栽入土中，要让它照预期目标茁壮成长，就需要对它进行精心培植，如果任其自然生长，这棵幼苗的前途就不确定。

政策的实施也是如此。在现实生活中，政策得不到贯彻实施，甚至成为一纸空文的情况时有发生，所以，必须对政策实施过程进行监督，以保证政策目标的实现、政策问题的解决。对政策实施行为进行监督，主要是为了保证政策实施活动遵循政策原定方案，监督检查政策是否得到贯彻实施，查看各项措施是否存在违背全局利益或整体利益的情况，及时发现和纠正一切违背政策目标的行为，提高政策实施的效率，确保政策目标的顺利实现。

3. 公共政策评估的监督

公共政策评估的目的在于取得有关政策的效果、效益和功能等方面的信息并进行判断，以作为决定政策变化、政策改进和制定新政策的依据。公共政策监督则是监督主体对政策评估过程加以监督，以使评估活动能及时地发现政策偏差，并决定对其进行修改、调整、完善或是暂停实施、终止。此外，公共政策评估是确保政策正确运行的必要环节，因为如果没有政策评估工作，就无法对政策的可靠性、实施人员的责任，以及政策制定和实施机构的职责做出判断。从这个意义上说，公共政策评估本身就是一种监督活动。

公共政策评估在世界各国刚刚起步，当前的评估工作是政策过程中的一个薄弱环节，政策评估的真正目的往往被歪曲，其评估行动和结果的有效性令人生疑。有时进行评估的初始目的在于证明其效果，而对政策的负效应却避而不估，把政策评估作为沽名钓誉的手段；有时进行评估的意图在于使效果不佳、绩效不良的政策合理化，或以评估来掩饰决策的失败；有时则借评估来攻击与自己偏好不一致的政策，而不顾其效果。可见，评估者在确定一项政策的影响时，有时缺乏公平的标准，所以就有必要对公共政策评估本身进行监督，使其在正确轨道上运行，以达到完善公共政策的预期效果。

4. 公共政策调整的监督

考虑到政策目标在选择或实现过程中存在的问题，政策实施难以实现预期政策目标，再加上其他的政策资源和政策实施方式也无法使原有政策继续进行下去，因此，就有必要对政策进行调整。在政策调整过程中，需要对以下问题加以监督，纠正调整过程中易出现的偏差：一是目标调整。政策制定者或实施者出于主观的意愿，不是出于客观实际的需要，提出政策预期目标的调整问题，使本来可以实现的目标提前中止，无法实现。二是人员调整。对正在有效实施政策的人员进行随意性调整，使政策实施无法继续。三是财力和物力调整。由于计划上的偏差，在政策实施过程中，财力和物力出现了严重的短缺，而又没有办法根据需要进行及时的补充。由于这种状况，政策实施过程被迫中止，政策目标也随之无法实现。

对政策调整的监督，分清应该进行政策调整的问题和不应该进行政策调整的问题，解决它们各自存在的问题，使符合客观实际需要的政策调整问题真正得以解决。

5. 公共政策终结的监督

公共政策终结就是停止或结束已经完成目标的、过时的、错误的、失效的、多余的政策。它是公共政策运作过程的最后一个环节，也是政策更新、政策发展的逻辑起点。及时地终止一项多余的、无效的或已完成使命的政策，有助于提高政策的绩效。如果没有政策终结，将会失去政策的严肃性，但错误地终结一项必要、正确的政策，对社会也是一种较大的损失。因此，对政策终结的监督可以有效地决定现存政策的去留，以保证政策问题的解决而不浪费资源。

综上所述，公共政策监督活动是政策主体对政策运行过程情况的信息反馈，它的作用贯穿于公共政策全过程。各项监督活动是互相联系、不可分割的，它们共同为提高公共政策运行过程的质量及其政策绩效提供有力的保障。这里我们要强调说明的一点是，公共政策控制也是对政策的制定、实施、评估、调整和终结进行控制，其控制的内容同监督的内容基本相同，在进行政策控制时参照政策监督内容就可以发挥政策控制的作用。为此，我们此后不再单独探讨公共政策控制的内容。

二、公共政策控制

（一）公共政策控制的概念

公共政策控制的概念主要来源于控制论。控制论是研究动态系统在变的环境条件下如何保持平衡状态或稳定状态的科学。它以信息为基础，强调通过信息反馈了解运行状况传递，同时通过信息传递来实现控制。控制论的思想和方法渗透到几乎所有的自然科学和社会科学领域。

在政策活动中，无论政策在制定时做得再完备、再周密，在执行过程中都会出现一些难以预料的情况。可能是客观环境发生变化，也可能是执行人主观的偏差，这就需要纠正工作偏差或原定计划，以保证制定出来的政策最大限度地得到贯彻和落实。政策控制就是政策监控主体为了保证政策的权威性和合法性，为了达成政策的目标，通过不断的信息反馈，对政策过程中出现的偏差的发现与纠正的行为。其实质是对实际活动的反馈所做出的反应。它是改进工作的有效手段。

（二）公共政策控制的分类

（1）按性质的不同，公共政策控制可以分为前馈控制和反馈控制。前馈控制是利用已掌握的有关主客观环境变化趋势的信息对未来的政策运行状况进行预测，把计划的结果与预测的结果进行比较，发现可能出现的偏差，从而事先制定纠偏措施，使实际绩效与期望的结果相一致。反馈控制则是根据政策实际运行过程中反馈的信息，与计划方案做比较，从中发现偏差，分析偏差产生的原因，并纠正偏差的活动。反馈控制是最主要的控制形式，但这种控制形式的局限性表现在其反映问题的滞后性上，即从发现偏差到纠正偏差之间存在时间差，往往使纠正偏差错过时机，或者因客观情况发生变化，而影响纠偏的效果。在政策控制中，应结合使用前馈控制与反馈控制，做到事前控制和事后控制相互弥补。

（2）按照控制人员与控制对象的关系，政策控制可分为间接控制和直接控制。间接控制是相对于决策分权化而言的，是指政策监控主体将控制权力下放给各政策执行主体的一种控制形式。间接控制有一个前提条件，即被授权执行监控的一方与授权方有一个一致的价值系统。在此前提下，高层管理部门即可把决策下放，并且有理由相信其结果将会符合他们的期望。采取间接控制的目的是减少信息反馈滞后对纠偏效果的影响。直接控制，则是监控主体保留集中控制，保留决策权，对政策各环节进行实时监控，以全面掌握政策系统运行情况，及时控制政策发展方向。

（三）公共政策控制的程序

公共政策控制的一般程序由确立标准、衡量绩效和纠正偏差三个主要环节构成。

1. 确立标准

标准是衡量政策的实际效果（绩效）的尺度。只有设定一定的标准才能去衡量政策实施的绩效，并找出实际绩效与预期绩效之间的偏差。政策控制是为了使政策实施后达到预定的目标，因此，政策目标是政策控制的最根本的标准，控制的具体标准来源于政策目标。但是，政策目标往往是一般的、原则性的，要将政策目标转化为政策控制标准，就必须将政策目标具体化，即把政策目标变成一系列可以计算的带有指标和数字的标准。目标的标准化一般从两方面着手：一是将政策目标按其时间和空间细化为阶段性的标准，如月度标准、季度标准、年度标准，或初始阶段标准、中期阶段标准、结束阶段标准等；二是将政策目标细化为可以衡量的标准，如实物标准、成本标准、资本标准、效率标准、收益标准、进度标准等。

2. 衡量绩效

该环节的任务是在政策的实际运行过程中，随时监控政策运行的情况，运用确立的控制标准对政策执行过程中的实际效果进行评价，将实际结果与预定的目标或期望的结果加以比较，以便及时发现偏差，采取纠正措施。

对政策实施的实际绩效的计算与衡量必须做到全面、准确。所谓绩效的全面性，是指政策调控者掌握到的政策实施的结果是全面的而不是片面的。在政策绩效中不仅要包括正面的、积极的效果，而且要包括负面的、消极的效果；不仅有显露出来的效果，而且有还未完全暴露出的效果。

所谓绩效的准确性，是指政策控制者掌握的政策实施的效果必须是真实的、可靠的。关于政策实施的绩效绝不是估猜出来的，也不是迎合某种需要“制造”出来的，而是通过科学的方法测量出来的实实在在的效果、效率与效益。衡量政策绩效的准确与否，既取决于标准是否合理，又取决于是否找到合适的衡量、评价方法。需要注意的是，不能将实际测量的政策效果一味理解为政策的最终结果，由于政策效果的显现有一个时间过程，因而某一时点上测量的可能仅是一种阶段性的成果，或由中间状况推测出的结果。对绩效的衡量既要关注最终的政策结果，又要重视过程中的阶段性成果。

3. 纠正偏差

这一环节包括确定偏差的类型，找出偏差产生的原因，并采取纠正偏差的措施三个具体任务。

首先，当有关政策实施的阶段性绩效的信息反馈到政策控制中心后，政策控制主体要先将政策目标或预期的阶段性效果与实际绩效加以对比，从而确定是否存在偏差；若确有偏差，则需要进一步分析偏差的类型。有些偏差是合理的偏差，有些则是不合理的偏差；有些是能够允许的偏差，有些则是不能允许的偏差；有些是客观条件变化造成的偏差，有些则是主观因素造成的偏差。对于合理的、允许的偏差则不需要去纠偏；而不合理的、不能允许的、主客观因素造成的偏差则必须采取措施纠偏。

其次，发现并确认偏差之后，就需要寻找产生偏差的原因。政策在实际运行中产生偏差的原因是各种各样的，如政策环境改变、目标不恰当、执行组织或人员执行不力、财力或人力投入不足等。找到明确的原因，才能为从根本上纠正偏差奠定基础。该过程可以运用政策的回溯分析，即回溯过去分析政策的目标、内容、作用范围、发生效力的时间、实施的方法等。

最后，根据偏差类型与原因制订调整方案，主要是确定调整的时机、调整的力度、调整的流程与方法。政策调整必须选择适当的时机，一般是选在政策执行的前一个阶段结束而后一个阶段还未开始时调整，才不会引起执行中的混乱。选择调整的力度也很重要，调整力度过大，会引起思想混乱和心理承受方面的问题；力度过小又会导致调整不到位。

◆ 拓展阅读

实施30多年后，独生子女政策争议中终结

2015年10月29日，党的十八届五中全会闭幕。据新华社报道，全会公报决议允许全面放开二孩政策——全面实施一对夫妇可生育两个孩子政策，积极开展应对人口老龄化行动。这是继2013年十八届三中全会决定启动实施“单独二孩”政策后的又一次人口政策调整，实施了30多年的独生子女政策由此而终。

政策溯源：独生子女父母每月可获10元奖励。独生子女政策规定，一对夫妻生育（包括依法收养）一个子女后不再生育，其子女在18周岁以内的，由夫妻双方申请，经所在单位核实，由女方户籍所在地乡镇人民政府或者街道办事处发给《独生子女父母光荣证》。每月发给独生子女父母10元奖励费，奖励费自领取《独生子女父母光荣证》之月起发至其独生子女满18周岁。事实上，中国的生育政策并不是“一胎”政策。在城市，男女双方都是独生子女的可以生育两个孩子；在农村，多数省规定，生了一个女孩的可以再生一个；云南、青海、宁夏、新疆、海南等省（区）规定农民可以生育两个孩子；西藏农牧民没有生育数量的限制。

政策背景：“人口恐怖症”导致“一胎化”迅速出台。1980年，新华社公布了官方做出的对中国人口发展进程的百年预报：如果中国按当时的生育水平延续下去，那么2000年中国人口要过14亿，2050年中国人口将达到40亿；如果今后平均每位妇女生两个孩子，那么到2050年中国人口达到40亿后，才能停止增长。这一消息发布后，引起很大震动。据报道，当时有人主张“中国人口应立即采取负数发展”，建议采取一切措施，尽快进入人口的负增长。中国的人口政策在1980年骤然收紧，即从“晚、稀、少”迅速转变为

“一胎化”。20世纪80年代起，《婚姻法》修订后规定“夫妻双方应遵守国家相关政策，实行计划生育”。

政策后果：中国人口老龄化提前到来。从实施效果来看，“一胎化”政策在实施以前，并没有经过严谨的论证，严重低估了迫使生育率快速下降的代价。例如，当时估计老龄化现象最快也得在40年以后才会出现，即2020年才会出现老龄化现象。事实则不然。国家统计局在1999年10月已经宣布中国进入了一个老龄化的社会。截至2014年年底，我国60岁以上老年人口已达2.12亿，占总人口的15.5%，其中65岁以上老年人口1.37亿，占总人口的10%。人口的加速老龄化给我国经济社会发展带来全面、深刻、持久的影响，已经成为影响国计民生、民族兴衰和国家长治久安的重大战略问题。

政策调整：实施30多年后独生子女政策终结。在人口结构加速老龄化的压力下，“只生一个好”的生育政策，正被“单独二孩”新政替代。2013年中共十八届三中全会决定启动实施“单独二孩”政策。随后，关于调整完善生育政策的决议由十二届全国人大常委会第六次会议表决通过，“单独二孩”政策正式实施。2015年10月，十八届五中全会决定，全面放开二胎政策。至此，实施了30多年的独生子女政策正式宣布终结。

资料来源：刘洋. 实施30多年后，独生子女政策争议中终结[EB/OL]. 华西新闻，http://news.huaxi100.com/show-166-694480-1.html，2015-10-29

三、公共政策调整

任何政策都有其预定的目标和希望达到的效果，但其实施所促成的客观环境变化有时并不符合决策者最初的设想。不过，通过科学的评估机制，执行过程中的偏差可以得到系统的诊断，从而为有关部门进行政策调整做好准备。

（一）公共政策调整的含义和作用

公共政策调整是政策过程的一个重要环节，但人们主观认识存在局限性且社会变化具有绝对性，为了促使公共政策问题得到更有效的解决，绝大多数公共政策都需要不断地调整，因此，政策调整几乎贯穿整个公共政策过程的始终。

1. 公共政策调整的含义

所谓公共政策调整，就是政府部门根据获得的反馈信息及客观条件的变化，对政策形式、内容进行修订、补充和更新的工作，它既体现出改进性的特点，又体现出延续性的特点。

首先，从改进性的一面来看，政策调整是原政策方案的结果不尽如人意时的一种补救工作，是对原政策方案不合理之处及不符合变化了的实际的部分改进。因此，政策调整表明既有政策存在缺陷和不足，故而需要以修订方式来完善政策。当然，决策者和执行部门所做的这种改进工作可能有成效，也可能没有成效，那将进一步决定现有政策的命运。

其次，从延续性的一面来看，政策调整是对原政策方案所做的局部变动，是以原政策方案设计的目标和方案大体符合实际作为基础的，需要注意新、旧方案的延续性。尽管有时政策调整的幅度较大，看上去像是再制定、再执行政策，却不是真的另起炉灶。如果是对公共政策指导思想、基本原则及政策目标的全面创新，则通常应该另行制定新的公共政策。

2. 政策调整的作用

政策调整是一种经常性的政治活动，其理论依据可以从渐进决策模式中寻找到——政策制定不是“一锤子买卖”，而是修修补补的渐进调适的过程。在实践中，政策调整往往是由于政策目标、客观政策环境或政策资源发生了改变，或者是由于政策某方面的弊端呈现了出来。通过不断的调整，公共政策可以获得更大的合法性，从而确保其实施更顺利和更有成效。具体来说，政策调整的积极作用主要表现在如下四个方面。

第一，使原有政策更加完善，并适应新的环境。由于人的理性并非是万能的，加之人的知识又是有限的，因此，政策方案的制订无法与社会现实需要完全一致，另外，客观环境本身的变动不居，也常常令政策偏差不可避免。当这种偏差影响到政策的执行时，政府部门就会对原来的政策方案进行及时调整，以适应变化了的实际或符合人们对现实的新的认识，并避免或纠正政策的失误。

第二，有利于政策的相对稳定，预防社会震荡。作为规范人们行为的准则，政策要真正发挥其稳定社会秩序、解决公共问题的效用，就必须具有相对稳定性。如果政府在短期内过于频繁地废除旧政策另立新政策，那么这种朝令夕改的做法必然导致人们在行为上无所适从，进而影响到社会的安定团结。当然，强调政策的相对稳定性并不意味着政策是绝对不变的，调整其实就是以变促稳。

第三，提高政策资源的利用率，避免大的浪费。在很多情况下，政策需要调整意味着原政策方案对资源的利用率并不高，也就是说，执行部门没能利用好现有的资源。虽然从政策体系的相互协调及综合发挥政策资源整体效能的角度来看，决策者在这方面的责任更大，但执行时因人员配备不合理、管理技术陈旧等而造成的资源浪费和滥用的弊病也应通过有效的政策调整加以救治。

第四，充当象征，表明政府正在改进自身工作。除了因政策不完善而被动地做出调整之外，政治家们还常常主动倡议要进行政策调整，以换取政治上的好处。通过调整的行动，政府向民众表示它想要做得更好，于是调整被等同为改进，而这反过来又帮助政府塑造了良好的政府形象。当政治家面对选举的压力或党内的考核时，促成政策的调整常是其提高民意支持度和提高政策业绩的有效举措。

然而，如果公共政策调整不当，也会对政策过程产生负面的影响。例如，调整必然使一部分已经投入的政策资源被白白耗费，并会挫伤一部分既得利益人群的积极性，且过多的政策调整也会让公众对政府部门的能力产生怀疑，从而损害其形象。

（二）公共政策调整的原则和形式

1. 公共政策调整的原则

政策调整是对政策方案进行局部修正和完善的过程，它应遵循实事求是、渐进调适和追踪反馈的原则。

（1）实事求是原则。实事求是是党和政府长期奉行的思想路线，也是政策调整中要坚持的基本原则。公共政策的调整是根据事物发展的客观规律做出的，而不是个人意志的产物。在出现问题后，要及时对公共政策进行调整，即便这意味着对原先制定者和执行者的否定。同时，对公共政策的调整还可能遇到来自政治制度或价值观念上的抵制，这就要求坚持实事求是的原则，从公共政策本身出发，从公共政策所面临的实际出发，而不是从其他的观念因素出发，对公共政策进行调整，务求使原定的目标能顺利实现。

（2）渐进调适原则。政策实施一段时间之后，都会在公众当中造成一定程度的影响，并使公众形成对公共政策及效果的心理预期。这时，如果公共政策调整的幅度和范围过大、过急，人们从心理上和行动上就可能难以适应，就会对政策表现出疑虑和担心，甚至产生抵触情绪。因此，公共政策调整的幅度和范围要考虑社会承受的程度。这就要求公共政策调整一般要循序渐进，逐步剔除新形势下不适用的部分，保留仍然可行的部分，给政府官员和普通百姓一个缓冲期来提高认识、加深理解，以便于调整的顺利完成。

（3）追踪反馈原则。公共政策调整是随着问题和环境的变化而发展的，因此，它需要不断地收集反馈信息，并要对原有的政策方案进行回溯分析，以找出失误和偏差产生的环节及原因，从而有针对性地根据分析结论对方案进行修正和补充。在公共政策实施过程中出现与预期目标差距较大，但出现偏差的原因尚未厘清，而调整的详细方案和具体步骤由于各种原因又还没有设计完毕的状况时，应该采取权宜的办法，先就问题较为突出、公众要求较为强烈的部分进行调整，然后再跟踪调整，逐步完善。

2. 公共政策调整的形式

政策调整是以现有政策的留存、延续及继续发挥作用为前提的，其表现形式主要有政策修正、政策扩充、政策删减和政策更新等。

（1）政策修正，即改正政策中那些已被实践证明了的错误内容，同时依据新的政策环境，修订不合时宜的内容，进一步增强与保证政策实施的可行性。政策修正需要保持原有政策的基本框架，而只是改变其部分内容、适用范围和对象，以及执行的技术手段。1999年9月18日，国务院发布《国务院关于修改〈全国年节及纪念日放假办法〉的决定》，决定增加公众法定休假日。春节、“五一”和“十一”法定休假3天，再加上调整的前后两个双休日，就形成了每年3个连续7天的长假，使中国人每年的法定休息日达到了114天。而每个长假掀起的旅游消费热也逐渐成为中国经济生活的新亮点，被人们称为黄金周。2004年，国家旅游局表示，短期内不改变黄金周长假制度。2004年2月27日，中国人民大学校长建议增加传统节日为法定假日，取消黄金周，强化春节长假。2005年6月，中央部门发布文件详细说明增设除夕、元宵、清明、端午和中秋的重要性。2007年1月22日，国家发改委到中国人民大学听取增加中国传统节日为法定假日的意见；2月，调整国家法定节假日，进入征求意见阶段，法定节假日调整呼之欲出，新华社发表长文深度分析黄金周调整的政策背景；11月9日，国家法定节假日调整研究小组的方案在人民网、新华网、国家发改委网站，以及新浪、搜狐等网站上予以公布，开展民意调查。

调整的主要内容包括：①国家法定节假日总天数增加 1 天，即由 10 天增加到 11 天。②对国家法定节假日时间安排进行调整——元旦放假 1 天不变；春节放假 3 天不变，但放假起始时间由农历年正月初一调整为除夕；“五一”国际劳动节由 3 天调整为 1 天，减少 2 天；“十一”国庆节放假 3 天不变；清明、端午、中秋增设为国家法定节假日，各放假 1 天（农历节日如遇闰月，以第一个月为休假日）。③允许周末上移下错，与法定节假日形成连休。

（2）政策扩充，即政府通过提高政策的目标要求、延长政策发挥作用的时间、扩展政策的适用范围等方式，使政策更充分地解决社会公众所面临的问题。政策扩充是以原政策总体上合理且有效用为前提的，因此，才要加大其贯彻执行的力度，当然客观环境的变化有时也会使扩充成为必要。2015 年 12 月 1 日《时代周刊》刊登了中国社会科学院学部委员、中国社会科学院财经战略研究院院长高培勇的一篇文章——《全面建成小康社会呼唤公共政策扩张》，他提到，在今天特殊的背景下，我们要研究的可能不止是年度性的扩张问题，而是至少持续 5 年的宏观经济政策扩张，只有潜在的经济增长速度，加上改革的红利，才能确保我们全面实现建成小康社会这样一个目标。整个的“十三五”时期关乎的是宏观经济政策布局问题，是宏观经济政策的扩张性效应得以持续的问题，以及全面深化改革目标的实现问题。同时他也指出，当前流行的经济数据是，如果 2015 年 GDP 增长指标达不到 7%，是 6.9%，那么未来 5 年中国 GDP 年均的增速至少要达到 6.53%。这样，为了在 2020 年全面建成小康社会，就必须推出更多的以经济增长方式转变为目标的经济刺激政策，即在市场化、法治化及服务型政府的建设中，全面深化改革①。

（3）政策删减，即政府通过降低政策的目标要求、缩短政策发挥作用的时间、缩小政策的适用范围等方式，使政策更具操作性且更好地反映形势发展变化的需要。在实践中，有的政策从原则上看，虽然是正确的，但其目标设定过高，不具备完全实行的条件，这种政策需要做出删减。以高考加分政策为例，教育部制定高考加分政策本来是为高校选拔人才提供多元的评价信息，但近年来此项政策在执行中出现一些问题，特别是为获取加分的资格或身份而弄虚作假、违法乱纪等现象时有发生，严重损害了教育的公平公正，社会反应强烈。新的政策规定从 2015 年起取消体育、艺术等特长生加分项目。地方性高考加分项目由省级人民政府确定并报教育部备案，原则上只适用于本省（自治区、直辖市）所属高校在本省（自治区、直辖市）招生。各省（自治区、直辖市）均按照要求，从 2015 年 1 月 1 日起取消“省级优秀学生”“思想政治品德突出事迹者”“奥赛获奖者”“科技竞赛获奖者”“重大体育比赛获奖者”“二级运动员统测合格者”6 项全国性鼓励类加分项目。对之前已取得相关证书的考生，有 4 个省份采取不过渡的方案，2015 年高考即将其取消；其他省（自治区、直辖市，不包括港澳台地区）采取了过渡的方案，过渡期内加分分值降为 5 分以内。地方性加分项目将从 2014 年的 95 个逐年减少，到 2018 年仅剩 35 个，减幅 63%，2015 年已经取消了 20 项。各地普遍降低了地方性加分项目分值，缩小了使用范围，并限省属高校录取使用。

---

① 高培勇. 全面建成小康社会呼唤公共政策扩张[N]. 时代周刊，2015-12-01.

（4）政策更新，即在保留原有政策的精神及内核的基础上，对政策的内容、目标、适用范围、执行主体等进行大幅度的调整。尽管更新过的政策与原政策之间是相衔接的，但两者之间也存在较大的差异。公共政策需要更新的原因在于原来的政策较为陈旧，没有实现与时俱进，故此需要一些新的内容来代替。时隔13年，修订呼声日益高涨的《住房公积金管理条例》终于在2015年迎来再次“大修”。《住房公积金管理条例（修订稿）》从缴存、提取、增值收益使用、风险防范等多个方面进行了条款修订。住房公积金的提取条件拟放宽，职工自住住房租金、自住住房物业费等将来均有望使用公积金支付；对单位和职工住房公积金的缴存比例进行明确规定，上限不应高于12%，下限不应低于5%。，中央国家机关住房资金管理中心发布通知，国管公积金月缴存上限、下限已经确定。通知规定，缴存上限方面，2016年财政预算年度住房公积金月缴存额上限为4 654元，职工和单位月缴存额上限均为2 327元；缴存下限方面，2016年财政预算年度住房公积金月缴存基数不得低于北京市人力资源和社会保障局公布的2015年北京市最低工资标准的1 720元；下岗、内退等类似情况，职工月缴存基数不得低于2015年北京市基本生活费的1 204元。

（三）公共政策调整中应注意的问题

政策调整涉及方方面面的利益，且常常依靠政府多个部门的协作，需要统筹兼顾。另外，政策调整不仅关系到政府行为的失误或偏差能否得到纠正，也决定着政策能否更好地适应客观实际的变化，应加以慎重对待。在调整过程中，决策者和执行者应注意如下几点。

（1）建立强大的信息反馈系统和评估机制，为政策调整提供依据。根据控制论的基本观点，反馈指的是将系统的输出返回到输入端并以某种方式改变输入，进而影响系统功能的过程。反馈可以分为正反馈和负反馈两种形式。其中，前者是指后输出的信息与原输出的信息起到相同的作用，使总输出增大的反馈调节，反映政策方案在执行中效果明显；后者是指后输出的信息与原输出的信息起相反的作用，使总输出减小的反馈调节，反映政策方案在执行中存在或暴露的问题和失误。很显然，在上面介绍过的政策调整形式中，政策扩充主要是正反馈作用的结果，而政策删减体现的是负反馈的影响。信息反馈是实现政策调整的前提，要弥补政策方案的不足、避免政策执行中出差错，就必须不断获取有效信息。反馈的信息必须灵敏、及时、准确，否则根据错误的信息调整的政策将会造成更大的损失。

（2）反对借政策调整之名修改政策精神，杜绝“上有政策，下有对策”现象。政策调整的确意味着政策的改变，但只看到这一点就会忽略政策调整更为重要的特点，即其延续性。需要指出的是，经过调整的政策与原政策之间虽在内容细节和执行方式等方面有差别，但二者在指导思想、基本理念上必须是一致的。正是由于原政策的指导思想和基本理念具有科学性，它才没有被终结而只是被调整。在实践中，一些地方政府的领导为了本地区的特殊利益，借政策调整之名修改政策精神，上级的政策被选择性地执行，各种土政策纷纷出台，这种做法是错误和有害的。政府相关部门必须吃透政策精神，认真学习、准确理解政策规定，把握调整方向，搞清调整目的。与此同时，下级机关不能直接调整上级机关制定的政策，只能向上级机关提出政策调整的建议，而且对比较重大的政策调整，必须经过上级领导机关批准。

（3）尽可能以局部和小幅度的调整为主，减轻或避免社会震荡。如前文所述，政策调整需要贯彻渐进调适的原则，故而“延续为主、局部调整”是常规。改革开放以来的国家计划生育政策就可以很好地说明这一点，从最初的单纯控制人口数量，到稳定低生育水平，再到统筹解决人口问题，这期间对“一对夫妇只生育一个孩子”的提倡始终未变，但在各地又根据实际情况而有不同的微调。尽管政策调整本身是与人们主观认识和客观环境变化相伴的，然而无论何时都要认识到保持一个稳定局面的重要性，正所谓稳定是大局，稳定压倒一切。要减轻或避免社会震荡，决策者的调整应尽可能地以边际的、小幅度的调整为主，否则宁可采用终结的方式。调整过多的话会有各种消极的后果，如执行部门面对很大压力，民众生活遭遇各种不便，特定群体利益受到损害，等等。同时，为防止政策调整过程中出现政策的真空和漏洞，执行部门在决策者做出正式的调整决定之前应仍执行原政策。

（4）预先设计出详尽的调整方案，按步骤、分层次、有序稳妥地进行。与政策采纳一样，政策调整也是在若干个可供选择的方案中进行比较分析，进而选择出最佳方案。不过，被选出的这个方案并非全新的，而是原政策的修正方案，其中涉及的主要内容包括应该调整原政策的哪些部分，将采取的调整方式是什么，调整行动的步骤和阶段怎样划分，政策调整方案的好坏直接关系到政策调整的成败，及时而有效的政策调整，可以在后续的执行中获得更好的政策效益，反之则会扩大原政策方案的缺陷，造成政策问题的恶化。对公共政策方案加以修正、补充和完善，甚至重新制定，有多种情况：对基本可行的方案加以修正，使之更合理且更适应变化的现实；扩大原有方案的适用范围；对证明是基本行不通的方案做大规模的调整。可是不管怎样，对政策进行调整都必须有计划，并讲求策略和方法，否则只会造成混乱。

本章小结

政策监控是由监控主体（一般由立法机关、司法机关、行政机关、政党组织、社会团体、公众与大众传媒及人民群众等组成）通过对政策的制定、执行、评估及对承担这些功能活动的个人、团体和组织进行监督、控制和调整，以保证政策本身的正确与完善，政策得到贯彻实施及政策目标的实现。政策监督的类型众多，可按政策监督过程、时态、内容、层次、主体进行划分。不论哪类监督，都需要遵循封闭原则、反馈原则、能级原则，从而确保政策监控的科学运行。政策监控系统，是由政策监控主体与政策监控客体相互作用、相互影响、相互补充而构成的完整体系，有的既是监控主体，又是监控客体，因而在具体的监控过程中应准确区分责任。

政策监控的运行过程，是由政策监督、政策控制、政策调整三大环节所组成的一个动态过程。政策监督是政策监控主体以一定的制度、法规为依据，对政策系统的运行（包括政策的制定、执行、实施、调整、评估及终结活动）所实施的监测和督促。政策控制就是政策监控主体为了保证政策的权威性和合法性，为了达成政策的目标，通过不断的信息反馈，对政策过程中出现的偏差的发现与纠正的行为。政策调整是在政策监督和控制所获得的有关政策系统运行的反馈信息基础上，对政策方案及方案与目标之间的关系等进行不断修正、补充和发展，以达到预期效果。

关键术语

政策监控　监控主体　监控客体　立法控制　司法审查　政策监督　政策控制　政策调整　政策修正　程序控制

复习思考题

1. 简述政策监控的内涵、类型和作用。
2. 简述公共政策监控系统的构成及其各自的作用方式。
3. 简述政策监控运行过程的主要环节及其关系。
4. 简述政策监督的含义和内容。
5. 简述政策控制的一般程序。
6. 简述公共政策调整的依据和内容。
7. 联系实际，谈谈如何进一步完善我国的政策监控体系。

◆ 案例分析

延迟退休政策的轨迹

早在 2008 年 11 月，人力资源和社会保障部（简称人保部）社会保障研究所负责人就称，有关部门正在酝酿等待条件成熟时延长退休年龄，有可能女职工从 2010 年开始，男职工从 2015 年开始，采取“小步渐进”方式，每 3 年延迟 1 岁，逐步将退休年龄提高到 65 岁。在 2030 年前，职工退休年龄将延迟到 65 岁。

2010 年 9 月，关于“是否应该推迟退休年龄”的话题再度引发热议。起因是在《中国的人力资源状况》白皮书发布会上，人保部副部长王晓初表示，有专家指出，到 2035 年中国将面临两名纳税人供养一名养老金领取者的情况。

2013 年 11 月 20 日下午，中央财经领导小组办公室副主任杨伟民在国务院新闻办公室（简称国新办）回答记者提问时表示，延长退休年龄是大势所趋，但将采用“渐进式”。

2014 年 3 月 9 日上午，人保部部长尹蔚民表示，人保部会在 2020 年前，将延长退休年龄的方案推出来，此方案是渐进式的退休年龄办法。

2015 年 12 月 2 日，由中国社会科学院人口与劳动经济研究所及社会科学文献出版社共同主办的《人口与劳动绿皮书：中国人口与劳动问题报告 No.16》发布会在北京举行。该报告建议，延迟退休可分“两步走”：2017 年完成养老金制度并轨，取消女干部和女工人的身份区别，将职工养老保险的女性退休年龄统一规定为 55 岁；从 2018 年开始，女性退休年龄每 3 年延迟 1 岁，男性退休年龄每 6 年延迟 1 岁，至 2045 年男性、女性退休年龄同步达到 65 岁。对于居民养老保险的退休年龄改革方案，报告建议居民养老保险的退休年龄从 2033 年开始每 3 年延迟 1 岁，直至 2045 年完成。

资料来源：李金磊，张尼. 报告建议 2018 年开始延迟退休，到 2045 年延至 65 岁[EB/OL]. 中国新闻网，http://news.qq.com/a/20151202/027971.htm？pgv_ref=aio2015&ptlang=2052，2015-12-02

◆ **问题**

1. 请简要表述你对“延迟退休政策”的看法。
2. 请结合材料谈谈公共政策监控在“延迟退休政策”出台过程中的体现。

第九章　公共政策终结与政策周期

■ 学习目标

通过本章的学习，了解公共政策终结的含义、原因和作用；掌握公共政策终结的对象和形式；理解公共政策终结的障碍和措施；领会公共政策周期的概念和意义。

■ 知识框架图

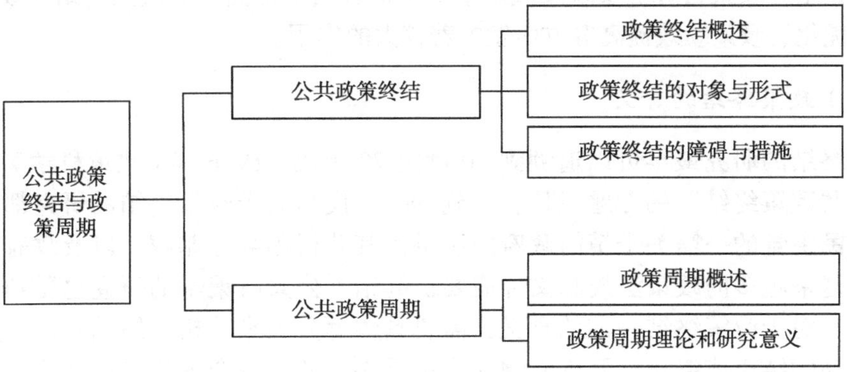

■ 名人名言

政策终结的现象如此之少，且个性特征很强，以致不能做出某种归纳；设计者希望政策能永久适用；政治领导人不愿意承认错误，政策终结往往充斥着残酷的斗争；潜在的改革支持者由于不确定是否能真的得到好处，也不愿意破坏现有的计划、组织；政策终结缺乏有效的政治刺激。

——尤金·巴达奇（Eugene Bardach）

第一节　公共政策终结

很多人在使用电脑一段时间后，会明显感觉速度越来越慢，主要原因是长期使用而不整理，垃圾文件越来越多，一些长期存在没有被删除的文件对电脑影响很大。同理，垃圾政策的存在无疑会严重影响行政运行效率，因此，必须进行及时的清理。而对于公共政策来说，同样面临这样的情况。有时候政策问题已经解决，目标已经实现，政策也该退出历史舞台了；有时候政策完全背离了初衷，被实践证明是失败的，对于问题来说根本不起作用；此外，还有些政策随着时间的推移、环境的改变，变得过时和陈旧。如果这些政策继续实施下去，将会带来诸多的麻烦和问题。因此，有必要及时对其进行清理，用新的政策取代它。

当初一些政府规章的出台，往往习惯性地冠以“暂行”字样。例如，1960 年制定的《防暑降温措施暂行办法》暂行了半个多世纪，直到 2012 年才进入立法程序，制定了《防暑降温措施管理办法》；制定于 1951 年的著名的《城市户口暂行条例》，拖延至 2004 年才被公安部明文废止，“暂行”长达 53 年。全国类似的“将就着用”的陈年旧规很多，一些带有“革命委员会”字样的红头文件仍在生效。尽管国务院多次在全国开展对过时法规的清理工作，但有些新法和旧法在“立、改、废”等各个环节上跟不节奏，导致很多本该终结的法规迟迟未终结。

一、政策终结概述

对于公共政策终结这一词的含义，学界还没有形成统一的认识。对于政策终结的成因则可以归结为政策目标的实现或政策本身不适宜两个方面，而政策终结在政策资源节约、政策优化、政策绩效提高等方面发挥着较大的作用。

（一）政策终结的含义

政策终结的研究最早可以追溯到 20 世纪 70 年代，1976 年《政策科学》期刊首次出版“公共政策终结”的专题栏目。直到 90 年代初关于政策终结的研究都还不是很多。随着民主党的一篇关于精简政府的演讲使其获得国会控制权，以及政府再造运动的兴起，越来越多的政策法规和文件需要被终结。公共政策学的研究也受到了前所未有的重视。对于政策终结一词的含义，需要具体拆分出来分析。终结一词，是指某一事情或活动的结束或终止。万事万物的终结是必然的，符合事物发展规律，政策的终结就属于其中一种。但是，政策终结不是自然而然的现象，而是人主动为之，是人在政策实施过程中发现问题后主动予以纠正来提高政策绩效的行为。从政策过程来看，政策终结往往发生在政策检测评估后，具体包括四种情况：一是已经实现了政策的既定目标；二是既有政策完全背离初衷；三是政策无效或多余；四是政策实施后发生了严重的问题。

那么，什么是政策终结？学者们有不同的界定。彼得·狄龙认为，“政策终结是政府当局对某一特殊的功能、计划、政策或组织，经过审慎评估的过程后，而对其加以结束或终结”①。丹尼尔斯认为，“狄龙的定义没有考虑组织自身终结不合适政策的主动性，也不能应用于政府精简、削减预算的终结行为上来。政策终结是对政府项目、政策、组织的终结，是组织为削减预算对自身的调适，也是政府服务民营化而产生的削减”②。关

① Deleon P. Afterwards：the once and future state of policy termination[J]. International Journal of Public Administration，1997，20（12）：2195-2212.

② Daniels M R. Policy and organization termination[J]. International Journal of Public Administration，2001，24（3）：249-262.

于终结与政策过程的关系，他明确指出，“政策终结位于政策过程的末端，一项政策的终结意味着另一项新的政策的开始，所以，政策终结也是一个发展的概念”[①]。布鲁尔认为，“政策终结是政策与计划的调试，大凡政策与计划无法发生功能或已成为多余或过时，甚至不必要时，则将政策与计划予以终止或结束”[②]。张金马认为，“政策终结就是政策决策者通过对政策进行慎重的评估后，采取必要的措施以终结那些多余的、不必要的或无效的政策的过程”[③]。还有西方学者将政策终结界定为“对政府特定的职能、计划或组织的故意的结束或终止”[④]。因此，本书在前述的基础上，将政策终结界定为政策制定者或参与者在对政策进行评估后，采取一定的措施对那些过时的、多余的或不必要的政策予以终止的一种政策行为。

（二）政策终结的原因

一般而言，影响政策终结的因素很多，主要集中在两个方面：一是经过评估政策目标已经实现，需要解决的问题已经得到解决，政策没必要继续实施下去；二是评估后发现政策存在失误或局限而无法发挥作用，继续实施将会带来更多的问题，因此需要终结。考夫曼在其著作[④]中提到组织不会完全经历从年轻、成熟、变老到死亡的过程，而是不断壮大，较少死亡。因为组织在发展中自身抵抗终结的能力在不断增强，除非保证组织运行的资源不适宜需要的时候[⑤]。而巴达奇认为可以将政策终结的原因分为三类势力的相互作用的结果，具体包括反对者、节约者和改革者[⑥]。

一是反对者对政策终结的推动。反对者主要是对当前政策持反对意见或利益受到损害的那些群体。因为这一政策被他们认为是不好的政策，违背了他们的价值观，而且侵害了他们的经济、政治或社会利益。所以，这一群体最希望现有政策终结，从一开始可能就持反对意见，因而成为政策终结的推动者。

二是节约者对政策终结的推动。这类群体普遍认为公共部门需要节约资源，希望通过政策终结的方式来节约政府掌握和支配的公共开支，进而防止公共资源的浪费和被低效使用。这些群体就成了政策终结的推动者。

三是改革者对政策终结的推动。这类群体往往对目前的政策持有一种批判的态度，将旧政策当成新政策出台的障碍，只有采取措施废除旧政策才能够获得改革的成功。而改革者对新政策出台的渴求也推动了政策的终结。

进而，巴达奇认为，“改革者和反对派行为背后的动机通常是基于意识形态和政治上的考虑，而节约者往往从具体项目的经济或效率方面去考量。不管终结背后的动机如何，这些都推动着政策的终结”[⑥]。除上述所讲之外，政策终结还有更多的原因。例如，政策

---

① 转引自刘东杰. 破解政策终结困境的有利因素分析[J]. 重庆行政（公共论坛），2006，(6)：54-56.

② 张金马. 公共政策分析：概念·过程·方法[M]. 北京：人民出版社，2004.

③ 钮菊生. 公共政策分析的理论与实践[M]. 西安：陕西人民教育出版社，2010.

④ 具体指《政府组织是不朽的吗？》和《时间、机遇和组织》两部著作。

⑤ Kaufman H. Are Governmental Organizations Immortal?[M]. Washington: Brookings，1976; Kaufman H. Time，Chance and Organizations: Natural Selection in a Perilous Environment[M]. London：Chatham House Publisher，1987.

⑥ 宁骚. 公共政策学[M]. 第 2 版. 北京：高等教育出版社，2011.

系统本身还具有自我更新的特征：一是政策系统不断与周围的环境相互协调，处在一个不断修正更新的环境中；二是政策本身具有新陈代谢的功能，也会随着经济社会的发展而不断调整。因而，政策所要解决的问题、可用的资源和外在环境都处在不确定状态之中。所以，哪怕是当初被证明科学合适的政策在运行一段时间后也可能会出现失效甚至负效应的情况，因此，政策终结非常有必要。在一定程度上可以说它是针对政策错误和政策持续而做出的一种补救。

（三）政策终结的作用

（1）有利于节省政策资源。毛泽东同志曾经说过“贪污和浪费是极大的犯罪”[①]。如果明知需要终结而不终结，那就等同于犯罪，尤其是对政府公共资源的浪费，带来的影响更加恶劣。通过政策终结可以尽早结束不合时宜的公共政策，降低政府运行的实际成本和机会成本。

（2）有利于促进政策优化。一个国家的公共部门最初在制定公共政策的时候，就考虑到对公共政策的完善。但是，随着时间的推移、环境的改变，一项公共政策也会慢慢变得低效率或者无效率，在使用过程中如果没有得到充分的重视或改变，反而会带来麻烦，而不是帮忙解决问题。因此，作为公共部门应该密切关注公共政策的进展，对那些即将或已经失效的公共政策进行及时的终结。相应的废止、合并、分解、缩短等手段不断优化公共政策，使这一公共政策能够与环境相匹配，更加符合社会的发展需要。

（3）有利于提高政策绩效。一项公共政策发挥作用，需要其他政策的配合才能够完成，它们共同构成一个政策系统，一起发挥作用才能够最大可能地实现预期目标。一项政策出现了问题，如果不及时纠正补救，将会带来巨大连锁反应和严重后果。因此，公共部门需要考虑到公共政策本身的周期性特征，不断优化更新公共政策，只有这样才能够提高政策绩效。

二、政策终结的对象与形式

政策终结是一个特定的过程，因而政策终结有其特定的对象和形式。单就政策终结的对象而言，终结的对象主要包括功能、组织机构、政策、工具。同时，政策终结的形式也是多种多样的，包括废止、替代、合并、分解或缩减，甚至可以变为法律规范。

（一）政策终结的对象

政策终结是对特定的低效或失效的公共政策进行的终结，其终结的对象也具有多样性和特定性。具体来说，政策终结的对象主要有四种，即功能、组织机构、政策、工具[②]。

（1）功能。政策终结的第一个对象便是功能，在所有对象中功能的终结应该是相对困难的。具体来讲，功能是指某种特定的功效或作用，而功能的终结就意味着政策实施过程中所带来的某种或某些功能的消失。功能终结的难点主要体现在两方面：一是政策

① 毛泽东. 毛泽东选集[M]. 第1卷. 北京：人民出版社，1991.

② 宁骚. 公共政策学[M]. 第2版. 北京：高等教育出版社，2011.

的执行能够满足部分人的需要或者适合部分人的利益，因而其取消会招致部分人的反对；二是某项功能的消失，往往联系着其他更多的政策，因此，其取消会带来更多更大量的工作。

（2）组织机构。政策终结的第二个对象便是组织机构的变化。一项政策或一系列政策的出台，往往伴随着相关组织机构的诞生，同时伴随对相关的工作人员的需求。与此同时，一项政策的终结也会造成某个或某些组织机构的改变，对政策终结中的组织机构而言，其往往会随着政策的变迁而被缩减、撤销。例如，有些机构就是为了某项政策的实施而成立的，随着政策的终结，该机构也就随之撤销；而有些机构承担了多项政策，因此，某一政策的终结不足以导致该机构的撤销，便会出现机构压缩、减小的趋势；还有可能导致机构的分离，属于政府序列的到其他部门，属于公司序列的成为企业，属于社会领域的回到社会。但机构的改变，也会面临较大的阻碍，首要的便是与该机构利益相连的工作人员的切身利益，他们将会阻碍变革，使机构终结无法顺利实施。现实中，很多应该予以撤销或压缩的机构迟迟得不到处理便是实际例子。

（3）政策。政策终结的第三个对象便是政策本身。政策本身终结的难度相对于前面两个来说要小很多，因为政策终结的直接对象便是政策。具体来讲，对于某些政策而言，如教育政策、福利政策、医疗政策、保障房政策都是比较容易直接评估并直接终结的。因为政策本身的终结的阻力比较小，政策本身的终结远远没有功能的转变、组织结构的调整来的大。此外，政策本身的可操作空间也比较大，和其他改变带来的麻烦不同，政策本身的终结具有很强的灵活性。

（4）工具。政策终结的最后一个对象便是工具。工具的终结在政策终结中是最为常见，也是最为容易的一种方式，其难度最小。具体来讲，工具的终结指的是实施具体政策过程中使用的具体的措施和手段，如行政手段、法律手段等。工具终结的难度最小主要是因为政策执行的效果有目共睹，政策措施和手段也是最为表面且常见的，这些措施和手段的变动所引起的阻力不大。此外，工具的终结本身带来的影响力也不是很大，因而也不会引起较大的震动。

总之，政策终结的对象主要有上述四种，其难度依次递减。其中，功能的消失最难，组织机构的撤销次之，而政策本身和工具变动的难度相对不大。因此，需要针对具体的终结对象采取不同的终结措施和手段。

（二）政策终结的形式

公共政策的终结除了对象具有特定性之外，终结的形式也具有特殊性。政策的终结会以一定的形式展现出来，具体来讲，政策终结会出现的情况是政策被废止、替代、合并、分解或缩减，甚至变为相关的法律规范。公共政策的终结应当由公共权力机关通过合法的程序做出决定，并以文件、公告等形式向社会宣布终结的指令。与此同时，政策的终结会牵涉到诸多的因素，引起一定的社会震动，所以现实中政策的终结往往不会采取很激进的方式，大多采取较为稳妥、渐进的方式[①]。总之，具体来讲，政策终结的形

① 谢明. 公共政策概论[M]. 第二版. 北京：中国人民大学出版社，2014.

式如下。

（1）废止。废止属于政策终结的第一种形式。废止就是直接将政策终止，不再继续实施。具体来讲，就是随着整个社会政治、经济和其他条件形势的改变，公共部门将已经失效或无效的政策不断予以清理并废止的过程。例如，在中国加入世界贸易组织之后，全国人大常委会和国务院当即宣布废止了 830 余项与世界贸易组织规则不相符合的本国法律、法规和政策。

（2）替代。替代属于政策终结的第二种形式。替代和废止的区别在于替代不是完全变化，而废止则是完全变化。具体来讲，替代主要是指用新政策替代旧政策的过程。新政策替代旧政策的目的是对旧政策进行修改、完善，而不是全盘否定。因为新旧政策所解决的问题是一致的，所要实现的目标也是一样的，而变化是为了更好地解决问题，更好地实现既定的目标。例如，中国在改革开放初期实行的利改税政策，就是让国有企业将原先上缴的利润改为税收形式，这样既能保证国家财税的稳定，又能大大提高企业的积极性。

（3）合并。合并属于政策终结的第三种形式。这种形式与第一种形式有一定相同之处，其主要区别是虽然两者的旧政策都被废止了，但是，在合并这种形式中，旧政策的功能并没有完全消失，而是被合并到其他政策中。具体来讲，合并就是指将旧政策终止同时将旧政策的功能合并到其他政策的过程。合并有两种具体的情况：一是将原有政策内容合并到现有政策中去，作为其组成部分；二是将多个旧政策进行调整，合并为一个新政策。例如，国务院将各个部委颁布的相互关联的单行规章或部门政策合并起来组成一项具体的行政法规，提高其法律位阶，使其获得更大的权威，并将其更好地执行下去。

（4）分解。分解属于政策终结的第四种形式。分解正好和合并相反，是将政策分解为几个部分的过程。具体来讲，分解是将旧政策的内容按照一定的原则和方式分解为几个相互独立的部分，每个部分各自形成一项新政策的过程。这样处理的主要原因是原有政策过于庞杂，政策目标过于烦琐，需要采取这样的方法，将其分解为几个小政策，进而便于政策执行者的执行，提高执行的效率和效果。例如，中国在计划经济体制下的社会保障不仅保障范围狭窄，而且保障的模式都采用“单位保障”的单一方式，一个人进入一个单位，基本什么保障都由单位予以解决。随着中国社会主义市场经济的发展，传统的模式已经举步维艰，不能继续实施。为此，国家专门进行了调整。将原有的政策予以分解，形成了目前的五险一金①和最低生活保障等多方面、全方位的保障体系，更好地保障了人民的生活。

（5）缩减。缩减属于政策终结的第五种形式。政策缩减不像前面的政策终结形式那样直接干脆，政策缩减相对来说是比较渐进的政策终结方式。具体来讲，政策缩减主要是指采取渐进式的方式终结政策，减少政策带来的冲击，协调好各方面的利益，进而减少终结的阻力和损失。政策缩减的具体形式表现为：减少政策实施中的资源要素投入力度；缩小政策实施范围；放松对政策执行的管制和调控；此外，政策缩减还可以通过把政策中的不合时宜的部分废除，保留下政策中合理部分的方式实现。

（6）政策的法律化。政策的法律化属于政策终结的第六种形式。法律化就是将政策从一个普通的政策转变为法律的过程，这赋予了政策更多的权威性、强制性和执行性，

---

① 五险一金包括养老保险、医疗保险、失业保险、工伤保险、生育保险及住房公积金。

主要表现为一项长期执行的政策经过立法机关或被授权立法的行政机关审核，上升为相关法律和法规的过程。

三、政策终结的障碍与措施

一般而言，一项或多项政策的终结将会面临诸多的障碍和挑战，主要是因为政策的终结会带来相关利益的调整。因而，需要采取有效的措施予以化解。具体来讲，政策终结的障碍包括政策相关者的抵制、机构持续性的趋势、公共部门的联盟、利益集团的阻挠、法律程序的羁绊、大众舆论的压力、终结成本的高企等方面。因此，需要区别对待，一一解决。具体的解决措施有：加强说服教育，消除抵触情绪；合理利用时机，注重因势利导；主动公开评估，争取更多支持；终结旧政策，同步出台新政策；采取合理策略，凝聚终结共识；终结必要政策，降低终结代价。

（一）政策终结的障碍

政策终结涉及一系列人员、机构和制度的调整，因而会面临诸多障碍。具体而言，政策终结将面临诸如政策相关者的抵制等障碍，主要体现在以下几个方面。

（1）政策相关者的抵制。政策相关者的抵制是政策终结面临的第一个障碍。主要是那些政策的相关者会对政策的终结产生一定的抵制心理或实施一些抵制行为。具体而言，对政策终结会产生抵制的主要是三类人，包括政策制定者、政策执行者和政策受益者，他们对政策终结的抵制最为强烈。他们具体的抵制行为表现为：政策制定者不愿意承认由其制定的政策没有继续存在的必要，也不愿意承认他们在政策制定中所犯的错误；政策执行者不愿意看到政策的终结，一想到政策已经开始执行就不愿意看到政策被终止；而对于政策受益者而言，他们更是不愿意看到政策被终止，因为其利益将会受损，他们产生的抵制心理最为强烈。这三类群体的抵制心理使其在面对政策失败的现状时，不是去检讨政策本身的问题，而是从环境或其他方面寻找原因。

（2）机构持续性的趋势。机构持续性的趋势是政策终结的第二个障碍。政策执行机构和其他社会经济组织一样都在寻求自我的扩张和发展，就算已经没有存在的必要，也会“苟延残喘”，这个障碍给政策终结带来了较大的困难。具体来讲，机构的持续性表现在：一是机构的惯性。机构在执行一项或多项政策的时候，就产生了一种自然而然的惯性，这种惯性使政策的执行一旦开启就很难停止下来，除非有很强大的外部力量的介入。二是机构的生命力。机构和人一样也具有生命力，具体而言，“某一机构存在的时间越长，它被终止的可能性就越小，经过一定的时间，会形成对它的继续存在的条件和支持”[①]。当政策终结危及机构的时候，机构会对其施加很大的压力，使政策终结不能一帆风顺，进而给政策终结带来负面效应。三是机构的动态适应性。政治执行机构本身是动态发展的，虽然在很多人眼里政策机构是静态的，但它是随着环境的改变和需要而逐步进行调整的，甚至能够针对政策终结采取各种措施进行调整，进而使政策终结变

① 马海韵. 政策生命周期：决策中的前瞻性考量及其意义[J]. 安徽师范大学学报（人文社会科学版），2012，40（3）：348-352.

为妄谈。查尔斯·琼斯在《公共政策研究导论》中就指出："组织机构是动态而不是静态的，它会调整自己的方向以适应变化了的要求。"[①]这就导致终结难度的增加。

（3）公共部门的联盟。公共部门的联盟是政策终结的第三个阻碍。政策的执行主体往往不止一个部门，很多时候是多个部门的联合。教育领域很多政策的制定，涉及教育部、财政部等部门，再由地方的教育和财政部门负责实施。在这个过程中，这些公共部门往往会组织一定形式的联盟，尤其是在执行政策过程中获得利益的相关部门，更会在政策执行的过程中结成利益联盟，当面临政策终结的时候往往会结成反对联盟，共同反对政策的终结。这些反对力量一方面会齐心协力共同抵制政策的终结；另一方面还会拉拢、勾结或接近相关的政府机构和人士结成联盟，一起反对政策的终结。因此，这些政策执行中的收益部门将会出现干扰政策终结的行为，进而影响政策的终结。

（4）利益集团的阻挠。利益集团的阻挠是政策终结的第四个障碍。一项或多项公共政策的终结往往会面临利益集团的阻挠，因为终结将会直接影响利益集团的利益。一项公共政策的出台就是一个利益调整的过程，这也是公共政策的实质。公共政策涉及利益和价值的分配，各个利益集团为了自身的利益千方百计地影响公共政策的制定。当政策即将终结的时候，他们又会出来采取各种合法的或非法的手段影响公共政策的终结，如采取游说、示威游行、院外政治或者贿赂等方式阻止政策的终结。尤其在西方，这种现象更加明显和突出。例如，西方社会具有种类繁多的利益集团或者压力集团，这些群体能够影响公共政策，和政治家、政府官员相互利用，使政策终结变得更加困难。

（5）法律程序的羁绊。法律程序的羁绊是政策终结的第五个障碍。法律程序包括政策制定的程序，也包括政策终结的程序，也就是说，政策的立和废都需要一定的程序。具体来讲，在政策制定的时候，政策的确立是需要相关的机构走相关的程序才能够成立的；同样，当政策终结的时候，也需要走一定的法律渠道才能够完成，包括政策终结带来的机构的撤销也需要按照法定程序进行。而走正常的法律程序或其他程序使政策的终结变得不够顺畅和及时，程序上的复杂性和利益的多样性会影响政策终结的进程。因为走程序的过程也是一个利益平衡的过程，多种利益的裹挟使政策终结会变得复杂。

（6）大众舆论的压力。大众舆论的压力是政策终结的第六个障碍。所谓大众舆论就是通过各种平台和渠道所进行的信息传递和沟通，进而营造出的一种社会氛围和舆论导向。具体而言，大众舆论的平台和渠道可以是电视、杂志、报纸、广播、网络、手机等多种形式，这些媒介所形成的强大力量对公共政策的影响与日俱增。对于公共政策的终结而言，大众舆论同样发挥了巨大的作用，在一定程度上决定了公共政策的基本范围和方向。尤其是在新媒体技术不断发展的今天，大众舆论平台影响力渗透到社会的各个方面，因而，有学者将其称为与立法、行政和司法并立的"第四种权力"。联系现实可以看到，如果一项政策的终结受到大众舆论的肯定和欢迎，那其在实施过程中将会变得异常顺利，受到的阻力和挑战也会相对减小；反之，如果一项政策的终结受到大众舆论的强烈反对，那么将会给政策终结带来巨大的麻烦。因此，有学者指出："当选的公共官员如果公然无视公共舆论，并且不把公共舆论作为他的决策准则中的一种，那么他简直是愚

① 徐彬，安建增. 公共政策概论[M]. 芜湖：安徽师范大学出版社，2011.

蠢透顶；而且可能会发现自己是民意测验中的不幸人物。”①

（7）终结成本的高企。政策终结成本的高企是政策终结的最后一个障碍。每一项政策的出台都伴随资源的调整和利用，因此，政策终结的最后一个障碍体现为政策实施的成本。具体来说，政策终结中会面临一个很严肃的问题，那就是政策终结成本的不断高企。政策终结的成本主要包括两种：一是终结行为本身需要付出的成本，表现为短期内费用的增加。例如，有时候终结一项政策比继续实施这项政策的花费还要多。20 世纪末 21 世纪初，大量国有企业员工的下岗使政府需要花费大量的费用来解决下岗失业人员的再就业问题和下岗补偿的问题。二是现有政策的沉淀成本。一般而言，所谓沉淀成本主要是指为某项政策所投入的时间、精力、资金或其他无法弥补的费用投入。已投入的政策的终结，如项目的突然“烂尾”或带来很大的社会负面影响，这个时候对政策相关者来说真的是进退维谷。进需要追加投入，可能导致更大的损失；退就是不增加投入，但要面对已经投入的资源“打水漂”的麻烦。政策终结中所产生的成本在不断攀升，政策决策者面对沉淀成本，显得无可奈何；面对可能持续增加的投入更感觉困难重重。即便政策持续可能带来更多政策风险和不确定性，但政策终结仍旧十分艰难。

综上所述，政策的终结将面临很多的障碍。具体来说，可以分为两类：一种是逻辑上的障碍，这是不可避免的。这种障碍主要包括公众对改革的担心心理、政策沉淀成本的存在、利益受损者的反对、政策机构的持续性等方面。这些是基于人性或组织或社会特征的。而另一种是非逻辑上的障碍，即政治上的障碍。其主要包括政策决策者责任的缺乏、利益集团的干预、大众舆论的压力。这些障碍的存在是不合理的，也是可以消除的，如通过加强政策决策者的责任心、加强社会公开和监督力度等方式可以改善。

（二）政策终结的措施

由于政策终结牵涉面广、设计问题多样化，其终结相对困难。因此，政策终结需要决策者采取高超的智慧和技巧、合理的措施，妥善处理。为此，美国学者罗伯特·贝恩专门给成为终结者的人们提出 12 项忠告。

◆ 拓展阅读

美国学者罗伯特·贝恩在《如何终结公共政策》一文中提出 12 项忠告：①推迟新的受惠者；②扩大政策支持者的范围；③把焦点放在政策的危害性上；④不要妥协；⑤吸收局外人作为终结者；⑥避免立法表决；⑦不要侵犯立法机关的特权；⑧利用意识形态的转变来证明危害；⑨接受短期内增加的代价；⑩提倡采用而不是终结；⑪只终结必要的部分；⑫别放试探性气球。

资料来源：Behn R D. How to terminate a public policy：a dozen hints for the would beterminator[J]. Policy Analysis，1978，4（3）：393-413

虽然，贝恩的忠告不一定都准确，但需要明确的是，政策终结不得不考虑其提出的

① 安德森 J E. 公共政策制定[M]. 谢明译. 北京：中国人民大学出版社，2009.

这些有意义的提醒，具体关注政治方面的而非技术或理性方面的问题。结合实际，针对政策终结的阻碍，提出以下可行的对策措施。

1. 加强说服教育，消除抵触情绪

政策终结面对的第一个障碍便是公众对政策终结所产生的心理障碍。对于这种心理冲突可以有针对性地予以解决，通过加强说服教育，消除抵触情绪等方式来化解。因此，在正式终结之前，为了保证政策的顺利终结，需要相关的责任人员做好说服性工作，积极而广泛地征求群众的意见，进而消除人们的抵触情绪，提高人们的认识。一方面，说服教育使群众明白，政策的终结并不是针对某个机构或个人，而是面对所有政策相关群体，不仅仅关涉到局部的利益，进而引导这一群体主动寻求机会、寻求发展的新机遇。另一方面，需要政策相关利益群体体会到政策终结带来的巨大进步意义，能够促进政策的顺利终结。

2. 合理利用时机，注重因势利导

政策的终结还需要依赖合理的实施时间和机遇。例如，国家发生重大的政治、经济或社会性的事件，国际战争的爆发，外交领域的重大决议或旧政策执行当中产生重大问题，面对这些政策时机，需要政策终结者紧紧抓住并合理利用，促进政策终结的顺利实现。在发生较大的社会危机时，公众往往把希望寄托于政府，这个时候他们对公共政策的支持也变得异常坚定。因此，可以帮助政策顺利终结。与此同时，还可以采取“转移公众焦点”的策略，将公众引导到焦点事件以外的其他事件上，降低公众对该项政策终结的关注程度，进而减少政策终结的障碍。尤其在国外，这种方法被很多政客使用。此外，政策制定者还可以关注政策制定或终结的时候所存在的理念和价值取向，因而，在政策终结的时候政策决策者需要把握时代发展的脉搏，抓住机遇，促成新观念和新理念的形成。例如，2015 年年底通过的关于二胎的法律政策，就是利用了目前中国劳动人口下降、老龄化日益严重、人口红利下降、人们的生育意愿下降的新情况的出现，因势利导，合理地利用这一背景，在社会倡导新的观念和新思想，用新的政策取代旧的政策。

3. 主动公开评估，争取更多支持

政策终结的过程有的时候并不是很公开透明，直到政策终结带来的效果显现的时候公众才知道这一结果，进而引来社会的反对。因此，政策终结者需要主动公开对政策终结的评估，争取公众的支持。例如，针对政策的调整可以采取多种渠道，先是公开相关信息，收集公众意见，提出终结方案的草案供公众讨论，甚至可以召开听证会，积极吸引公众参与到政策评估中来，公开评估的结构，争取更多的支持。这样，公众可以在参与的过程中，充分认识到旧政策的弊端，主动支持旧政策的终结。但是，实际中政策终结面临诸多的困难和挑战，尤其是会受到公众的不理解、不支持或者怀疑。因而，需要政策终结者在进行政策终结的时候采取合理的方式方法，争取公众的支持。

4. 终结旧政策，同步出台新政策

旧政策的终结和新政策的出台，往往不是同步的，这需要政策终结者重新考虑旧政策的终结和新政策出台的关系。往往新旧政策同步完成会带来很好的效果。因为人们都有一种旧的不去新的不来的思想，人们往往不愿意看到政策的终结，但是，如果这个时候新政策出台，大家一般不会马上反对一个新的效果可能不错的新政策。因此，为了缓和旧政策终结的阻碍，可以考虑将旧政策的终结和新政策的出台并举，用新政策替代旧政策，让大家在丧失对旧政策的期望的同时产生新的希望。这种做法屡试不爽，进而可以大大减少关于旧政策终结的阻碍。

5. 采取合理策略，凝聚终结共识

政策要顺利终结不仅仅要考虑好时机问题，还需要考虑好政策终结的具体策略。采取合理的策略，形成终结的共识对于政策终结来说十分有益。具体来讲，可以采取的策略包括以下方面：一是“立场分析”或知彼知己的策略，即在政策终结之前，提前了解好政策终结的支持者和反对者的组成情况。通过调研的方式及时了解民众对政策终结所持的态度、相关利益团体的态度，以及政策终结所带来的损失，做到心中有数，进而采取措施，争取更多的、更大的社会支持，推动政策终结的实现。二是传播试探性策略，即在政策终结之前，可以在一些非正式场所透露最终的结果，从而探测社会舆论的态度，引起社会广泛的讨论，使大家认清形势，减少舆论的压力。例如，我国很多政策出台之前，都会采取这样的试探性方式，提前透露政策终结消息。三是保密或“闪电”策略。这种策略主要是针对特定情况的。例如，一些关系到国家和民族长期发展利益的政策，就需要采取这种策略，不能采取试探性的方式，在时机成熟的时候直接宣布政策的终结，并强力予以推动，而后进行适当的安抚。

6. 终结必要政策，降低终结代价

政策终结一次性带来的代价和阻力很大，因而可以采取终结必要政策，降低终结代价的方式来推动。在政策终结的过程中，政府可以考虑一种折中或渐进的方法，即终结必要部分，不必要或暂时不必要的可以不用终结。例如，在2015年年底的二胎政策的出台中，独生子女家庭继续享受该政策奖励。又如，国家对行政事业单位养老保险所做的改革，在改革之前已经退休的人员继续按照原政策执行。政策的终结并不是全部的、不分对象的盲目终结，而是部分终结，这样产生的代价相对较小。因而，政策终结的时候，可以考虑现实的压力，放弃较高的期望，降低目标，采取一定的妥协和折中的方法。具体来讲，可以压缩政策实施的范围，减少受威胁群体。但是，这并不意味着完全投降，而是有策略地予以分别对待，对于那些需要终结和那些需要保留的分而对之。

综上所述，面对政策终结的阻碍可以采取很多措施和方法予以化解。政策终结要考虑的问题多是政治化的难题，较少考虑经济方面的问题。因而，要顺利实现政策终结就需要争取反对者的支持或者合作，通过理念的更新、新旧政策共举、政策效果的评估、政策公开的方式避免“有多少人支持，就有多少人反对”的尴尬。

第二节　公共政策周期

一项或多项政策的演变一般而言有一个完整的过程，从政策的构思、制定到最后的执行、评估都有一个环环相扣的过程。这个过程可以称为公共政策的周期。具体来讲，一项政策的周期包括政策制定—政策执行—政策评估—政策监控—政策终结这几大阶段。其中，政策的制定是核心环节，这关系到一系列后续的问题；政策的执行是关键，仅有好的制定没有多大的作用，关键在于有好的实施才能够实现政策的目标；政策评估是必要途径，它可以对政策的合理性和实用性进行检验和检查；政策的监控是实现既定政策目标的有力保障，它可以实时监控政策的实施，及时发现政策偏差，提高政策绩效进而实现政策目标。而本章讨论的政策终结也有其价值，标志着政策周期的结束，将开启一个新的政策周期。总之，很有必要对政策周期进行仔细探究。本节主要讨论政策周期的概念、影响因素和意义。

一、政策周期概述

众所周知，政策研究有两个维度，一个是理论维度，另一个是实践维度。政策的实践研究主要针对政策的过程而言，因而政策本身就是一个过程。政策周期就是专门研究政策发生、发展的演变过程的，旧政策在不断消失，新政策在不断产生，进而形成的这个政策循环往复的过程就是政策的周期。

（一）政策周期的概念

政策周期是指政策经过制定—执行—评价—监督—终结这几个阶段以后所形成的一个周期。例如，陈振明认为“政策周期是指政策经过制定—执行—评估—监控—终结这几个阶段后形成一个周期”①。因此，政策周期表明政策不是凭空产生的，而是对原有政策的延续和发展，是为了迎合新情况而对原政策加以调整和优化的过程。这一过程之后，便形成一个新的周期，实现新旧政策的更替。

（二）政策周期性变动的影响因素

政策周期性变动的影响因素众多。具体来说，有以下四个方面：一是政策主体的周期性变化。在很多国家，政策的制定主体会发生一定程度的改变。例如，在两党制或多党制国家，政策的制定往往随着执政党的轮换而出现周期波动性。因为不同执政党下政府的执政理念、执政方式、执政手段都有所不同，甚至完全相反。二是政策客体的周期性变化。政策所指向的问题或需要解决的麻烦的出现具有周期性，它们并不是每时每刻都存在，因而导致政策的周期性。一些自然灾害，如干旱的发生对我国农业的影响很大，尤其是北方缺水地区更是如此，但干旱的发生具有很强的周期性，特别是夏天的到来使干旱问题显得不是那么严重，但是，政府都成立了抵抗干旱的部门，予以应对；与此同时，面对雨季带来的洪涝等也配备了相应的应对机构。三是经济等外部环境的周期性波动。宏观经济社会条件的变化是系统的重要外部因素。经济研究和实践都表明，经济发展会产生周期性波动，经济繁荣和衰退常常交替性存在。其结果是导致公共政策，尤其是经济方面的政策发生相应的变化。例如，经济过热的时候就需要降温，经济下滑的时

① 陈振明. 公共政策分析[M]. 北京：中国人民大学出版社，2003.

候就需要积极拉动。四是人们的认识规律的变化。人们对外在环境的认识具有一个过程，而且是一个曲折复杂的过程。就算是针对一个事物的认识也是经过了认识到实践再到认识的循环往复的过程，呈现螺旋上升或波浪式前进的方式。同时，人的认知还受到主观因素的影响，如不同人的不同利益诉求和导向。因此，受自身利益和外在条件的驱动，人们的偏好会发生摇摆，进而导致政策的周期性变化。

政策周期的影响因素很多，与此同时，不同政策周期的时间长度也是不一样的。这个时间长短也值得研究，因为有些政策属于长期政策，有些政策周期却很短。影响政策周期长短的因素较为复杂，主要和政策目标的大小、环境的变化及实施的难易程度相关。具体来说，政策目标越大，政策周期就越长；政策所面临的环境越复杂、变化越快，政策周期就越长；政策实施的难度越大，政策周期就越长。反之，政策周期就越短。此外，政策周期的长短还和政策本身有关。对于一项正确的满足绝大多数人利益的政策，人们希望该政策能够保留长久或者希望其政策周期变长，需要将该政策上升为相关的法律法规，用法律的形式将其固定下来。而一项错误的政策，人们则希望其周期越短越好，尽快消失。例如，我国的改革开放政策，被证明是正确的，因此，众望所归，人民对该项政策的期待很大，希望其能够长久保持下去，并在适当的时候将其法律化。因此，政策周期变动和时间的长短受到诸多因素的影响。

二、政策周期理论和研究意义

政策周期具有自己特有的理论框架，涉及的具体理论被称为政策周期理论。同时，对于政策周期的研究具有重要的意义。

（一）政策周期的理论

政策周期的理论主要是指政策生命周期理论，这一理论最早由美国政策学家琼斯提出。他在系统分析政策过程之后，提出了一种分析框架，该框架系统合理地考察了政策制定和实施过程，进而构成了政策周期理论的雏形。琼斯认为，政策过程架构的基本要素有感知、定义、界定、汇集或累加、组织、确立议程、方案形成、合法化、预算、执行、评估和终结。他将政策分析过程分成五个阶段：问题认定，即从问题到政府的阶段；政策发展，包括方案规划及合法化等功能活动，即政府为解决公共问题而采取行动的阶段；政策执行，即政府解决问题的阶段；政策评估，即由政府回到政府的阶段；政策终结，即问题解决或变更阶段[①]。

（二）政策周期研究的意义

政策周期的研究具有较大的意义。具体来讲，有以下四个方面的意义。

首先，政策周期的研究属于政策科学研究的重要组成部分。因此，加强对政策周期的研究，可以帮助学界建立起完整的政策科学理论体系。政策周期的研究可以将前面涉

① 陆雄文. 管理学大辞典[M]. 上海：上海辞书出版社，2013.

及的政策制定、政策执行、政策评估、政策监控和政策终结串联起来，一起对这个政策的过程进行讨论，使全社会对政策的认识更加深入。

其次，政策周期的研究有助于提高政策制定中的科学性。政策周期的研究能够更深刻地认识到政策的内涵和实质，因此，在制定具体的政策的时候，可以做到更加科学合理。而更加科学的政策有利于政策本身的优化。

再次，政策周期的研究有助于巩固和发展既有的政策，进而保持政策的连续性和稳定性。政策的周期研究可以加深对政策周期性变动的认识，考虑到政策变动的影响因素。因而，在政策调整的时候将会更加谨慎和严肃，这就确保了政策变动随意性出现的概率不高，因而也就促成了政策本身的稳定性。

最后，政策周期的研究有助于推动我国改革开放基本国策的顺利实施。政策周期的研究有利于认识到政策变动是在原有政策的基础上的一定程度的修改和完善。这有利于已在我国实施了三十多年的改革开放政策的延续，在此基础上，推动该项政策的不断更新和完善，进而促进改革开放的顺利开展。

本章小结

本章主要阐述政策终结的含义、对象与形式、障碍与措施，以及政策运行周期的概念、影响其变动的因素和研究的意义等相关内容。政策的终结和政策的其他过程一样，也是十分普遍的。政策的终结主要是指政策制定者或参与者在对政策进行评估后，采取一定的措施对那些过时的、多余的或不必要的政策予以终止的一种政策行为。政策终结有很多具体的对象和形式，这些对象和形式各有其特点，终结的实际情况也有所不同。此外，政策终结还将面临诸多的挑战，这些挑战影响政策的顺利终结。因而，有必要提出有益的顺利终结的对策加以利用。政策的终结属于政策生命周期的终点，政策终结的研究是政策周期研究的终点，也是一个新周期的起点。新政策的产生是需要条件的，不是对原政策的简单延续，而是为了适应新情况对原政策一定程度的挑战和完善，将其提高到另一个高度。新旧政策交替的关键在于政策本身的自我调整，是对旧的、过时的政策的不断抛弃，对新的政策的不断追寻的过程。因此，通过本章学习，应正确理解政策终结与政策周期，并能结合相关理论知识来分析我国的重大政策。

关键术语

公共政策终结　终结对象和形式　终结阻碍和对策　公共政策周期　生命周期理论

复习思考题

1. 什么是政策终结？
2. 为什么要进行政策终结？
3. 政策终结包括哪些对象？
4. 政策终结的表现形式包括哪些？
5. 政策终结障碍何在？

6. 简述政策终结的措施。
7. 简述政策周期变动的影响因素。
8. 简述政策周期研究的意义。

◆ **案例分析**

全面二孩政策即将落地①

2015年12月2日，国务院总理召开常务会议，会议通过《中华人民共和国人口与计划生育法修正案（草案）》。该草案明确在全国统一实施全面二孩政策，并对奖励保障等配套制度做了调整完善。

对此，中国人口学会副会长李建民认为，现在政策调整之后就不鼓励生一孩了，所以先前的独生子女费，以及与独生子女相关的政策，都面临调整。

"整个公共政策体系会更加完善，包括一些关于管理方面，如准生证问题都会放开。"李建民说。

《21世纪经济报道》获悉，原先的计划生育法有多处需要调整。

一方面，原计划生育法提出的"国家稳定现行生育政策，鼓励公民晚婚晚育，提倡一对夫妻生育一个子女"，已不适应中央对于"十三五"规划建议提出的"全面实施一对夫妇可生育两个孩子政策"。

另一方面，原计划生育法有鼓励生一孩的政策，同时还有超生需要交纳抚养费的内容。而生育二孩，按"十三五"规划建议的精神，不需要再缴纳抚养费。相应地，独生子女证也需要改变。

一些专家认为，个人所得税（简称个税）也应按家庭征收，因为养育子女多负担重，需要降低税负。

全面二孩实施在即

国务院会议审议通过草案，明确在全国统一实施全面二孩政策，与目前生育率较低有关。

国家统计局公布中国2010年生育率总和仅为1.18，即一个妇女一生生的孩子数才1.18个，这只有正常人口更替需要的生育率水平的一半。

一些专家认为，即使考虑遗漏统计因素，多算一些，如实际总和生育率在1.5左右，这个数字仍达不到正常人口更替的2左右的总和生育率水平。这意味着中国实际生育率水平较低，老龄化水平提升快，同时劳动人口快速下降。

截至2015年，中国劳动年龄人口（15~59岁），已经持续下降了3年，每年降幅在两三百万。而在2020年后，中国劳动年龄人口每年下降数量在800万左右。

也正因为此，西安交通大学人口与发展研究所（简称西安交大人口所）所长李树茁认为，新的计划生育法开始修正，表明生育政策开始调整。现在的整体方向就从过去的鼓励、控制低生育，变成保持适当的生育水平，或者希望人们按照政策生，也就是生两

① 注：资料原标题为"全面二孩草案通过　多项生育政策面临调整"。

个孩子。

“现在的一些基本的社会制度、社会政策，基本都还是面向低生育水平、控制人口增长方向的，未来要向生育友好型的政策体系转变。”李树茁所长说。

1980年中共中央曾发出倡议，号召一对夫妇只生一个孩子。当时说30年政策会调整。但到2015年时，实施的上述政策已经有35年。

之前开始实施单独二孩政策，即夫妻一方是独生子女的可以生育二孩的政策，执行效果很不理想。统计显示，全国符合单独二孩政策条件的夫妇有1 100多万对。截至2015年8月底，提出生育二孩申请的只有169万对，占比为15.4%。

全面实施二孩政策，执行起来或也有难度。

国家计生委曾测算，全国符合全面二孩政策条件的夫妇大约有 9 000 多万对，其中60%育龄妇女超过35岁，40岁上下的各占一半。

暨南大学教授朱磊告诉记者，从广州市小规模的摸底调查来看，高学历人群及一些潜在生育人群，实际生育意愿很低，有的连一孩都不大愿意生。

而生育意愿也并不是随着生育政策调整就会相应提高，而是跟生育配套的保障条件较为有关。例如，对不孕不育的解决能力，相关配套政策是否完善，等等。

“教育培育子女的成本问题，是否影响目前的生活质量，都是居民是否生育二孩重要的考虑因素。”朱磊认为，更多的配套政策有待完善。

个税政策待完善

上述草案在国务院通过后，如果2015年12月经由全国人大常委会审议，则最快可以在2016年1月实施。

不过，相应的具体政策完善还需要一些时间。2016年3月召开的全国“两会”审议了政府工作报告及“十三五”规划纲要，提出了更多的政策。

《21世纪经济报道》了解到，不仅仅是鼓励一孩奖励的措施要取消，社会抚养费最后如何演变，以及准生证制度如何改革，都是下一步需要改革的重要内容。目前，山东省、河北省已经取消了一孩的准生证。

中国人口学会副会长李建民建议，准生证应放开，过去生育准生的登记比较麻烦；同时养育二孩的成本比较高，个税制度要尽快改革，“要把家庭养育孩子这些情况考虑进去，提高税收起征点，降低税率”。

他认为，一些涉及生育的婴儿照料、学前教育等服务也要跟上。

目前，个税税率采取了 7 档的模式，最高的达到 45%。而扣掉社保后纳税额达到4 500~9 000元的，个税税率是20%。这样，有的家庭只有夫妻一方在上班，再考虑养家，特别是养育1个或者2个孩子的成本，显得捉襟见肘。

中国社会科学院发布的 2015 年《人口与劳动绿皮书：中国人口与劳动问题报告No.16》认为，全面放开二孩生育并不会从根本上改变我国低生育水平的现实。但人口出生数量还是会对公共服务供给造成一定的压力，政府应根据生育政策调整的节奏，提前预判卫生、教育等公共资源的需求情况，实现资源的合理配置。

西安交大人口所所长李树茁认为，只有相关基本社会制度、社会政策和保障政策逐步完善，社会才可能朝生育友好型方向转变。

另据2015年12月21日上午消息，第十二届全国人民代表大会常务委员会第十八次会议审议《中华人民共和国人口与计划生育法修正案（草案）》，草案提出，国家提倡一对夫妻生育两个子女；符合法律、法规规定条件的，可以要求安排再生育子女。具体办法由省、自治区、直辖市人民代表大会或其常务委员会规定。实施了30多年的独生子女政策即将宣告终结。草案规定，根据实施全面二孩政策的新形势，规定符合政策生育的夫妻可以获得延长生育假的奖励或者其他福利待遇。草案自2016年1月1日起施行。

资料来源：温如军. 2016年1月1日起施行二胎，符合规定生二孩将延长产假. http://www.zhicheng.com/n/20151221/43405.html，2015-12-21；定军，史梦怡，黄敏. 全面二孩草案通过，多项生育政策面临调整. http://www.gov.cn/zhengce/2015-12/03/content_5019612.htm，2015-12-03

◆ 问题

1. 请结合本章的有关内容，分析我国一孩政策终结的必然性。
2. 试分析与一孩政策相关的个税政策是否有必要进行调整，为什么？

第十章 公共政策价值观

■ 学习目标

通过本章的学习，理解价值、价值观及其特征、公共政策伦理的含义，掌握公共政策价值观的内涵、公共政策的三种价值类型，认识公共政策的价值冲突的表现及其根源，以及公共政策伦理的研究内容。

■ 知识框架图

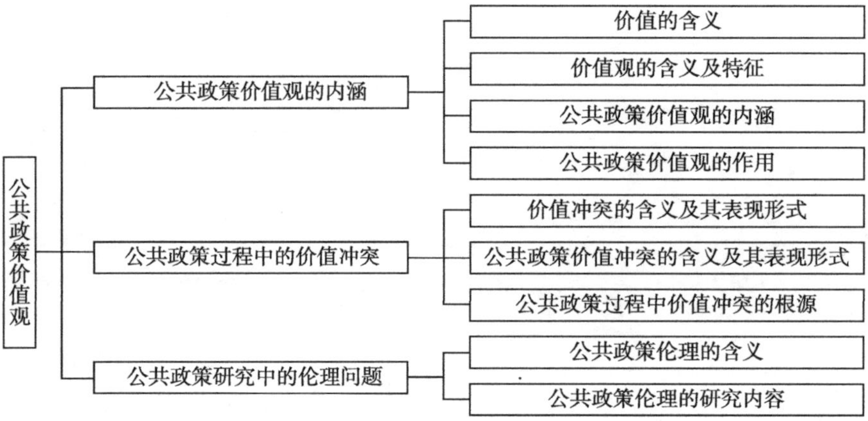

■ 名人名言

珍珠或金刚石之所以有价值，是因为它们是珍珠与金刚石，也就是由于它们的属性。

——卡尔·马克思

第一节 公共政策价值观的内涵

公共政策作为一门学科，其发展总与一定的价值研究和价值关怀联系在一起。任何一项公共政策的出台，都必须包含政策主体的价值选择，体现政策主体的价值观。“一切公共政策都是为了寻求价值、确认价值、实现价值、创造价值、分配价值”。[①]一般认为，

① 张国庆. 现代公共政策导论[M]. 北京：北京大学出版社，1997.

正义、效率、平等、民主、秩序、发展、利益是公共政策价值内涵的主要方面。但公共政策价值有时也表现出效率与公平、多数人与少数人利益等冲突。

一、价值的含义

“价值”（英文为 value）一词的最初含义是“掩盖、保护、加固”，正是这一含义派生出“尊敬、敬仰、喜爱”的意思，最终形成了价值一词“起掩护和保护作用的，可珍贵的、可尊重的、可重视的”的基本含义①。从价值哲学的角度看，价值之于个体是关于事物的好与坏、对与错、优与劣、强与弱、多与少的一种主观认定，之于群体则是一种主观认定、一种社会存在、一种主观认定与客观存在相统一的偏好。价值是思维沉淀的产物，也是一种思维定势，表现为一定的主体之于客观世界的具有相当稳定性的看法或观感，也即价值是一定主体所具有的不依具体情况的改变而改变的期望、肯定、支持或反对、讨厌、放弃事物的评价标准。公共政策是政府对社会客观规律、对不同主体的需求在一定程度上的认识结果，反映了政府的偏好或偏爱，或者说着重体现了政府的价值取向。

根据辩证唯物主义关于“存在决定思维”的原理，价值是一种社会观念，是社会存在之于人们思维或意识的一种反映，是从人们对待满足他们需要的外界物的关系中产生的，是人们所利用的并表现了对人的需要的关系的物的属性。马克思关于价值基本含义的论述，对公共政策价值的研究具有十分重要的指导意义。

随着价值问题研究的不断深入，尤其是随着社会发展的理性需求不断加大，价值研究开始向其他社会科学领域渗透。为了适应我国政治体制、行政体制改革与建设的需要，公共政策价值论学说也与其他人文社会科学的价值论学说一道被提上研究议程。价值标准、价值组合、价值判断、价值取向等价值问题，构成了现代公共政策的基石。一般认为，一切公共政策都是为了寻求价值、确认价值、实现价值、创造价值、分配价值。但关键的问题是：什么是价值，用什么样的价值标准去寻求、确认、实现、创造、分配价值，这在公共政策过程中经常产生歧见，也就产生了公共政策中的价值问题。

二、价值观的含义及特征

马克思主义认为，价值是社会存在之于人们思维或意识的一种反映，是一种观念形态。价值是一种关系范畴，不是实体范畴，价值观一旦形成，就会直接影响人们的信念，影响人们的行为选择，影响人们的生活方式。

（一）价值观的含义

价值观是人们对周围的客观事物（包括人、事、物）具有的各种价值的总评价和总看法，是人们通过价值判断和价值选择确立起来的关于价值取向的基本理解。它一方面表现为价值取向、价值追求，凝结为一定的价值目标；另一方面表现为价值尺度和准则，

① 马克思，恩格斯. 马克思恩格斯全集[M]. 第26卷. 中共中央编译局译. 北京：人民出版社，1975.

成为人们判断价值事物有无价值及价值大小的评价标准。人们对诸事物的看法和评价在心目中的主次、轻重的排列次序，构成了价值观体系。

价值观分为社会价值观和个人价值观两类。社会价值观是由历史、地理、民族、文化、经济、政治等诸多因素综合作用形成的既定观念形态。个人价值观则是由个人的生活环境、偏好、愿望、责任、利害等特质综合作用形成的既定观念形态。不同的社会、不同的文化类型、不同的社会集团、不同的阶级及不同的个体，持有不同的甚至对立的价值观。特定的价值观必然反映着人们在一定程度上的选择自由，而人的行为又受其所在文化系统中隐含的价值观的支配。相同的社会生产方式、经济地位、文化背景赋予一个社会群体的价值观以共性，而人们的天赋及后天的文化教养和生活道路又赋予每个人的价值观以个性特征。

价值观一旦形成，就在人的意识中起着或显或隐的支配作用。价值的批判和价值观的选择，决定着社会中人心所向，积久而形成一种时代精神。价值观具有相对稳定性，但并不是不可以改变，只是并不容易改变，它需要一个与其形成过程相一致的过程。公共政策的社会意义之一就在于通过系统公共政策的运用，倡导、推动和固化一定的公正合理、积极向上的社会价值观。

（二）价值观的特征

基于学者们广泛认同的基本价值观定义，我们认为价值观具有以下特征。

（1）稳定性和持久性。价值观具有相对的稳定性和持久性，并通过多种方式进行表现，如兴趣、愿望、目标、理想、信念和行为等。在特定的时间、地点、条件下，人们的价值观总是相对稳定和持久的。例如，对某种人或事物的好坏总有一个看法和评价，在条件不变的情况下这种看法不会改变。又如，一个人学习异国的语言、习俗和社交规则等，虽然不易，但并不是不可达到，只要花上足够的时间，具有一定的条件（如在该国生活和工作一段比较长的时间等），还是可以做到的。但要真正了解另一种文化的价值观却是极为困难的。一个人可以在另一种文化中生活很长的时间，掌握其语言，了解其习俗，但仍然可能不理解其价值观中的某些部分。

（2）历史性与选择性。价值观的历史性是指在不同时代、不同社会生活环境中形成的价值观是不同的。价值观的选择性是一个人的价值观从出生开始，在家庭和社会的影响下，逐步形成的。儿童期的“价值观”是通过对父母和亲人言行的模仿而形成的，其“价值观”具有明显的感性形式，是对成人价值观的照抄照搬，只能称为“价值感”。青年期，随着自我意识逐渐成熟，个体开始有意识地选择符合自己的评价标准，从而形成个人特有的价值观。一个人所处的社会生产方式及其所处的经济地位，对其价值观的形成有决定性的影响。当然，报刊、电视和广播等宣传的观点及父母、老师、朋友和公众名人的观点与行为，对一个人的价值观也有不可忽视的影响。

（3）主观性。价值观的主观性是人们用以区分事物好与坏的标准，是根据个人内心的尺度进行衡量和评价的[①]。我们平常所说的区分得与失、荣与辱、成与败、福与祸、善

① 黄希庭.心理学导论[M]. 第二版. 北京：人民教育出版社，2007.

与恶的标准是根据个人内心的尺度进行衡量和评价的，这些标准均可以称为价值观。对于客观存在的客体，个人都是依据主体自身的需要对客体的意义进行评价的。人不同于动物，动物只能适应环境，人不仅能认识世界的本原，还知道应该做什么、要什么和选择什么，发现事物对自己的意义，确定并实现奋斗目标。这些都是由每个人的价值观所支配的，也是其价值观特征的具体体现。

三、公共政策价值观的内涵

公共政策本质上是对“全社会的价值作有权威的分配”①，它的逻辑起点是政策主体与客体的价值要求，公共政策的目的在于使人们尽可能广泛地分享价值，政府在制定公共政策时力求通过管理、服务社会，追求公平公正的价值观。因此，任何一项公共政策的出台，都必须包含政策主体的价值选择和价值取向，体现政策主体的价值观，并为社会不同群体的实践活动提出行动导向。

（一）公共政策价值观的概念界定

公共政策价值观是指公共政策主体对公共政策价值物、公共政策价值关系、公共政策价值创造活动及其结果的反映，以及由此形成的较为稳定的心理取向、评判标准和行为定势②。公共政策价值观是公共政策文化的一个重要组成部分，是公共政策主体的认知、情感、态度、理论、理想等因素在一定时空中的综合体现，也是公共政策主体对社会资源的提取和分配，以及对行为管制的选择。任何政策的制定都是出于一定的价值需要，并在一定目的的支配下进行的。事实上，对公共政策价值观内涵的界定一直是有争议的，存在着诸多不同的看法。本书认为，正义、效率、平等、民主、秩序、发展、利益是公共政策价值内涵的主要方面。

1. 正义

正义是指公共政策必须以维护社会正义为价值取向，这是与公共政策的正义价值和法律正义属性相联系的。公共政策的正义在于价值或利益分配的正义公平，这种正义的享受者是所有国境内的自然人和法人，也包括外国自然人和法人。正义功能还在于引导一种社会公正氛围，促使形成一种社会正义的内生机制。

2. 效率

效率是指投入和产出之间的比例关系。对公共政策价值而言，政策效率是政策投入和政策产出的比率。确定政策效率标准的目的是衡量某项政策要达到某种水平的产出所需要的政策资源投入量或一定量的政策投入所能达到的最大价值。具体包括：①一项政策的资源投入量。②一项政策的效益。③对投入产出进行比较，考察效率高低，研究其他更好的、更有效的方法和途径。公共政策效率所关注的核心内容是一项政策是否以最小的投入获得最大的产出，即以最少的工作量解决某个政策问题，从而扩大政策效益。

---

① 伍启元. 公共政策[M]. 香港：商务印书馆（香港），1989.

② 梁丽芝. 公共政策价值观的构成、功能及整合[J]. 衡阳师范学院学报，2002，23（2）：104-106.

公共政策效率涵盖公共政策整个运行过程，包括政策规划效率、政策决策效率、政策执行效率、政策评估效率、政策终结效率等，其中一项或一个阶段的效率可能会影响整个公共政策效率。因此，效率是公共政策始终关注和追求的基本价值。

3. 平等

平等是指用同一个尺度对待或衡量不同的人，要求处理各种关系必须遵循对等原则和平衡原则。平等是公平的根本性质和核心前提，没有平等就没有公平，公平内在包含着平等，但公平不等于平等，即人们常说的：越公平越有效率，但不能说越平等越有效率。值得注意的是，平等既包括社会交往中主体的基本权利是平等的，又包括利益分配使用统一尺度的适度差距，如果平等忽视差异就成了平均主义，平等是包含着适度差异的平等。

4. 民主

民主是一个内涵丰富、外延广泛的词汇。当今最普遍意义上的民主含义是“人民主权思想与个人权利受法律保护的思想融合”，任何人都有公民资格，但都必须在自身权利受到界定、保护和限制的法定秩序中与其他公民彼此尊重这些平等的权利。公共政策在民主价值观上主要体现为“公共性”，公共政策既是多数人的政策，也是少数人的政策，一方面它要最大限度地满足多数，另一方面也应尽可能地保护少数。在公共政策过程中，“公共性”意味着在涉及公共物品提供等集体行动中，存在着有效的政策参与通道和决策选择机制。任何公共政策要让公众接受，并在实际中发挥作用，使公众利益得到协调和平衡，具有合法性，也就意味着公共政策本身的科学性和民主性。

民主的价值观还反映公共政策在公共领域中的公开性。在公共领域或公共空间内，公众通过自我理性，而不是单纯的个人偏好，对公共事务进行关注和公开讨论。因此，公共政策民主要求公共政策在公共领域中具有开放性与透明性。公众具有对公共政策的话语权、知情权、参与权和监督权。公共政策的透明和公开，有助于政府的意志得以落实；公众能够就政策问题与政策制定者进行磋商，能够通过民主的程序表达和整合自身利益。从一定程度上讲，公共政策就是公众政策，是公众的愿望和利益在公共领域中的公开表达。

5. 秩序

秩序本意上是指事件的发生具有规律的顺序和模式。公共政策是构建秩序的制度外在形式，是实现社会意志、满足社会需要的公共理性和公意选择，是规范、引导社会公众的行动指南或行为准则，是由特定的机构制定并由社会实施的有计划的活动。国家或政府的制定，使公共政策的公正性、确定性、权威性和有效性得以保证，从而有利于形成一种良性的社会秩序。

6. 发展

发展作为自然界和社会变化的一种历史过程，有广义和狭义之分。广义的发展是一般意义上的发展，等同于“进步”，泛指人类社会的递进、成长。狭义上的发展是特定意义上的发展，是指一个社会的现代化问题和现代化的过程。公共政策的发展观必须是科学的发展观。现实中不少人把发展单纯地理解为经济发展，把经济发展简单地理解为GDP的增长。事实上，一国财富的增长并不一定表明该国人民生活质量的提高和社会的协调发展。发展不是一个单一角度的概念，而是一个生态的、经济的、政治的综合概念，是一个可持续发展观。

7. 利益

利益是指人类为了生存和发展及获得自由、信服所需要的资源和条件。一般来讲，利益就是“有好处的东西”。利益有两种存在形态，即独享和共享的利益。其中社会公众（个人）独享的那部分资源和条件为私人利益；部分或全体社会公众共享的那部分资源和条件，即共同利益。公共政策的利益取向是公共利益，因为公共政策问题都来源于公共领域，制定公共政策的目的是解决公共问题、管理公共事务、维护公共秩序，公共政策的资源来自于公共资源，以公共权力为保障，是具有社会共享性的资源和条件。从纵向层面看，公共利益由社区性公共利益、地区性公共利益、全国性公共利益、全球性公共利益形成一个纵向的利益体系。从横向层面看，公共利益有秩序性的公共利益、基础性的公共利益、服务性的公共利益、保障性的公共利益。公共利益应该由公共政策来维护、增进和分配。

◆ **拓展阅读**

理性模型：公共政策是社会价值最大化

所谓理性的公共政策，实际是指能够带来社会效益最大化的政策。政策效益的衡量涉及两项重要的指标：一是收益必须高于成本，二是选择两者差值最高的方案。当然，就社会成本的计算而言，金钱的多少绝非唯一的衡量标准。政府不能用牺牲基本社会价值的方式来换取金钱的收入，必须同时考虑社会、政治、经济、文化等多种因素。理性模型经常被用来思考政府计划的适宜规模，它是评估政府支出决策的主要分析框架。

理性政策的前提条件如下：①了解所有的社会价值偏好及其相对权重；②发现所有的备选方案；③预测每项方案的所有结果；④计算每项方案的成本效益比；⑤选择最有价值的政策方案。因此，理性模型即假定社会是一个整体，其价值偏好可以被了解并赋予权重；同时，理性决策依赖于有关政策方案的充分信息、预测政策方案结果的超强能力及计算成本效益比的知识和技能；并且，理性决策还需要一套完备的决策系统，以助于形成理性的程序。

然而，理性决策面临许多的障碍，以至于在政府决策领域理性模型很少能够派上用场。但由于理性模型提出了优化目标并分析了理性障碍，所以仍具有重要的解释作用。

资料来源：Dye T R. Understanding Public Policy[M]. Englewood Cliffs：Prentice Hall，2002

（二）公共政策价值类型

安德森在《公共政策制定》一书中认为，政策价值取向决定着主体的政策价值取向，而主体的政策价值追求决定于主体的利益和需要，但政策主体在进行公共政策方案选择的时候，会受到诸如社会经济条件、政治压力、社会制度及时空环境变化等限制因素的影响。价值取向在政策过程中对目标的确立、方案的选择、价值的判断起着重要的作用。从公共政策价值取向来看，公共政策机制可分为以下三类。

（1）公共政策的管理价值。管理是公共政策的基本价值，公共政策是社会利益关系的权威性调控，是政党和国家对公共事务和公共行为做出的规定。公共政策能及时调整公共利益关系，引导人们的行动，具有政治行为规范和公共管理的性质。因此，政策科学必须把理性思维和非理性思维、超理性思维结合起来，运用人类所特有的洞察力、创造力、想象力等去制定和实施适时的政策。公共政策价值的本质就是公共管理，公共政策是人们处理公共事务及实现价值目标的灵活多样的手段和措施，政府对社会的管理总是以政策控制为归属，并在政策制定、政策执行、政策评价和政策调整的循环中完成行政工作的。政策管理不仅给人们指明远大的奋斗目标，还能及时解决社会生活中随时发生的新问题，政策也就成为国家和执政党管理公共生活时首选的最常用的管理工具和手段。此外，政策的管理价值还表现为调节机制，它能对社会资源作权威性分配，是人们行为的强制保障，给人们的行动以新的导向，形成新的利益格局，从而协调着人们的利益关系，使社会生活中的矛盾得到解决。

（2）公共政策的文明价值。公共政策的文明价值主要表现在两个方面：一是公共政策的物质文明价值。公共政策促进和保护物质财富的增长，即政策的效益追求。政策过程是受效益原理支配的，政策安排是以效益为轴心的，政策是现代社会的调控器，社会经济的发展离不开政策的效益分析和效益追求，只有追求高效益才能促进物质财富的增加。政策为人们提供适当的行为模式，指引人们的行为，争取最优化的实际效果。良好的政策总是在保障社会稳定与促进社会发展的前提下，最大限度地增加社会财富，并使社会财富被合理地使用或者最经济地使用，使社会财富不被随意破坏。二是公共政策的精神文明价值。公共政策直接支配人们的思想道德和行为，政策的实施对人们的思想、心理有着极大的促进作用，凡是充分实现自身价值的政策，一般是为当时社会道德所肯定的，人们可以通过政策鼓励或肯定来判断自己的行为进而提高自身的思想、道德水平。政策的引导作用对人们思想调节的促进，具有重要的价值。

（3）公共政策的理性价值。在哲学意义上，理性通常是指一种趋利避害的思维模式或行为模式，主要表现为扩大目标成就的行为选择。政策的理性价值主要是指特定的政策主体为一定的目的，利用一切可能收集的资讯，经过客观和准确的计算、量度，寻求最佳的政策手段和最好的政策效果。公共政策逻辑过程中政策问题的形成、政策决定、政策实施、政策执行和影响政策执行的主要因素、公共政策分析中的方法论基础及政策的理论重构与公共政策的发展等都表明了当时的政策的文明状况，表明了人类关于政策的理性进步程度。政策是理性的存在物，理性是政策发展的追求。政策之所以是理性的存在物，主要在于政策本身体现着理性的状况，政策是理性发展的产物，因而理性选择是现代公共政策的基本政策规范之一，理性分析是现代公共政策分析的主要方法之一。因此，理性是公共政策的基本价值目标之一，政策是理性存在的主要载体，理性是政策过程的必要保障，理性价值是政策失误的补正途径。

（4）公共政策的人的自由发展的价值。人的自由发展是指每个人和一切人都在客观和主观的各个方面得到最大限度全面发展的状态。在当今时代，政策的价值准则与指向是多元的，但最根本最主要的是自由。政策的最高价值是人的全面发展，是人的彻底解放，自由则是人类全面发展和彻底解放的动力和途径，人的自由发展是政策发展的最高价值目标。人类现实的政策的价值，说到底是现实的人的自由存在方式，即现实的个人在自由中不断追求进步的存在方式。公共政策的价值最终要通过公共政策产品投入公共生活环境中产生的效益表现出来，人们获得了自由、安全、安宁、平等、正义等，公众对政策表示接受和满意，公共政策的价值就实现了。公共社会生活的欲望是无限的，公共政策产品也就在不断满足公共生活的需要的过程之中不断向前发展。公共政策发展的最终目的是解决现实公共问题，提高公共生活质量，推动社会历史前进。

（三）公共政策的基本价值标准

公共政策作为公共管理的重要手段，要想达到一个理想的状态，有效地实现政策的既定目标，关键取决于全社会及社会成员个人的价值与价值标准。因此，价值标准既是公共政策系统的有机组成部分，又是公共政策制定、执行、分析、评估的基本依据和前提，价值标准直接影响甚至决定公共政策的性质、方向、合法性、有效性和社会公正的程度。因此，价值标准的确认和选择是公共政策的决定性因素之一。只有科学地确定公共政策的价值和价值标准，才能真正地建立起科学的公共政策体系。一般而言，公共政策最基本的，任何公共政策都必须遵从的价值标准有以下几个方面。

1. 政治公平标准

政治公平标准是指社会资源与利益分配上的公平性。公共政策在本质上讲，是一种特殊的社会政治活动，与社会的公平和正义有关，直接或间接地涉及社会利益分配过程中的公正性。现代民主政治的一切基本原则直接构成现代公共政策政治公正价值标准的基础，如选举权的平等性原则、法律面前人人平等的原则、机会均等原则等。在这些原则的基础上，公共政策过程中的政治公正标准主要体现在两点上。

第一，公民及公民团体之于公共政策制定过程中的参与权，与此同时，除法律特别规定保密外，现代公共政策讲求政策制定的透明度，讲求公众发表意见的合法途径，讲求新闻监督。只有具备一定的公开性，公民及公民团体才能了解公共政策是否合法、是否合理、是否符合公众的利益。但在实际中，公众常常被愚弄。例如，2003 年，美国宣称“伊拉克有大规模杀伤性武器”，美国公众从一开始就被美国政府欺骗。

第二，公共政策必须符合利益普惠的原则。利益惠普是指公共政策由其性质所决定，其目的在于为全体公民谋取利益，而不是为少数人或特殊利益集团谋取利益。每一个受法律保护的公民都有获得公共政策所带来利益的权利。一项公共政策，尤其是方面性的公共政策可能并不能同时满足全体公民的愿望，但只要是公共政策就必须符合某种公众认可且为法律确认的规则；否则，政治公正标准是难以保证的。

2. 经济效益标准

公共政策作为公共管理的重要手段，应推动社会经济的全面发展，合理地配置社会资源，以不断增加社会财富。因此，经济效益标准是任何公共政策都必须严肃考虑的问题。一般而论，经济效益标准在公共政策实践中主要关注的问题是投入产出比，即如何实现公共政策的成本–收益比。所以，从经济学的角度，效益、效率、竞争等市场经济的运作机制和价值观是公共政策的基本价值取向，而成本–收益比是衡量和提高政府工作效率或解决收支之外的公共政策效率问题的一种手段，争取公共政策在成本一定的前提下，获得最大的利益，从而为尽可能多的人服务，尽量减少对没有得到服务的人的消极影响。

此外，公共政策的特殊性在于支出的每一分钱都是纳税人的钱，从政治权力的来源上说，都是委托人的钱，不允许浪费一分一厘。但在现实生活中，不按经济规律办事，浪费国家资金的情况在很多国家屡见不鲜，因此，强调和坚持公共政策经济效益的基本价值标准在现实公共政策实践中非常重要。

3. 社会可行标准

社会可行标准主要是指一项公共政策在政策宣示后可以较为顺利地加以推行，具体包括五层意思：第一，既定的政策至少不会遭到社会的普遍抵制或一部分人强烈的抵制，最好得到社会较为广泛的认同和支持。第二，既定的政策不会造成严重的社会现实问题或历史遗留问题，而是直接造福于国民、造福于社会、造福于人类。例如，允许自由堕胎的政策，一般来说有利于保护妇女权益，且可以避免某些不必要的社会问题。第三，公共政策方案的实施必须是现行行政体系完全可以操作和管理的，如果某项公共政策超出了现行行政体系的管理能力，在实践中缺乏操作性，那么这项公共政策就不可能成为有效的公共政策，只会以失败告终。第四，财政可承受性是公共政策社会可行性标准中的重要因素，这关系到公共政策可用资源的可能性。第五，技术可行性是从技术的角度衡量公共政策方案是否可行、能否达到预期目标。其主要包括两层含义—— 一是是否具备实施某项公共政策方案的技术手段，使目标的实现成为可能；二是在现有的技术水平上达到公共政策目标的可能性有多大。

4. 实践检验标准

公共政策既是一项具有实践性特征的工作，又是一项科学性的工作。公共政策的实践性在于不断追求社会效果，不断追求高效的投入产出比；公共政策的科学性在于不断追求真理，不断追求公正的社会价值。因此，设置实践检验标准的目的，主要是检验执行中的公共政策是否符合科学性，是否满足了特定社会群体的需要，是否取得了最佳的社会效果。所以，公共政策的实践检验标准是一个指向性指标，它对社会发展与公众政策需求的反馈或满足，是公共政策系统维持自身存在、稳定和发展的基本前提和重要功能。

四、公共政策价值观的作用

公共政策价值观在很大程度上就是人民对政策的愿望和要求的反映，是衡量公共政策质量的重要标准，也是衡量公共政策价值合理性的重要指标，在公共政策过程中发挥着导向、动力、整合、评价等重要作用。当代中国社会问题的解决急需重新定位公共政策价值观，公平正义、以人为本、科学民主应当成为中国公共政策的价值追求的题中之义。

（一）导向作用

公共政策价值观反映了一定时期内相对稳定的政策价值取向，不论公共政策本身涉及的范围有多大，也不论政策本身对利益群体的影响程度有多深，一项公共政策的存在都将在一定范围内影响人们的日常活动，特别是那些国家既定的大政方针政策将对所有政策参与者产生积极的导向作用。一般来说，人们在选择社会行为之前都需要对现有的政策资源进行挖掘和研究，从而确立选择社会行为的期望，事实上这些期望本身已经把政策的基本纲领和原则内化在其中了，因此，导致价值观在实践上成为人们社会行动的指南。例如，中国制定的西部大开发政策实际上反映出的政策信息就是国家逐步向西部省份进行政策倾斜，选择在西部地区进行投资将获得丰厚的利益回报，基于这样的政策价值导向作用，人们在选择投资方向时就会以此为据，做出适当的选择。

（二）动力作用

公共政策价值观实际上反映了人们对社会政策本身的某种期望，而期望本身的高低将直接决定人们为之努力的程度，因此，正确的公共政策价值观能够激发公共政策参与者为之奋斗的热情、信心和信念。反之，错误的或者与人们的社会期望相离太远的公共政策不仅不能起到动力作用，反而会影响人们付出的努力，进而使人们转向其他更为可信或更为实际的社会目标。所以，公共政策价值观的形成，在一定时期内可能成为政策参与者的动力因素，但随着社会环境的变化和人们期望值的提高，也可能成为制约人们参与的热情和动力的因素。从这个意义上讲，要保持公共政策价值观的动力作用就应适时调整公共政策。

（三）整合作用

公共政策价值观的整合作用表现在公共政策过程中的各个环节当中。首先，在公共政策制定环节中，就政策问题的确立、政策目标的确定、政策方案的选择而言，公共政策价值观都可以起到整合作用。社会期望和社会现实之间存在差距，社会问题就会产生，如何在众多的社会问题中确立政策问题是一个涉及众多方面的复杂问题，不同的公共政策价值观，对政策问题认定有不同的选择取向、评价标准和分析角度，会引导公共政策主体认定不同的公共政策问题。因此，在政策问题的确立上，应最大限度地倾听各种不同的价值倾向，从而选择符合大多数人利益的社会问题。同样，在政策目标的确立和为实现政策目标服务的政策方案的选择中，公共政策价值观同样可以起到整合或调节的功能。其次，在公共政策的执行环节中，政策的执行者是否了解某项公共政策的实质内涵将深刻影响该项政策的实施效果，而持有不同的公共政策价值观的政策执行者对政策的理解和把握存在诸多差异，所以就有“上有政策，下有对策”的现象发生。因此，使上下保持一贯的政策倾向需要将政策价值观不断进行整合。政策的接受者也是如此，一项政策是否得到人们的普遍认可将对其有效执行产生深刻影响，而公共政策价值观就在于整合不同利益群体的不同利益倾向。

（四）评价作用

公共政策价值观本身对政策过程具有评价作用，包含一定的公共政策价值标准。政策评价或政策评估就是对政策过程和结果进行估量、预测和评估，并在此基础上做出判断、选择和评价。具体来讲，一是公共政策价值观影响公共政策评价所需信息的选择。选择信息受公共政策的认知、情感、态度、理想等因素的影响和制约，认知、情感、态度、理想不同，选择的信息也就不同。二是公共政策价值观影响和制约公共政策评估的标准和结果。因为公共政策价值本身包含特定的价值评价标准，价值观不同，评价标准也不同，评价结果自然就不一样。在普遍认可的公共政策价值观的影响下，人们容易对一项公共政策的好与坏得出相应的评价，而且公共政策评估还可借助自身的监督功能，借助公共政策价值观，约束公共政策主体的行为，纠正偏差，使公共政策行为符合公共政策价值观标准的要求。

第二节　公共政策过程中的价值冲突

公共政策是一门关涉选择的科学，任何一项公共政策的出台，其实就是政府依据特定的伦理标准来进行的价值选择，选择一种政策而放弃另一种政策就意味着在不同条件下，政策本身是可变的，由此，一项政策之所以能得到贯彻实施，决策者和执行者的价值判断必然起着十分重要的作用。因此，公共政策本身离不开价值判断。在市场经济条件下，公共政策的实施将或多或少、或近或远地引发价值冲突，并贯穿于公共政策的整个过程。为有效解决这些冲突或问题，必须在公共政策过程中努力协调好各方利益，以有效化解和整合公共政策过程中的价值冲突，实现公共政策的实施。

一、价值冲突的含义及其表现形式

如前文所述，价值是一种关系概念，表示主体与客体之间的需要与满足需要的关系，具有相对的客观性和稳定性。而价值冲突表面来看是两种价值的彼此否定、相互竞争，但发生冲突的不是价值本身，而是价值主体，尤其是主体的价值评价及价值选择，一般表现为单一型和多样型两种形式，且二者相互交叉、相互重叠。只要人类本身存在，依附于人类自身的价值冲突就不可避免存在着。

（一）价值冲突的含义和特点

1. 价值冲突的含义

关于价值冲突的含义，不同的学者给予了不同的回答。德国社会学家科塞认为，“价值冲突是个体或社会群体之间由于价值观念或经济、非经济利益的对立而发生对抗”[①]。这种相对的、非完整性的对抗只是在一定范围和时期内存在。中国学者杨发认为，价值

① 科塞 L. 社会学导论[M]. 杨心恒译. 天津：南开大学出版社，1990.

冲突是“贯穿人类社会实践中始终普遍存在的现象，意味着不同的价值认识与价值评价之间的矛盾和斗争，是价值体系矛盾尖锐化的表现”①。中国学者兰久富认为，价值冲突是指“两种价值间的彼此否定和相互竞争”。它包含四层含义：价值观念的冲突是价值方向的冲突；价值观念的冲突是价值标准的冲突；价值观念的冲突是解释域的重合；价值观念的冲突是对“市场”，即人的争夺②；等等，由此不难看出，价值冲突实质上是价值观念的冲突，是意识形态上的矛盾，由此我们认为，价值观念的冲突是指在价值观念的不同层面，如价值取向、价值标准等存在一种相互否定、相互抗衡的状态。

在经济全球化进程加快的今天，政治、经济、文化日趋一体化，世界性的文明也初见端倪，国家、民族、群体、个体之间的交流越来越频繁，价值多元化和广泛的价值冲突已成为一种常态。在中国，传统社会逐步向现代社会转型，群体分化重组及外来文明的冲击使价值冲突日益凸显。在国际国内价值冲突的双重压力之下，中国公共政策执行面临前所未有的挑战，如何处理好公共政策执行过程中的价值冲突俨然已经成为一个无法回避的事实。

2. 价值冲突的特点

第一，深刻性。价值冲突的实质是价值观念的冲突。现实中的价值冲突不仅表现在行为层面，还表现为思想、意识形态层面的冲突。而思想、观念的深层往往涉及根本性的价值观念，与个体的文化、理想、信仰、信念直接相关。因此，价值冲突也会涉及价值目标、价值评价标准、价值理想等更深层次的价值性问题，这种深层次的价值冲突是价值观念诸多特性中最具有基础性和深刻性的要素，对其他的品质和特性具有联动和统摄作用。这种深层次的价值冲突极易导致人们的信仰危机、信念缺失和理想幻灭，混淆人们对于应该追求什么，不应该追求什么，什么具有价值，什么不具有价值，什么为善，什么为恶等价值问题的判断，从而导致人们行为的失范。

第二，主体性。中国学者兰久富认为，“价值与人的关系特别密切，一切价值都算是对于人的价值，人是价值的最初起点和最终归宿”②。事实上，事物的客观价值与人的主观欲求是相互交错的，这两者既有一致的时候，也有不一致的时候。当两者不一致的时候，便产生价值冲突。由此，我们认为价值冲突是具有某种结构、属性的客观事物不能满足人的某种需要的可能性时产生的否定、相互抗衡的状态。而这种可能性是否能够成为现实，不以该事物本身具有的属性为基准，而以主体的价值需要为基准。由此，价值冲突及冲突的程度与主体的价值需求及其需求的程度具有内在的相关性。

第三，可控性。事物具有相对性，价值冲突在本质上与价值和谐相对应。因此，价值冲突的发生可以认为是社会价值整合机能的病态反映，是价值关系中的一种越轨行为。但是，人是具有理性的动物，始终能够把价值冲突限定在一定的范围之内，因为人们始终意识到只有保证大家不至于在价值冲突中同归于尽才能够保证各自价值的实现。在公共政策过程中，不同的主体有不同的价值、利益诉求，为满足其自身的价值，都会以不

---

① 杨发. 论价值冲突[J]. 理论探索，1995，(4)：25.

② 兰久富. 社会转型与价值冲突[J]. 北京师范大学学报（社会科学版），1999，(3)：97-102.

同的方式影响公共政策执行。而为平衡这种价值冲突，政策执行者往往会重新配置各种资源，保持这种价值需求的平衡，使之趋于稳定。由于人们价值需求的多样性和复杂性，这种调节在一种价值需求得到满足之后，又会产生新的价值需求，新的价值冲突也会随之产生，这种往复循环的价值关系在不断的整合中使价值格局整体趋于平衡。

（二）价值冲突的表现形式

价值依附于道德主体所带来的多样性特征，使价值冲突的表现形式呈现出多样性的特点，一般可以把价值冲突的表现形式分为两种，即单一型价值冲突和多样型价值冲突。

（1）单一型价值冲突。对于单一型价值冲突表现形式，宋永平①在《“经济人”与“道德人”之价值冲突》一文中认为，“经济人”与“道德人”的冲突是价值冲突的表现形式，具体表现为七个方面：一是行为宗旨是逐利还是逐义；二是行动是利己还是利人；三是行为的约束是他律还是自律；四是行为的根据是循法还是重德；五是行为的方式是多样还是单一；六是行为的态度是公平还是礼让；七是行为的表露是掩饰还是表现。

（2）多样型价值冲突。对于多样型的表现形式，国内学者陈建国的观点具有代表性，他认为当代多元价值观有九类，相互之间必然冲突。他把九类价值观分为三个层次的冲突形式：第一层次是不同价值观之间的冲突；第二层次是有些价值观本身是分裂的，冲突的；第三层次是人的价值观和其他观念之间的冲突。

◆ **拓展阅读**

社会冲突理论对社会问题成因的三种观点

（1）价值冲突论。现代社会的一大特点就是价值多元化，社会上同时存在着多种不同的价值观，在交往过程中必然会产生分歧和冲突。社会问题产生的另一个原因是价值冲突造成人们思想准则的混乱，人们长期受到这种冲突的价值观的影响，就很容易出现越轨行为。

（2）群体冲突论。社会是由不同利益群体构成的，各个群体为维护自身的利益会与其他群体发生冲突。

（3）阶级冲突论。自文明时代以来，阶级是最主要的社会群体，阶级之间因利益不同而引起的冲突是社会问题的根本原因。

资料来源：转引自谢明. 公共政策导论[M]. 第 3 版. 北京：中国人民大学出版社，2012

二、公共政策价值冲突的含义及其表现形式

在公共政策执行的过程中，涉及三个主要实体，即政策制定者、政策执行者和政策目标群体。政策的有效执行有赖于这三个主要实体的协调配合。但在实际的政策执行中，这三个实体的行动不相一致的情况时有发生，此时就会导致公共政策执行困境的出现，

① 宋永平. “经济人”与“道德人”之价值冲突[J]. 人文杂志，1997，（1）：21-22.

造成公共政策失效。因此，在公共政策执行的过程中，应当注意区分好政策执行主体和政策执行目标群体的构成和特征，这样才能更深入透彻地分析造成公共政策执行失效的深层内在的价值冲突因素，进而更好地寻找其有效化解价值冲突的对策和措施。

（一）公共政策价值冲突的含义

在公共政策过程中，公共政策运行的每一个环节都存在着这样或那样的冲突，尽管其表现形式千差万别，但其背后的原因都存在着利益的矛盾和冲突，并通过不同的群体价值观表现出来，从而形成公共政策过程中的价值冲突问题。所以，我们认为，公共政策过程中的价值冲突是指在公共政策过程中，由于政策利益相关主体对公共政策本身的利益导向持有不同的观点而产生的冲突，即政策利益相关主体由于各种主客观因素而导致价值观念在不同层面相互否定、相互斗争的状态。

进一步理解，我们认为，公共政策过程中的价值冲突首先是一种政策参与者之间的利益冲突，政策参与者包括政策制定者、政策执行者、政策接受者，由于利益要求不同，同一政策不可能满足所有利益诉求者的需求，所以价值冲突产生。其次，公共政策过程中的价值冲突是一种社会冲突，公共政策具有普遍适用的特点，政策结果涉及的范围非常广泛，因而其引发的价值冲突影响十分明显，正确的公共政策促进社会的进步，反之使历史倒退。最后，公共政策过程中的价值冲突贯穿于政策过程的每一个环节，从政策问题的确立、政策的制定、政策的执行、政策监督、政策评估都不可避免地存在着这样或那样的价值冲突。

（二）公共政策价值冲突的表现形式

公共政策过程中的价值冲突的表现形式多样，对其进行研究，可以更深入地了解当前公共政策执行失效的内在机理，理性认识公共政策实施失败问题的本质，抓住其深层次原因，找出其症结和对策，从而有助于维护公共权威，提高政府政策执行力。总结起来，现实公共政策过程中的价值冲突的表现形式主要有以下几个方面。

1. 局部性价值和整体性价值的冲突

美国政治学家戴维·伊斯顿认为“公共政策是对公共价值的权威性分配”①。这可从两个方面来说明：其一，公共政策的功用在于对公共资源进行重新的合理分配，以期实现社会整体公平及和谐，而公共价值的分配是以政策制定者所具有的权威性为基础的。同时，价值的创造最终都会归结于每个社会成员及由其形成的群体，资源进行重新分配必然会引发创造价值的个体或群体的局部利益和作为社会的整体利益之间的冲突。其二，公共政策对公共资源的分配并非基于平均的基础之上，而是存在空间上分配的客观差别。因而，公共政策对于公共资源的分配不能在地区上体现公平原则，必然存在以利益得失为基础的价值冲突。例如，三峡库区的局部利益和价值与国家的整体利益和价值之间就存在类似的冲突问题。

---

① Easton D. The Political System[M]. New York：Knopf，1953.

由此可见，公共政策过程中的局部和整体价值的冲突，不仅表现为局部利益和整体利益之间的价值矛盾与冲突，还表现在创造价值的个体或群体之间，由于利益着眼点不同，价值取向必然存在着差异，在公共政策过程中，这些矛盾和冲突就会表现出来。

2. 短期性价值与长远性价值之间的冲突

公共政策本身具有的稳定性和持续性特征使其关注的重点并非只局限于解决当前的社会问题，更重要的是未来可能发生的社会问题，否则，未来的社会问题就会因公共政策本身的相对滞后性而不能得到及时有效的解决。但由于急功近利的心理，公共政策参与者往往很难对公共政策影响下的近期利益与长远利益做出正确判断和选择，从而导致利益的短期性和长远性的价值冲突。一方面，从公共政策制定者来看，出于对任期内突出政绩的考虑，他们将任期内的政绩作为优先的考虑对象，而不愿意将政绩置于大跨度的未来预期内；同时在制定公共政策过程中，公共政策制定者本身作为政策影响的对象，很难公正、客观地制定、执行及评估政策，往往将自己的直接利益作为优先考虑的因素。另一方面，从接受公共政策的广大民众看，对如何看待近期利益和长远利益问题同样存在着冲突，有时这些冲突较前者表现得更为突出。普通民众作为广大政策的直接接受者，对制定政策信息把握是不全面的，民众对政策的第一反应往往是对现实生活是否有益，而政策本身解决现实社会问题的时效性往往也成为民众判定政策好坏的标准。在某种程度上，公共政策设计的时间因素往往与人们对政策本身的热情及关注程度成反比，即越长远的政策规划越远离人们的现实需要，越难与民众产生共鸣；相反，直接和近期的政策更能引起民众的关注和参与。例如，出于“代际”考虑的环境而出台的可持续发展政策就往往不如解决“代内”问题容易实行。

3. 公平价值与效率价值之间的冲突

公平与效率是公共政策价值中的最基本价值。效率是现代公共行政的一项原则，要求行政主体在公共政策过程中，以尽可能少的投入，获取最大化的功效。政府是国家社会、经济文化建设的综合协调系统，事关国家的兴衰，追求效率是现代公共行政中公共政策运行内在的要求。公平作为现代公共行政的基本价值目标，要求公共政策尽可能满足社会公众的公平要求，统筹短期与长期利益、微观与宏观因素，兼顾个人、集体、国家等不同主体的利益主张，平衡与之相关的利益冲突。

在传统的计划经济形态下，多数人认为公平与效率之间是不能兼顾的，并存在明显冲突。在市场经济形态下，公平和效率依然是难以兼顾的。效率优先是市场经济的根本要求，在竞争中取胜的是效率，竞争必然存在结果不公平，如果充分体现公平，则效率就无从谈起，且会引发公平价值和效率价值的矛盾和冲突。在公共政策中，效率是指如何实现资源的有效配置，公平则是指利益和价值关系的合理分配，这对矛盾是一个社会问题。效率除经济效益外，还有社会效益，包括人的整个生活质量；而公平体现在公共政策的分配原则中，而且包括社会关系中的人的地位的平等、权利和义务的平等。这就要求我们对传统的公平观予以扬弃并建立起有利于提高效率的新型公平观，打破过去“大锅饭”的平均主义观念，建立起有利于提高效率的竞争观念。但社会主义又要求政策的公平，因为没有政策公平分配的基础，即使政策效率提高了，也很难产生社会效益。因此，社会应该为效率提供保障，提高效率的同时又必须兼顾政策公平，导致公共政策过程中产生公平价值与效率价值的价值冲突。

4. 经济价值与环境价值之间的冲突

在我国“以经济建设为中心”的社会主义市场经济建立过程中，人与自然的矛盾越来越明显，并以经济价值与环境价值的矛盾凸现出来，人类通过认识和改造自然环境的活动体验到了征服自然所带来的欢愉，也饱尝了自然环境恶化而带来的苦涩。过去我们的公共政策只注重经济效益的提高，而忽视了生态环境的建设和保护，把自然环境与经济建设的关系片面理解为单方面作用于自然环境，而完全忽视了自然环境本身存在的价值。在经济价值与环境价值的关系方面，我们应该从人的政策活动本身、从政策主体方面来理解自然环境的价值，即自然环境应该成为人的政策活动的一部分，成为政策主体自身的一部分，而不应该把环境置于人的政策活动的对立面。很长一段时间的公共政策都没有把自然环境理解为政策主体和政策活动的一部分，因此，我们就没能更好地处理人与自然、经济价值与环境价值的关系，从而导致了经济价值与环境价值的矛盾和冲突。

5. 主导价值观与多元价值观之间的冲突

如上所述，公共政策价值冲突是政策利益相关主体对公共政策本身的利益导向持有不同的观点而产生的冲突，即政策利益相关主体由于各种主客观因素而导致价值观念在不同层面相互否定、相互斗争的状态。当前，人们的价值生活多样化、价值观念多元化趋势日益明显，出现了多元价值观及它们之间的矛盾冲突甚至对立。一方面是以集体主义和社会主义思想为基本价值导向的主导价值观，它符合全国人民的整体利益和价值，体现了我国人民价值生活的一致性；另一方面由于人们实际利益的差别和社会主体的多层次性，其价值取向往往是多元的，这反映出社会的发展和进步。显然，这两种类型价值观有其一致的方面，也有存在冲突的方面。主导价值观要求以它来统摄其他多元价值观，要求在基本价值取向上的统一性；而多元价值观则反对价值观上的集中和统一，在价值取向上要求多样性及差异性。如果把二者分离开来甚至对立起来，势必导致负面的社会效应，如果离开了多元价值观，片面强调主导价值观，就有可能回归至“整体主义”，整体利益变得至高无上，个人自由被摧残，相反，如果片面强调多元价值观而忽视主导价值观的导向，就不能有效地维护社会的整体利益和人们共同的价值生活，就会造成人们价值观念的紊乱。可见，社会主导价值观与多元价值观之间存在冲突。

6. 功利性价值与非功利性价值之间的冲突

在公共政策中，功利性价值即人们讲求实惠，注重政策行为能否对提高政策主体的物质利益具有功用；非功利性价值表现为对功利性价值的超越，对精神生活的追求和对真善美的追求。个人和社会的存在都有对物质条件的起码要求，首先是衣食住及其他东西，满足起码的基本的生活需要和生存条件，是一切个人和社会活动得以发展的起点，政策主体也是一样。其次，在物质需要满足的基础上，人们总是力图超越，其表现为追求畸形的物质享受，或升华为对非功利性需要的追求。如果人们的价值追求能够适时地上升，功利性价值和非功利性价值则应该统一，也是能够统一的。但在公共政策中，功利性价值和非功利性价值是一对难以解决的矛盾，如果人们重功利性价值却轻非功利性价值，易于导致物欲横流和社会风气败坏；反之，如果人们重非功利性价值却轻功利性价值，又容易压抑人们创造并追求物质财富的积极性甚至延缓经济的发展。

三、公共政策过程中价值冲突的根源

公共政策过程中的价值冲突是由不同的原因引起的，是各种因素交织的表现和产物，其根源主要包括三方面，即价值观根源、经济根源和制度根源。

（一）价值观根源

当前我国处于社会转型时期，人们在公共政策活动中所处的位置、地位的变化，导致其需要及满足需要的条件也随之变化，人们的价值取向相应发生转变，追求也发生变化，即价值观发生变化。其主要包括传统集体主义价值观、功利主义价值观和文化价值观等根源。

1. 传统集体主义价值观

集体主义是与社会主义制度紧密相连的，集体主义一直是社会主义提倡的主导价值观。但在计划经济体制下，集体成为超越个体之上并独立于个体之外的抽象；同时，个体就成了无自我价值、无利益冲动和价值目标、无自主性和能动性的“单面存在”。从而表现为集体决定个体、规定个体或优先于个体；个体受制于集体和从属于集体。在二者的利益关系上，它过多强调社会、国家利益，在一定程度上忽视了个体利益，甚至把维护和实现个人的正当利益视作个人主义，并上升到政治层面加以否定、批判，而当个人利益与集体利益冲突时自然地高扬个体绝对的自我牺牲精神。计划经济下的集体主义虽维护了集体的权威，却漠视了个体利益和个性自由的发展，束缚了个体的积极性、创造性，严重偏离集体主义的本质特征及一切为了人民利益的理论宗旨。这是导致新时期人们在心理情感、思想认识上对集体主义产生逆反情绪，在行为上采取抵触思想的根本原因。

2. 功利主义价值观

功利主义作为现代公共政策价值观本身蕴含了公共政策价值冲突的因素。在市场经济条件下，政府的功利主义政策价值取向，为规范市场有效运作和提高政府工作效率起了关键作用，但功利主义的政策价值取向不但没有解决现代政府面临的价值冲突问题，而且还加重了公共政策的价值冲突。

第一，尽管功利主义的政策价值观倡导“为最大多数人谋取最大的利益”的核心价值原则，但这种价值观在为大多数人赢得利益的同时，不得不以牺牲少数人利益为代价。按照功利主义原则，实现了最大多数人的利益就是符合伦理价值原则，因此，只要政策结果最终使政策接受者普遍获利，政策本身就是可行的。但为维护大多数人的利益而以牺牲少数人的利益为代价的公共政策价值观，表面上看似乎是符合大多数人利益要求的，然而我们没有足够理由无视少数人的利益。所以，以功利主义为取向的公共政策价值观在最大多数人获得利益和一部分人受到损失间陷入两难困境，从而产生公共政策中的价值冲突。

第二，以功利主义价值观作为公共政策的基本原则，其重点考虑的是结果或者效果，而不是过程或者手段。在公共政策由目的到结果的过程中，存在手段的选择问题。如果政策手段是正义的，那么目的、手段和结果就符合公共伦理；反之，如果政策手段是非正义的，那么将产生冲突。从现实利益来考虑，政策主体运用功利主义原则，就必然遇到这样的困境，是先禁止不道德的手段存在，然后继续展开其他政策环节，还是先允许不道德的行为存在，待到政策执行完毕或者一定时期之后再将所得收益进行重新分配以实现社会公平？同时，受功利主义价值观影响，政策主体及政策受众更关心政策的近期或短期经济效益而非政策的长远社会效益。由此，以功利主义政策价值观为指导的公共政策必然产生价值冲突。

3. 文化价值观

不同的民族有其不同的文化传统，这是一种比较稳定的历史惯性，并左右其价值选择和价值判断，形成相对稳定的思维定势和价值定势，因而对政策主体的价值选择和价值观产生重大影响，有片面的，有过激的，当然也有合理的，但这些历史的、现实的价值观在公共政策过程中会导致价值冲突。文化价值观冲突根源包括两方面，即个体间不同文化素养的价值观和不同民族的文化价值观。

首先，每个个体通过交往活动与他人、集团和组织产生各种联系。公共政策价值主体作为一种文化动物，个体价值观念受到成长于其中的文化、生活中的特殊环境及所用语言等因素的影响，并不断接受、消费社会文化，由生物人变为文化人，这是社会化的结果，也是对一定的价值观念的掌握。毕竟一切行为方式的背后都是一定的价值观念，它构成了文化结构的核心内容。个人作为价值主体，不同的文化素养使其生成不同的价值心理和思维方式，形成不同的价值观念。

其次，民族价值观始终与民族的生存活动方式相适应、相匹配，是特定文化环境下的产物。从价值观念的形成过程看，价值观念是主体价值活动和一定风俗习惯和文化氛围积淀而成的关于价值取向、价值标准和价值规范的稳定的观念模式。而不同民族有各自不同的风俗习惯和文化特点。正是因为各民族特点不同，不同民族在历史发展和文化进步的具体道路上形成各自不同的价值观念。因此，民族文化因素也将造成各民族之间的价值观念冲突。

◆ **拓展阅读**

中国的传统政治文化

过大的权力距离是中国传统政治文化的重要特征之一，并潜移默化地影响着国民性格。权力距离过大，这是集权社会的普遍现象，在中国漫长的封建社会中显得尤为突出。

在封建社会，传统政治文化使皇权神圣化，而且也使王朝的官吏和他们所进行统治的政治秩序取得了一种先天的合法性。而平民匍匐在这种神秘莫测而又威力巨大的权力面前不断战栗，导致他们对外界产生深重的无力感、无助感和渺小感。过大的权力距离所引发的后果大致有以下四种。

第一，导致国民对政治的疏离和冷漠（远离政府和公共事务）。第二，导致制衡力量的匮乏、疲弱（权力崇拜、腐败行为蔓延）。第三，导致价值窄化（只有当官才是正途）。第四，自我意识丧失（缺乏对基本人权的争取）。

总之，传统政治文化是一个非常宽泛的概念，以上只是从批判意义上剖析了传统政治文化中的权力特征及其对国民性格形成的消极作用，这种思考有助于对传统政治文化的改造。

资料来源：转引自谢明. 公共政策导论[M]. 第 3 版. 北京：中国人民大学出版社，2012

4. 价值规范的“缺失”

作为一种意识形态，价值观念形成规范并为人们所接受和对人们的行为起到指导及约束作用是一个漫长和复杂的过程。自中国共产党建立以来，就致力于宣传和建设马克思主义学说中的社会主义、共产主义价值观念，对促进社会发展、形成良好的社会风尚方面功不可没，但改革开放对原有过高宣传的否定及市场经济对个体利益和个体价值的肯定使其遭受到前所未有的冲击，与此同时，适应经济现实的理论和规范没有跟上实践的发展，从而出现价值规范的虚位，造成各种消极价值观念的滋生。另外，西方价值观念的乘虚而入，借机宣扬资产阶级的个人主义和利己主义加剧了消极价值观念的影响，使主导价值或价值规范缺失。

（二）经济根源

1. 利益关系

利益是人的社会活动的动因，是思想意识的基础，是社会冲突的根源。利益关系包括经济、政治、文化利益等方面，表现为人们对物质文化生活需要的满足，是人们价值选择和价值活动的基本动力，也是人们进行价值判断和价值选择的基本依据。同时，利益关系决定了人们的基本价值取向和价值观念，利益关系不同导致了价值标准差异，而利益关系的调整同样引起价值观的变化甚至导致价值观念的矛盾，引发价值冲突。因而，公共政策的价值冲突的主要根源是政策主体的利益关系。在中国社会转型中，大多数社会成员对改革的新政策表示赞同，是因为这给他们带来了实际的利益并使其成为改革的受益者；一部分人对改革的新政策表示反对，则是因为这给他们的既得利益造成了一定的损失。公共政策主体在经济活动中的地位、利益结构和生产要素的流动状态等的不同，使其实现需要的内容、方式存在差异。政策主体对价值的现实追求，一般表现为从自我利益出发，认识客体、改造客体，以使自身需要得到满足。因此，经济关系决定了政策主体的利益需要，不同政策主体的不同利益需要决定着政策主体不同的价值目标及价值追求，从而导致不同的价值之间的矛盾和冲突。

2. 市场经济的趋利性

首先，市场经济作为以利益为驱动的经济，是以等价交换为原则和以利益为标准的优胜劣汰。在公共政策领域，部分人滋长了个体利益至上的思想，把是否有利于个体利益作为衡量问题的唯一价值尺度，造成集体概念模糊；部分人把商品经济中的等价交换原则引入政治领域，把手中的权力作为捞取个体利益的资本，出现“权钱交易”“权色交易”。市场经济的趋利性使政策主体革除依赖心理，使个体的价值选择以主体自主选择为基础，并鼓励个体追求自我价值最大程度的实现。公共政策是政策主体以公共利益代表的身份对社会利益做出取舍或分配，但政策主体并不是毫无利益差别，而是有着错综复杂的矛盾和冲突。

其次，公共政策主体也是追求个人价值最大化的“经济人”。在中国社会转型期，经济多元化导致人们价值取向的多元化，旧道德规范被冲破，新道德规范还未确立，享乐主义、拜金主义等乘虚而入使人们的道德观和价值观被严重扭曲，尤其是中国目前对行政人员的正当利益的补偿不足，容易使行政人员中一部分人失去心理平衡，用手中的权换取不正当收入，从而导致实现个人价值和追求公共价值的冲突。

3. 公共政策主体利益的多元性

公共政策主体的价值内涵的多样性使公共政策主体具有多元的利益目标。形式上公共政策主体只是公众利益的代表，应该仅仅代表公众利益，而没有自身利益。但事实上，行政主体在代表公众利益的同时，具有与他代表的公众主体有所不同的自我主体利益。政府在代表公众的同时，也代表它自己。对于决策研究更有意义的是，公共政策主体在具体的政策行为中，往往还代表着特定政策受益集团的利益。因此，公共政策的影响因素是多样的，政策行为是对多重价值考虑的综合效应的反映。政策主体的多样性和政策主体角色的多重化，导致价值冲突。

（三）制度根源

首先，在制度层面上，社会制度规范对人们的价值观念、价值活动和价值行为起着客观制约作用，新旧制度、规范和体制会形成激烈的矛盾，使政策价值主体的价值行为产生较大的差异和矛盾，导致其在价值观念上的冲突。例如，长期生活在计划经济体制下的价值主体，一旦进入市场经济体制后，其价值观念、思维方式和行为方式常常不太适应此时的体制，这表明价值冲突实际上反映了新旧不同制度规范的对立和冲突，而不同群体、不同国家和地区之间的制度规范的差异也将产生价值冲突。这是因为制度、体制和规范都是由一定的主体设计和建构的，价值冲突成为对各种制度、体制和规范之间相互矛盾和冲突的折射反映。

其次，在政府层面上，政府行为具有一定的短期化倾向。制定和实施公共政策是各级政府实现其行政意图的重要途径。一是随着改革的深入和多元化利益格局的形成，各级地方政府具有了更多的自身利益，个别的甚至在一定程度上演变成了一种利益型政府，它们同上级政府之间的关系具有相当浓厚的博弈色彩，不再是过去那种简单的服从关系，本级政府的自身利益已经成为决定其政策行为选择的重要变量。二是某些地方政府官员的行政理念仍停留在单纯管制的层面上，追随计划经济体制下的权威感，强制性地推行自己的行政目标，因此，注意力的转变甚至冲动都可能使地方政府官员变更或废止公共政策。三是地方政府制定公共政策的程序和权限还未得到严格界定，地方政府根据意愿任意更改和实施公共政策。地方政府基于地方及自身利益，任意制定同上级政府的政策相抵触的地方政策，甚至一些地方政府在同上级政府的博弈活动中，以自身利益来决定对上级政府制定的公共政策的取舍态度，合意则执行，反之则拒绝执行。

第三节　公共政策研究中的伦理问题

公共政策制定和实施的过程其实是社会资源和社会利益的分配过程，是国家政策价值目标相互协调、相互平衡的过程，它不仅涉及公民的政治利益，还涉及公民的经济利益和伦理道德利益。在公共政策中如何平衡、协调好政策的价值目标，确保公民"正当权益"不受损害，不但是一个重大的理论问题，而且是公共行政实践中无法回避的现实问题。因此，从伦理的角度对我国的公共政策进行研究，确立公共政策的核心伦理价值观念，建立充满人文关怀的公共行政伦理制度，对铲除腐败，消除两极分化，实现社会的公平、公正具有伟大的现实意义。

一、公共政策伦理的含义

伦理是有关道德的哲学，行政伦理作为应用伦理学研究的一个分支，其兴起为公共行政的研究拓宽了视野。行政伦理的研究内容包含了行政理想、行政义务、行政态度、行政纪律、行政作风、行政政策等诸多方面，从这个意义上讲，政策伦理应隶属于行政伦理研究的一个有机组成部分，公共政策伦理的范畴也就成为行政伦理范畴体系中的组成部分。公共政策不仅关心政策的具体目标，还要追求更加宏伟的目标，那就是对人类公共生活的伦理关怀。现代的公共政策越来越多地关注伦理和价值维度。

（一）公共政策伦理的概念界定

作为行政伦理的重要发展和分支，公共政策伦理经历了多元、多角度的定义。张国庆认为，公共政策伦理既包括政策目的之中的伦理，也包括政策手段上的伦理[①]，并认为公共政策伦理是行政伦理中最复杂的部分，将公共政策中的目标伦理和执行手段伦理纳入了他的伦理体系中。张文芳在《浅谈政策伦理》一文中认为，公共政策伦理的研究应从公共政策主体的道德价值、政策行为的道德价值、政策效益的道德价值三个角度进行研究，其中对公共政策主体和公共政策行为的道德价值问题的研究应是公共政策价值研究的重点[②]。史军认为，公共政策是一门关于选择的科学，而支持人们选择行为的价值判断或价值观为公共政策伦理[③]。事实上，我国学术界对公共政策伦理的定义并不完整，并没有立足在公共政策学的理论和实践基础和需求上给出一个全面的定义。综合上述观点并结合公共政策学科的体系，本书对公共政策伦理的定义如下：公共政策过程中的道德价值体系包括政策道德价值追求、政策道德价值目标、政策道德价值导向、政策道德价值实现，以及政策道德价值评估等众多的政策道德价值系统。公共政策伦理有三个层次

① 张国庆. 公共行政学[M]. 第三版. 北京：北京大学出版社，2007.

② 张文芳. 浅谈政策伦理[J]. 广东行政学院学报，2002，14（1）：33-36.

③ 史军. 伦理学与公共管理[M]. 北京：气象出版社，2012.

的意义：本质上是伦理价值观念或价值取向模式；内容涵盖政策问题伦理、政策制定伦理、政策执行伦理、政策评价伦理等；公共政策伦理的实施机制。

（二）公共政策伦理的基本功能

第一，以德治国功能。以德治国的机柄首先在于执政党和国家在制定大政方针时，就将社会公德、职业道德的意识、理念、目标、原则贯彻其中，前人总结的所谓“明道善策”强调的就是这一功能；中外很多决策集团久经体验过的“得民心者得天下，得民意者安天下”等训诫，都是从政策道德造福天下的宏观角度，去表述政策伦理攸关国家兴亡这一特定功能的。21世纪我国的政策供给就是要在德治与法治并举的治国方略指导下，通过不断创新，充分发挥政策伦理的德治功能，始终保持公共政策对社会主义现代化建设的先进引导和正确推动，显著地推进中华民族的伟大复兴，有效预防历史教训的重演。

第二，以德治吏功能。执政党从严治党需要先从严治官，治国兴业首要治吏。治官要以德育为基础，以法制作保障，以监督为关键。各级领导干部都是政策人，其德育的首要环节就是应以道德理性来导向和调控自己从事（或参与）决策的动机和行为。政策伦理就是这种规范。当前加强政策伦理的治吏功用，要重点研究官德考核和评价的动态、量化标准体系。因为实践证明，识别和测评政策人的道德品行，仅有质（定性）的评估是远远不够的，还应有量的分析；既要有静态的道德质、量分析，也要有动态的道德质、量评估，方可以道德机制和配套制度，保障政策人的德才兼备，以防公共决策权力的变异。

第三，促进法治的功能。我国政府提出要把依法治国同以德治国结合起来，为中华民族的伟大复兴营造良好的社会秩序和高尚的道德风尚，其首要结合点当是公共政策的道德化和法治化的统一。其原因在于：①以德治国是根基。只有执政党和国家的大政方针、法律法规的制定（供给）符合社会公德、职业道德等基本道德规范，以德治国和法制建设才有共同的理念基础。②政策伦理的德治主要是教育培养、防患于未然；政策行为的法治则主要是追究和惩治不法行为。构筑起防患于未然的政策道德堤坝，政策的法治依托就坚实了。③政策道德的相当一部分内涵已经法制化。不少政策道德内容通过一定法定程序转化成了法律法规；大量的法律法规本质上是以国家强制力实施的特定道德规范。④创新性政策伦理较多的是以道德内化与外施相结合的规范样式，来调整政策人的决策（立法）行为，这恰恰有利于政策人个体和群体主动、积极地矫正和弥补法制的缺陷或“盲区”。

第四，为发展服务的功能。我国政策伦理研究必须围绕党和政府的中心工作来开展，坚持贯彻党的基本纲领、基本理论、基本路线，尤其应在方法论上注重以下几点：①既要维护真理、实事求是，又要解放思想，探索新的真理；着力研究文明社会以来政策道德的一般规律及其在当代社会的变革趋向。②既要肯定和总结我国政策人在以往政策道德修养中的优秀成果，又要注意发现客观存在的共性、疑难问题。③既要通过比较研究找出差距，又要综合研究提出消除差距的方法。④既不可一味地思维“标新”，也不可刻意地去做理念“立异”。政策伦理为政策实践服务的方式是独特的，它为政策人提供道德哲学武装、道德理想支柱、道德目标激励、道德感化力量及道德监督信息等特殊“软件”资源。这种服务虽未必强制，但不可忽视、不可否定、不可弱化，尤其在当前政策道德滑坡现实客观存在，一些地方政府的政策道德滑坡问题更为严重的态势下，政策伦理的导向、教育、感化、规范和监督性服务，更必须要加强。

（三）研究公共政策伦理的意义

第一，加强公共政策伦理研究是完善公共政策研究方法体系的内在需要。公共政策作为一门学科，经历了几十年的发展历史，其研究内容与方法都已经形成了独立的体系。但公共政策研究实践中，公共政策过分强调政策分析和理性主义，研究视界由此也受到了极大的限制，逐渐偏离了公共性维度。因此，在公共政策研究中导入伦理分析，凸显公共政策的公共性，有助于丰富公共政策的研究内容，完善公共政策的研究方法。

第二，加强公共政策伦理研究是提高执政能力的必然性要求。所谓执政，是一个国家、政府或执政党通过公共政策的制定、执行与维护，调节各阶级、阶层、利益集团及不同的利益主体的关系，有效地整合社会各种资源，建立起社会最根本的政治、经济、文化秩序，创造公共利益以满足社会所有成员的公共利益的需要并规范各种利益活动的过程。所以，执政能力可以理解为国家、政府与政党建构公共生活秩序、提供公共产品与服务的能力。公共政策是国家、政府与政党执政的主要方式，通过公共政策的制定、执行，对国家公共生活进行治理，这是现代政府与政党执政的基础。当前，我国处于社会转型期，层出不穷的新问题、新矛盾给政府的公共管理和公共服务带来了诸多压力，如城乡差别、贫富差距、教育公平、医疗保障等问题。一定意义上说，这些问题出现和存在的根本原因是公共政策忽视和偏离了其应有的伦理价值目标。公共政策伦理研究以追寻公共政策之善为宗旨，以寻求政策的正当性与合法性，解决多元社会价值冲突问题为主要任务，对于提高执政能力有着极重要的意义。

二、公共政策伦理的研究内容

公共政策伦理问题在现代公共政策诞生之时就受到国外研究者的广泛关注，尽管在价值中立的口号下，伦理问题在公共政策分析中受到了不同程度的排斥，但是，公共政策伦理研究还是得到了丰富和发展，约翰·罗尔斯的《正义论》、阿玛蒂亚·森的《以自由看发展》等著作是公共政策伦理研究的典范之作。国外公共政策伦理主要集中在公共政策伦理研究的必要性、公共政策价值导向、公共政策伦理评价标准、公共政策价值目标实现等方面。纵观现有文献，国内研究者对公共政策伦理研究主要集中在这几个方面：一是公共政策伦理研究必要性；二是公共政策伦理研究逻辑起点问题；三是公共政策价值目标问题；四是公共政策价值选择问题；五是公共政策价值分析问题；六是公共政策主体美德伦理问题。梳理国内外学者的文献发现，研究公共政策伦理多从两个角度进行：一是从公共政策过程的主体角度考虑，即政策制定者应以何种伦理要求进行政策行为；二是从公共政策过程的各个环节考虑，需要何种伦理进行约束。当然两者并非是截然分开的两种研究视角，因为公共政策过程中的主体的行为同时也体现在公共政策过程中的各个环节当中，各个环节的伦理约束和规范同时也是政策主体应遵循的规范和要求。但在“伦理价值”意义上，公共政策的伦理价值主体与客体是不同于公共政策实践意义上的主体与客体的，二者之间的区别如图 10-1 和图 10-2 所示。

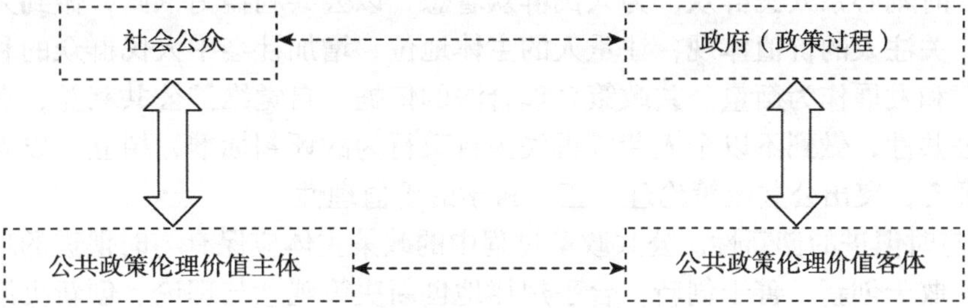

图 10-1　公共政策的伦理价值关系

资料来源：张富. 公共行政的价值向度[M]. 北京：中央编译出版社，2007.

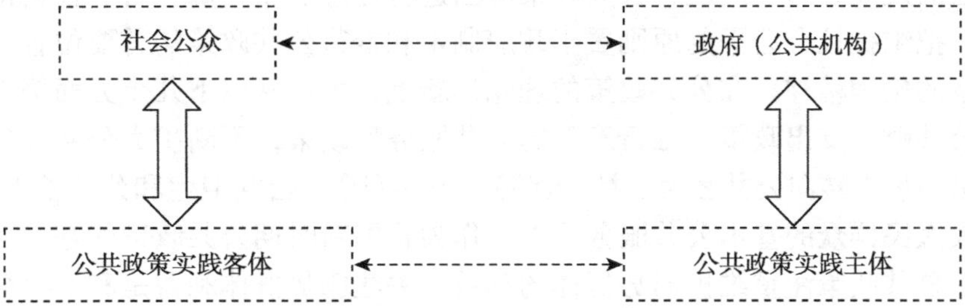

图 10-2　公共政策的社会实践关系

（一）公共政策过程中的政策主体伦理

这里的公共政策主体是指包括依法行使制定政策、执行政策等国家职能的国家公务人员、国家机关及参与公共政策制定的广大民众。公共政策主体是政策过程中的核心要素，其政策伦理水平的高低将直接决定公共政策过程的各个环节执行的有效性，一般认为，公共政策主体应当遵循的基本道德伦理包括以下方面①。

（1）广泛的代表性。要求参与制定公共政策的行为主体，其中一部分必须是法定组织基础上的公共政策工作群体，这个群体中的每个工作人员都有发言权，以取代传统的一个主要领导人说了算的个体性政策组织模式。同时这个政策工作群体应是由政策内涵相关的所有有关职能机关有机整合而成，而非仅由某一个职能机关单独担任。这样可避免政策制定过程中出现“本位主义”倾向，损害国家和人民整体利益，还可以有效预防单项政策与国家的整体性政策相抵触、相冲突等政策悖论现象的发生，保证政策人对国家和人民根本利益的全面代表性。另一部分则应该是广泛听取广大民众的呼声和意见，最大限度发挥民主的作用，把民众切实关心、关注的问题作为优先考虑的对象，这样，政策才有针对性。

（2）高尚的公德性。公共政策主体所面对的是社会领域中的公共社会问题，因此，政策制定者在制定公共政策的过程中所持的出发点，以及公共政策执行者所持的执行标准都应以“公”为先，即以社会公德为先，任何有损社会公德的行为在政策过程中都不应出现，否则就违反了公共政策过程中的公德性伦理要求。因此，公共政策伦理的建设

① 张文芳. 浅谈政策伦理[J]. 广东行政学院学报，2002，14（1）：33-36.

不仅仅要依靠良好的制度设计和安排，更要依靠政策主体自身的道德品质，充分发挥主观能动性，时刻心系人民群众，为人民群众着想，以公共利益为依归，做到无私奉献、公正廉洁，关注人的价值体现，注重人的主体地位，增加社会中人民群众的利益总量，把人的生存和发展作为衡量公共政策合理合法的依据，自觉维护公共利益，自觉维护公共政策的公共性，做到不以个人荣辱得失为行政行为的评判标准，树立“以人为本”的核心道德理念，突出公共政策伦理公正、科学的价值理性。

（3）与时俱进的创新性。公共政策过程中的政策主体应保有与时俱进的理论勇气和实践勇气，敢于创新、善于创新，合乎规律地创新决策观念与理论、创新决策体制、创新决策机制、创新决策的科技手段与方法，从而有效提高公共政策过程中中央和地方政策的理性水准和实践水平。例如，针对单纯追求GDP增长、偏重经济效益的发展模式和为政绩左右的发展思路等问题，公共政策应当进行理念创新，确立合乎社会伦理要求的政策价值，把维护社会公平的原则置于政府制定和推行公共政策的首要位置，尤其要加强以人为本的伦理精神。在公共政策的理念创新上，可以从以下几个方面努力：一是改变原有的公共财政支出政策，推行新型的公共服务型政策，不断扩大公共服务的范围，将财政支出的重点转向公共教育、社会保障、公共安全、公共卫生和公共基础设施方面，把满足广大人民群众的基本公共服务需求，作为我国新时期公共政策的基本目标和根本依据。二是公共政策注重维护弱势群体的利益。关注弱势群体利益是和谐社会建设的道德要求。一方面，因为经济结构调整导致社会利益分配发生重大改变，使一部分沦为社会弱势阶层，这一阶层是政策改革的利益受损者，理应得到国家政策的补偿与关怀。另一方面，弱势群体远离权力中心，较少有机会参与社会活动，在公共政策过程中难以表达自己的利益，因此，政府在制定、执行和评估公共政策的过程中，要密切注意弱势群体利益是否得到保障和实现。

（二）公共政策过程中政策环节的伦理

如上所述，公共政策的伦理问题渗透在公共政策过程的基本环节（公共政策制定—公共政策执行—公共政策监督和评估）中。公共政策的伦理问题渗透其中，呈动态运转。在这些环节过程中，人们对其所做出的判断是否正确，既取决于经验知识，又取决于伦理道德方面的价值观念等。这个过程中，存在许多不容忽视的伦理问题。

1. 公共政策制定过程中的伦理要求

公共政策制定是指从公共政策问题界定到方案选择的过程，它是政策过程的首要阶段，是政策科学的核心主题。在这一环节中，应把公共政策的价值目标作为首要考虑因素，而公共政策的价值目标首先应体现公正的基本伦理规范。一般来看，在人与人的利益关系中，有以下几种公正形式：一是交换的公正性，即交换的意愿是自愿的还是非自愿的，交换的地位是平等的还是不平等的，交换的代价是等价的还是不等价的；二是分配的公正性，即如何把合作产生的利益在合作者和外部因素之间进行合理的分配；三是程序或规则的公正性，尽管公正与否是由实质性的结果来决定的，但程序或规则的公正性对保证结果的公正性至关重要。体现在公共政策过程中的制定环节中的公正性原则无论涉及上述哪种公正形式，都应切实体现公正的基本伦理规范。

我国正处于社会转型期，阶层的分化和利益多元化，必然形成社会群体价值观念多元化。人们在对直接利益与间接利益、现实利益与未来利益、利益和代价等价值的优先顺序的选择方面存在不一致。这些都为政策制定者从社会角度统筹公众利益提出了难题，政策主体需要平衡不同的需求，一种公平的、合理的政策序列的设计和安排，既能保证公众一致性的利益，又能顾及少数公众的特殊利益。因此，公共政策过程需要公共伦理的指导，需要建立一定的理念，确定一定的标准，通过一定的方法来平衡不同的政策诉求。

2. 公共政策执行过程中的伦理要求

公共政策执行是政策过程的中介阶段，是对政策方案付诸实施的过程，是决策者意图实现的过程，也是将政策目标转化为政策现实的唯一途径，这一环节对公共政策过程起着关键作用。公共政策执行中的伦理问题具体体现在公共政策主体对公共权力的非合理性甚至非合法性的使用上，导致公共政策执行失去了应有的效力。因此，这要求政策执行者必须充分理解政策的本质和精神，在保证贯彻原则的过程中掌握政策的灵活性。同时，顾全大局，面对政策执行过程中的复杂情况应保持清醒的政策意识和法制意识，而不能随意违背政策本身的原则，做出违反伦理规范的行为。

在现实的公共政策执行过程中，往往出现扭曲政策制定者意图、违背公共伦理的情况。例如，近些年来，有的地方行政执法部门为了提高执法效率，按“经济人”追求利益最大化的原则去设计激励制度；有些单位的年终奖是由罚没款的多少来决定的，所以对罚没款在年初就下达任务指标，年终再按指标完成的情况给予奖惩，没完成任务的扣发奖金，超额完成任务的多给奖金，这就意味着罚款的数量是预先计划好的，照此推断，工商户违法的次数也是预先计划好的，要是工商户都守法，完成指标就会很困难，而工商管理本来是以减少违法行为来维护市场经济秩序的，现在却变了味，行政执法目的达到了，违法行为减少了，罚款指标完不成，反而要受罚，这就是一种政策执行行为对公共伦理的严重背离。公共政策执行中违背公共伦理行为的有些是违法行为，而有些则是在法律限度内的不合理行为，前者可以依靠法律制度来约束，但对合法却不合理的行为进行制度约束则较难，更多地应借助道德伦理手段。

3. 公共政策评估过程中的伦理要求

公共政策评估中的伦理问题主要牵涉公共政策评估者与公共政策决策主体，二者价值取向不同，对政策评估的顺利进行产生了不同的重要影响。公共政策评估的目的是检验公共政策本身的科学性和客观性，用以解决公共政策执行过程或结束后出现的新情况和新问题，因此，把握公共政策评估的伦理尺度十分重要。当前，公共政策评估中的伦理失范主要表现为如下形式：一是缺乏对政策评估的端正态度，认为其可有可无，不愿在评估工作上花费时间、金钱，对于迫切需要评估的政策，又经常夸大成绩，掩盖错误，使评估工作流于形式；二是缺少正确的评价标准和评价方法，评估者往往以价值判断代替事实分析，以定性分析代替定量分析，有时评估工作甚至取决于领导者的好恶，从而造成主观随意性很大，背离了实事求是的精神；三是缺乏独立性的政策评估组织，在实际工作中，评估机构摆脱不了对政府的依赖，处于附属地位，经常受到来自上级领导的压力，使政策评估被异化为“人情评估”“奉命评功”，成为个别机关或个人沽名钓誉、歌功颂德的手段，而忽略了评估工作的批判性和建设性功能，因而无法坚持客观、公平公正评估。因此，公共政策评估应以实事求是的态度和精神做出基于客观事实基础上的评估报告，以便为今后的政策过程提供可以借鉴的经验教训，防止类似的事情或问题重新出现，避免公共政策评估中的伦理失范。

本章小结

公共政策的价值取向取决于公共政策主体的价值追求。一般认为，正义、效率、平等、民主、秩序、发展、利益是公共政策价值内涵的主要方面。公共政策价值表现出局部与整体、短期与长远、公平与效率、经济与环境、主导价值观与多元价值观、功利性与非功利性等价值之间的冲突，价值取向需要进一步正确定位，要把致力于社会公平的实现作为公共政策价值的终极追求。

公共政策是政府依据特定的伦理标准来进行的价值选择，一项政策之所以能得到贯彻实施，决策者和执行者的价值判断必然起着十分重要的作用。公共政策本身离不开价值判断，在市场经济条件下，公共政策的实施将引发或多或少、或近或远的价值冲突，并贯穿于公共政策的整个过程，导致公共政策没有得到执行或在执行过程中走样、变形等不良后果。为有效解决这些冲突或问题，必须在公共政策过程中努力协调好各方利益，以有效化解和整合公共政策过程中的价值冲突。

公共政策是对公共利益的权威性分配，公共政策伦理问题则是在公共利益分配中对公平、公正、公益等伦理价值产生的偏离，渗透在公共政策分析的基本环节（公共政策制定—公共政策执行—公共政策监督和评估）中。研究公共政策中的伦理问题，让公共政策决策者正确认识和衡量公共政策问题，秉持一定的伦理规范，遵循一定的道德观念，认识要解决的公共政策问题所面临的各种利害关系，从而形成解决问题的公共政策执行方案。

关键术语

公共政策价值　价值判断　政治公正　正义　效率　平等　公正　公平　秩序　发展　利益价值　价值冲突　公共政策伦理

复习思考题

1. 什么是公共政策价值？公共政策价值观的内涵包括哪几个方面？
2. 如何理解公共政策价值观的作用？
3. 公共政策过程中的价值冲突主要表现在哪几个方面？
4. 如何理解公共政策过程中的伦理问题？
5. 如何理解公共政策过程中价值冲突的根源？

◆ 案例分析

官员财产申报“零投诉”事例中的伦理失范

2010年5月，中央办公厅、国务院办公厅印发了《关于领导干部报告个人有关事项的规定》。2013年11月，党的十八届三中全会提出健全反腐倡廉法规制度体系，完善惩治和预防腐败、防控廉政风险、防止利益冲突、领导干部报告个人有关事项、任职回避等方面法律法规，推行新提任领导干部有关事项公开制度试点。27个试点市县名单中，地级行政区5个：新疆阿勒泰地区；重庆市黔江区、江北区；宁夏银川市；江苏淮安市。县级行政区22个：浙江慈溪市、象山县、桐庐县、磐安县；湖南浏阳市、湘乡市；安徽庐江县、青阳县；江西黎川县；宁夏青铜峡市；江苏宿迁泗阳县、泗洪县、宿豫区，无锡北塘区，徐州贾汪区，镇江丹徒区，南京江宁区；辽宁锦州古塔区；湖北荆门掇刀区；广东佛山顺德区，韶关始兴县；四川高县。2013年11月29日，中共中央纪律检查委员会和监察部网站发布了关于党的十八届三中全会《中共中央关于全面深化改革若干重大问题的决定》的解读文章，其中提出要推行新提任领导干部配偶子女从业、财产、出国（境）等有关事项公开制度的试点。国土资源部前部长姜大明指出：“从2014年开始，用三年左右时间全面建立不动产统一登记制度；用四年左右时间，运行统一的不动产登记信息管理基础平台，实现不动产审批、交易和登记信息实时互通共享以及依法查询，形成不动产统一登记体系。”

目前，中国的官员财产申报制度仍处于发展的初步阶段，中央政府陆续出台了一系列的政策，一些地方政府也开始积极试点实行符合自身情况官员财产申报制度。例如，新疆阿勒泰地区、湖南浏阳市和湘乡市、宁夏银川市和青铜峡市等地区也实行了不同形式的财产申报与公开。这些试点在行政层级上，既有县级，也有地市级和省级；在区域上，既有东部沿海发达地区，也有中西部经济落后地区。各个地方虽然具体的操作有所差异，制度的形式也不尽相同，却最终走向了一个相同的结果，就是“零投诉零异议”。2012年4月5日，国内多家媒体做出报道，有记者回访了5个官员财产申报与公示的试点地区，浙江慈溪市、宁夏银川市和青铜峡市都是“零投诉零异议”，湖南浏阳市谢绝采访，新疆阿勒泰地区试点停滞。青铜峡方面发言人表示，没有收到一个举报就说明“效果很好”。

不难看出，这些地方虽然名义上说得很好听，申报并进行公示，但或多或少都有所保留，有选择性地进行公示，最终也就得到了某些人渴望的“零投诉零异议”。这样的现象，不值得庆幸，相反，这是一种极不正常的现象，值得相关部门反思。

群众要求官员公示财产的原因在于对近些年来贪腐官员的罪行感到愤怒，希望通过让官员进行申报，并进行公示，接受阳光的晾晒，而达到反腐倡廉的目的。虽然要求官员财产申报已是广大人民的迫切希望，但面临的阻力依然较大，要让政府官员们向自己开刀，确实很困难，因而在各地具体的执行过程中出现了或多或少不尽如人意的地方，使官员财产申报的作用大打折扣。

“零投诉零异议”，一方面说明了地方政府对官员们的庇护心态。要让财产申报制度发威，就得严格按制度来办事。可现实中，一些部门对申报的过程流于形式，简单地填几张表就敷衍了事。曾经有一个地方部门，让官员填房产的表格只有三行，也就变相要求官员最多只能填三套房产。还有的地方对官员填报的数据进行选择性的公示，这也在给有问题的官员打掩护。试想一下，这样的做法又怎能让有问题的官员在财产上暴露出问题来，这样的公示，群众又怎能找到问题进行投诉呢?!

“零投诉零异议”，另一方面也反映出群众对官员财产申报公示的冷漠。官员财产申报沸沸扬扬闹了这么久，却迟迟看不到政府的有效行动，这让一些群众失去了耐心，变成无所谓的态度。而一些试点的地方，也没有拿出足够的诚意来，公示也躲躲闪闪，有选择性地做做样子。试想一下，这样流于形式的公示，群众又怎愿意来掺和呢?!

所以，要让官员财产申报发挥作用，相关部门必须拿出壮士断腕的决心来，敢于破解阻力，运用智慧把官员的财产弄得清清楚楚，接受人民群众的监督。只有这样，才能换来群众的热情，引起群众参与，让“零投诉零异议”现象不再重演!

资料来源：孙煜. “零投诉”并非官员财产申报最佳状态[EB/OL]. http://news.nen.com.cn/system/2014/06/16/012349466.shtml，2014-06-16

◆ 问题

1. 请结合公共政策伦理基本概念，谈谈官员财产申报“零投诉”事例中的伦理失范表现。

2. 结合自身所学，谈谈如何在公共政策伦理视角下矫正公共政策执行中的偏差。

参考文献

安德森 J E. 1990. 公共决策[M]. 唐亮译. 北京：华夏出版社.
安德森 J E. 2009. 公共政策制定[M]. 第五版. 谢明译. 北京：中国人民大学出版社.
奥斯特罗姆 E，施罗德 L，温 S. 2000. 制度激励与可持续发展[M]. 陈幽泓，谢明，任睿译. 上海：上海三联书店.
陈刚. 2011. 公共政策学[M]. 武汉：武汉大学出版社.
陈家建，张琼文. 2015. 政策执行波动与基层治理问题[J]. 社会学研究，(3)：23-45.
陈庆云. 2006. 公共政策分析[M]. 北京：北京大学出版社.
陈振明. 1995. 政策科学研究与现代社会发展——论政策分析的意义[J].岭南学刊，(6)：93-96.
陈振明. 2003. 公共政策分析[M]. 北京：中国人民大学出版社.
陈振明. 2003. 政策科学——公共政策分析导论[M]. 第二版. 北京：中国人民大学出版社.
陈振明. 2004. 公共政策学[M]. 北京：中国人民大学出版社.
戴伊 T R. 1993. 理解公共政策[M]. 罗清俊，陈志玮译. 台北：韦伯文化事业出版社.
戴伊 T R. 2011. 理解公共政策[M]. 第十二版. 谢明译. 北京：中国人民大学出版社.
邓恩 W N. 2002. 公共政策分析导论[M]. 谢明，付燕，朱雪宁译. 北京：中国人民大学出版社.
邓恩 W N. 2011. 公共政策分析导论[M]. 第四版. 谢明，伏燕，朱雪宁译. 北京：中国人民大学出版社.
邓小平. 1993. 邓小平文选[M]. 第3卷. 北京：人民出版社.
丁煌. 2002. 我国现阶段政策执行阻滞及其防治对策的制度分析[J]. 政治学研究，(1)：28-39.
丁煌. 2010. 国外政策执行理论前沿述评[J].公共行政评论，(1)：119-148.
冯静. 2007. 公共政策学[M]. 北京：北京大学出版社.
古德诺 F J . 1987. 政治与行政[M]. 王元译. 北京：华夏出版社.
贺东航，孔繁斌. 2011. 公共政策执行的中国经验[J]. 中国社会科学，(5)：61-79.
亨廷顿 S P. 1996. 变化社会中的政治秩序[M]. 王冠华，刘为，等译. 北京：生活·读书·新知三联书店.
黄顺康. 2013. 公共政策学[M]. 北京：北京大学出版社.
黄希庭. 2007. 心理学导论[M]. 第二版. 北京：人民教育出版社.
卡斯特 F E，罗森茨韦克 J E. 1985. 组织与管理——系统方法与权变方法[M]. 李柱流，刘有锦，苏沃涛译. 北京：中国社会科学出版社.
康德 I. 1964. 实践理性批判[M]. 第2卷. 宗白华译.北京：商务印书馆.
科塞 L. 1990. 社会学导论[M]. 杨心恒译. 天津：南开大学出版社.
兰秉法. 1994. 政策学[M]. 北京：中国统计出版社.
兰久富. 1999. 社会转型与价值冲突[J]. 北京师范大学学报（社会科学版），(3)：97-102.
兰尼 A. 1990. 政策内容的研究：一种选择的框架[A]//安德森 J E. 公共决策[C]. 唐亮译. 北京：华夏出版社.
李维新. 2007. 公共政策学导论[M]. 哈尔滨：东北林业大学出版社.
李学举. 2009. 国务院关于农村社会保障体系建设情况的报告. 第十一届全国人民代表大会常务委员会第八次会议.
李勇军，周惠萍. 2013. 公共政策[M]. 杭州：浙江大学出版社.
李允杰，邱昌泰. 2008. 政策执行与评估[M].北京：北京大学出版社.
梁丽芝. 2002. 公共政策价值观的构成、功能及整合[J].衡阳师范学院学报，23（2）：104-106.
林水波，张世贤. 1993. 公共政策[M].台北：五南图书出版公司.
刘斌，王春福. 2000. 政策科学研究（第一卷）：政策科学理论[M].北京：人民出版社.

刘东杰. 2006. 破解政策终结困境的有利因素分析[J]. 重庆行政（公共论坛），（6）：54-56.
刘圣中. 2008. 公共政策学[M]. 武汉：武汉大学出版社.
娄成武，魏淑艳. 2003. 公共政策学[M]. 沈阳：东北大学出版社.
陆雄文. 2013. 管理学大辞典[M]. 上海：上海辞书出版社.
罗尔斯 J B. 1991. 正义论[M]. 谢延光译. 上海：上海译文出版社.
马海韵. 2012. 政策生命周期：决策中的前瞻性考量及其意义[J]. 安徽师范大学学报（人文社会科学版），40（3）: 348-352.
马克思，恩格斯. 1975. 马克思恩格斯全集[M]. 第 26 卷. 中共中央编译局译. 北京：人民出版社.
毛劲歌，周莹. 2011. 信息失真对公共政策执行的影响及其对策分析[J]. 中国行政管理，（6）：68-71.
毛泽东. 1991a. 毛泽东选集[M]. 第 1 卷. 北京：人民出版社.
毛泽东. 1991b. 毛泽东选集[M]. 第 4 卷. 北京：人民出版社.
缪勒 D C. 1999.公共选择理论[M]. 杨春学，等译. 北京：中国社会科学出版社.
穆占劳. 2004-03-25. 社会组织学眼中的美国思想库[EB/OL]. http://www.china.com.cn/chinese/zhuanti/xxsb/546396.htm.
那格尔 S S. 1990. 政策研究百科全书[M]. 林明，等译. 北京：科学技术文献出版社.
宁国良. 2000. 论公共政策执行偏差及其矫正[J]. 湖南大学学报（社会科学版），14（3）：95-98.
宁国良，陆小成. 2004. 利益集团对公共政策执行的影响[J]. 湖南社会科学，（3）：55-57.
宁骚. 2011. 公共政策学[M]. 第 2 版. 北京：高等教育出版社.
宁骚. 2014. 政策试验的制度因素——中西比较的视角[J]. 新视野，（2）：27-33.
钮菊生. 2010. 公共政策分析的理论与实践[M]. 西安：陕西人民教育出版社.
帕顿 C V，沙维奇 D S. 2001. 政策分析和规划的初步方法[M]. 孙兰芝，胡启生译. 北京：华夏出版社.
帕顿 C V，沙维奇 D S. 2003. 政策分析和规划的初步方法[M]. 第 2 版. 孙兰芝，等译. 北京：华夏出版社.
彭和平，竹立家. 1997. 国外公共行政理论精选[M]. 北京：中共中央党校出版社.
钱再见. 2013. 当代中国民间思想库及其功能实现路径研究——基于国家与社会关系视角的分析[J]. 行政论坛，（5）：54-59.
萨巴蒂尔 P A. 2004. 政策过程理论[M]. 彭宗超译. 上海：上海三联书店.
史军. 2012. 伦理学与公共管理[M]. 北京：气象出版社.
舒泽虎. 2005.公共政策学[M]. 上海：上海人民出版社.
斯图尔特 J Jr，赫奇 D M，莱斯特 J P. 2011. 公共政策导论[M]. 第三版. 韩红译. 北京：中国人民大学出版社.
宋锦洲. 2005. 公共政策：概念、模型与应用[M]. 上海：东华大学出版社.
宋雄伟. 2015-09-22. 公共政策执行与整合式治理[N]. 中国社会科学报.
宋永平. 1997. "经济人"与"道德人"之价值冲突[J]. 人文杂志，（1）：21-22.
孙金年. 1991. 政策的价值与时空效应[J]. 松辽学刊（社会科学版），（3）：89-93.
塔塔洛维奇 R，戴恩斯 B W. 2001. 美国政治中的道德争论[M]. 吴念，谢应光，贺微，等译. 重庆：重庆出版社.
唐兴霖. 2007. 论政策科学的缘起[J]. 理论探讨，（3）：127-131.
陶学荣. 2006. 公共政策概论[M]. 北京：中国人事出版社.
陶学荣. 2012. 公共政策学[M]. 第三版. 大连：东北财经大学出版社.
汪大海. 2010. 现代公共政策学[M]. 北京：清华大学出版社.
汪凯. 2004. 大众传媒与当代中国公共政策——转型时代的状况与趋向[D]. 复旦大学博士学位论文.
王福生. 1991. 政策学研究[M]. 成都：四川人民出版社.
王浦劬. 1995. 政治学基础[M]. 北京：北京大学出版社.
王曙光，李维新. 2008. 公共政策学[M]. 北京：经济科学出版社.

韦兰 C. 2014. 公共政策导论[M]. 魏陆译. 上海：格致出版社，上海三联书店，上海人民出版社.
吴立明. 2006. 公共政策分析[M]. 厦门：厦门大学出版社.
吴木銮. 2009. 我国政策执行中的目标扭曲研究——对我国四次公务员工资改革的考察[J]. 公共管理学报，(3)：32-39.
伍启元. 1989. 公共政策[M]. 香港：商务印书馆（香港）.
西蒙 H A. 1989. 现代决策理论的基石：有限理性说[M]. 杨砾，徐立译. 北京：北京经济学院出版社.
习近平. 2013. 中共中央关于全面深化改革若干重大问题的决定（全文）. 中国共产党第十八届中央委员会第三次全体会议.
向加吾. 2006. 当代中国公共政策执行主体的偏差行为：表现、原因及对策[J]. 四川行政学院学报，(1)：11-14.
谢明. 2004. 公共政策导论[M]. 北京：中国人民大学出版社.
谢明. 2008. 公共政策导论[M]. 第 2 版. 北京：中国人民大学出版社.
谢明. 2012. 公共政策导论[M]. 第 3 版. 北京：中国人民大学出版社.
谢明. 2015. 公共政策导论[M]. 第 4 版. 北京：中国人民大学出版社.
休斯 O E. 2001. 公共管理导论[M]. 彭和平译. 北京：中国人民大学出版社.
徐彬，安建增. 2011. 公共政策概论[M]. 芜湖：安徽师范大学出版社.
薛澜，朱旭峰. 2006. "中国思想库"：含义、分类与研究展望[J]. 科学学研究，24（3）：321-327.
杨发. 1995. 论价值冲突[J]. 理论探索，(4)：25.
药师寺泰藏. 1991. 公共政策[M]. 张丹译. 北京：经济日报出版社.
张成福，党秀云. 2001. 公共管理导论[M]. 北京：中国人民大学出版社.
张富. 2007. 公共行政的价值向度[M]. 北京：中央编译出版社.
张国庆. 1997. 现代公共政策导论[M]. 北京：北京大学出版社.
张国庆. 2001. 现代公共政策导论[M]. 第 3 版. 北京：北京大学出版社.
张国庆. 2007. 公共行政学[M]. 第三版. 北京：北京大学出版社.
张华夏. 1998. 论价值主体与价值冲突[J]. 中山大学学报（社会科学版），1998（3）：2-9.
张金马. 1992. 政策科学导论[M]. 北京：中国人民大学出版社.
张康之. 2002. 合法性的思维历程：从韦伯到哈贝马斯[J]. 教学与研究，3: 63-68.
张文芳. 2002. 浅谈政策伦理[J]. 广东行政学院学报，14（1）：33-36.
中国社会科学院公共政策研究中心. 2001. 中国公共政策分析[M]. 北京：中国社会科学出版社.
朱志宏. 1991. 公共政策[M]. 台北：三民书局股份有限公司.
竺乾威，马国泉. 2000. 公共行政学经典文选[M]. 上海：复旦大学出版社.
Anderson J E. 2014. Public Policymaking：An Introduction[M]. Boston：Wadsworth/Cengage Learning.
Bardach E. 1976. Policy termination as a political process[J]. Policy Sciences，7（2）：123-131.
Daniels M R. 1997. Symposium：public policy and organization termination：introduction[J]. International Journal of Public Administration，20（12）：2043-2066.
Deleon P. 1997. Afterward：the once and future state of policy termination[J]. International Journal of Public Administration，20（12）：2195-2212.
Dror Y. 1968. Public Policy Making Reexamined[M]. San Francisco：Transaction Publishers.
Easton D. 1953. The Political System[M]. New York：Knopf.
Eyestone R. 1971. The Threads of Public Policy：A Study in Policy Leadership[M]. New York：Ardent Media.
Mitroff I I，Featheringham T R. 1974. On systematic problem solving and the error of the third kind[J]. Behavioral Science，19（6）：383-393.
Kaufman H. 1976. Are Government Organizations Immortal?[M]. Washington：Brookings.
Reigg Jr A J. 1984. Sociology and Public Policy[A] //McCall G J，Weber G H. Social Science and Public Policy：The Roles of Academic Disciplines in Policy Analysis[C]. New York：Associated Faculty Press.

